国家科学技术学术著作出版基金资助出版

三网融合时代的电视竞争与规制

胡汉辉　徐　敏　吕　魁　万　兴　著

国家自然科学基金资助项目

科学出版社

北　京

内 容 简 介

本书主要讨论有关网络融合时代电视竞争的大众化问题，书中关于网络融合、产业合作、落地竞争、模数转换、纵向差异、捆绑销售、进入保护和规制政策等问题的分析，颇具独特、新颖等特点，富有启发性。本书结合《中国好声音》、抖音、爱奇艺等真实案例，运用经济学原理和定量、定性工具，分析群雄逐鹿的电视竞争时代的典型问题。本书不但包含鲜活生动的案例，而且不乏严谨的经济学模型，并突出了各类模型对电视竞争焦点问题的适用性和诠释性。

5G 时代开启，未来更为广阔的电视竞争大潮业已涌来。本书向大众描绘我们所处和即将面临的时代，尤其适合媒体从业人员阅读，也可作为高等院校经济学、管理学、新闻学等相关专业的高年级本科生或者研究生学习产业经济、企业管理和公共政策的参考用书。

图书在版编目（CIP）数据

三网融合时代的电视竞争与规制 /胡汉辉等著. —北京：科学出版社，2021.4

ISBN 978-7-03-068319-9

Ⅰ. ①三… Ⅱ. ①胡… Ⅲ. ①电视事业-研究-中国 Ⅳ. ①G229.2

中国版本图书馆 CIP 数据核字（2021）第 043940 号

责任编辑：陈会迎 / 责任校对：王晓茜
责任印制：张 伟 / 封面设计：无极书装

科 学 出 版 社 出版

北京东黄城根北街 16 号
邮政编码：100717
http://www.sciencep.com

北京虎彩文化传播有限公司印刷

科学出版社发行 各地新华书店经销

*

2021 年 4 月第 一 版 开本：720×1000 B5
2021 年 4 月第一次印刷 印张：22 1/2
字数：460 000

定价：208.00 元

（如有印装质量问题，我社负责调换）

序

　　电视业的竞争与政府管制（更多的经济学者常将 regulation 翻译为"规制"，而在实际部门中通常称之为"政府监管"）问题是一个事关产业和社会发展的有趣话题。它与"电信产业的竞争与政府管制"（常因著名学者拉丰先生和梯若尔先生 2000 年出版的著作而简称"电信竞争"）问题的主要区别在于，它不仅涉及信号传输"网络"，而且涉及发布者广播的"内容"。同时，由于不同国家在价值观、意识形态、制度环境等方面的差异，以及由多产业（如电信业、有线电视业、互联网产业等）导致的多管制者差异，电视竞争成为一个很难达成一致认识的世界性难题。东南大学胡汉辉教授及其团队坚持在这一领域深耕二十余年并取得了许多重要研究成果，我对他的治学态度十分敬佩。

　　产业发展的动力往往来自市场的需求或者供给的创新，以及政府的积极推动。在中国，随着信息化和网络融合的进程加快，电视竞争成为一个高质量发展中绕不过去的问题。它对一系列产业的发展，以及新时期文化的繁荣，均有重要的影响。我虽不专门研究电信、电视产业的问题，但知道这些研究的重要意义，平时也和作者在"政府管制"这一学科中长期交流：我们曾是中国工业经济学会学术委员会委员，我还邀请他加入中国工业经济学会产业监管专业委员会和在中国城市科学研究会城市公用事业改革与监管专业委员会中担任专家委员，他积极参加了我们中国政府管制研究院首倡并组织的十余届"中国政府管制论坛"，他在论坛上的精彩演讲得到了与会者的高度评价。

　　改革开放以来，在中国建立与完善社会主义市场经济体制的过程中，政府监管是一个不断加强的重要政府职能，对电视业这一涉及基础网络和文化内容的行业尤其如此。最初引自西方发达国家的政府监管理论已不能较好地满足新时代中国政府监管的实践需要。构建中国特色政府监管理论体系要求坚持以马克思主义为指导、立足中国社会主义基本制度、服务中国政府的监管目标与需求；需要提炼与概括中国监管的实践经验与规律。我认为，中国特色政府监管理论体系应以"监管有据、运行高效、精准有效、公开透明、激励约束"为基本特征，其整体框架可由政府监管的法律制度体系、监管机构体系、监管方式体系、监管监督体系和监管绩效评价体系 5 个相互联系的子体系共同构成，以便为分析特定领域或行业的政府监管问题、完善政府监管体系、提高政府监管效能提供理论框架。《三网融合时代的电视竞争与规制》一书在这方面也做了一些类似的探讨，从一般的网络融合视角讨论三网融合背景下的有关问题，希望作者能够继续深入探索，以取得更多研究成果。

　　本书的作者胡汉辉教授是一个乐于为学科发展做无名英雄的学者，21 世纪之初他曾主持"产业经济学译丛"的翻译工作，带领其团队出版了《电信竞争》《产业竞争博弈》《领先之源》《网络型产业的重组与规制》等佳作，以及纳入"现代经济学译丛"系列的《现代产业组织（第四版）》，为我们构建中国特色的管制经济学和产业经济学提供了许多可资借鉴的他山之石。

王俊豪

2021 年元月于西子湖畔

目　　录

绪　　论

我们似乎正身处一个处处是"电视"的时代，不仅电视机越做越大、越做越薄，甚至屏幕可以弯曲，而且随身所携的手机让我们时时、处处观看电视节目成为现实。如今，电视网、电信网、互联网三足鼎立，各司其职，承担着不同的信息基础设施职能。但今天，无论是有线电视运营商，还是电信运营商和互联网服务商，似乎都在"玩"电视——IPTV[①]、OTT TV[②]等。而且，许许多多、无以计数的消费者也在"玩"网络视频——自己拍一段视频，哪怕只有几秒钟的画面，再上传至互联网。

科技的发展，驱动着三个原先互相独立的网络逐渐走向融合，统一于以分组交换为基础的信息通信协议，统一于以半导体为核心的终端硬件。今天，"看电视"更确切地讲应该是"看视频"——越来越多的观众，尤其是年轻观众更多地在地铁里、办公室，甚至是在行走的路上，通过手机或者平板电脑一类的移动设备欣赏着原本只在电视大屏上播放的精彩视频。传统的电视终端本身也不再仅仅像"看电视"那么简单，更确切地讲是"用电视"。例如，华为的智能显示屏在增加了人脸识别和语音识别等人工智能（artificial intelligence，AI）后，甚至有望成为家庭新的家居设备操控中心。

我国的"电视"行业可谓前所未有的热闹，参与者熙熙攘攘。市场上除了传统的有线电视台网外，BAT（目前我国互联网公司的三巨头，即百度 Baidu、阿里巴巴 Alibaba 和腾讯 Tencent 的首字母缩写）旗下的"爱优腾"（百度的爱奇艺、阿里巴巴的优酷视频、腾讯的腾讯视频）、华为、小米、海信、海尔和创维，以及中国电信、中国移动、中国联通等都成为新的进入者。群雄逐鹿的电视竞争时

---

① IPTV 是"Internet protocol TV"的缩写，是一种基于 IP（Internet protocol）协议的数字电视传输方式，通常通过电信运营商的宽带网络进行传输。

② OTT TV 是"over-the-top TV"的缩写，是一种基于开放互联网的视频服务，终端可以是电视机、电脑、机顶盒、Pad、智能手机等。从消费者的角度出发，它是以 over-the-top 方式服务的、集成互动电视功能的互联网电视。2010 年开始在市场上推出的 Apple TV 及 Google TV 就是此种模式。在我国，主要指通过公共互联网面向电视机传输的、由国有广播电视机构提供视频内容的可控可管服务，其接收终端一般为国产互联网电视一体机。

代已经来临。

在电信、有线电视、互联网三大信息基础设施中，电信出现最早也最为基础。在我们开始有关电视竞争的分析之前，不妨先回顾一下经济学家稍前对电信行业竞争状况的讨论：2014 年 9 月，该年度的诺贝尔经济学奖终于授予了 2000 年《电信竞争》一书的作者之一让·梯若尔（Jean Tirole）先生[①]。虽然这一奖项姗姗来迟，但如果这一荣誉能早 11 年来到，或者如果诺贝尔奖不是规定只能颁发给在世的学者，或许就会同时有另一位获奖人——该书的第一作者让·雅克·拉丰（Jean-Jacques Laffont）先生[②]，不过，无论怎样，这一奖项的颁发是对以电信竞争为代表的激励理论在"市场势力和规制"（market power and regulation）领域所取得的学术成果的充分肯定。

20 多年前，电信行业首先成为经济学家的宠儿。在那个信息技术一统江湖初见端倪的时代，有关电信竞争的研究成为热点有其历史的必然性。如果说在现实世界里，电信网络为互联网经济的发展奠定了物质基础；那么在学术界，《电信竞争》则为网络融合，乃至产业融合的经济分析奠定了理论基础。

今天的消费者已经充分享受到了电信竞争所带来的资费降低、选择多样及普遍服务的便利。消费者的兴趣正在逐渐从老式的"固定电话机"转移到移动终端般的"电视机"乃至泛智能的终端设备。消费者面对的选择也变成了：他们究竟青睐中国电信的 IPTV，还是本地有线电视网络公司，或者互联网上的 OTT TV？因为现在观众已经不再仅仅挑剔谁家的电视可"看"的频道更多、画面更清晰——这些要求随着电视信号的传输大多由模拟方式改为数字方式后已一再淡化——而是哪一个（提供电视"内容"服务的）网络包含更多自己需要的高质量信息，能把电视机"用"出更多的花样来。因而，在经济学和管理学界，对电信竞争的关注正逐渐被对电视竞争的兴趣所取代。

1. 网络融合：凸显电视竞争的始作俑者

由电信运营商、有线电视网络运营商和互联网服务运营商等参加的现代电视竞争起源于电信网、有线电视网和互联网的三网融合，此前，它们彼此间可以说是井水不犯河水。但现在，似乎谁都不满意于今天的竞争，如那些曾经在电信竞争时代风光一时的电信运营商们含有一肚子委屈，至少在三网融合的今天，他们仍然时时抱怨诸如在经营 IPTV 一类业务的过程中，与有线电视网络运营商相比，他们处于弱势的市场地位。

当然，电信运营商们在三网融合的初期确曾有过很风光的时候，早在 2G（2th

---

① 《电信竞争》的作者为拉丰和梯若尔两人，拉丰先生已于 2004 年 5 月 1 日在其家乡法国图卢兹去世。

② 拉丰教授创立的产业经济研究所（Institut d'Economie Industrielle，IDET）是世界领先的学术研究机构，拉丰教授和梯若尔教授曾先后担任该研究所的所长。

generation）时代，电信运营商就开始尝到跨界进入电视行业的甜头。2004 年，湖南卫视《超级女声》节目的推广称得上是电视台和电信业合作"双赢"的经典案例之一，它的播出不仅使当时湖南卫视的收视率直线上升，攒足了人气，重振了"文化湘军"的威风，而且使得与其合作的电信运营商获得了未曾预料的短信收入。那时，"超女"迷们如果要给自己支持的选手投票，首先要花 1 元钱订制短信（联通和小灵通用户为 0.5 元），收到回复后才能投票。电信运营商与节目制作商、增值服务提供商的利益分配比例基本维持着"运营商：合作伙伴=15%：85%"的原则，按照湖南卫视 3000 万元短信实际收入（占短信总收入的 50%）的数据推算，《超级女声》带来的短信总收入为 6000 万元，电信运营商则从《超级女声》中获利约为 900 万元，这让经营者自己也始料不及（董伟，2006）。

湖南卫视一炮而红后，应者如云，电视台与电信网的互动成为新的商业模式。随后轮番引领收视率新高的还有江苏卫视的《非诚勿扰》（虽然它在 2015 年的最后几期中因名称侵权案的诉讼而改名为《有缘非诚勿扰》）和浙江卫视的《中国好声音》（详见案例 1）等。《中国好声音》做到了有线电视网、电信网等的同步直播，用事实说明了三网融合创造的合作收益。

在电信网、有线电视网和互联网之间进行的三网融合，更广义地说，网络融合，是已经在世界各地悄然发生着的事实和政府的决策①。而在中国，其则因 2010 年 1 月国务院常务会议决定实质性推进三网融合而正式进入大众的视线。

我们有理由相信，学术界继电信竞争之后，也会加强对有关电视（网络）产业的合作与竞争——不妨统称为电视竞争——问题的研究。因为我们在这一新的时代看到的已经不仅是传统的电信运营商之间的竞争与合作（如移动电话运营商和固定电话运营商之间），而且是以往的电信运营商和曾经的电视运营商及互联网服务商之间的竞争与合作。在这些竞争及竞争性合作中，将既有传统行业间的竞争与合作，又存在新兴行业内部的竞争与合作；同时，在产业链环节还存在异质性的进入。来自多方面的竞争与合作的存在将既提高质量又降低价格。有线电视产业在三网融合背景下的发展会大大拓展三网融合的研究空间，数字内容产业特别是有线电视内容产业在三网融合背景下的发展，势必会成为未来一段时间三网融合中竞争与合作的重点。

2. 网络融合时代研究电视竞争的意义

事实上，我国电视（网络与内容的）竞争由 20 世纪末各地纷纷成立有线电视网络公司和 1999 年国务院转发文件②开始推行"（传输）网（络与广播电视）台

---

① 例如，2008 年 1 月 1 日，《国务院办公厅转发发展改革委等部门关于鼓励数字电视产业发展若干政策的通知》（国办发〔2008〕1 号）就提出了"推动三网融合"的要求。

② 国务院 1999 年 9 月 17 日发布的《国务院办公厅转发信息产业部国家广播电影电视总局关于加强广播电视有线网络建设管理意见的通知》。

分离"而初见端倪；2006 年 4 月 27 日，中央电视台经国家广播电影电视总局批准，获得以计算机、电视机、手机为终端开办信息网络传播视听节目业务的许可，并于同年 12 月 1 日开始试播手机电视而正式拉开了大幕（中国广播电视年鉴编辑委员会，2007）。中央电视台因此计划全面进军网络电视、IP 电视、手机电视等新视听媒体领域，与众多企业一起，上演了这幕涉及电信网、电视网和互联网的网际竞争与合作的波澜壮阔的"活报剧"。

融合一直是产业发展的途径之一，进入 21 世纪的第二个 10 年以来，我们更是自觉地推进着全国范围的三网融合。

中国的电视竞争与网络融合相伴而生，不仅在于我国大力推动三网融合的时间正处于 20 世纪末西方发达国家的网络泡沫破灭之后，而且在于我国一直大力推动网络产业创新，尤其是进入 2015 年后，中国政府极力推动"互联网+"产业的发展[①]。

2004 年湖南卫视的《超级女声》节目让中国大众初步体会到电视台和电信业合作的"双赢"仅是开山之作，8 年后的《中国好声音》则让中国大众进一步品味了三网融合环境中大大超越制播分离[②]的电视竞争的创新性机会（案例 1）。

案例 1　《中国好声音》的流行[③]

《中国好声音》（*The Voice of China*）是浙江卫视在 2012 年 7 月 13 日开始播出的一档大型励志音乐评论节目，由浙江卫视和星空传媒集团[④]旗下的灿星公司所打造，是我国电视历史上一个有意义的制播分离案例。

---

① 李克强总理 2015 年 3 月 5 日在第十二届全国人大第三次会议上所作的《政府工作报告》中使用了"互联网+"一词，提出"制定'互联网+'行动计划，推动移动互联网、云计算、大数据、物联网等与现代制造业结合，促进电子商务、工业互联网和互联网金融健康发展，引导互联网企业拓展国际市场"。

② 制播分离的概念早期起源于英国，来自英文 commission，原意是电视播出机构将部分节目委托给独立制片人或独立制片公司来制作。

③ 本书的案例和专题系作者及其学生团队按有关材料及网络信息整理、缩写或改写。虽然我们已经尽可能地列举了有关资料和信息的来源，但仍可能有所遗漏。作者向所有涉及的原作者致谢，并对所有已被使用但未被明确标注或致谢的材料来源（部分因为选编时未及时记录原始出处）深表歉意。

④ 星空传媒集团为国际媒体公司新闻集团 News Corporation 全资的附属机构，拥有当时全球最大的媒体王国和最新的娱乐媒体资源。其最初的英文简称为 STAR，2001 年前称 STAR TV，是公司成立初期的全称"Satellite Television Asian Region Limited"的简称，目前英文名为 STAR Group Limited。星空传媒于 1991 年 8 月 26 日正式启播，总部设于中国香港，1993 年被默多克的新闻集团全资收购。STAR 启播时只有 4 个频道（卫视中文台 STAR Chinese Channel、卫视体育台 STAR Sports、卫视合家欢台 STAR World 和卫视电影台），后又增加卫视音乐台 Channel [V]。星空传媒现时以 9 种语言，向 50 多个国家，总共约 3 亿人口，播放以娱乐节目、体育、电影、音乐、新闻、纪录片等节目为主的频道，掌握超过 2 万小时中文和印度语的节目内容，拥有全球最庞大的当代华语片库。

《中国好声音》的制作源于荷兰的电视节目 *The Voice of Holland*①，灿星公司从注册在英国的版权代理公司 IPCN（International Program Content Network，由杨媛草女士和米克戴思蒙先生于 2007 年在英国伦敦共同成立）手中购买了 *The Voice* 第一至第四季的中国版权（其中为前三季付费 350 万元人民币）。前四季的《中国好声音》每一季在 15 期左右，每一期大约 100 分钟。截至 2015 年 10 月 16 日播出第四季第 15 期前，播出了第一季（14 期）和第二、第三季（均是 15 期）。节目中学员的高质量声音和超强的导师阵容都吸引了观众的眼球，播出后广告费和收视率屡创新高，第一季的广告费在总决赛中达到了 15 秒 116 万元人民币的最高点，而收视率也居同期全国之首（为 5.036%），节目制作商（灿星公司）和播出商（浙江卫视）都收入颇丰。

一个选秀节目能如此成功取决于多方面的共同努力：灿星公司在制作过程中承担了主要工作，而浙江卫视则提供了播出渠道。在从内容提供商（灿星公司）经过播放平台（浙江卫视）到用户的产业链条上，实现了真正意义上的制播分离，它实行的并不是传统制播分离的"买节目"方式，而是选择了制作方和电视台共同投入、共担风险、共享利润的经营模式，如果亏本就由内容提供商负责赔偿（灿星公司事实上承担了绝大部分风险），如果赚了就二者分红。两者间这一"投资分成"模式使得节目的收视率越高，内容提供方获得的收益也将越高，从而形成业务绑定，大家共同为收视率奋斗。两者的收入绑定有利于推出一档高质量的娱乐节目，为了降低风险，灿星公司具有为节目的高质量而努力的激励，以积极去进行项目运作和推广。

《中国好声音》的成功还不仅在电视屏幕上。灿星公司在提供节目（内容）的基础上，进一步扩展了相关业务，逐渐发展跨产业链条，实现节目增值。例如，其曾与中国移动合作，逐步将所有学员的歌曲制作成彩铃，灿星公司参与了中国移动的彩铃收益分成。

不过，运营商们并不是都能认识到三网融合时代的电视竞争特点，进而将其自觉转换为自己的经营战略和市场绩效。例如，由于互联网的发达和便捷属性，灿星公司曾一度想在与网络视频网站的合作中复制其与浙江卫视的合作方式，利用传播能力强大的互联网以尽可能扩大节目的覆盖面。可是，当初没有一家视频网站能独具慧眼，发现这档节目的巨大商业价值，最终灿星公司不得不采用以往的一次性买断模式，将《中国好声音》的直播权以几十万元一整季的超低价同时卖给了爱奇艺、优酷、腾讯、土豆等 8 家视频网站，与浙江卫视共同直播（第一季被授权播出的网络平台有乐视网、PPS、风行、搜狐、凤凰、PPTV、优酷、土

---

① *The Voice of Holland* 是由荷兰制作人马克·德文克制作的一档歌曲选秀节目，在 Radio Télévision Luxembourg 4（简称 RTL4）商业电视台播出。"*The Voice of~*"的节目模式由荷兰 Talpa 公司拥有，后被不同的国家引入，形成具有当地特色的节目，如 *The Voice of UK*。

豆、爱奇艺、腾讯、蓝莓等 11 家网络媒体）。《中国好声音》第二季的冠名费（该节目前四季的冠名商为加多宝，第五季是法兰琳卡[①]）及广告费更是在第一季的基础上大幅提高，从 6000 万元涨到了 2 亿元，第二季巅峰之夜的广告成交价达到了令人瞠目结舌的 15 秒 380 万元，商业价值逐渐放大。虽然第三、第四季的收视率有所下降，但是冠名费却逆市上扬，第三季的冠名费达到了 2.5 亿元，并且巅峰之夜的广告成交价达到了 1070 万元。尽管官方没有宣布第四季的冠名费，但从 2016 年的冠名费超 4 亿元来看，第四季的冠名费应该在 2.5 亿~4 亿元，且冠军宣布之前的 60 秒广告拍出了 3000 万元的天价[②]。《中国好声音》为浙江卫视和灿星公司带来了丰厚的收益。

　　说明：本案例由李鹏编写。
　　资料来源：
　　《中国好声音》，https://baike.baidu.com/item/%E4%B8%AD%E5%9B%BD%E5%A5%BD%E5%A3%B0%E9%9F%B3/4246136?fr=aladdin，2020 年 9 月 16 日
　　The Voice of Holland，https://en.wikipedia.org/wiki/The_Voice_of_Holland，2020年 9 月 30 日
　　《2019 中国好声音即开播，好声音商标侵权案落幕总算可以名正言顺使用了》，http://www.sohu.com/a/325658033_188037，2020 年 9 月 16 日

　　因此，我们有理由相信，继曾经风起云涌的电信竞争之后，电视竞争将再一次掀起经济和管理理论的创新、相应的产业发展及企业商业模式的革命，也为有关网络融合及产业融合的研究提供借鉴、经验和途径。
　　若想观察比电视竞争内容更为宽泛的网络融合所带来的"跨界融合式"商业模式所导致的变化，只要看看从 2012 年开始的"光棍节"的热闹景象，看看那些年 11 月 11 日天猫这个电子商务平台的成功即可（详见案例 2）。

案例 2　热闹的光棍节

　　"光棍节"，这个被国内电子商务运营商费洪荒之力给以放大的、据说源自南京某个大学校园的、与爱慕表达有关的事件，在 2012 年的 11 月 11 日这一天被

　　[①] 因浙江唐德影视股份有限公司购买了从 2016 年 1 月 28 日至 2020 年 1 月 28 日 "*The Voice of ~*" 的中国唯一授权，灿星公司的《中国好声音》2016 年第五季起改名为《中国好歌声》，该系列节目不再引进国外版权，而是采用原创模式。两公司后于 2018 年达成和解，节目改回原名。

　　[②] 好声音广告刷新中国电视史之最 1 分钟广告卖 3 千万，http://sh.sina.com.cn/news/w/2015-08-29/detail-ifxhkafe6161655.shtml，2021 年 3 月 23 日。

商家、消费者、网民共同推到了有史以来的巅峰，成为电商购物节的爆发点。电子商务平台天猫在万余商家的助力下，通过成功的前期策划、广告运营、打折销售等，在一天中实现了191亿元的总销售额。各大电子商务运营商抱团取暖，在支付宝这一新兴金融工具和物流等产业的全力支持下，共同颠覆了广大消费者千百年来的消费习惯。这是开放式商务平台的一次胜利之战，是产业融合的辉煌之作。

盛况在2012年及以后的"光棍节"多次火爆展现（图0-1），2012~2017年每年"光棍节"这一天我国网购总交易额都在逐年上升，"光棍节"网购的火爆状况表现出持续上涨的趋势，从2012年的191亿元，到2014年的571亿元，再到2015年的912亿元，2017年，阿里巴巴的"双十一"再次以1682亿元的交易额刷新成交纪录，成为我国电商高速发展的一个缩影。①

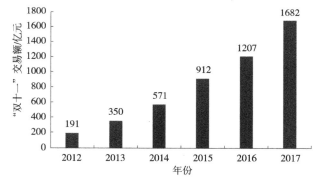

图0-1　2012~2017年天猫、淘宝"双十一"销售额

资料来源：双11的由来：从5000万到1682亿背后的故事，https://down.lusongsong.com/info/8965.html，2020年9月16日

根据中国互联网络信息中心（China Internet Network Information Center，CNNIC）发布的第43次《中国互联网络发展状况统计报告》，截至2018年12月，我国网络购物用户规模达6.1亿人，占网民整体比例为73.6%。手机网络购物用户规模达5.92亿人，使用比例达72.5%。《中华人民共和国电子商务法》于2019年1月1日正式实施，网络消费领域将进一步规范。

---

① 当然，"双十一"的增幅逐年有所下降，直至2017年有些许回升。艾媒咨询分析认为，各大电商平台为抢先争夺用户市场，提前打响"双十一"购物节大战是一个重要原因，例如，提前联合部分品牌商家将商品优惠券投放到市场中，拉长优惠购买期限，用户不必等到"双十一"就能买到优惠商品。另外，网民购物逐渐趋于理性也是导致"双十一"当天淘宝、天猫销售额增幅不高的原因之一。

资料来源：

《2016 年中国"双十一"大数据统计[图]》，http://www.chyxx.com/industry/201710/575794.html，2020 年 9 月 16 日

《2015 淘宝、天猫双十一销售额数据直播》，http://www.fashangji.com/news/show/7682/，2020 年 9 月 16 日

《2019 淘宝天猫双 11 分析报告出炉　双十一数据抢先看！》，https://www.kaitao.cn/article/20161123101711.htm，2020 年 9 月 16 日

http://www.cnnic.net.cn/hlwfzyj/hlwxzbg/hlwtjbg/201902/P020190318523029756345.pdf，2020 年 9 月 16 日

孙玮、傅周艳：《线上线下融合已成趋势》，《金陵晚报》，2012 年 11 月 16 日，第 B38 版

通过"光棍节"等的推介，阿里巴巴等电商大户获得了社会的认可。2014 年 9 月 19 日晚，阿里巴巴在纽约华尔街的美国证券交易所上市，共融资 250 亿美元，一批创业者在那一刻成为世人瞩目的亿万富翁。全世界都见识了成功者不仅有微软的比尔·盖茨、脸书的扎克伯格等美国高校的辍学学生，而且有来自中国的高考失意者。

在网络融合的今天，孕育了电视竞争的产业融合式发展成为一个前所未有的经济和社会发展特征。据中国互联网络信息中心发布的消息[1]，截至 2018 年 6 月，我国网民规模已达 8.02 亿人，互联网普及率为 57.7%；我国手机网民规模达 7.88 亿人，网民通过手机接入互联网的比例高达 98.3%，手机已经成为网民主要的上网终端；互联网理财使用率提升明显，市场向规范化、有序化发展。我国互联网理财使用率由 2017 年末的 16.7% 提升至 2018 年 6 月的 21.0%，互联网理财用户增加 3974 万户，半年增长率达 30.9%。共享出行的用户高速增长，市场资源得到进一步整合。2018 年上半年，分别有 30.6%、43.2% 和 37.3% 的网民使用过共享单车、预约过出租车、预约过专车或快车，用户规模较 2017 年末分别增长了 11.0%、20.8% 和 26.5%。

这是一个"未来属于那些传统产业里懂互联网的人，而不是那些懂互联网但不懂传统产业的人"[2]的时代。阿里巴巴借助于网络实现的辉煌似乎和电视竞争并不是，至少不完全是同一回事。不过，如果你认为这些与电视竞争无关，那么你将失去的一定不仅仅是观看电视节目的乐趣，还将失去对"互联网+"革命性意义和创新性机会的理解。

---

[1] 据中国互联网络信息中心发布的第 36 次《中国互联网络发展状况统计报告》。

[2] 中国著名天使投资人、美图秀秀董事长蔡文胜之语。见 https://www.sohu.com/a/346515944_398706，2020 年 9 月 15 日。

这是一个不论你接受还是拒绝，百度、微信、支付宝、拼多多等都已来临的时代，以最新的消费方式成为经济增长的重要驱动力。陈旧的思维将使传统商家的客流量缩减，将使不会上网的顾客付出比购买相同商品的手机支付者更多的消费金额。

诚然，"与电视有关的竞争"并不是网络融合——以及更为广泛、深刻的产业融合——的全部结果。互联网的发展至少给我们两点深刻的启示。其一，互联网给我们以颠覆性思维，让我们从全新的视角重新看待一些经济和社会现象，去开发由产业融合导致的新的商业模式。其二，互联网的发展将会极大地推动由产业分离导致的新兴产业的诞生，如电视业的播出（网络产业）和制作（内容产业）的分离。正是这些连绵不断的融合和分离，从根本上改变着电视竞争的格局，导致跨界的新产业和电视业的革命性变化，导致新的"互联网+"产业的创新。

3. 网络融合时代电视竞争问题的多样性

从前文中我们已经知道，研究三网融合时代电视竞争问题的意义已经超越了仅仅与传统电视有关的产业发展问题的范畴。我们继续以《中国好声音》的跨产业发展[①]为例（案例3），从网络融合时代电视竞争的多样性来进一步说明这一问题。

案例3　《中国好声音》的产业跨界

从《中国好声音》节目运作所涉及的多个产业出发，我们可以描述其涉及的产业链，如图0-2所示。

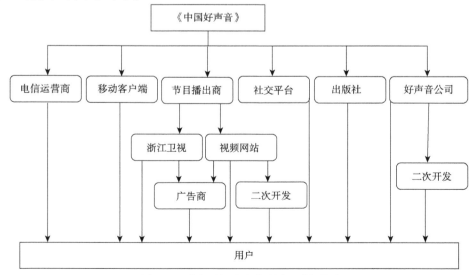

图0-2　《中国好声音》的产业链群图

---

① 跨产业发展通常指企业为了从一个产业进入另一个相邻产业，与相邻产业中的有关企业合作的行为。

　　《中国好声音》节目打造了一个多产业链的经营模式。从图0-2看，它主要有七条运营渠道。

　　1）《中国好声音》—电信运营商—用户

　　第一季《中国好声音》刚进入制作阶段，灿星公司就计划与中国移动合作，逐步将所有学员的歌曲制作成彩铃，并参与中国移动的彩铃收益分成。灿星公司在提供内容的基础上，还在扩展其业务，逐渐发展跨产业链条业务，实现节目增值。

　　第二季时，《中国好声音》联合中国电信打造了"天翼飞Young中国好声音百城百场演唱会"，为百余个城市的观众奉献了100场高水准的精彩演出。《中国好声音》联手中国电信，凭借其强大的客户群资源、渠道资源、宣传资源，在娱乐节目的战场上开辟了新的营销模式。中国电信也利用《中国好声音》的资源不断扩展新的业务，在跨界经营的路上不断开拓。

　　2）《中国好声音》—移动客户端—用户

　　《中国好声音》在实现了有线电视和网络电视覆盖后，又进一步开拓了移动用户。自播出以来，《中国好声音》陆续授权星空乐众、百度音乐、虾米音乐、天天动听、咪咕音乐、网易云音乐，以及自建客户端等进行数字音乐的下载及衍生品的开发，用户可以根据音质免费或付费下载，所得收入与节目组分成。

　　在数字音乐领域，《中国好声音》节目组采取和网络视频相同的策略，除了通过授予数字音乐播放下载版权获取收入分成外，还与数字音乐平台进行了二次开发。第三季《中国好声音》与天天动听合作推出好声音专题，与节目同步更新音频内容。同时，《中国好声音》节目组与全国百佳电台紧密合作，依据学员歌曲在平台上的试听和下载量推出《中国好声音》人气榜单等。

　　3）《中国好声音》—节目播出商—浙江卫视—用户

　　此链条是从内容提供商到用户的一个完整产业链，根据案例1的解释，节目的最大创新也是发生在此链条上。首先，《中国好声音》是真正意义上的制播分离，它不是传统制播分离式的"买节目"，而是选择了制作方和电视台共同投入、共担风险、共享利润的模式。如果赔了，就由灿星公司赔偿，如果赚了，就二者分红，收视率越高，灿星公司获得的收益也将越高，二者形成业务绑定，共同为收视率奋斗，也就是说二者采用的是"投资分成"模式。浙江卫视在此链条中仅仅扮演了播出渠道的角色，两者的绑定推出了一档质量非常高的娱乐节目，内容提供商承担了绝大部分风险，为了降低风险，灿星公司具有提高节目质量的激励，从而积极运作和推广。

　　浙江卫视还对《中国好声音》进行了二次开发，第一季时虽然只有《成长教室》一档衍生节目，但随着节目持续受到市场追捧，2015年《中国好声音》由浙江卫视开发的衍生节目达到了三档，分别是《酷我真声音》、《娱乐梦工厂》及

《不能说的秘密》。虽然《中国好声音》已为浙江卫视带来了可观的收入，但其希望利润尽可能最大化，所以利用优质的好声音内容不断开发其他衍生产品，以期挖掘更大的价值。

4）《中国好声音》—节目播出商—视频网站—用户

《中国好声音》刚被引入中国时，几乎没有任何一家视频网站看好该档节目，内容提供商为了借助网络平台播出节目，不得不以几十万元一整季的低价卖给8家视频网站，该方式仍然是一次性买断。与其提供给浙江卫视的方式不同的是，此时内容提供商仅仅得到了几十万元的费用，且无法监督节目播出的视频效果。视频网站播出《中国好声音》后，点击率出乎意料地屡创新高。以爱奇艺为例，节目播出结束后，累计点击率达到了4亿次，土豆和优酷的点击率也达到了几千万次，爱奇艺从《中国好声音》中得到的广告收入也达到了上千万元。一时间好声音成为各大网站搜索的热门词汇，中国也掀起了好声音热。

2012年第一季《中国好声音》全网累计播放量超过15亿次，这让互联网时代的网络运营商看到了巨大的商机。第二季《中国好声音》的网络播放权成为各大视频网站运营商争夺的核心资源，最终，搜狐视频花费了1亿元赢得了《中国好声音》，以及《中国好声音对战最强音》（由搜狐视频和灿星公司联合推出）的网络独播权。搜狐视频购买到网络独播权后，便着手在《中国好声音》综艺品牌内容上进行全方位的开拓延展，开发了揭秘学员台前幕后的自制纪录片《突袭最强战队》。搜狐视频利用自己"娱乐+视频"的双平台优势，制作了一系列与《中国好声音》相关的自制栏目，不仅赚取了2亿元广告营收，而且使搜狐视频也得到了推广。良好的节目及口碑带来的赚钱效应，引得网络视频运营商竞相提高网络独播权的购买价格，最终，《中国好声音》第三季的网络独播权被腾讯视频以2.5亿元的价格购得。购得网络独播权后，腾讯视频围绕《中国好声音》开发了六档衍生节目，分别是《寻找好声音》、《微视好声音》、《重返好声音》、《有料好声音》、《剧透好声音》和《重返巅峰》，创造了9.6亿次的播放量，与此同时，腾讯视频还推出了微信摇一摇电视竞猜活动等互动产品，在提升用户体验的基础上，最大限度地激发了用户主动传播的意愿。《中国好声音》第三季和腾讯视频的合作创造了全新的互动模式。

5）《中国好声音》—社交平台—用户

在社交平台日渐兴盛的时代，重金打造的电视节目往往会把社交网络当成最重要的宣传阵地。2013年《中国好声音》第二季开播时，首播3小时内即吸引了超过550万名新浪微博网友参与讨论，话题的总提及量达到708万次。微博话题的提及量往往正比于社交网络的热度和收视率，特别是微博的实时讨论热度通常正比于电视收视率，因为越来越多的年轻观众已经逐步养成了边刷微博边看电视直播的习惯。

6）《中国好声音》—出版社—用户

《中国好声音》节目收视率的持续高涨及营销效应的扩大，引起了出版界的极大关注。中国人民大学出版社抓住机会获得了好声音系列图书的出版权，针对良好的资源进行了二次开发和利用。通过图书，详解《中国好声音》从选材到制作再到成品的一系列过程，出版社成功实现了与电视节目的跨界整合，陆续推出了好声音系列图书"梦"之三部曲：《梦响：中国好声音写真集》、《乐动梦想：中国好声音梦想故事》，以及《梦工厂：音乐电视真人秀节目运作秘笈》等。系列图书不仅在全国新华书店和当当、亚马逊、京东三大网站同步售卖，而且通过大型签售活动、演唱会现场售书活动等实现销售最大化。"《中国好声音》系列图书"等以电视节目的内容为基础，通过丰富剧情结构、对特定题材进行深度开发和二次创作等手法，运用书面语言的独特魅力对电视图像进行新的诠释。

7）《中国好声音》—好声音公司—用户

灿星公司时刻准备着跨产业发展，在推出《中国好声音》之前，灿星公司就成立了经纪公司包装其"摇钱树"，凡是从《中国好声音》和《中国达人秀》走出来的选手都可以成为灿星公司的艺人，它还组建专门机构为随后的产业链开发做好铺垫。《中国好声音》第一季节目结束后，紧接着就开始了"中国好声音巡回演唱会"[①]。

除灿星公司外，《中国好声音》还催生了一家新公司——梦想强音，其核心业务是《中国好声音》节目的品牌管理、艺人经纪和互联网衍生业务。例如，梦想强音与中兴九城网络科技（无锡）有限公司（以下简称中兴九城）签约，获得了《中国好声音》品牌的全平台游戏独家开发权。中兴九城可全面代理和开发《中国好声音》品牌的相关游戏，邀请好声音公司的签约学员进行跨界合作，在游戏内展示好声音公司的学员形象。中兴九城还可针对《中国好声音》，在合作期内推出分别基于手机、电视及个人电脑（personal computer，PC）平台的不同类型的游戏。

说明：本案例由李鹏编写。

资料来源：

中电信与中国好声音第二季合作　打造年轻品牌，http://info.broadcast.hc360.com/2013/07/150847568489.shtml，2020 年 9 月 25 日

---

① "中国好声音巡回演唱会"于 2012 年 9 月 21 日在澳门开唱，分别巡演于南通（11 月 3 日）、南京（12月 1 日）、杭州（12 月 9 日）、南昌（12 月 14 日）和重庆（12 月 29 日），并于 2013 年 1 月 19 日收官于南宁。演唱会采取专业、高效的推进方式，通过明星营销、活动促进、媒体联动等方式打造全程整合传播，为赞助商提供了一个性价比极高、增强自身品牌效应、提升企业形象、传播企业文化的不可多得的机会点，为品牌在拓展和巩固其市场占有率上创造契机，达成双赢。

踪琦. 2014. 《中国好声音》全产业链版权运营对出版业的启示. 出版参考，
（33）：11-12

《中国好声音》：耳尖上的中国，https://wenku.baidu.com/view/15b6ec5aee06
eff9aef807d8.html，2020 年 9 月 25 日

案例 3 说明，《中国好声音》实现了跨产业链发展，从节目制作和播出进入
了另一个相邻产业，与相邻产业中的有关企业合作。《中国好声音》在节目制作
的基础上，将学员纳入自己旗下成立的好声音公司，类似于娱乐公司华谊兄弟的
经营模式，将学员们当作明星来培养，然后出售和消费他们及他们的产品，进而
也与华谊兄弟这样的公司构成了模式间竞争。同时，《中国好声音》还有专门的
娱乐公司——梦想强音，专门负责好声音产品的二次开发及与其他企业的合作，
如与中兴九城的游戏开发。

案例 3 还间接说明，三网融合下电视市场的竞争将兼具模式间竞争和模式内
竞争的特点。

对于有线电视网和互联网而言，由于互联网的用户占《中国好声音》观众的
80%，我们有理由认为，它们之间形成了模式间竞争（这类竞争的特点是运营商
可以基于自身的基础设施提供可替代的产品或服务）。模式间竞争反映了竞争的
动态性。就《中国好声音》来说，网络用户的占比远远大于电视用户，这与我国
网络发展的特点相关。我国网络发展的特点是：带宽增加，视频的质量更加清晰，
使用起来更加方便，电脑等的多任务交互式处理方式可以同时满足人们处理不同
事情的需求等。在争夺用户方面，互联网和有线电视网相比，后者往往处于下风，
部分原因在于，在三网融合时代，互联网的业务拓展速度加快，而同期有线电视
网的业务拓展则相对较慢，进而使得互联网用户逐年增多，在用户争夺上占据了
优势。互联网在提供视频服务的同时，还可以提供互动交流服务，这种创新性特
点是互联网视频（我们今后将更多地称呼它为"网络视频"）对传统视频的异质
性进入。

视频网站之间构成了模式内竞争（与模式间竞争相比，这类竞争显得更为静
态，竞争者基于相同的网络提供高度相似的产品与服务，多属于一次性的固定模
式，并没有紧随其后的相关产品的进一步开发）。在网络型产业融合的背景下，
视频网站借助互联网这个平台，通过提供差异化的服务来争夺用户。这些差异化
的表现有视频的清晰度、网站的人性化或者个性化的设计等。

《中国好声音》通过网元嵌入实现了自身价值的二次增值。虽然将学员的声音做
成彩铃相当于《中国好声音》的副产品，但是副产品却增加了《中国好声音》的价值。

此外，在《中国好声音》节目中还存在着众多的双边市场[1]，如广告商和用户构成了浙江卫视（平台）的两端，同样，视频网站也是类似的情形。《中国好声音》提供的彩铃业务也是典型的双边市场。《中国好声音》打造了全产业链业务，由一点出发形成了网络拓扑结构。

在三网融合的背景下，产品同质化与异质化并存，三网融合既有替代性融合也有互补性融合。在替代性融合中，产品的同质化程度较高；在互补性融合中，产品的异质化程度较高。《中国好声音》仅仅是制播分离的开始，节目的播出方式也仅仅是三网融合中的一个开端，随着三网融合的深入，会有越来越多的节目以不同的形式呈现给观众，节目质量也会越来越高。内容提供商也会有不同的提供方式，竞争将日趋激烈。

因此，我们有理由认为，（网络融合以前）经典的电视竞争主要在于电视产业链上内容制作、信号传输和信息播出等节点，甚至全产业链上"横向间"的竞争与合作（这种竞争在计划经济背景下或严格规制的时代将难以展开，甚至几乎难以出现）。而在网络融合，如三网融合的时代，电视竞争已经扩展到有关内容产业（尤其是数字内容产业）、网络产业，以及通过互联网方式实现的信息服务业的竞争与合作。此时的电视竞争有时似乎和电视机本身没有太多的直接关联，只是有关的竞争与合作者原先曾为电视业中的企业与相关者，或者是希望进入电视产业（电视内容制作业、电视服务业等）的、原来意义上的"业外企业"。

总之，网络的融合，以及由此带来的网络产业及多产业的融合，使得电视竞争（准确地说是"曾经"与电视有关的众多产业群的发展与竞争）出现了许多传统的电信竞争所未有的新课题。

与传统的电信竞争[2]问题不同的是，由于三网融合提供的技术可能性，电视（市场）的竞争（与合作）已经大大超越了经典性电信市场中的情形把原本主要局限于（电信）一个行业内的经营和规制行为扩展到原来可能井水不犯河水的多个不同行业间，从而可以演绎更加波澜壮阔的"故事"。

当然，就电视业本身而言，在网络融合之前的年代，电视竞争问题要相对简单一些：除存在于不同有线电视网络之间的竞争外（这种竞争往往由于有线电视网络并不覆盖相同的地区而难以实质性存在），还会主要存在于有线电视、无线

---

[1] 如果两组（或言两边的）参与者通过一个平台进行交易，而且一组（一边的）参与者加入平台的收益取决于加入该平台另一组（另一边）的参与者数量的话，这样的市场通常被称作双边市场。我们将在 3.5.4 节及第 4 章中对其有关特征进行专门讨论，此处只是直观地应用这一概念。

[2] 拉丰和泰勒尔合著的《电信竞争》（Competition in Telecommunication，2000 年由美国麻省理工学院出版社出版，该书的中文版（第一版）于 2001 年由中国人民邮电出版社出版，本书作者之一是其译者）。2001 年时国内学界流行将《电信竞争》作者之一梯若尔的法文名 Tirole 按照英语的翻译传统译为"泰勒尔"（例如，中国人民大学出版社 1997 年出版的 Tirole 的另一代表作的中译本《产业组织理论》）。后逐渐流行以"梯若尔"为译名，特别是 2014 年有关 Tirole 先生荣获该年度诺贝尔经济学奖的报道中均采用"梯若尔"为其中文译名。

电视和卫星电视等不同的电视形式之间。曾经的电视（台、频道）企业往往是纵向一体化（准确地说，是与网络运营商一体化）的，随着有线电视网络的发展和电视产业分工的细化，逐渐形成了网台分离。这时的电视竞争将不只出现在电视"管道"（如有线电视网络）之间，而且存在于前端的电视内容之间，产生了内容之间、管道之间，以及前向一体化时的管道加内容之间的竞争与合作行为。

有线电视产业在三网融合背景下的发展会大大拓展三网融合的研究空间，数字内容产业，特别是有线电视内容产业在三网融合背景下的竞争、合作与规制，势必会成为三网融合研究的重点课题。

也正是因为网络融合时代电视竞争的特性——将原本主要存在于同一产业内的竞争拓展至跨产业和多产业的复合竞争问题，处理这些涉及多产业的竞争、垄断和规制问题的经济学分析和探索就是分析其他"具有一定网络型特征的"产业的融合与竞争问题（如阿里巴巴和腾讯等网络型企业群的竞合问题）可能的理论参考和方法借鉴。因此，在三网融合的时代，电视业的改革、发展、竞争与规制等问题将成为值得我们关注和研究的普遍性问题。

4. 网络融合背景下电视竞争的典型问题

随着以互联网为代表的信息网络的发展，我们逐渐从以网际接入为标志的电信竞争时代进入了网络融合、网络与内容协同发展的电视创新时代。网络融合，尤其是三网融合下电视产业的发展呈现出许多新的特点，如电视市场横向结构与纵向结构的共同演化。

从横向看，电视产业原本与电信产业和互联网产业是并行产业，网络融合导致产业融合，使得这三者市场间可以互相进入。例如，互联网产业可以通过流媒体视频进入电视产业。2018 年 5 月 25 日，美国流媒体视频公司奈飞（Netflix）的市值一度超过媒体巨头迪士尼公司，成为世界上最有价值的媒体公司。奈飞为什么如此被资本市场认可？主要原因在于其有 1.25 亿付费订阅用户，而在中国，爱奇艺、优酷及腾讯视频等，每家也有数千万订阅用户。爱奇艺财务报表显示，其 2018 年 9 月底的订阅用户数量达到 8070 万户，超过中国任何一家有线电视公司。由此可见网络视频公司对传统电视市场的冲击。同样，电视产业也可以进入传统的电信产业，中国的有线电视上市企业的一项重要业务收入为宽带接入费，而电信企业则早在三网融合的初期就通过 IPTV 进入了电视市场。在此三者中，互联网产业表现得较为强势。互联网具有开放、自由与免费的特点，相对而言受到的产业管制较少。因此，互联网产业中聚集了大量富有创造力的企业和个人。这些企业和个人利用互联网资源提供新的产品和服务，包括视频服务。例如，被一些中国年轻人喜欢的、具有社交性质的哔哩哔哩网站（bilibili），其在传统视频的基础上添加了弹幕、直播等功能。根据该公司截至 2018 年 6 月 30 日的财务报告，其月活跃用户数量达到 8500 万户。

从纵向看，电视业、电信业与互联网上的企业不仅有产业链内的纵向一体化或分离，而且有跨产业链的对角合作。网络融合下，对角化扩张是企业进入相邻产业的有效策略。一些企业由于缺乏新产业所需要的知识、资源及能力，通过与相邻产业的对角企业合作，可以快速进入相邻产业，有效利用网络融合所带来的规模经济与范围经济。比如，如果某个电视频道在进入互联网产业时仅仅单纯地建立一个复制频道内容的网站，往往并不能给该频道带来多大的收益，但如果电视频道能够与互联网增值服务商合作，则可以借助后者实现盈利模式的转变。湖南卫视与淘宝合作，建立快乐淘宝公司就是网络融合下对角扩展的一个典型案例。湖南卫视将娱乐与购物结合，实现了视频服务向产品服务的延伸。两者的合作挖掘了基于电视的直接购物带来的潜在商业价值，改变了湖南卫视以往仅有一次性广告收入的盈利模式。

作为电信竞争的延续，电视业的竞争与合作呈现出新的特点，形成了较电信竞争更丰富的内容。本书将讨论其中的几个经典问题，具体如下。

1）落地费的竞争与产业重组问题

虽然经典的电视业研究首先聚焦于电视产业内部，围绕电视价值链展开有关竞争与合作的问题（如电视技术的发展和电视内容的改进所带来的经济与管理问题），但是电视业内部的竞争与电信业的产业内竞争有明显的不同。例如，电视节目提供商（频道提供商）为了使自己的"内容"能够进入一定的电视播放网络（渠道），往往要向电视网络运营商支付一定的（部分因其他频道提供商的存在而产生的）竞争性费用，这笔费用在业内通常被俗称为"落地费"（landing fees）。

电视业和电信业两者间的差异主要表现在两个方面：一是电信竞争主要围绕通信网络的接入与互联互通展开，而电视竞争则不仅有关网络，而且事关内容（这是经典的电信业所缺少的）；二是电信网络通常是全程全网，而有线电视网络在发展的初期往往是有限地域上的网络，缺少覆盖全国，甚至仅覆盖一个省域的"大网"①。

因此，关于内容入网（俗称节目落地）的竞争与合作问题就是有别于电信竞争的特有电视竞争问题。诸如节目落地一类问题的存在，使得电视业内部的产业重组问题就要比通常通过企业的横向并购就能基本解决的电信业内部重组问题复杂得多。

2）模数转换与技术升级问题

电视市场的竞争、发展和繁荣无论是在三网融合之前还是之后，都离不开有关行业的技术进步、企业战略与商业模式创新，以及政府规制这三者的共同作用（和推动）。电视业（甚至其他产业）的技术进步会对企业的战略选择、进入领

---

① 2016 年 5 月 5 日，中国广播电视网络有限公司获颁《基础电信业务经营许可证》，得到了其建设全国范围内的"大网"的政策通行令。

域和商业模式产生重要的影响。其中一个特有的重要问题就是企业在电视信号传输的模拟方式向数字方式转换（通常俗称模数转换）的过程中所持有的态度和应对策略。随着信息、通信与网络技术的发展，电视逐渐从模拟时代跨入了数字时代。数字电视是一项颠覆性创新，从此电视可以提供模拟时代所没有的双向互动产品与服务，如视频点播（video on demand，VOD）、高清电视（high-definition TV，HDTV）、网上购物、时移电视等。在我国的许多城市中，有线电视网络系统的模数转换采用的是国家主导的整体转换方式，这种整体转换方式的效果和社会福利效应需要经过一定的经济学分析和用户（实践）的检验。

同时，电视技术的发展是一个创新扩散的过程，因此，电视业的技术创新就不是一个孤立的企业技术选择和商业模式创新问题。以往的传统研究主要关注企业之间的技术竞争与合作，往往忽视消费者的新技术选择对企业战略的影响。另外，如同其他共性技术一样，电视技术的发展需要建立一定的标准。这些标准究竟是通过市场竞争的优胜劣汰来产生，还是由政府来做出选择？如果是政府选择，政府通过何种程序在技术发展的哪一阶段进行选择？由于电视产品或服务具有网络效应，因此不同的技术标准之间还有一个兼容性问题，这不仅涉及企业的战略选择，而且涉及政府规制问题。

3）纵向差异化与平台竞争问题

在数字经济社会，越来越多的企业不仅推出产品和服务，而且搭建用途广泛的平台。所谓平台，通常指协调需求方与供给方的双边或多边市场，或指系统中的基础组件（其他组件可以与其连接并在其基础上加以进一步开发）。根据2018年12月31日的股市市值，当年全球市值最高的十家企业中，有七家是平台类企业：苹果、谷歌、微软、亚马逊、腾讯、阿里巴巴和脸书。

平台不仅出现在新兴的互联网产业，传统产业中越来越多的企业也利用信息技术变革商业模式、提供平台型产品或服务。在电视产业中，电视网络运营商就在一定程度上扮演了这样的角色。网络运营商一边连着观众，一边连着内容提供商（频道运营商）。由于网络不同、服务不同，网络运营商提供的电视网络服务往往存在较大的差异。三网融合以来，在中国的城市地区，主要的网络运营商是有线电视网络运营商和IPTV网络运营商。有线电视网络运营商曾经是完全垄断的网络运营商，IPTV网络运营商往往是寡头垄断（如中国电信）的网络运营商，两类网络运营商具有不同的商业基因，其提供的服务也有所不同。例如，有线电视提供的主要是传统的电视服务，而IPTV提供的则是互联网性质的服务，包括时移电视、点播电视等。这两类平台并不完全同质，具有一定的异质性竞争特点。

平台企业之间的关系既有竞争又有合作。例如，在亚马逊与苹果之间，亚马逊的电子阅读器Kindle与苹果的移动设备间存在竞争关系，但是亚马逊允许其应用程序Kindle Reader出现在苹果的设备中。电视网络运营商之间也常常存在合作关系，如 2014 年 12 月，湖南有线结盟中国联通共同进军三网融合。2018 年，两者实现优势互补，联合推出了"4K 电视+宽带+语音+流量"业务。

因此，异质性竞争和跨平台合作的问题成为电视竞争在平台经济时代有待研究的特色问题。

4）捆绑销售与多产品竞争问题

相对于电信竞争问题，网络融合背景下电视市场上的竞争与合作形态发生了复杂的变化。这种变化突出表现在如下三个方面：一是产业链纵向关系的重构，二是产业链特定环节的横向扩展，三是产业链的多维网状化。这种竞合形态的变化降低了产业集中度，模糊了产业边界，使得产品的差异化程度与市场进入壁垒具有双向变动的趋势。在这三方面的变化中，前两个方面主要表现在产业内的重组问题，第三个则涉及跨产业的竞合问题。

因此，关于捆绑销售和多产品竞争的问题就是在电视竞争中更为凸显的跨产业竞合问题。捆绑销售涉及的是两种（或多种）产品的策略，当两种（或多种）产品属于同一个产业时（如不同的批次或改进型产品），它就会是一个产业内竞争问题。但是，当它是不同产业中的产品或服务（如电视业中的电视频道服务和互联网业中的宽带租用）的捆绑时，就会产生较单一产业内部更为复杂的问题。同样，当各自处于不同产业的多个平台（企业）相互间展开竞争时，也会出现以往没有碰到的问题。

5）不对称规制与进入者保护问题

就三网融合下的电视市场而言，规制仍然是产业发展中不可或缺的保障和推动力。规制需求的变化往往表现在以下三个方面：一是传统的经济规制问题仍然存在，如价格规制、进入规制、质量规制等；二是内容规制问题更加凸显，需要从关注电视内容对消费者或观众影响的角度出发，针对电视节目的形式、内容等采取适宜的规制措施，以尽可能扩大电视内容的正面影响，降低其负面影响；三是规制的形式更加多元，如对平台企业的规制问题。

在众多的规制问题中，传统的规制问题正在悄悄地发生变化。例如，在网络融合的多市场环境下，不对称规制政策的结果有可能不再是简单的、单市场环境下因果关系式的"抑强扶弱"。多网共生现象（它的另一种表达是融合后网络环境下的多市场共存现象）使得原先某一个网络的强势在位者未必是另一个新市场的弱势进入者。因此，此时原本用于保护进入者的不对称规制反而有可能出现"助强压弱"的逆向不对称规制效应。所以，关于不对称规制的复杂性和进入者保护的问题就是在电视竞争中更为凸显的问题。

在这样的背景下，不仅因三网融合而出现的规制新问题客观上增加了规制实施的难度，而且经济规制与内容规制的同时存在，也使得规制体系的重构成为网络融合背景下电视业发展与改革的重要课题，它将是一个政府对电视市场的规制治理和平台企业的"生态化自我规制"相融合的过程。政府为了最大化社会福利，仍需将其努力的目标设定为创造一种可持续发展的创新环境，使得运营商有创新和投资的激励，消费者能逐渐体验创新的服务和多样的产品。

6）内容竞争与自我规制问题

在互联网时代，电视业"内容为王"的定律仍然成立。无论是何种平台，无论采取何种商业模式，拥有或者能够获得高质量的内容用于经营活动，仍然是电视产业经营者的生存之本。国内外的电视企业都非常明白这个道理。国外的奈飞公司，国内的爱奇艺、优酷与腾讯，每年都花费巨额资金用于内容的制作与购买。不仅是互联网公司，传统的电视台也不惜重金投入内容建设，如湖南卫视、江苏卫视与浙江卫视为了打造自己的品牌，每年都花费巨资抢占内容高地。

互联网时代不同于传统电视时代的是：内容制作不再局限于专业公司，内容传播也不再局限于电视频道等机构。基于互联网的不同的内容制作机构与内容播出机构不断兴起，并逐渐成为视频产业中日益重要的组成部分，这就引发了一个问题：为了保障内容市场的繁荣，在日益多元化的视频产业中如何有效地进行内容规制呢？

传统的内容规制主要依赖政府相关机构的努力，此时，外部规制者扮演了主要角色。互联网时代，大量的内容并非专业机构制作，而是由大众的消费者自己制作并上传平台，一方面，平台直接面对这些消费者，相对政府机构来说具有信息优势，能更好地与这些消费者沟通；另一方面，由于用户（如自媒体）自主产生内容的大量出现，由政府来监管所有的平台内容已经不太实际，平台的自我规制就显得十分重要。事实上，平台的自我规制不只出现在电视产业，我们可以在其他与互联网有关的产业中看到平台实施自我规制的证据。例如，2019 年 1 月 1日正式实施的《中华人民共和国电子商务法》中，第二十七条到第四十六条就明确了电子商务平台经营者的义务，包括其自我规制的义务，如其对平台内经营者诚信经营、侵权行为的管理等。类似地，视频平台经营者同样要对其平台上提供的内容负有监管的责任，要保证其平台上的内容符合国家的相关法律法规。

5. 本书的写作结构

在前文的讨论中我们已经知道，在网络融合的背景下，电视竞争出现了不少不同于传统电信竞争的新问题。根据我们对三网融合背景下电视竞争典型问题的理解，本书将分为三个部分：第一部分包括第 1~3 章，主要讨论电视竞争的由来与发展、网络融合的背景与发展，以及网络融合背景下的电视竞争；第二部分包括第 4~7 章，主要讨论区别于电信竞争的几个特别的网络竞争问题；第三部分包括第 8~10 章，主要讨论与经济和社会规制有关的问题。

具体而言，第 1 章讨论电视竞争的由来与发展，从电视业的发展到中国电视业的发展与制度变迁；第 2 章回顾网络融合的背景与发展，从世界范围的网络融合，再聚焦到中国网络融合的发展，简述我国三网融合的电信产业基础和互联网产业基础，以及我国网络融合综合改革的起步过程及其对文化发展的意义；第 3 章为网络融合时代的电视产业分析，为后续的特定问题分析建立相关的经济学法理基础。

关于四个典型的电视竞争问题的讨论放在第 4~7 章。其中落地的竞争与双边市场问题为第 4 章；模数转换的竞争与技术升级问题为第 5 章；纵向差异化与平台间竞争问题为第 6 章；电视和宽带的捆绑销售与多产品竞争问题为第 7 章；第 6 章和第 7 章主要讨论跨产业竞合关系的变化。

第三部分主要讨论与电视竞争有关的经济和社会规制问题，其中网络融合时代不对称规制的复杂性与进入者保护问题为第 8 章；网络视频的内容竞争和自我规制问题为第 9 章；最后，第 10 章展望移动互联时代的电视竞争与规制体系重构前景。

本书频繁地提到三网融合、网络融合、产业融合等概念。相对而言，这三个概念的外延一个比一个大。三网融合通常指宽带通信网、数字电视网及下一代互联网的融合，是网络融合的一种特殊情形。网络融合还可以包括其他网络的融合，如移动网络与固定网络的融合。本书讨论电视业涉及的网络融合主要体现为三网融合。因此，除第 10 章外，如非特别指出，本书中的网络融合通常指三网融合。

就一般意义而言，网络融合仅仅是基础设施的融合，而产业融合包含的内容更多。基础设施仅仅反映了产业供给侧的一部分，而供给侧除了基础设施的融合外，还有技术的融合、产品的融合等；产业的融合还有需求侧的融合。需要指出的是，本书并未深入讨论产业融合问题，本书所涉及的产业融合通常与电视业的发展相关。

总之，新时代的电视竞争问题十分迷人，值得我们去探索。

第1章 电视竞争的由来与发展

自 1925 年 10 月 2 日苏格兰人约翰·洛吉·贝尔德（John Logie Baird）在伦敦的一次实验中"扫描"出木偶的图像以来，电视逐渐进入千家万户；作为人们学习、娱乐和生活的伴侣，它已经陪伴了我们九十余年，并将继续给我们带来快乐或担忧。随着 20 世纪后期网络技术的发展，世界又逐渐进入了数字互动电视时代。

关于电视业的发展，关于这一产业的市场关系和竞争状况，以及关于电视业在电信网、有线电视网和互联网加速融合时代的演化趋势，都是值得深思的问题。

电视的欣赏者、企业家和政府规制者都已意识到，世界已经从主要表现为网际接入的电信竞争时代进入了主要表现为三网融合基础上的网络与内容融合的电视竞争时代。发现和探索这一时代的竞争与合作规律，揭示与电视相关联产业的发展方向，是我们的责任。

1.1 电视业概述

尽管我们常常收看电视节目，有时也会用电视机去获得天气预报或股市信息，甚至在电视机上也可以逛淘宝并一键下单，但往往并未仔细去品味我们正在享用的究竟是电视机还是电视节目（也就是从电视机里"出来"的内容），我们也未必说得清楚究竟什么是"电视内容"，什么是"电视系统"，什么又是"电视产业"等。

当我们采用电视系统一词时，往往涉及的是技术概念；而采用电视产业一词时，往往更在乎它的经济学含义。电视业的发展是电视技术、表现内容与相应的组织制度协同演化的历史。电视技术的创新与产业化运用是电视业发展的基本动力：它使电视机能够为消费者提供所需的内容与服务。电视内容及服务的发展与创新又体现了电视业的基本目标：改善消费者福利，重新诠释电视市场的含义，而电视业的制度创新则提供了电视业发展的制度环境：保障技术创新、内容创新及服务创新的潜力得到最大程度的释放。

1.1.1　电话与电视的区别

虽然电话机与电视机的功能似乎越来越接近，如出现了可视电话机，同时，用电视机也可以接听电话，用智能手机也能观看电视节目。不过，电话机和电视机毕竟是两类不同的用户终端，电话网和有线电视网（至少在三网融合以前）是两类不同的技术系统。

在解释电视与电视业的内涵之前，简略回顾电话网和电信业的有关知识将会有所裨益。专题 1-1 解释了电话网和电信业的内涵和特征，并对电信竞争的前沿面，甚至从电信竞争到电视竞争的演化过程都做了权威和专业的介绍。虽然《电信竞争》是拉丰和梯若尔先生写于 20 年前的世纪之交的，但今日读来依然令我们为大师的前瞻性所感慨。

专题 1-1　电话网和电信业的内涵与特征（取自《电信竞争》）

"电话网由两个主要元素构成：交换机和传输设备。**交换机**允许语音、图像和数字信号在网络上选择路由。**传输设备**可分为有线（双绞铜线、同轴电缆和光纤）和无线（卫星、蜂窝通信、微波、个人通信业务或 PCS）传输。相对于有线通信而言，无线通信能够给终端用户提供移动通信业务。然而，无线设备，尤其是提供高级业务的设备非常昂贵，而且无线传输面临干扰，特别是带宽（容量）问题。

"从 20 世纪 20 年代以来一直使用的传统的有线传输技术是采用双绞铜线，现在仍然作为一种连接用户和远端或中心局（第一交换机）的简洁方式。铜缆线对非常适于传输语音，最近在数字压缩技术方面（ADSL：非对称数字用户环路系统，更通行的表达是 xDSL）取得的进展大大提高了它的容量，使得电话公司能够像提供电话业务一样提供视频业务，从而与有线电视进行竞争。当然，铜线的容量毕竟有限。

"未来的传输技术是光缆（玻璃纤维）。光缆容量巨大（大大超过目前的本地网络所能提供的容量），导致其边际成本极低。光缆早已应用于长途传输。现在光缆在本地网上也已得到应用，比如建设 MAN（城域网，它是由竞争性接入提供商 CAP 或在位的本地运营商安装的光缆环路）与本地运营商的交换机（中心局）之间的大容量连接。

"最近的技术进步大大降低了传输和交换的成本。近期的第二个关键性进展是**网络的智能化**程度大大提高。以前信令作为与语音信号相关联的传输，其接收的控制信息都与语音信号一道在同样的信道中传输，而现在，'带外信令'可以通过一个单独的信道传输。这一进步源于采纳了新的信令协议（7 号信令系统，又称 SS7），它将允许提供更丰富的控制，更有效地发挥网络效能（例如，7 号信令可以发现未阻塞的通路从而提高接通率，优化网络资源）。

"普通老式电话业务正在迅速广泛地被新业务所代替：电话卡、800 号业务（企业长途免费电话）、900 号业务（允许运营商为所提供的信息业务收取一笔附加费并利用电话公司作为开账单和收费的代理）、自动回叫、姓名或号码识别、来电拒接或接听选择、话音消息、选择呼叫路由（比如，比萨饼连锁店可以与和客户最近的零售点直接联系）、传真、数据库接入、视频点播、居家银行、电视会议、因特网等等。大多数新的业务需要比以往更加智能的网络、更加大容量的传输能力予以支持。

"这些多样化的业务与多个网络相关。基础网是**公众交换电话网**。历史上的接入首先发生在长途业务领域。20 世纪 70 年代进入美国长途电信市场的 MCI 和 Sprint 与 AT&T 一样建立了覆盖全国的光纤网，可以独自提供全部长途业务。美国的**长途业务领域**还有许多其他的进入者。一般来说，三家大公司向（没有自备设施的）电信业务零售商批发销售业务，在某种程度上，批发市场与零售市场之间的巨大折扣产生的利润吸引着转售。转售可以通过向市场，比如小企业提供非常个性化的业务而获得利润。在其他国家中，长途业务市场也开始了竞争，……1998 年欧盟实施了互联和许可证发放指令，从而完全放开了市场。

"接入本地网还有一些其他的方式。**竞争性接入提供商**（CAP）提供特殊的接入，即无交换（点对点）连接，从主要商业区和郊区用户接入到长途电信公司。他们也提供长途电信公司之间的接入和最终用户多个地点的私人接入。他们的进入在某种程度上受规制环境的鼓励。在 80 年代，美国的 CAP 受益于价格保护，价格保护对长途运营商接入市话公司（本地交换运营商——LEC）的接入资费的定价实施了严格的规制。实际上，CAP 的 50%的收入来源于商业区的大客户和入网点（POP）。

"在本地网中的另一个竞争者是**有线电视**（CATV）。与 CAP 不同的是，他们已经有了一个网络，但其网络结构是单向树状的，不利于改造为适合通信业务的双向结构。不过，有线电视已经开始与电信展开竞争，特别是在英国，有线电视网在其同轴电缆上加设双绞线，成为英国电信公司强有力的竞争者。市内业务还有两个竞争对手：一是**无线业务**（包括个人通信业务），既有移动的无线业务也有固定的无线业务，固定的无线业务不允许用户离开自己的所在地漫游；二是**局域网**（LAN），它是一种环状网，通过为高速数据应用设计的路由器将计算机与外部网络连接。"

注：

1. 此专题中的加粗名词为原作者所为。

2. 此处删去了原作者的有关附注，希望知道这些附注的读者请查阅原文。

3.《电信竞争》（中文版）2016 年再次由中国人民大学出版社作为"诺贝尔经济学奖著作译丛"出版时，作者泰勒尔的名字采用法文译名梯若尔。

4. PCS：personal communication service。ADSL：asymmetrical digital subscriber line。MAN：metropolitan area network。CAP：competitive access provider。LEC：local exchange carrier。POP：point of presence。CATV：community antenna television。LAN：local area network。

资料来源：拉丰，泰勒尔. 2001.《电信竞争》（中文版）. 北京：人民邮电出版社：9-12

我们大致可以用下面的直白语言来直观地解释电话和电视的不同。两者间最大的区别在于从电话机里听到的声音出自另一位与你一样的电话网的消费者（另一种表达是使用者，即使用电话的人），但从电视机中听到的声音和看到的图像并不是出自另一位与你一样的电视网的消费者，而是出自电视网传输的内容。在电视传输网络仅充当一个平台的角色时（如彻底的台网分营之时），那些声音或图像或许属于与你不同类别的使用者（他们是经营者而不是消费者），这类使用者和电视传输网络一起共同构成了电视网。也就是说，传统的电话网是一个只有网络而没有内容的系统，但电视网是一个既有网络又有内容的体系（系统）。①

1.1.2 电视与电视业的内涵

我们并不打算在此处详细介绍电视技术及电视产业的结构，实际上这两者的变化均非常显著，任何非专业人员试图给以详细叙述的尝试都将难以与时俱进。我们简略解释电视系统的关键特性只是为了理解有关市场和规制的演变，以便导出后续将要进行的经济学分析。

对"电视"而言，人们以往通常所指的是电视机，它是一个可以让我们看到画面（早期传输的是黑白图像）和同步听到声音的设备。尽管我们今天实现了从原先只是收"看"电视节目到把电视机"用"作信息服务网络终端设备（即通常的从"看"电视到"用"电视）的转变，已经可以通过电视机上网，可以在电视机屏上订购需要的商品，可以在电视终端付款，但电视机毕竟只是一个能够现图

---

① 此处解释的"电视网"主要采用模拟信号时的"古典"概念，而采用数字信号传输的，尤其是三网融合后的电视网将彻底实现"网容（网络与内容）分离"。此时，消费者（你）在终端（如传统意义上的电视机）上看到的内容将大量来自非网络所有者的第三方运营商，甚至是和你一样的消费者（如抖音短视频的发布者）。为了明显区别传统的电信网和电视网的需要，此处不妨先暂做这样的表达。

发声的"盒子"而已。

其实，人们通常在言及"电视"时往往喻指不同的内涵，如可以是作为固定资产来装饰厅堂的电视机，也可能指某一档自己喜欢的电视节目（内容），还或许是经营者正在开发或经管的某些产品（如电视机、机顶盒）和服务（如屏幕上正在表演的戏剧节目）。它们或许都只是电视系统的一部分。

从系统分析的角度看，电视系统既可以是一个由一堆类似于电视机、机顶盒等在内的"仪器"组成的"物-物"系统（技术系统），也可以是由一批因研发、制造、销售和服务等行为而发生关联的人员组成的"人-人"系统（社会系统），还可以是连设备带运营人员，以及消费者和中间（介）方等一起共同组成的"人-机"系统（"技术-社会"系统）。

当把电视系统看成"一堆"设备时，它一般会包括节目制作设备、信号发射或传输设备、节目接收设备等，种类繁多。一个简化的有线电视技术系统可以用图 1-1 中间矩形框里的内容来表达。

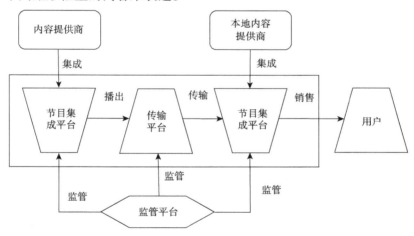

图 1-1　一个典型的有线电视"技术-社会"系统

资料来源：在《市场化转型和服务创新：中国广电业的发展与实践》（薛留忠，2009）第 74 页图 4-2 的基础上修改而成

一个典型的有线电视技术系统一般除了包括图 1-1 中的节目制作子系统（内容提供商和节目集成平台）、节目发送（网络传输）子系统（网络运营商）和监管系统（针对内容和运营的规制者）之外，通常还包括服务提供子系统（内容集成商和服务运营商），以及设备研发与技术支持子系统（设备制造商、技术服务商）和电视机制造与服务子系统（终端显示设备提供、服务商）等。

而当我们将电视系统看作一个由"人-机"共同组成的"技术-社会"系统（如图 1-1 的全部）时，它将面对一系列技术问题，也面临着相应的社会问题。此时，以往主要研究技术问题的邮电学院（或电子学院）就可以改名为邮电大学（或电子科技大学）了。

本书所讨论的电视系统主要指由一系列行为主体者所构成的"人-人"系统，它是一个市场关系网络，是这些行为人围绕电视服务功能的实现所发生的一系列关系的总和。这些行为人包括电视网络提供商、系统集成商、设备制造商、电视内容和其他信息使用的服务商，以及信息服务的消费者和电视市场的规制者等，是一个主要由人组成的社会关系系统。

一个主要由行为人（及他们组合在一起的组织）及其市场关系组成的典型电视系统的简单图示可以用图 1-2 来表达。

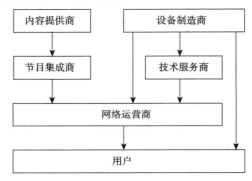

图 1-2　一个主要由行为人及其市场关系组成的电视系统图示

从产业链的角度看，电视的播放必须同时有节目及发送和接收节目的设备。因此，我们可以将有关电视的产业链分为内容（软件）产业链和设备（硬件）产业链两部分。对有线电视而言，其中的内容产业链由内容提供商、节目集成商、网络运营商及用户构成（图 1-2 中的左半部分）；设备产业链由设备制造商、技术服务商、网络运营商及相应的用户构成（图 1-2 中的右半部分）。可以看出，不论是在内容产业链还是设备产业链中，网络运营商都直接面对最终用户，这赋予了网络运营商巨大的渠道优势，使得有线电视的用户只能收看网络运营商提供的频道和电视节目，只能购买网络运营商指定与许可的机顶盒，否则就只能收看有限的几个基本频道，甚至完全无法接收到任何有线电视节目。我们将在 3.3.1 节中对这些产业链做进一步的解释。

1.1.3　电视业的技术发展

电视业的发展首先是一个电视技术不断创新的过程。新技术能带来较先前更大的社会福利，因此能够逐步取代旧技术。电视机本身就是一个技术密集的媒介产品。电视技术，以及相关设备和设施技术的不断发展使得内容提供商能够不断释放其想象力，为观众呈现更加精彩的节目。

正如许多其他伟大的发明一样，电视技术，以及电视业从电视机被发明的那一刻起就开始了不断加速的发展历程：先后推出了彩色电视、高清电视、数字电视和智能电视等。Noam（2009）基于电视技术的发展，将电视的演化划分为四代，分别为早期电视、模拟电视、数字电视和个性化电视（专题 1-2）。

专题 1-2　诺木关于电视的分代

诺木（Noam）对电视发展的四代划分如下。

第一代为早期电视。20 世纪 20 年代与 30 年代间，Baird、Zworykin 及 Farnsworth 等对电视开始了试验和探索。当时的画面质量还非常粗糙，1925 年 Baird 所发明电视的画面只有 30 行扫描线。

第二代为模拟电视。此时一般电视已经有 525 线，电视内容主要为迎合大众口味。模拟电视的早期采用无线转播方式。在 20 世纪 50 年代与 60 年代，当无线电视为主要电视转播方式时，电视机一般只能收看到几个电视频道，电视频道要占用 6MHz 的频谱资源。此时由于频谱资源的稀缺，信息（节目）的发布是单向的，观众集中分享有限的电视信息，没有多少选择。

第三代为数字电视。20 世纪 70 年代以后，模拟广播电视得到了进一步发展，有线电视网络（cable）及卫星成为重要的电视传送方式。到 20 世纪 90 年代末期，出现了数字电视，到 21 世纪初，出现了标清电视与高清电视，它们逐渐取代了模拟电视。有线电视与卫星电视成为可选的电视传输方式。今天，有线电视带宽达到了 3Gbps，大约是无线电视带宽的 75 倍。起初这种超大的传输能力被用来提供更多的电视频道，而频道本身的质量却几乎没有改变。随后，数字技术提高了频道的质量，高清电视就是一个典型，它能够在一个画面中展示比一般电视多两倍的水平线，并且每个像素都有更多的点。

第四代为个性化电视。这种新一代电视还处于蓬勃发展之中，主要表现为移动电视与互联网电视，传输方式包括光纤、电缆与无线方式。个性化电视极大地提高了上游与下游的双向电视传输能力，既增加了频道的数量，也带来了个性化的、非众人同时享用的互动电视。移动电视同时创造了无处不在的个性化内容，互联网电视则允许用户创造内容，这导致了用户间的网络连接。双向传输实现了从"窄播"到"个播"（individual casting），再到用户自己创造内容网站的转变。虽然就内容的画面质量而言，还只有每秒 300Kb 左右，但是消费者往往乐于接受这些内容是基于用户社区的非商业视频。

资料来源：Noam E. 2009. TV or not TV：where video is going// Gerbarg D. Television Goes Digital. New York：Springer：7-10

　　从信号传播形式的技术角度看，电视信号的传播主要有空中的无线和地面的有线两种方式，空中的无线又有"地—地"（无线电视）和"地—空"（卫星电视）的区别。无线是最早的电视广播技术。由于技术原因，适合从地面到地面传输的电磁频谱（资源）非常有限，无线方式所能承载的频道数量就会受到限制。有线电视出现于 20 世纪 50 年代。有线电视运营商把缆线连接到用户家中，借助缆线传送电视信号，这非常类似于网络型公用事业（如固定电话线系统、自来水管系统、煤气管道系统等）。尽管有线电视最初在发达国家的出现仅仅是为了改善偏远地区家庭接收无线信号的质量，但是它在近几十年却快速发展成为一种重要的电视传输方式。在一些国家中，包括我国，有线电视已逐步成为主要的电视节目接收方式。

　　从信号处理方式的技术角度看，电视信号的处理可以被划分为模拟信号和数字信号两类，它们分别对应着模拟电视和数字电视两个阶段，实际上，它们代表着单向电视和双向电视两个不同的时代。由模拟电视向数字电视的大规模转换（俗称模数转换）存在卫星、地面和有线电视三类，在中国主要表现为有线电视的数字化。从 20 世纪 90 年代末开始，发达国家就纷纷开始了模数转换，许多发展中国家进入 21 世纪后也启动了由模拟电视向数字电视转换的进程，数字电视展现出了广阔的发展前景。在信息与通信技术（information and communication technology，ICT）的支持下，电信网络也可以通过 IPTV 的方式播放数字电视。

　　从模拟电视时代开始的早期卫星电视的诞生和有线电视有着相类似的缘由，其也是为了满足农村和偏远地区电视观众的需求。在农村偏远地区，提供"从地面到地面"的无线电视信号或有线电视的接入都需要较高的成本。随着卫星技术的发展，到 20 世纪 80 年代末，商业卫星电视运营商开始与有线电视运营商展开竞争。到 21 世纪，由于卫星电视具有诸多优点，在一些国家，如英国，其已经成为电视的主流方式。

　　进入数字电视时代后，地面（无线）电视、有线电视及卫星电视这三种电视仍然存在，只是其技术与经济特点有所不同。无线、有线及卫星电视的转播成本与一定区域内收视观众的密度有关。如果观众密度高，则有线电视转播的相对成本较低；如果观众密度低，则卫星电视转播的相对成本较低。每种电视转播平台都有其优势与劣势。无线平台的优势在于设备简单，但缺点是带宽和互动性（电视台与观众间的）有限（模拟技术下尤其如此）。有线电视则具有带宽优势（即使在模拟技术下仍然如此），能够实现服务提供商与观众之间的互动（在电缆中建立回路），缺点是建设成本高，尤其是模数转换时线路改造的成本较高。卫星电视的优点则是建设成本低，只要租用卫星的中继空间就行，但是它无法提供互动的功能。

　　数字电视与传统模拟电视的"革命性"区别不仅在于通过对电视信号进行数

字编码使图像更加清晰，而且在于电视数字化让所有的利益相关者，包括内容提供商、节目集成商、网络运营商、规制机构及消费者等在市场上的地位都主动或被动地发生了变化。

与传统的模拟电视相比，数字电视具有一些独有的特点。

第一，数字电视采用的条件接收（conditional access，CA）系统彻底改变了过去模拟电视的广播性质，使得电视消费具有排他性。CA 系统决定了客户是否有权登录到内容平台，能够收看哪些内容，享受哪些服务。网络运营商可以控制用户对频道、节目或某些服务的接收，这使得精密管理和精准营销成为可能：运营商可以观察到用户的需求，并根据对不同产品或服务的需求差别定价。CA 系统对数字电视市场的结构和企业行为有着重大影响[1]：若 CA 系统是软硬件集成的，在位运营商就可以利用 CA 系统排斥潜在的市场进入者；同时 CA 系统的不兼容性会加剧数字电视市场的分割（Cave，1997）。

第二，数字电视的业务范围得到了极大扩展。除了播放基本电视频道外，数字电视不仅能提供不同层次的付费频道，以及互动电视、视频点播、高清电视等增值业务，还能提供基于宽带网络的业务，如宽带接入、网络游戏、宽带数据业务（如视频会议等）。总之，数字电视可以提供视频、音频和数据三位一体的服务。和模拟时代相比，在网络融合时代数字电视传输的范围经济性显著增强。当然，电信网络也具有同时提供视频、音频和数据服务的功能，因此，这种跨产业的范围经济将会改变电视传输领域的市场结构，以往的完全垄断将被寡头垄断等格局所取代。

第三，数字电视时代网络运营商的收入将更多来自观众端的增值服务，广告商的地位则相对下降。网络运营商提供了一个平台，平台的一边是电视频道提供商[2]，另一边是消费者，两者通过网络运营商的平台进行互动。基于平台的外部性特征，如果一个平台能够吸引更多观众，则可能吸引更多的频道提供商在该平台上投放节目；另外，如果一个平台能够吸引到高质量的视频内容，也将能吸引更多的消费者。

虽然有线电视的这种平台性质在有线模拟电视时代就已存在，但是在数字电视时代，平台的重心发生了变化。我国的电视平台在模拟电视时代存在着自然形成的地域垄断，即消费者只能选择当地的有线电视运营商，别无其他选择。在这种背景下，内容平台无须考虑如何吸引更多消费者的问题。同时，平台具有消费者资源，因而网络运营商可以从频道运营商处收取巨额的落地费[3]，将消费者的

---

[1] 除 CA 系统外，数字电视的许多新兴成分都会影响市场结构和企业行为，如企业可以利用电子节目导航（electronic program guide，EPG）系统作为扩大其市场势力的工具。

[2] 其实，此处的频道提供商正如后面的图 4-2 所示，也是一个平台，其一边为观众，另一边为广告商。

[3] 这一问题将在第 4 章中进一步加以讨论。

注意力转卖给频道运营商。频道运营商面对的是垄断平台，其谈判能力较弱，好的节目也卖不出好的价钱，因此频道运营商缺少制作好节目的激励，主要依赖广告费生存。数字时代则一定程度地改变了有线电视运营商的垄断地位，消费者可以选择他们喜欢的平台。影响消费者选择的因素主要包括节目内容、服务质量、价格等，节目内容是否合意将是关键因素之一，较之以往，此时频道运营商将有制作精彩内容的激励。有了精彩的内容，频道运营商不仅可以向网络运营商少缴纳甚至完全不用缴纳落地费，而且可能反过来向网络运营商收取一定的费用。这就是为什么美国的电影频道 HBO（Home Box Office）尽管并不投放广告，但仍很赚钱的原因。由此可见，从模拟电视时代到数字电视时代，平台竞争的焦点发生了变化，内容成为产业链的稀缺资源。

如果说有线数字电视是继有线模拟电视之后发展的一种渐进性技术，那么后来出现的 IPTV 就可以被认为是一种革命性技术。其技术系统涉及编码及解码技术、数字权力管理技术、流媒体技术、内容发布技术及机顶盒技术等。同时，IPTV 的技术标准问题更为苛刻，在有线数字电视普遍采用 MPEG-2（moving picture experts group-2）作为编码和解码技术的同时，电信运营商则面临在 MPEG-4（moving picture experts group-4）等多种标准之间的选择。关于 IPTV 的技术问题我们不做进一步讨论。

电视的发展究竟采用哪种形式，在许多时候不仅是出于对技术和经济（市场）的考虑，还是一个制度安排问题[①]。关于我国电视业有关的制度变革，我们将在1.3 节中做进一步的解释。

1.2　电视产业与电视事业

一般而言，对电视系统来说，当我们主要关心系统中的诸多行为主体主要围绕各自单位如何提供自身效益优先的服务所组成的运营系统，形成一个以电视功能的实现为目标的市场时，我们通常称这样的一个电视系统为电视产业系统，此时，供应商通过向消费者提供所需的服务得到相应的回报和利润，其基本原则是买卖双方的经济收益和需求满足都尽可能地最大化。

与电视产业系统（通常简称电视产业）相对应，一个电视事业系统（通常简称电视事业）是电视系统中的各个行为主体围绕如何提供公平和公共效率优先的服务所组成的运作系统。电视产品及服务供应者（此处通常不称其为供应商）向

[①] 对我国电视技术和制度发展历程有兴趣的读者可参阅本书的附录 2"我国电视技术和制度发展情况（代检索表）"。

用户提供符合时代主流精神、文化和生活需要的产品或服务，并且通过提供的过程传达特定的信息、文化及价值观，其基本原则是用户的时代需求和精神享受得到尽可能的满足、执政党和政府的意志得到充分的传递，因此，其基本原则是主要追求社会效益而不一定是经济收益的最大化。

在发展中国特色社会主义市场经济的过程中，电视产业系统和电视事业系统间虽然就"效率"和"效益"有不同的目标取向，但往往并没有根本性的利害冲突，也就是说，我们可以在许多情况下追求社会效益和经济收益的协同和统一，它是我们今天一些文化事业型的内容制作单位可以进行面向市场的企业化改制的前提，也是我们今天深化改革的基本方向，是社会主义文化大发展、大繁荣的基本要求。

因此，以后除非特别说明之处，为了保持有关表达的一致性和连贯性，本书一般不再严格区分电视产业和电视事业，而采用当下普遍流行的用词"电视业"。这一专门用语的内涵常常主要体现"电视产业"的特点，因而有时我们甚至直接采用"电视产业"一词，在本书的后半部分尤其如此。

电视事业与电视产业的区别在很大程度上与一定的制度安排相关联。在电视业的发展中有不少方面将会涉及相应的制度设计问题。

电视业的制度安排是经营者根据市场交易的需要，或相关组织根据行业治理的要求，共同或单独就电视业发展中诸如行为者、技术和组织间的关系做出的一些专门性安排。电视技术、电视内容和电视业的创新与发展都离不开相关的制度安排。

涉及电视业的制度安排，有些是关于技术选择的制度设计，体现组织（或行为人）和技术（存量或发展）之间的关系，通常又被称为技术性制度；有些是关于组织（或行为人）之间利益关系的安排，通常又被称为交易性制度（更多地体现市场需求，类似于"产业"的要求）或治理性制度（更多地体现治理者要求，类似于"事业"的要求）。

就技术选择而言，虽然对于大多数商品和服务来说不一定是一个公共政策问题，其一般由市场去完成，但就电视业而言，由于其特殊的产业和事业共存的特点，有关技术选择大都由政府进行决策。例如，1978 年 7 月 1 日，我国国家标准计量局发布《黑白电视广播标准》，以及 1981 年 12 月中央广播事业局在北京召开广播电视系统技术标准化会议，首次制定了广播电视系统标准体系表。

电视机的生产具有规模经济性要求，同时电视节目的传送与消费具有一定的网络外部性[①]，因此，在一些国家中普遍存在的现象是由政府部门选择电视机的技术标准，我国也是如此。以彩色电视机的制式选择为例，国际上曾经主要有四种彩电制式：国家电视系统委员会（National Television System Committee，NTSC）

---

① 网络外部性是产品消费的规模经济，会增加消费者消费单个产品的效用，能够带来正反馈（Arthur，1990）。

制式（美国）、按顺序传送彩色与存储（séquentiel couleur à mémoire，SECAM）制式（法国）、SECAM 制式（苏联）及逐行倒相（phase alternating line，PAL）制式（联邦德国）。我国在 20 世纪彩电发展的初期正处于一段特殊的历史时期，当时彩电制式的选择主要出于政治因素的考虑，没有采用国际的流行模式（如 NTSC 制式或 SECAM 制式）（丁守谦，2010）。1982 年 8 月，国家标准局发布了由广播电视部制定的《彩色电视广播国家标准》，正式确定我国彩色电视制式采用 PAL/D（D 代表参数细节）方式（中国广播电视年鉴编辑委员会，1986）。

就组织（或行为人）之间利益关系的安排而言，电视业的制度安排除了体现在与电视发展相关的技术选择外，还体现在对节目生产与交易的作用方面。例如，电视网制度就是对不同地理区域的网络运营商、电视台（或内容提供商）间相互关系的界定，这些组织之间通过微波（无线电视情况下）或同轴电缆（有线电视情况下）互相连接，可以同时播放相同的节目。电视网可以是短期的合作关系，如为报道某一区域性的体育节目而达成的短期协议，也可以是长期的联盟关系。电视网在节目提供商、电视台及广告运营商之间扮演了一个中间商（平台企业）的角色。电视网的出现有利于降低电视节目市场与广告市场的交易成本，促进电视节目和服务的交易与生产。

在电视网的制度设计中，关键是明确电视网络与加盟网络的电视台（或内容提供商），甚至是它们和消费者之间的关系。这些关系的确定过程，有些是加盟者间的互相协商（主要在产业环境下），有些是行业治理者的规定（主要在事业背景下）。例如，我国于 1990 年颁布的《有线电视管理暂行办法》就是一个治理性制度安排。

当然，并非只有在若干组织（或行为人）结盟的情况下才会出现制度性安排，如《卫星电视广播地面接收设施管理规定》就是 1993 年 10 月 5 日以中华人民共和国国务院令（第 129 号）的形式发布的，后于 2013 年根据同年 7 月 18 日国务院令第 638 号《国务院关于废止和修改部分行政法规的决定》进行过修订的一项治理性制度安排[①]。

本书的附录 2 列举了部分改革开放以来我国与电视业发展有关的重要制度性安排事件。

1.3　我国电视业的发展与制度演化概况

电视业在我国不仅是文化与传媒产业，也具有相当的意识形态功能，其特殊

---

① 《卫星电视广播地面接收设施管理规定（2018 年修正）》于 2018 年 9 月 18 日颁布实施。

的文化内涵和市场功能使得我国电视业的形成和发展具有和西方发达国家不同的演化轨迹。例如，部分呈现一个渐进改革的事业单位企业化过程。客观地回顾其演化过程，描述其发展轨迹与制度变迁，是我们分析中国电视竞争问题的前提。

自 1958 年 5 月 1 日我国第一座电视台——北京电视台开始实验广播以来，我国的电视接收机已从当年北京市内的 30 余台发展到无以计数。作为广播的功能扩展和技术替代物，电视业的出现和发展在技术和管理制度层面自然而然地和广播联系在一起。因此，人们习惯于将广播和电视联称为广播电视，或者干脆简称为广电。

从制度演变的角度看，如果以 1990 年《有线电视管理暂行办法》的出台和 2010 年 1 月国务院常务会议决定实质性推进三网融合试点工作（同年 7 月，国务院公布了第一批 12 个三网融合试点城市名单）为两个标志性事件，那么我国电视业的发展大致可以分为三个时期：无线电视发展期（1957~1989 年），无线和有线并行发展、后期有线电视突飞猛进期（1990~2009 年），三网融合的多种电视共同发展期（2010 年至今）。三个时期中均出现了较明显的制度变革和技术创新。在这些时期中，不同的政策渐次演化和相互影响，成为我们考察这些时期电视发展的主要线索。通过对有关历史政策的回顾，可以了解我国电视业发展的历史，找到现实中一些重大事件发生的历史原因。

本节将用 1.3.1 节和 1.3.2 节分别讨论上述电视业发展三个时期中前两个的概况。1.3.1 节介绍 1990 年前的 33 年间我国无线电视发展的概况及相应的政策演化，主要涉及期中 1983 年的（中央、省、市、县）"四级办广播、四级办电视、四级混合覆盖"方针①的实施。1.3.2 节讨论 1990~2010 年无线与有线电视并行发展的概况，主要涉及期中 1999 年后的台网分开试点。第三个时期的情况将在第 2 章中加以介绍。

1.3.1　无线电视发展期

我国电视业的发展从 1957 年筹备北京电视台算起，起步于无线模拟电视。早期的体制和管理制度变迁主要表现为由早期的中央和省两级办电视，到 1983 年开始的中央、省、市、县"四级办广电"，再到 1990 年有关有线电视管理规定的出台。

在截至 1990 年的早期发展中，我国电视业中的事业单位占据绝对优势。几乎

---

① 1983 年 3 月 31 日至 4 月 10 日，第十一次全国广播电视工作会议在北京召开。会议开幕时，时任广播电视部长吴冷西做了题为《立志改革，发挥优势，努力开创广播电视新局面》的报告。会议结束时，吴又做了包括"关于四级办广播、四级办电视、四级混合覆盖的方针"在内的总结发言。会后，广播电视部党组向中央呈送了《关于广播电视工作的汇报提纲》。同年 10 月 26 日，中共中央发布了《关于批转广播电视部党组〈关于广播电视工作的汇报提纲〉的通知》（中发〔1983〕37 号）。

没有市场化的电视企业，也几乎不存在我们今天所讨论的电视（市场）竞争问题。

1958年5月1日我国第一座电视台——北京电视台开始实验广播黑白电视节目时，条件十分艰苦。主要设备是一套包括四台国产电子管式超正折象管黑白摄像机的电视中心设备，一台国产的1000瓦电视发射机和一台500瓦的伴音发射机，发射线高为76米，当时整个北京只有50台左右电视接收机（即人们俗称的电视机）。简陋的电视播送室设在中央广播大楼的四楼，由一个五六十平方米的排练厅临时改装而成。

即使在这样艰苦的环境下，第一次播放的电视节目仍然有讲话、朗诵、舞蹈和电影等内容①（中国广播电视年鉴编辑委员会，1986）。新中国第一代电视创业者于1958年6月15日播出了中央广播实验剧团演出的我国第一部电视剧《一口菜饼子》；6月19日转播了"八一"男女篮球队同北京男女篮球队的表演赛（这是我国电视台的第一次实况转播）。从当年9月2日起，北京电视台转入正式广播，每周播出四次。

之后的有影响事件一个接着一个：1959年5月1日，北京电视台第一次在天安门转播了首都各界人民庆祝"五一国际劳动节"大会和群众结队而行的实况（此后每年的"五一"和"十一"都进行了类似的转播）。1960年1月1日，北京电视台试行固定节目时间表，设置了《少年儿童》等10多个栏目；同年3月8日，北京市教育局和北京电视台联合开办了北京电视大学，开始了我国的电视教育事业；同年5月1日，北京电视台成功进行了彩色电视的试播，使我国成为世界上第6个开始彩色电视试播的国家。1961年4月4~14日，北京电视台首次转播了我国历史上第一次举办的世界性体育比赛——第26届世界乒乓球锦标赛。

在我国电视业发展的初期，20世纪60年代初"三年困难时期"，以及不久后的"文化大革命"，对我国电视事业的发展产生了一定的影响。1962年7月21日，国务院批转了广播事业局《关于全国广播事业调整方针和精简工作的报告》。1963年2月19日，国务院文教办公室批复了广播事业局关于电视台调整问题的请示。按照调整计划，全国电视台和电视实验台只保留北京、上海、广州、沈阳、天津、哈尔滨、长春、西安的八座。

之后，随着国民经济的逐步恢复，国家及时加大了对电视事业的支持力度：1965年6月5日，国务院文教办公室同意将哈尔滨、长春、西安电视实验台和太原实验教育台转为正式电视台。1970年10月1日，新疆、青海、宁夏、甘肃、广西和福建六个省区新建的电视台（实验台）开始播出节目。同日，北京电视台的节目传送范围从1969年前的天津、河北、山西、陕西，扩大到湖北、辽宁、河南、山东、湖南、安徽、浙江、江苏、四川、江西、广东等15个省市。1973年5月1日，北京电视台开始彩色电视试播，每周播出四次。同年10月1日，北京电

---

① 本节后面的有关内容和数字来自《中国广播电视年鉴1986》的第1086~1113页，之后不一一注明。

视台彩色电视节目转入正式播出，上海、天津、南京、武汉、杭州等地试转了彩色电视节目。1975 年 1 月，北京电视台由黑白、彩色交叉向全国各地传送节目改为全部传送彩色节目。同年，全国除西藏、新疆、内蒙古外的 26 个省区市已可使用微波线路收转北京电视台节目，并可向北京回传部分节目，初步形成了全国电视广播网。

"文化大革命"结束以后，1978 年 5 月 1 日，当时的北京电视台改名为中央电视台。次年 5 月 18 日，新的北京（市）电视台正式试播，至此，中国 29 个省区市都建立了电视台。

从 1957 年筹建北京电视台起，党的第一代中央领导集体对电视这一新的舆论宣传手段和人民群众的物质文化需求工具给予了极大的关怀和支持。1959 年 9 月 12 日，周恩来总理亲自到北京电视台视察，时任党和国家领导人朱德等同年也先后来北京电视台视察。当年 10 月 19 日，时任国家主席刘少奇在到广播事业局视察工作时，更是前瞻性指出下一步应该搞彩色电视。毛泽东主席还亲笔为北京电视台题写了台标。

在有线电视技术的探索和应用方面，影响较大的启蒙期工作当数 1974 年北京饭店建立的共用天线系统。为适应外事接待工作的需要，北京饭店在 1972 年筹建新楼，并由电视电声研究所、武汉市无线电天线厂和原广播事业局共同合作，在该楼上安装了共用天线电视系统，这项工程是由我国自行设计、生产和安装调试的第一套共用天线电视系统，系国内首创，为我国的天线电视事业的开展奠定了技术基础和实践先例。

在管理体制上，我国电视业起步的初期实行"中央、省（市）两级办广播（电视）"的事业体制，有关大政方针直接由中央政府决策。在第一座电视台开播的1958 年，广播事业局就于 12 月 15~20 日在北京召开了全国电视台基本建设工作座谈会，研究了电视事业的发展方针、发展规划和技术方案，以及电视台基本建设中的一些关键问题。

"文化大革命"结束后，1980 年 5 月 4 日，国务院批转了中央广播事业局《关于加强地方广播事业管理工作的请示报告》，对中央及地方的各级广播电视机构的关系作了明确规定。

1982 年 2 月 27 日，中共中央、国务院发布了《关于严禁进口、复制、销售、播放反动黄色下流录音录像制品的规定》，加强了对电视市场的监管。根据中共中央和国务院的这一规定，中央广播事业局于同年 3 月 16 日成立了录音录像制品管理处。同年 12 月 23 日，国务院原则批准了广播电视部制定的《录音录像制品管理暂行规定》，并作为国务院文件下达。次年 4 月 16 日，广播电视部、对外经济贸易部和海关总署联合下达《关于录音录像制品出口审核程序的通知》，明确规定音像制品的出口在向外经贸部申领许可证之前，需呈报广播电视部音像制品管理部门审核。

这一时期电视事业制度和体制建设的一个重要事件是1983年10月26日中共中央发布的《关于批转广播电视部党组〈关于广播电视工作的汇报提纲〉的通知》（中发〔1983〕37号，以下简称"83《通知》"），它在我国电视事业发展的早期发挥了重要的作用。"83《通知》"要求各级党委加强和改进对广播电视工作的领导，发展和办好广播电视事业，确定了"四级办广播、四级办电视、四级混合覆盖"的广电事业建设新体制，形成了随后一段时期内我国特有的、行政区域化的电视业发展格局（专题1-3）。

中共中央明确指示："广播电视是教育、鼓舞全党、全军和全国各族人民建设社会主义物质文明、精神文明的最强大的现代化工具，也是党和政府联系群众的最有效的工具之一。"（中国广播电视年鉴编辑委员会，1986）

专题1-3　"83《通知》"的主要内容及四级办电视

中共中央1983年10月26日发布的"83《通知》"确定了我国当时"四级办广播、四级办电视、四级混合覆盖"的广电事业建设体制，形成了行政区域化的广播电视发展格局。"四级办广电"政策出台前，各地的地方政府缺少自己的宣传渠道，只能依靠当地报纸进行有关政令的传播。而"四级办广电"政策明确了各地可以建立自己的广播电台和电视台，使地（市）、县拥有了自己的"喉舌"和宣传手段，充分调动了各级政府、主管部门的积极性，他们争先恐后地投资于广播电视事业。在后来的几年中，广播电视得到了快速发展。在广播电视迅速发展的过程中，人们对电视转播质量的要求也越来越高，电视的无线接收方式难以满足人们对电视转播质量的要求，从而为这一时期以共用天线系统为形式的早期有线电视的发展提供了需求侧的推动。

"83《通知》"还就行政机构设置、中央和地方的关系、广播电视机构的性质和任务等一系列涉及管理体制的重大问题做出了决定。中央广电主管部门和各级地方政府"条块结合，以条为主"双重领导的管理体制也随即转变为"条块结合，以块为主"的管理体制。

在实际运作上，各省（自治区、直辖市）的广播电视厅（局）受该省（自治区、直辖市）人民政府和中央的广播电视部双重领导，以同级政府领导为主；同时，省（自治区、直辖市）广播电视厅（局）的宣传工作，受该省（自治区、直辖市）党委领导和广播电视部指导；事业建设受省（自治区、直辖市）人民政府和广播电视部的双重领导，以同级政府领导为主。这一原则也适用于省（自治区、直辖市）、地（省辖市）与他们各自下一级行政单位广播电视局之间的关系。关于广播电视机构的性质和职能问题，"83《通知》"提出了"双重职能"的思想，即中央和地方的各级广播电视机构既是新闻宣传机构，又是事业管理机关，中心工作是宣传，形成了宣传工作、事业建设和行业管理"三位一体"的电视管理体制。

"83《通知》"成为那一时期我国广播电视的纲领性文件，"四级办广播、四级办电视、四级混合覆盖"的方针一改原先中央、省（市）"两级办电视"的发展格局，导致了当时中国电视事业发展史上最重要的政策调整，使我国的电视事业向多级办台转变，以前所未有的规模和速度迅猛发展。

"83《通知》"提出的"四级办广播、四级办电视、四级混合覆盖"方针还使得各级广电系统内部开始呈现多元发展趋势。虽然这一制度安排带有明显的计划经济色彩，但它对调动电视事业内部的各种积极因素，共同探索中国特色的电视发展之路具有积极的作用，其影响基本保持至今。

1983 年之后，广播电视系统经历了一个大体稳定的发展时期，奠定了我国广电传媒日后继续发展壮大的基础。那时的广电媒体属于国有事业单位，完全由政府投资，除此之外，任何部门（无论其级别和职能如何）都不能在其中有资金介入。无论是国有企业还是民营企业，都不能在电视台进行投资或有参股行为。"喉舌"作用决定了广电行业必须延续中国新闻事业的传统，也注定了电视业自身的政治性质。这一时期我国电视业管理体制中最为鲜明的特点就是党管宣传，各级党委直接领导电视台的宣传工作；电视媒体的产业性质在一定程度上被淡化，其首先考虑的是如何完成党和政府赋予的政治宣传任务。

1.3.2　无线、有线并行发展期

本节主要梳理自 1990 年《有线电视管理暂行办法》出台至 2010 年开始实质性推进三网融合之前这段时期内我国电视业发展的线索，这是一个前期无线电视与有线电视并行发展，后期有线电视突飞猛进、大规模实施模拟电视向数字电视转换的历史时期。

在这段时期中，发生了两个与电视业的制度变化有关的重大事件。一是 1992年 6 月 16 日国务院发布的《关于加快发展第三产业的决定》（以下简称"92《决定》"）将广播电视明确划入第三产业的范畴；二是从 1999 年开始的有线电视网络公司与电视台分开经营的网台分离[①]试验。

与前一时期（1.3.1 节介绍的无线电视发展期）相比，该时期的最大特点是许多电视业的从业机构开始了由事业单位向企业的转型，初步形成了一定程度的电视市场，开始了实质性的电视市场竞争。

---

① 以 1999 年 9 月 17 日国务院转发《关于加强广播电视有线网络建设管理的意见》（以下简称"99《意见》"）为标志。

"83《通知》"激励事业发展的政策曾在推动电视事业的发展中起了重要作用。在"83《通知》""四级办广播、四级办电视、四级混合覆盖"方针的指引下，我国的电视事业向多级办电视台的方向转变，逐渐以前所未有的规模和速度发展。我国那时的电视事业建设是以台带网，因而网络覆盖和兴办电视台紧密联系在一起，有线电视在大中城市和一些条件不错的乡镇逐步建立起来。

据不完全统计，到 1991 年底，全国已有行政区域性有线电视台 451 座[①]，初步建成了天上卫星、地面微波和地下电缆三路并进，有线电视和无线电视相互结合的电视覆盖网络。表 1-1 给出了 1984 年、1991 年及 1997 年我国广播电视网的发展情况[②]。

表 1-1 1984 年、1991 年及 1997 年我国广播电视网的发展状况表

广播电视设备	单位	1984 年	1991 年	1997 年
广播电台	座	167	724	1 363
电视台	座	93	543	923
有线电视台	座	—	451	1 285
发射台、转播台	座	9 880	28 479	41 952
卫星上行站	座			28
卫星收转站	座	—	—	149 962
微波站	座	504	1 080	1 886
微波线路	万公里 [1)]	1.8	4.8	7
光缆电缆线路	万公里	—	—	200
有线广播线路	万公里	311	286	174
广播人口覆盖率		67.8%	75.0%	86.0%
电视人口覆盖率		64.7%	80.5%	87.6%
有线电视家庭用户	万户	—	1 500	5 591
广播喇叭	万只	8 603	8 604	7 457
收音机与收录机社会拥有量	亿台	2.2	2.3	5
电视机社会拥有量	亿台	0.5	2	3

注：①此表数字根据《中国广播电视年鉴 1985》、《中国广播电视年鉴 1992—1993》和《中国广播电视年鉴 1998》中有关数据整理；②由于 1983 年的统计数字不全，而 1984 年的统计数字较全，故选其作比较；③此表中的有线电视台数含当时正在筹建的有线电视台数；④此表尚缺教育电视台的统计数字；⑤1991 年的有线电视家庭用户数在年鉴里表达为"1500 万户以上"，此处简略取为 1500 万户；⑥表中"—"为数据缺少或者数据为 0

1）1 公里=1 千米

当然，从今天的视角看，始于 1983 年的"四级办广电"也有一定的时代局限

---

① 资料来源：《中国广播电视年鉴 1992—1993》。

② 之所以选择这三年的数据是因为它们具有较明显的比较意义：1984 年是"83《通知》"后的第一年，1991 年是此处设立的标志年，而 1997 年是"99《意见》"出台的前夕。

性。例如，地方保护主义行为在一定程度上妨碍了市场机制的正常发挥，几乎没有跨地区的电视台（或网络公司）的兼并行为；分散的有线电视网络不利于发挥网络的规模经济效应等。因此，20世纪末我国部分恢复了电视业的产业性质，并且开始推行网台分离的改革。

我国的广播电视部门在相当一段时期内曾被视为事业部门，其产业属性（包含不少市场属性）没有得到充分的重视。直到1992年6月16日国务院发布"92《决定》"，才将广播电视明确划入第三产业的范畴。中国的广播电视开始为自己走上产业化之路找到了相关的政策依据。至此，广播电台、电视台等单位一定程度上的产业性质终于被正式认可。

"92《决定》"要求第三产业的机构做到自主经营、自负盈亏，大部分福利型、公益型和事业型的第三产业单位要逐步向经营型转变，实行企业化管理。电视媒体机构从此也开始通过改革逐渐成为企业单位。虽然大众媒体从产生之日起就应是市场中的企业，但受中国特殊的社会、经济、政治、文化、历史等多重因素（正是由于这些因素，我国电视史上第一条广告"参桂补酒"直到1979年1月28日才播放于上海电视台）的影响，直到"92《决定》"的发布，电视业的产业属性才得以确认。

1999年9月17日，国务院同意并转发信息产业部、国家广播电影电视总局"99《意见》"，提出了一系列将广播电视有线网络和电视台的建设与管理分开（简称网台分离）为基础的改革措施，指出了那时中国广电行业未来一段时间发展的基本原则。在"推进地（市）、省级无线电视台和有线电视台的合并，进一步优化资源的合理配置"原则的指导下，全国各地电视台纷纷开始了网台分离，电视与广播、有线电视与无线电视的合并过程，开始了有线电视网络的资源整合（专题1-4）。

在某种程度上，我国电视事业最初的网台分离雏形可以追溯到20世纪80年代初（那时在我国甚至还没有形成独立的电视网络公司）的制播分离。1982年9月17日，我国第一家独立于电视台之外的电视制片厂——北京电视制片厂在京成立（中国广播电视年鉴编辑委员会，1986）。

专题1-4　"99《意见》"的主要内容及关系调整

"99《意见》"的主要内容有：①网台分离；②电视与广播、有线电视台与无线电视台合并；③停止实行四级办广播电视台的广电事业建设体制；④避免网络重复建设，保持广播电视网的相对完整性和专用性；⑤在有关规定出台前，广播电视网络传输公司暂不上市，广播电视业务（包括广告经营）和经营单位不得上市；⑥保持电信和广电部门的分工，彼此业务不得交叉。

　　"99《意见》"的内容丰富，不仅规定停止"四级办广电"，调整了不同级别经营的网络与网络之间的关系，而且调整了网络公司与电视台的关系，调整了电信与广电部门之间的关系。尤其是网台分离这一条，不仅对广电业内部，而且对包括广电业与电信产业在内的泛通信产业的后来发展都产生了较深远的影响。

　　自"99《意见》"首先提出网台分离后，国家广播电影电视总局（甚至国务院）又先后出台了一系列相关政策。国家广播电影电视总局在 2001 年初提出，到该年年中全部实现网台分离，年底前组建成立省级和中央级的（内容）传输网络公司，同时挂牌成立中国广播电视传输网络公司（即中国有线）。2009 年 7 月 22 日，国务院常务会议审议通过的《文化产业振兴规划》又明确提出，要"推进有线电视网络、电影院线、数字电影院线和出版物发行的跨地区整合"，这是国家级文件中首次列入有线网络的跨地域整合问题；同年 8 月 4 日，国家广播电影电视总局又发布了《关于加快广播电视有线网络发展的若干意见》，确立了 2010 年底前基本完成有线网络省内整合的阶段性目标，以期为全国广播电视有线网络的规模化、产业化发展奠定基础。这些纷纷出台的政策表明，到 2009 年时，政府部门希望通过政策引导网台分离，将电视传输网络从电视台中剥离出来，将零散的网络整合起来，组成一张跨地区的、互联互通的大网。

　　然而，网络整合的难度超乎想象，很多省区市只是建立了一个省级的网络公司，其他诸如网络的互联互通、客户的统一服务与管理、运营与业务的规范等距离原定的目标相差甚远。对全国很多地区而言，建立并有效运营一个真正意义上的省级网络公司还任重道远。

　　当然，从今天的角度看，"99《意见》"也留有一定的缺憾，主要是产业促进政策在一定程度上尚没有给新技术在更大范围内的利用和产业竞争做出具体规定，对电视产业发展产生了一定的滞后性影响。"99《意见》"的主要内容之一仍然是保持电信产业和广电业的既往分工，彼此间互不从事交叉业务。其实，在"99《意见》"制定时，三网融合的大趋势已经开始显现，西方发达国家已经开始了三网融合进程，美国 1996 年出台的《电信法》（Telecommunications Act of 1996，又译为《美国 1996 年联邦电信法》，以下简称"美国 96《电信法》"或"96《电信法》"。与此相类似，将美国 1934 年出台的《通信法》——即 Communications Act of 1934——简称为"美国 34《通信法》"或"34《通信法》"）已经通过修法认可了电信企业与电视企业的产业间相互进入。虽然我国后来也陆续有一些广电企业上市，取得了较好的市场绩效，但是，与将和有线电视业发生融合的电信企业相比，我国电视企业的市场化之路毕竟起步晚了一些。

　　另外，虽然"99《意见》"提出了网台分离，但中国有些省区市的网台关系并没有发生本质性的分营。出于发展与竞争的需要，许多地方的有线电视网络公司与电视台一直保持着密切的联系和合作。2010 年初，国家广播电影电视总局又提出了"网台联动"的新思路。2010 年 5 月 31 日，随着北京北广传媒集团、北京人民广播电台、北京电视台整合组建为北京广播电视台，北京成为新一轮网台合一的试点。

在网台关系的调整中，江苏省这一时期的做法具有一定的特点。该省的网络公司（江苏省广电有线信息网络股份有限公司，简称江苏有线）①采用一级法人治理结构，在全部 13 个地级市中的 10 个设立了分公司，实行垂直管理。通过"存量不变，增量分成"的方式兼顾各地级市的利益，建立了真正意义上的省网公司。江苏有线组建初期的 17 个股东包括 10 个城市的电视台、江苏省广播电视总台和战略投资者。在省网公司发起人一致通过的约定前提下，由江苏省广播电视总台控股的江苏省广播电视信息网络投资公司成为省网络公司的最大股东。从江苏的案例可以看出，虽然网台分离已经提出了较长时间，但是由于三网融合等外部环境的变化，"网""台"又纷纷走到了一起。

江苏的网台合一不仅体现在股权上，还体现在业务的合作上。根据省网络公司发起人之间的一致约定，省网络公司的业务和经营将兼顾各地广播电视台的发展，坚持省网公司的发展和各级广播电视台的内容生产与广告业务的拓展。约定所明确的核心点是，省内各地级市、县（市、区）广播电视台现有频道在各自的行政辖区内免费传输，省级电视台广播电视节目在各地的传输维持现状、逐步增加。

在我国，难以在一定时期彻底实施网台分离还有其产业生态学的原因。从产业生态学的角度看，内容传输网络与电视台虽属于纵向关系，但与通常的（单向）产业链相比，又具有其特殊性。一方面，电视台作为内容提供商，向网络传输公司提供以频道为载体的内容（电视节目），各地的网络公司将频道传输给本地用户。在这个产业链中，电视台属于产业链的上游，网络公司为中间环节，下游是观众，这种上、中、下游的关系类似于制造商、销售商与消费者之间的关系。另一方面，在"台""网"间还存在一个逆纵向关系。在这个逆纵向关系中，观众是产业链的上游，观众通过观看广告出售其时间，此时网络公司仍为中间环节，但电视台则属于产业链的下游。因此，"台""网"关系将不仅是电视台向有线网络提供了内容，有线网络也向电视台提供了下游观众（其实是下游观众的注意力）。所以，电视业中的"台""网"关系要比制造业中的制造商与销售商的关

① 江苏有线是根据中共中央文化体制改革精神，在江苏省委、省政府的领导下，在整合全省广电网络资源的基础上，于 2008 年 7 月正式挂牌运营的国有骨干文化企业。该公司于 2015 年 4 月 28 日在上海证券交易所 A 股主板上市（股票代码 600959）。该公司主要从事广电网络的建设运营、广播电视节目传输、数据宽带业务，以及数字电视增值业务的开发与经营。

系复杂得多。正是这样一条具有两种互动性纵向关系的产业链，决定了"台""网"关系的复杂性。

网台难以彻底分离还可以从当时我国有线电视网络公司的收入构成上看出。对网络公司而言，有线电视网络维护费是其主要收入来源，除此之外，网络公司还可以向异地频道收取落地费。同时，网络公司对于当地的节目则大多无偿传输，甚至要为本省与外省卫视的对等落地行为而买单。进一步解剖网络公司的收入结构还可以发现，网络公司不仅几乎没有广告收入，而且其赖以生存的网络维护费无论是与国内的电信收入相比，还是与国外的有线电视收费相比，都十分便宜。

根据国家广播电影电视总局 2007 年发布的数据，2006 年全国广播电视总收入达到 1099 亿元，而同期全国广播电视的广告收入为 527 亿元（同比增长12.49%），占广播电视总收入的 47.95%。其中，广播广告收入 59 亿元（同比增长 16.67%）、电视广告收入 453 亿元（同比增长 11.51%）。而全国有线电视网络的收入为 252 亿元，只占全国广播电视总收入的 22.93%。其中有线电视收视费收入为 184 亿元（同比增长 15.04%）、付费数字电视收入 5.23 亿元（同比增长60%）、其他网络增值服务收入 62.77 亿元，没有关于广告费的统计。[①]

三网融合以来，电视业的收入结构尚未有根本性变化。根据英国通信管理局（Office of Communications，Ofcom）发布的《国际通信市场报告（2015）》（*International Communications Market Report 2015*）可知，2014 年中国电视业的人均订购费用（主要是网络维护费）约为 8 英镑，不仅大大低于美国的 195 英镑，而且低于巴西的 30 英镑。在目前的数字电视时代，我国的电视业仍然高度依赖于广告。在广告收入成为电视业收入的主要来源时，没有多少广告收入的有线电视网络运营商没有和电视台（频道）彻底分离就是可以理解的了。

如今，一些广电网络公司不仅提供电视传输服务，也提供宽带接入服务。在数字电视时代中，一些有线电视网络运营商也可以通过提供开机广告、节目导航广告等多元化服务来增加自己的收益。

---

① 资料来源：中国广播电视年鉴编辑委员会（2007）。

第 2 章　网络融合的背景与发展

2010 年 1 月，我国国务院常务会议决定并具体部署实质性推进电信网、广播电视网和互联网的三网融合是中国网络融合发展的一个历史性事件，这对我国相关产业乃至整个经济、社会的发展具有里程碑式的意义。

本章主要讨论这一重大决策出台前后的有关背景、那时国内的产业基础及此后为突破三网融合的瓶颈所做的相关努力。改革开放以来，我国通信业、广电业和互联网业都进入了快速发展时期。2010 年 1 月 13 日，国务院总理温家宝主持召开国务院常务会议，正式通过了加快推进三网融合的决定。这一决定不仅兑现了温总理 2009 年在政府工作报告中提出的推进三网融合的承诺，还把三网融合上升到国家战略的高度，赋予其推动文化创新和中华文化大繁荣大发展、调整产业结构和发展战略性新兴产业的重大意义。

本章首先在 2.1 节中论述我国全面推进三网融合的国际背景，2.2 节与 2.3 节讨论我国电信业和互联网的发展态势，它们是我国三网融合的产业基础，2.4 节简述我国网络融合综合改革起步阶段的一些实践，最后，2.5 节讨论我国网络融合的文化发展意义。

2.1　世界范围的网络融合与企业重组

在国外，网络融合（特别是三网融合）更多地体现为一个网络（行业中的）企业的跨网络经营、合作与兼并等行为。分析我国的三网融合进程离不开对世界范围的网络融合大背景的观察。虽然在西方发达国家中，电信产业、有线电视业（有时甚至是更宽的数字化媒体产业）和互联网产业之间的行业壁垒并不像中国那么清晰，而且往往被置于同一个规制机构之下，使得其三网融合情形与我国有所不同，但其相关产业中代表性企业的跨网络（行业性）扩张，以及跨网络的大规模企业兼并与重组仍然是我们思考中国三网融合问题的参考性视角。

按照美国联邦通信委员会（Federal Communications Commission，FCC）和 Ofcom 等西方发达国家规制机构的分类，通信市场包括电信、电视和广播等不同细分产业（一般不包括通常属于娱乐业的内容制作产业）。因此，西方发达国家的通信产业（中国有时也称其为泛通信产业，以与常称电信企业为通信企业相区别）中发生的一些重要并购案通常具有跨网络，甚至同时跨越电信网、电视网和互联网（也就是网络融合，甚至三网融合）的特征。

2.1.1 网络融合加速

美国通信市场是世界上最早开展网络融合业务的市场。与以往的产业融合不同，20 世纪 90 年代美国的网络融合不再是自然垄断产业的多元化尝试，而是整个信息产业结构的彻底颠覆。美国的网络融合趋势大体可以追溯到 1993 年 12 月美国副总统戈尔发布"美国信息高速公路"（National Information Infrastructure，NII）政策。NII 计划提出，将融合现有的互联网服务、电话和有线电视的功能，连接美国几乎所有的家庭、教育、卫生、娱乐、商业、金融、科研机构和企业，所有的数据、文字、声音、图像和电视节目等信息都能够通过电话线、有线电视输送线或无线电话网发送和接收。NII 计划预计通过 10~15 年的时间给美国人的工作、学习、购物和生活方式带来"革命性变化"（Drake，1995）。为实施 NII 计划，克林顿政府开始大范围修订"34《通信法》"，推出了"96《电信法》"，废除了私人资本在信息服务领域的投资限制，保护并促进通信企业之间的竞争，并逐步完善融合的通信业规制框架。可见，美国的通信产业政策给美国通信业的网络融合与产业结构调整带来了深远的影响。

就网络融合的政策与推进策略而言，欧洲联盟（以下简称欧盟）1997 年提出了世界上第一份政策性指导文件——《迈向信息社会之路》绿皮书，旨在促进电信、媒体、IT（information technology，信息技术）的融合与应用，建设信息融合型社会（Clements，1998）。此后，又提出了一系列关于信息产业融合与欧盟通信业改革的文件和强制性指令。2005 年 6 月，欧盟委员会（European Commission，EC）发布政策提案《i2010——欧洲信息社会：促进经济增长和就业》的五年发展规划，该规划本着"以政策融合支持技术融合"的宗旨，内容包括为欧盟的信息社会和媒体业创造一个开放、竞争的融合性市场。从欧盟关于通信业融合的各项政策与指令可以看出，欧盟除了强调信息技术、网络平台等物理层面的融合，更注重市场的融合、业务的融合及运营管理的融合，要求欧盟成员国主动改革传统电信规制框架，鼓励市场竞争，刺激宽带信息技术在欧盟各国的广泛使用（曾勇，2007）。

如果以我国政府决定实质性推进三网融合的 2010 年初为观察时点，国外除去 2009~2010 年的断崖式衰退外，其泛通信产业基本上都处于持续性增长之中。

　　美国 FCC 和英国 Ofcom 的年度报告通常会给出电信、电视和广播三个细分产业的有关数据。图 2-1 给出了根据英国 Ofcom 的有关年度报告所整理的世界通信市场 2005~2013 年的收入变化情况。

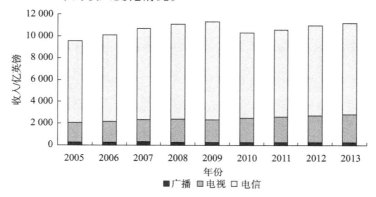

图 2-1　世界通信市场收入

资料来源: *International Communications Market Report 2014*

　　从图 2-1 可以看出，在 2005~2013 年这一时间区间内，世界通信市场虽然在 2009 年和 2010 年间有一个接近四位数的明显下降，但在 2005~2009 年和 2010~2013 年内都是平稳增长的趋势。考虑到我国在 2010 年 1 月做出了实质性推进三网融合的战略决策，对这一决策产生影响的全球产业环境将是 2009 年及其之前的情况，所以我们不妨主要分析 2009 年以前的情况。

　　从图 2-1 和表 2-1 可以看出，整个通信产业的总收入在 2009 年达到当时的顶峰，计 11 140 亿英镑，成为支撑全球经济的重要产业之一。其中，电信市场收入为 8780 亿英镑，占据了通信市场 80% 的份额。通信产业在 2005~2009 年中后期，受全球经济危机影响，电信市场和电视市场保持小幅增长，广播市场的年收入下降。在 2005~2009 年，电信、电视和广播市场收入的年均增长率分别为 4.1%、4.3% 和 −1.3%，而在 2008~2009 年，其年均增长率下降到 0.9%、−1.0% 和 −9.0%。电视、广播业务收入下降的主要原因是经济危机背景下广告收入的锐减。

表 2-1　2005~2009 年世界通信市场收入的年均增长率

时间	电信	电视	广播
2005~2009 年	4.1%	4.3%	−1.3%
2008~2009 年	0.9%	−1.0%	−9.0%

资料来源: *International Communications Market Report 2010*, https://www.ofcom.org.uk/__data/assets/pdf_file/0015/31281/icmr_2010.pdf, 2020 年 10 月 4 日

　　对于广播业和电视业而言，广告费仍然是其主要收入来源。受经济危机的影响，2009 年全球广告收入下降了 13%。由图 2-2 可见，2004~2009 年广告收入结构发生了明显的变化：互联网广告收入持续增长，2009 年已占到全球广告总收入

的 15%（2004 年仅占 4%）；相反，印刷品的广告收入下降最多，尤其是报纸和杂志，在报纸和杂志上发布的广告的收入占比从 2004 年的 44%下降到 2009 年的 33.3%。

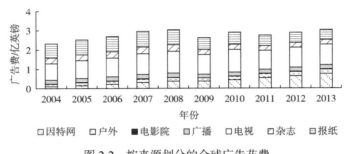

图 2-2　按来源划分的全球广告花费

资料来源：*International Communications Market Report 2010*，https://www.ofcom.org.uk/_data/assets/pdf_file/0015/31281/icmr_2010.pdf，2020 年 9 月 30 日；*International Communications Market Report 2014*，https://www.ofcom.org.uk/_data/assets/pdf_file/0015/31281/icmr_2014.pdf，2020 年 9 月 30 日

2008~2009 年，法国、美国、加拿大、日本等世界主要发达国家 IPTV 用户的平均增长率超过了地面数字电视（digital terrestrial television，DTT）①用户的平均增长率（图 2-3）。

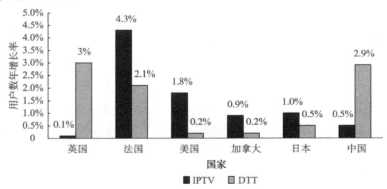

图 2-3　2008~2009 年世界主要国家 IPTV 和 DTT 家庭用户数增长情况

资料来源：*International Communications Market Report 2010*，
https://www.ofcom.org.uk/_data/assets/pdf_file/0015/31281/icmr_2010.pdf，2020 年 9 月 30 日
中国这一时期 DTT 较高的增长率部分取决于"奥运机遇"，如 2009 年，我国 DTT 的发展获得国家 25 亿元的财政资金支持

从图 2-3 可知，2008~2009 年，IPTV 在法国、美国、加拿大、日本等主要西

---

① 数字电视的一种类型，利用地面无线电波传送数字电视信号的电视服务。数字电视的另外两种常见类型是有线数字电视和卫星数字电视。

方大国的增长态势尤为迅猛①。但也有一些国家的 IPTV 的发展比 DTT 要慢，如英国、中国等。由此可见，虽然 DTT 拥有较大的用户基数，而且受益于数字化转换（模数转换），数字电视的用户数量呈现进一步增长的趋势，但是，IPTV 的发展速度更快，并且已经成为 DTT 的头号竞争对手。在美国，AT&T（美国电话电报公司）和 Verizon（威瑞森电信）都利用光纤互联网提供多种电视业务；法国的电信运营商将免费的 IPTV 服务与宽带接入和固话业务相捆绑进行销售（申请后两类业务的用户无须增加任何成本即可收看免费的 IPTV）。

全球网络融合加速的最直观表现就是用户对通信网络的接入方式有了更多的选择。2000 年之前，在经济合作与发展组织（Organization for Economic Cooperation and Development，OECD）国家中，虽然固定电话网曾是最普遍的用户上网接入的选择，但从 2000 年开始，随着移动电话用户数超过固定电话用户数（到 2005 年，移动用户数反超固定电话用户数 1/3），以及通信业中陆续出现新的接入平台，用户不断从拨号上网转入宽带，导致数字用户线路（digital subscriber line，DSL）、有线电视网络通信及移动通信的用户持续增加。

如图 2-4 所示，1997~2011 年，包括模拟用户、ISDN（integrated services digital network）用户和移动用户在内的电话总用户数显著增加，由 6.55 亿户（1997 年）增加至 20.66 亿户（2011 年），但其中的固定电话用户数（含模拟用户和 ISDN 用户）却明显减少，在 2003~2005 年减少了 4%；同期的移动用户数增幅最大，2005 年达到 9.33 亿户，比 2003 年同期增长 26%，2011 年达到了 13.5 亿户；另外，宽带、有线、DSL 接入等都有不同幅度的增长。图 2-4 表明，上述"一减一增"现象在 2005 年以后仍然存在并愈演愈烈。

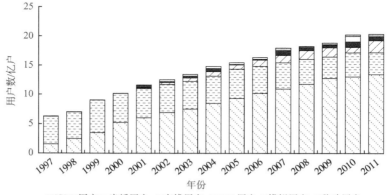

图 2-4　1997~2011 年通信接入方式的变化

资料来源：*OECD Communications Outlook 2013*

---

① 与我国政府 2010 年初做出实质性推进三网融合决策巧合的是，在这个时点前后，西方主要大国的 IPTV 用户的增长都大大超过了 DTT 的用户增长。同时，西方国家普遍碰到了泛通信产业的"断崖式衰退"。

图 2-5 则表示，2007~2011 年，OECD 国家的 DSL 用户数增长了 20%，2011 年底，DSL 用户数达 1.75 亿户；同一时期的有线用户数则增加了 37%，2011 年底的用户数达 0.94 亿户；光纤用户数增长最快，2007~2011 年增加了 114%。

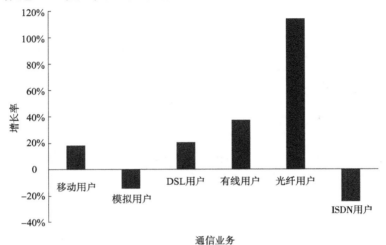

图 2-5　2007~2011 年通信业务接入的增长率

资料来源：*OECD Communications Outlook 2013*

OECD 报告指出，2003~2005 年，越来越多的有线电视运营商进入电信市场，同时，电信运营商也进入视频（内容）领域。卫星运营商利用固网提供宽带业务，地面电视通过数字化提供互动业务（如韩国）。如今，在 OECD 国家，这些不同网络（电信网、有线电视网、地面无线电视网）都能够提供相似的业务包。然而，与美国、英国对待"泛通信产业"不同的是，许多国家对电信网、电视网和互联网这三个领域的规制却分散在不同部门。OECD 国家或许会逐步实现电信规制与广播电视规制的融合。

从图 2-4 和图 2-5 可以看出，在宽带接入市场后，有线电视运营商和电信运营商之间的竞争程度呈逐渐增强的趋势，电信运营商提供的是基于传统电话网络的数字用户环路（x digital subscriber line，xDSL）接入技术，有线电视运营商提供的是基于有线电视网络的线缆调制解调器（cable modem）接入技术。与市场比较成熟、已有一定用户基础的电信运营商的 xDSL 接入技术相比，有线电视运营商的线缆调制解调器接入技术作为一种新兴技术，凭借其速率高、不占用电话线等优点，将和基于传统电话网络的 xDSL 接入技术在宽带接入市场上形成竞争。2010 年前后，线缆调制解调器接入技术在全球，尤其是北美发展迅速，每年用户数以翻番的速度增长。因此，随着网络融合的发展，在高速互联网接入市场，特别是宽带市场上，有线电视运营商和电信运营商之间的竞争将不断加深。这种竞争形成的前提是网络服务的相互替代性，这种替代性将导致三网融合的市场之手日益发挥明显的作用。

2.1.2　企业兼并频繁

考察三网融合进程的有效视角无疑是观察原本典型的电信企业、有线电视企业和互联网企业相互之间的跨行业进入与合作。这类"合作"的形式之一是企业间的兼并与并购、重组。有线电视市场的情形也大致如此。20 世纪 90 年代以来，美国规模较大的有线电视公司，如 Comcast（康卡斯特）、Time Warner（时代华纳）等都通过横向兼并提高了自身的市场份额。根据 FCC 发布的视频节目传输市场年度竞争评估报告，到 2005 年，美国前五大有线电视运营商已经拥有 65.8%的市场用户。

在三网融合的背景下，相关企业之间的兼并是运营商的一种合作竞争与发展策略。Henten 等（2002）按照技术的差别，将电信、电视、IT 和其他媒体相关产业的价值链分成五部分：内容、服务、网络、基础设施（终端）、最终用户，即由内容提供商和服务提供商向网络运营商提供内容及服务，内容经过网络基础设施传输，最终到达用户的接收终端上。这样的价值链区分为我们认识三网融合背景下企业兼并的特点提供了一个有效的视角。图 2-6 反映了电视产业、电信产业、IT 产业和其他媒体业的横向及纵向兼并关系。

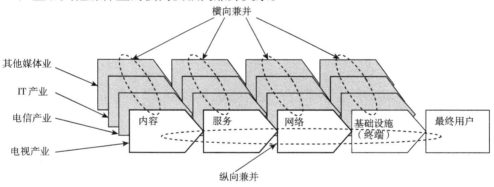

图 2-6　企业兼并的网络融合背景
资料来源：根据 Henten 等（2002）整理

就全球范围来看，美国是最早实行电信、有线电视和互联网等多业规制合一的国家，它的"96《电信法》"明确了其作用和规制范围涵盖电信、有线电视和互联网的广义通信产业领域。因而，考察美国等西方国家泛通信产业（包含但不限于电信产业）的企业间兼并的特点，对于我们认识三网融合问题将颇具启发。

从图 2-6 可知，我们通常所见的电信、有线电视等信息类企业的并购，无论其是横向还是纵向，都与产业链的结构及相互关系密切相关，研究产业链的构成与特点是理解企业兼并行为的起点。Shapiro 和 Varian（1999）认为，信息通信产业的特点在于内容（信息产品）与网络（分发渠道）之间的互补性和相互依赖性，失去任何一方，另一方就没有存在的价值。这是三网融合时代企业兼并现象频发的技术基础。

根据美国联邦贸易委员会（Federal Trade Commission，FTC）的分类，通信类企业的兼并可以划分为如表 2-2 所示的横向兼并与纵向兼并，以及表 2-3 所示的集聚式兼并等三种类型。其中，集聚式兼并又可进一步划分为三类：产品延伸型兼并、纯集聚型兼并及同心型兼并。当然，并非所有的兼并都可以典型、单纯地划分成以上三种类型之一，企业间的兼并常常表现出复合型特征。

表 2-2　传统通信企业兼并的形式

基本分类	定义和区别	举例
横向兼并	纯横向兼并：地理位置相近的网络运营商之间的兼并、重组	同一区域的两家通信网络运营商的兼并
	市场延伸型兼并：地理位置不相近的网络运营商之间的兼并、重组	不同区域的两家通信网络运营商的兼并
纵向兼并	后向一体化：网络运营商面向上游企业的兼并	电信网络运营商和电信设备生产商的兼并
	前向一体化：网络运营商面向下游企业的兼并	网络运营商和零售服务商的兼并

资料来源：根据 Li（2001）整理

表 2-3　网络融合下通信企业的集聚式兼并

基本分类	定义与区别	举例
集聚式兼并	产品延伸型兼并：网络运营商与那些提供功能相关（但并不直接竞争）型产品的企业之间的兼并	如电视网络运营商与电视台之间的兼并
	纯集聚型兼并：网络运营商与那些本质上不相关的企业之间的兼并	如电视网络运营商与电脑制造商之间的兼并
	同心型兼并：缘于相似的技术或者相似的流程或者相关市场的兼并。通常又可分成技术导向的兼并（虽面向不同的消费者，但使用相似的技术）和市场导向的兼并（虽面向相同的消费者，但使用不同的技术）	如电信网络与有线电视网络之间的兼并

横向兼并通常指生产同类产品或提供相似服务的企业之间的兼并，常见的为多系统运营商（multiple system operator，MSO）之间的横向兼并。横向兼并又包括纯横向兼并和市场延伸型兼并两种，主要以兼并企业之间的地理位置是否相近来区分。就通信网络的横向兼并而言，纯横向兼并是指地理位置相近的网络运营商之间的兼并；市场延伸型兼并是指地理位置不相近的网络运营商之间的兼并。在发达国家中，20 世纪 80 年代的横向兼并最初主要表现为 MSO 之间的水平兼并。Waterman 和 Weiss（1997）指出，自 20 世纪 80 年代中期以来，美国 MSO 之间的横向兼并持续扩大。他们通过研究主要的 MSO 后发现，1985 年美国最大

的 MSO——TCI（Tele-Communications Inc.）的市场份额为 9%，而在 1990 年已经增加到 24%；1989 年，时代与华纳传媒结合为时代华纳，成为第二大 MSO，拥有 12% 的市场份额。Waterman 和 Weiss（1997）指出，这两大 MSO 在 1990 年已有 37% 的市场份额，届时，前四大 MSO 的市场份额为 45%。

纵向兼并主要指存在纵向关系的企业之间的兼并，其典型为网络运营商和频道运营商、设备生产商、零售服务商之间的一体化，包括后向一体化和前向一体化两种模式。后向一体化是指面向上游企业的兼并，前向一体化则是指面向下游企业的兼并。美国从 20 世纪 80 年代的中后期开始，纵向兼并相当盛行。到 1990 年时，所有的全国性频道中约有 50% 由网络运营商所投资。以时代华纳为例，1995 年时其投资了 16 家频道商，其中持股比例超过 50% 的有 4 家（Waterman and Weiss，1997）。到 1996 年，时代华纳参与入股的频道商增加至 22 家，同年，时代华纳还并购了特纳广播公司（Turner Broadcasting System，TBS）100% 的股份，特纳广播公司拥有数个重要频道，包括 CNN（Cable News Network）、Headline News、TBS（Tokyo Broadcasting System）、TNT（Turner Network Television）等收视率居全国之冠的频道（Waterman and Weiss，1997）。另外，时代华纳也已拥有两家主要的金牌付费频道——HBO 与 Cinemax。

在网络融合的背景下，通信企业间的兼并也出现了一些新特点。由于网络融合改变了信息产业的市场结构，那些原本相互间并不存在竞争关系的专用性平台（如电信、有线电视等）间也展开了竞争，网络整合成为有线电视运营商最重要的竞争策略。此时的网络整合呈现出两大趋势：一是电信运营商与有线电视运营商之间的集聚式兼并；二是电视运营商与频道商之间的纵向分离。

所谓集聚式兼并是指缘于相似技术（或相似流程、相关市场）的企业间的兼并。表 2-3 列举了网络融合背景下通信企业与有线电视运营商之间集聚式兼并的有关定义与区别。

数字技术的发展使得电视业和电信业在技术上逐渐趋同、在产品上全部或部分可替代、在市场上可竞争。美国"96《电信法》"废止了一项长达 26 年的禁令[①]，取消了集聚式兼并的政策限制。从此，电信运营商可以在其运营区域内提供有线电视业务；同样，有线电视运营商也可以在其运营区域内提供电话服务。在网络融合环境下，有线电视网络和电信网络之间的集聚式兼并成为有线网络兼并的重要模式。通过集聚式兼并，电信运营商提供的业务远远超出了语音业务范畴，有线电视运营商也可以提供电话业务和互联网接入业务等。

---

① 1970~1996 年，FCC 一直禁止本地电信运营商（local exchange carriers，LEC）在其电信服务区域内从事有线电视业务。

例如，早在 20 世纪 20 年代，AT&T 就通过其获得的一项专利技术开始提供广播电视服务。1998 年 6 月，AT&T 与 TCI 合并，自此 AT&T 成为能够提供语音（包括本地电话、长途电话、无线电话）、有线电视、互动电视，以及互联网（包括移动互联网）接入等业务的服务商，向三网融合迈进了一大步。20 世纪 90 年代初期，传统有线电视运营商时代华纳利用有线网络提供语音业务。Comcast 则不仅横向兼并了一些有线电视网、语音服务网和互联网，还纵向兼并了部分内容生产商。

2.1.3　纵向一体化受青睐

在网络融合的企业兼并中，纵向一体化往往会因其能够提高企业绩效而受到青睐。这是因为，一方面，纵向一体化有助于使内容（节目）更加适应市场需求，并且有利于一体化的运营商普及新网络，从而增加运营商的收入；另一方面，纵向一体化能消除双重边际加价，因产生了规模经济而削减了成本。

在纵向一体化的企业兼并案例中，美国 AT&T 公司具有 30 余年"拆而不死"的不断重组过程。这在美国近代"通信"企业[①]的演变中具有一定的特殊性，是网络融合时代企业发展的一个典型案例（案例 2-1）。

案例 2-1　美国 AT&T 公司 30 余年"拆而不死"的演变

早在 1974 年，美国司法部就在 MCI（Microwave Communications Incorporation）等竞争对手的推动下，以反托拉斯法为由正式控告 AT&T，并最终促成了 1984 年 AT&T 的解体（AT&T 公司被拆分），这标志着在长途市场上引入竞争，美国电信市场上 AT&T 独家垄断的局面被打破，MCI、Sprint 等竞争对手占据了一定的长途电话市场份额。

不过，AT&T 后来的经营走向并未沿着原先反垄断者希望的轨迹，从 1984 年被拆分算起，至今 30 余年始终拆而不死，反而通过一系列的兼并重组，在 20 多年后又成为一个庞大的通信帝国。其中，AT&T 从 1984 年解体到 2006 年间的发展历程如图 2-7 所示。

20 世纪后期，美国政府规制电信业的意图是，对本地电话通信网络一类的自然垄断性业务与长途通信网络等具有竞争潜力的业务实行垂直分离，继而将网络运营业务与通信设备制造业务相分离。因此，AT&T 曾被三度拆分：1984 年，美国司法部强制拆分 AT&T，分拆出一个继承了母公司名称的专司长途业务的 AT&T 公司和七个本地电话公司（即"贝尔七兄弟"：贝尔太平洋、贝尔大西洋、西部

---

① 根据美国"96《电信法》"的概念，AT&T 是一个涉及电信、电视甚至传媒的泛通信企业。

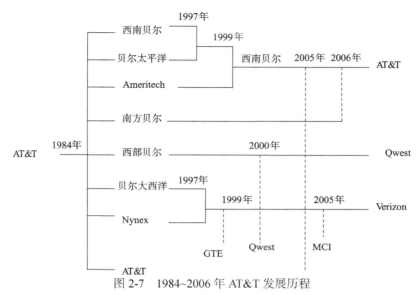

图 2-7　1984~2006 年 AT&T 发展历程

1984 年，AT&T 被垂直分拆成一个长途业务公司（AT&T）和七个本地电话公司，其后，经过 20 多年的不断分拆与兼并，到 2006 年，原来的 AT&T 体系仅剩下三家：新 AT&T、Verizon 和 Qwest。GTE 即 Geheral Telephone & Electronics

贝尔、南方贝尔、西南贝尔、Ameritech 和 Nynex）。1996 年，AT&T 被再度拆分，分立为三家独立公司：提供通信服务的 AT&T、朗讯技术公司、经营电脑设备和服务的 NCR（National Cash Register）公司。2000 年后，AT&T 进行了第三次拆分，先后出售了无线通信、有线电视和宽带通信等部门。

在内有网络正效应、规模经济等内生力量驱动，外有技术进步等外生力量驱使的综合作用下，通信产业的网络融合步伐不断加快。在网络融合趋势的推动下，美国政府开始了以放松规制为主要方向的电信改革，主要标志是美国 "96《电信法》" 的出台。该电信法出台后，美国电信产业出现了前所未有的频繁并购活动：西南贝尔 1997 年收购贝尔太平洋后，又于 1999 年收购了 Ameritech；贝尔大西洋则在 1997 年先收购 Nynex、2000 年又收购 GTE 后改名为 Verizon；2000 年 Qwest 收购了西部贝尔。至此，"贝尔七兄弟" 在市场上仅存有三家，即南方贝尔、西南贝尔和 Verizon。到 2005 年初，"贝尔七兄弟" 已经逐渐重新组合成了四家：Verizon、西南贝尔、南方贝尔和 Qwest。2005 年 1 月，西南贝尔宣布收购 AT&T（并将公司名称保留为 AT&T），在西南贝尔收购 AT&T，以及随后 Verizon 收购 MCI 之后，两家最大的长途电话运营商 AT&T 和 MCI 重回小贝尔公司阵营，第三大长途电话运营商 Sprint 与 Nextel 合并。此时，长途领域在引入竞争 20 年后，美国电信市场上已不再存有独立的长途电话运营商。2006 年，新 AT&T 又收购了南方贝尔，标志着 20 多年前 AT&T 被分拆后形成的 "小贝尔们" 重新聚首。此时，AT&T又回归为美国通信产业的最大垄断性经营商，成为拥有市话、长话、无线、互联网乃至有线电视捆绑服务的全业务运营商。

在聚聚合合的同时，AT&T还在不断进行着跨产业兼并。1998年6月，AT&T与TCI合并，揭开了美国通信史上运营商跨产业兼并的序幕。1999年，AT&T又收购了Media One Group，成为全美最大的有线电视运营商。从此，AT&T能够提供语音、有线电视、互动电视，以及互联网接入等业务，成为三网融合意义上的全业务运营商。

总之，经过多年的分拆和不断兼并重组，加之政府电信规制改革的推动，美国电信市场诞生了史无前例、规模庞大的全业务运营商，几大运营商几乎垄断了整个电信市场（表2-4）。在总额达3018亿美元的产业总收入中，最大的前四位运营商的收入总和就达到2192亿美元[1]，占到全行业收入的72.6%，其赫芬达尔-赫希曼指数（Herfindahl-Hirschman index，HHI）达到了1749。因此，AT&T的分分拆拆只是使美国电信业从独家垄断转变为寡头垄断的局面。

表2-4　2005年美国电信业并购后的市场结构

运营商	Verizon/ MCI	西南贝尔/ AT&T	Sprint	南方贝尔	Qwest
收入/亿美元	951	753	262	226	143

资料来源：Atkin等（2006）

在美国，类似的纵向一体化全业务运营商并不止AT&T一家，Comcast不仅跨产业横向兼并了有线电视运营商、电信运营商和互联网企业，还纵向兼并了内容生产商。电信运营商通过跨产业横向兼并有线电视运营商，使其能够提供市话、长话、无线、互联网乃至有线电视等多产品服务。美国的传统电信运营商西南贝尔从2004年底开始提供电视服务，并推出包括电信、互联网和视频点播在内的捆绑服务。2005年下半年，当时的电信主导运营商Verizon又在得克萨斯州的一些城镇开始启动商业电视服务，利用其光纤到户的宽带网络资源，提供包含图像、语音和高速互联网等在内的多种产品，与有线电视运营商展开竞争。

随着传统电信企业的跨行业经营，有线电视运营商也在抓紧进入传统的电信市场。美国的有线电视产业经过整合，形成了Comcast、时代华纳两大巨头。有线电视运营商利用自己的宽带网络推出了网络电话（voice over IP，VoIP）业务。到2008年底，美国第一大有线电视运营商Comcast已成为全美第三大固定电话服

---

① 2005年并购前，排名第一的是Verizon，收入为678亿美元；排名第二的是西南贝尔，收入为408亿美元；AT&T排名第三，收入为345亿美元；排名第四的是MCI，收入为273亿美元。

务提供商，那时 Comcast 的固定电话用户数已达 650 万户，超过原先排名第三的传统电信运营商 Qwest（那时的固定电话用户数为 600 万用户[①]）。并且，在最大的固话网运营商 AT&T 和 Verizon 的用户数不断减少的情况下，作为传统有线电视运营商的 Comcast 的固话用户数却在不断增加。

可见，在网络融合的背景下，其他的运营商（如有线电视运营商）也可以通过跨产业兼并进入瓶颈部分的市场（本地电话市场），此时本地电话的寡头垄断结构将转变为双（或多）寡头垄断结构，存在产品差异的网络平台运营商得以在传统的瓶颈部分展开交叉竞争。可以预见，交叉媒介竞争越激烈，有线电视网络和电信网络之间的跨产业兼并行为将越频繁。

2.2　我国网络融合的电信产业基础

我国电信业多年的改革与发展为三网融合做了较长期的产业准备。如表 2-5 所示，2001 年时，全国的固定电话用户数就达 18 039.0 万户，移动电话用户数 14 480.0 万户，互联网用户数 3204.0 万户。自那之后更是进入了快速发展阶段。2001~2007 年，全国固定电话的用户数年均增长率为 12.5%，移动电话的用户数年均增长率为 24.8%，互联网的用户数年均增长率为 17.9%；2008~2014 年，全国固定电话用户数年均增长率为−5.1%，移动电话用户数年均增长率为 12.3%，互联网用户数年均增长率为 12.7%。电信业务收入的年均增长率远远高于同期国民生产总值的增长率。在产业高速增长的同时，由政府主导的中国电信业的企业重组始终贯穿着电信改革的历程（图 2-8），可以划分为如表 2-6 所示的四个阶段。

表 2-5　2001~2014 年我国固定电话、移动电话和互联网用户数　　单位：万户

不同用户类型	2001 年	2002 年	2003 年	2004 年	2005 年	2006 年	2007 年
固定电话用户数	18 039.0	21 441.9	26 330.5	31 200.0	35 043.3	36 781.2	36 544.8
移动电话用户数	14 480.0	20 661.6	26 869.3	33 500.0	39 342.8	46 108.2	54 728.6
互联网用户数	3 204.0	4 970.0	5 365.7	7 163.0	7 323.0	7 837.0	8 599.0
不同用户类型	2008 年	2009 年	2010 年	2011 年	2012 年	2013 年	2014 年
固定电话用户数	34 080.4	31 368.8	29 438.0	28 512.0	27 815.3	26 700.0	24 900.0
移动电话用户数	64 123.0	74 738.4	85 900.0	98 625.0	111 215.5	122 900.0	128 600.0
互联网用户数	9 786.0	10 323.0	12 634.0	15 801.0	17 980.0	18 900.0	20 012.0

资料来源：根据信息产业部各年份的通信业发展统计公报整理而得

[①] 资料来源：Comcast 跃升美国第三大固话服务商，https://www.ixueshu.com/document/23d84df42aa1f22d318947a18e7f9386.html，2020 年 9 月 17 日。

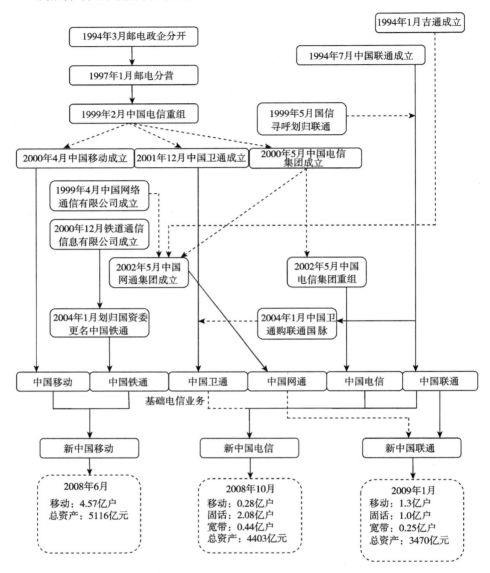

图 2-8 中国电信业改革发展历程示意图

资料来源：中国通信运营商行业的重组与发展，https://dy.163.com/article/DRRDEQ0E0516BDS2.html，
2020 年 10 月 3 日；中国移动有限公司二零零八年年报，https://www.chinamobileltd.com/tc/ir/reports/ar2008.pdf，
2020 年 10 月 9 日；中国电信股份有限公司二零零八年年报，https://www.chinatelecom-h.com/tc/ir/report/annual2008.
pdf；2020 年 10 月 9 日；中国联合通信股份有限公司 2008 年年度报告，http://www.chinaunicom-a.com/wcm/1/
attachments/publish/PDF/ unicom2009040106.pdf，2020 年 10 月 9 日；中国电信业改革发展这十年，https://tech.sina.com.
cn/pc/2004-04-09/95/363.html，2020 年 9 月 17 日

表 2-6　中国电信产业改革与发展的阶段性划分

发展阶段	市场结构的特点	标志性事件	产业绩效
1994 年以前	独家垄断	中国电信一家独大	产业起步
1994~1998 年	双寡头市场	中国联通、信息产业部成立	产业起飞
1999~2007 年	六家基础运营商的竞争	两次纵横分拆式重组	高速发展
2008~2010 年	三家电信全业务运营和广电运营商交叉媒介竞争	2008 年三大部委联合公告；2010 年国务院常务会议决议	边界模糊、商业模式趋同

中国电信业发展第一阶段（1994 年以前）的特点可以概括为“独家垄断，产业起步”，其结束的标志性事件是 1994 年 7 月中国联通的成立。1994 年以前，中国电信业只有中国电信总局一家企业，邮政和电信不分、“以电养邮”。由于电信业全程全网、统一规划、统一建设的特点，这种独家垄断的市场结构曾对当时电信业的发展发挥了积极的作用，用户数增长较快。但是，垄断定价问题越来越严重。例如，最初的初装费是每户 400 元，随着待装用户数量的增加，初装费也急剧上涨，20 世纪 90 年代初期，北京最高的初装费已达到 5000 元。随着市场需求的增多，垄断结构下更多的弊端逐渐暴露：除垄断定价外，质量和运营效率都不尽如人意，企业缺乏技术创新的积极性。在这种情况下，有效的手段就是引入竞争，改变市场的结构。

1992 年 8 月，当时的电子部、电力部和铁道部联合向国务院递交组建中国联通的报告。报告陈述了三条理由：第一，中国电信市场的供需矛盾十分尖锐，若不引入竞争，将无法解决这一难题；第二，各专用通信网已经形成的通信资源尚未得到充分、有效的利用；第三，电信产业的发展需要大量的资金，在垄断状态下，社会各界发展通信的积极性难以调动[1]。这一报告为中国联通的成立进行了系统设计。

中国电信业发展第二阶段（1994~1998 年）的特点可以概括为“引入竞争，产业起飞”。这一阶段开始的标志是中国联通的成立。1994 年 7 月 19 日，中国联通正式成立，开始采用当时处于先进地位的全球移动通信系统（global system for mobile communications，GSM）技术与中国电信展开一定程度的竞争。1995 年，中国联通 GSM 移动电话网在北京、上海、广州、深圳等城市开通业务。中国联通的成立与发展是我国电信改革的重大举措，对我国电信业打破垄断、引入竞争、改善服务都起到了积极的推动作用。

但是，和当时的邮电部相比，这种理想中的双寡头竞争的格局是不对称的。一方面，由于缺乏独立的规制机构，无法谈及公平竞争，邮电部表面上是行业主管部门，但从历史渊源上和中国电信有着千丝万缕的联系[2]。另一方面，中国电

---

[1] 资料来源：中国改革走到三岔路口　谁在左右改革？，http://www.ce.cn/new_hgjj/hgplun/more/200408/31/t20040831_1640229.shtml，2020 年 9 月 17 日。

[2] 1994 年 3 月，邮政总局和电信总局各自改为独立的企业局。一方面，电信总局从邮电部机关中剥离出成为企业，改名中国电信集团公司，统一运营全国公用电信通信网和电信基本业务，并承担普遍服务的义务；另一方面，国家在邮电部专门成立了电信政务司，承担电信规制职能。

信在业务量上处于绝对主导地位，中国联通的竞争力可谓微不足道。事实证明，如果没有一个中立的（独立于所有电信运营商的）电信规制机构，即使能够从法律上消除市场的进入壁垒，也无法真正引入竞争。那时我国电信改革的当务之急就是成立一个新的规制机构。1998 年 3 月，在邮电部、电子工业部的基础上组建了信息产业部，主管电子信息产品制造、通信业和软件业。信息产业部的职能设置原则是政企分开、转变职能、破除垄断、保护竞争和权责一致。成立专门的规制部门、实施政企分开，为我国的电信改革开了一个好头，从此，中国电信产业市场化改革的步伐进一步加快，揭开了市场结构重组、竞争格局调整的序幕。

中国电信业发展第三阶段（1999~2007 年）的特点可以概括为"竞争局面初成，产业高速发展"。这一阶段的标志是中国移动的成立。经过 1998 年的"王方周"论战[1]，以及受欧美电信市场自由化潮流的影响，中国电信产业开始了分拆式重组的改革模式。1999 年，中国电信被纵向分拆，移动业务剥离，成立了中国移动通信集团有限公司。为了促进竞争，政府又给网通公司、吉通公司和铁通公司颁发了电信运营许可证，2001 年组建了国有大型通信企业中国卫通。从某种意义上讲，这次改革是真正构建竞争性市场结构的开端。

2002 年中国电信又被横向分拆，在长途骨干网上，按照光纤和信道容量划分，老中国电信的北方十省与网通公司、吉通公司合并后重组的中国网络通信集团公司占全国 30%左右的业务量，南方和西部 21 省组成的新中国电信占 70%；在本地接入网上，按照属地原则划分，即老中国电信北方十省的本地网资源归中国网通，南方和西部 21 省的本地网归重新组建的中国电信。在这一重组过程中，吉通公司退出历史舞台。经过这一阶段的分拆式重组，在我国电信市场上，基本形成了中国电信、中国移动、中国网通、中国联通、中国铁通和中国卫通六家基础运营商竞争的框架。

这一阶段的市场化改革绩效彰显：2005 年，我国电信产业的固定用户和移动用户总数位居全球第一；2007 年，我国宽带用户数位居全球第一[2]；2000 年大唐电信研发的 TD-SCDMA（time division-synchronous code division multiple access）被国际电联接纳为第三代移动通信国际标准。改革开放以来，我国电信产业从小到大，从弱到强。

2008 年以后为中国电信业发展的第四阶段，这一阶段的特点可以概括为"网络相互渗透，基础运营商转型"。这一阶段的标志是中国电信产业的进一步重组。技术进步和需求变化推动了我国网络型公用事业的网络渗透和融合，产业的网络

---

[1] 在 1998 年 5 月 14~15 日举行的"中国电讯产业发展战略研讨会"上，被视为代表广电业说话的方宏一博士、代表电信业发言的王小强博士，以及随后加入论战的北京大学周其仁教授就关于电视产业与电信产业之间的关系（或者说电视网与电信网之间的关系）展开了著名的"王方周"论战。王、方、周三人论战的共同点在于都主张破除中国电信的市场垄断，分歧点在于要不要"重复建网"。

[2] 资料来源：我国宽带用户数达 1.22 亿户居全球第一，http://news.17173.com/content/2007-12-24/20071224120455778.shtml，2020 年 9 月 17 日。

外部性特征内生地奠定了渗透和融合的基础，具有中国特色的、政府主导的分拆式重组外生地决定了渗透和融合的主体结构。在网络渗透和融合的背景下，其他的运营商（如有线电视运营商）也可以利用自身的网络进入瓶颈部分的市场，此时存在产品差异的网络平台运营商得以在传统的瓶颈部分展开交叉竞争。这种多种业态之间的相互进入和交叉媒介竞争将会产生新的复合市场，区域市场将由单一业态的本地自然垄断结构转变为复合业态的双（或多）寡头垄断结构。面对愈演愈烈的交叉媒介竞争，中国电信产业史上的新一轮重组拉开了帷幕。

2008 年 5 月，工业和信息化部（以下简称工信部）、国家发展和改革委员会（以下简称国家发改委）会同财政部联合发布了《关于深化电信体制改革的通告》，公告指出，鼓励中国电信收购联通 CDMA（code division multiple access）网（包括资产和用户），中国联通与中国网通合并，中国卫通的基础电信业务并入中国电信，中国铁通并入中国移动。公告要求中国电信、中国网通、中国移动、中国联通、中国卫通、中国铁通六家基础电信运营企业根据该通告的精神，认真研究本单位参与深化电信体制改革的建议和意见，尽快形成正式方案报相关部门批准[1]。新一轮重组之后，形成了中国电信、中国联通、中国移动三家全业务运营商相互竞争的局面。同时，随着网络融合的逐步深入，这三家电信全业务运营商和广电运营商之间亦展开了交叉媒介竞争。

2.3　我国网络融合的互联网产业基础

互联网的兴起[2]及 PC 的诞生[3]是人类历史上科技文明发展的重要成果。PC 机

---

① 资料来源：工信部、国家发改委及财政部《关于深化电信体制改革的通告》，2008 年 5 月 4 日。

② 计算机网络的出现最初是美国军方对分散指挥系统的设计——它由一个个分散的指挥点组成，这些分散的点又能通过某种形式的通信网取得联系。1969 年，美国国防部高级研究计划局（Advanced Research Projects Agency，ARPA）开始建立一个命名为 ARPAnet 的网络，把美国的几个军事及研究用电脑主机连接起来。最初的 ARPAnet 只联结 4 台主机，被置于美国国防部的保护之下，从技术上它还不具备向外推广的条件。1983 年，DARPA（Defence ARPA，由 ARPA 更名）和美国国防部通信局研制成功了用于异构网络的 TCP/IP（transmission control protocol/Internet protocol）协议，美国加利福尼亚大学伯克利分校把该协议作为其 BSD（Berkeley software distribution）UNIX 的一部分，使得该协议得以在社会上流行起来。1986 年，美国国家科学基金会（National Science Foundation，NSF）利用 ARPAnet 发展出来的 TCP/IP 的通信协议，在 5 个科研教育服务超级电脑中心的基础上建立了 NSFnet 广域网。由于美国国家科学基金会的鼓励和资助，很多大学、政府资助的研究机构甚至私营的研究机构纷纷把自己的局域网并入 NSFnet 中。1989 年，欧洲核子研究组织（法语：Organisation Européenne pour la Recherche Nucléaire。英语：European Organisation for Nuclear Research，通常被简称为 CERN）开发成功 WWW（world wide web），为 Internet 实现广域超媒体信息截取/检索奠定了基础。

③ 1962 年 11 月 3 日纽约时报在相关报道中使用了"个人电脑"一词。1968 年，惠普（Hewlett-Packard，HP）公司在广告中将其产品 Hewlett-Packard 9100A 定义为"个人电脑"。一般认为世界上第一个个人电脑为 1971 年 Kenbak Corporation 推出的 Kenbak-1。

诞生后的三十年间，人类创造的科技成果大约是过去四五个世纪的总和（毕逢，2004）。2019 年 2 月，中国互联网络信息中心发布第 43 次《中国互联网络发展状况统计报告》，报告显示，截至 2018 年 12 月，我国网民规模为 8.29 亿户，全年新增网民 5653 万户，互联网普及率达 59.6%，较 2017 年底提升了 3.8 个百分点。

类似于 2.2 节对我国电信产业改革与发展的时间阶段划分（表 2-6），我们也可以将我国互联网产业发展的阶段进行一个大致的划分（表 2-7）。进行这一划分的依据依旧是有关的"典型事件"①。

表 2-7　我国互联网产业发展的阶段性划分

发展阶段	标志性事件	产业绩效
1994 年之前	1994 年中关村地区教育与科研示范网络工程进入互联网	产业起步
1995~2002 年	世界贸易组织达成相关协议，电子商务开始兴起，世界性互联网泡沫破灭，搜狐、网易、新浪三大门户网站成为排头兵	适应发展
2002 年之后	在政府推动下开始跨越式发展和全方位渗透	主动发展

20 世纪 80 年代开始至 1994 年可以被看作我国互联网发展的起步阶段。随着信息时代的到来，以及西方发达国家基于校园网的互联网的应用性日益显现，我国先后出台了涉及网络安全、基础设施建设、融资等方面的多项法规政策，推进信息网络的建设。1987 年 9 月 14 日，北京计算机应用技术研究所发出了中国第一份电子邮件"越过长城，走向世界"（Across the Great Wall we can reach every corner in the world），揭开了中国人使用互联网的序幕。1994 年，中关村地区教育与科研示范网络工程进入互联网，实现了和 Internet 的 TCP/IP 连接，从而开通了 Internet 全功能服务。从此，中国被正式承认为有互联网的国家，这一年也被认为是中国互联网的起步年。之后，Chinanet、CERnet（China education and research network）、CSTnet（China science and technology network）、ChinaGBnet（China golden bridge network）等多个互联网项目在全国范围内相继启动，互联网开始进入公众生活，中国的互联网产业开始快速发展。

1995~2002 年可以被看作我国互联网产业发展的第二阶段。这一阶段是适应发展期，还未摸清楚多少互联网市场脾气的互联网企业和创业者们在市场的海洋里搏风斗浪，尝试着一些新的产品，探索着一类新的企业运作模式甚至组织架构，实现着自己的创业梦想。

---

① 做出如此划分的一个"默认的"时间标杆是 2010 年，因为该年年初国务院常务会议决议全面推进我国的三网融合进程。当然，因为网络融合是一个渐进的过程，所以我们对其互联网产业基础的讨论有时会涉及 2010 年以后的情形。

在这一时期中，1997 年世界贸易组织的成员国达成了"基本电信业务协议"，促进了网络流媒体的发展。1995~1997 年的三年间，全球各国纷纷铺设先进的通信网络干线、建立数据中心、投资全球信息基础设施，新兴互联网公司也纷纷崛起。我国传统企业开始关注电子商务和网络经济。互联网的作用日显重要。

从 1994 年我国接入互联网后，短短几年时间，我国的互联网业得到了飞速发展，当时发展的特点是：大批从事互联网运行服务、应用服务、信息服务、网络产品和网络信息资源开发等业务的企业应运而生（其中的知名企业如新浪、搜狐、网易等）；普通消费者开始使用电脑进行搜索、游戏、交友等，互联网开始改变中国人的生活方式；我国互联网用户数快速增长。截至 1996 年底，中国互联网用户数已达 20 万户，利用互联网开展的商业业务与应用逐步增多。进入 21 世纪后，中国网民数量保持高速稳定增长，到 2018 年已经突破 8 亿人（图 2-9）。

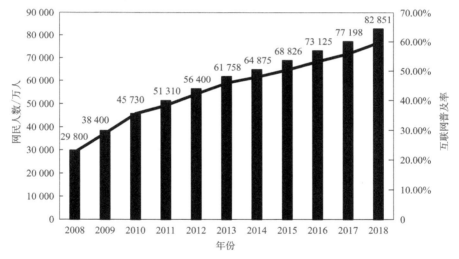

图 2-9　2008~2018 年中国网民人数示意图
资料来源：中国互联网络信息中心历年的《中国互联网络发展状况统计报告》

虽然从 1998 年开始就已出现世界性互联网泡沫，但它对我国的影响在进入 21 世纪后才较明显地显现出来，网民人数每半年翻一番的增长速度在 2000 年后明显趋缓（图 2-9 表现了 2008 年后 10 年间的"非倍增"情形）。这一趋势在互联网站点数的增长图中的反映尤其明显：在经历过 2000 年的突飞猛进后［图 2-10（a）］，从 2011 年又开始稳步增长［图 2-10（b）］。

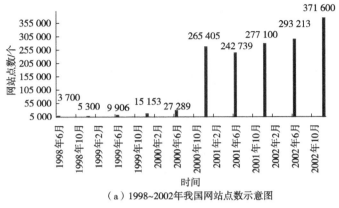

（a）1998~2002年我国网站点数示意图

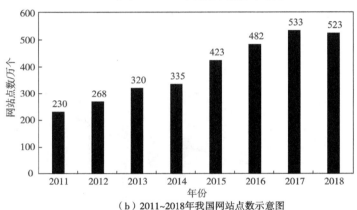

（b）2011~2018年我国网站点数示意图

图2-10　我国网站点数示意图

资料来源：中国互联网络信息中心第43次《中国互联网络发展状况统计报告》

统计对象为域名注册者在中国境内的网站

在世纪之交的世界性互联网泡沫出现并破灭之后，互联网市场大浪淘沙，存活下来的互联网企业逐步探索可行的商业模式。此后，通信和互联网产业的边界日趋模糊，技术标准趋于统一。无论是在电信、电视，还是互联网产业，企业之间的竞争日益激烈，世界各国出现了企业间横向兼并的潮流。技术创新促使了产业结构的调整。门户网站、电子商务、网络拍卖、网络安全等成为业界关注的技术焦点（刘玉芹和胡汉辉，2011）。

面对全球性互联网业发展的低潮期，我国采取了多方面的应对措施。首先，政府开通了"中国公众多媒体通信网"（169网），1999年被称为"政府上网"年；其次，随着新浪、搜狐、网易等ICP（Internet content provider）和ISP（Internet service provider）的发展，消费者逐渐形成上网发邮件、游戏休闲的习惯，这些造就了1998年底200多万户的网民基数；最后，基于政府的高度重视和国内的网民基数，企业逐渐发展起"电子商务"，掀起了"企业上网"的热潮。到

2002 年底，中国互联网网民数量已经到达 5910 万人，站点数从 1998 年的 3700个增加到 2002 年的 371 600 个。上网人数的回升和网站点数的增加说明中国互联网产业在经历了一个低潮后呈现出进一步发展的迹象。

在这一发展阶段中，搜狐、网易、新浪作为中国门户网站的先行者，迅速成为中国的"三大门户"。随后，拥有电信背景的二六三网络通信股份有限公司、实施跨媒体战略的 TOM（Telecom Operation Map），以及腾讯等一批互联网企业快速跟随进入市场。搜狐在"将用户转化为消费者的可持续化战略"的指导下，实施集网络广告、短信、游戏、搜狐在线、搜狐商城等为一体的多元化运营模式，这种多元化运营模式几乎覆盖了网民众多的基本需求。而新浪的非广告收入主要来源于针对普通消费者的"新浪热线"（SINA Online，SOL）和针对中小企业的"SINA.net"。SOL 主要针对于给网民提供以短信为主的收费信息服务，包括收费邮箱、在线游戏等收费服务；SINA.net 主要针对于给中小企业提供搜索引擎、企业邮箱和分类信息等基于企业信息平台的服务。当时，SOL 和 SINA.net 作为新浪多元化经营模式的重要组成部分，与网络广告业务一起，构成新浪盈利模式的三大板块。

2003 年以后是经历过全球互联网泡沫洗礼的主动发展期，中国互联网产业在政府的推动下，开始了跨越式发展和全方位应用渗透，其典型标志是：与以往网站普遍亏损相反，国内三大门户网站（新浪、搜狐和网易）开始全面盈利，这预示着中国互联网业在经历了前段时期的发展低潮之后，迎来了一个发展的新高峰。中国的互联网产业初步形成了以基础电信运营商为主体、以综合性门户网站和各专业网站为实体，层次清晰、相互支撑、相互促进的发展格局。

自 2003 年以后，我国网民的规模明显扩大，用户数稳步增长，互联网产业粗具规模。截至 2008 年 6 月底，中国网民数量达到 2.53 亿户，首次大幅超过美国，跃居世界第一位[①]。2009 年中国网民绝对规模为 38 400 万户，普及率为 28.9%。2010 年，我国网民规模继续稳步增长，网民总数达到 45 730 万户，互联网普及率攀升至 34.3%，较 2009 年底提高了 5.4 个百分点，全年新增网民 7330 万户，年增幅 19.1%。截至 2010 年底，我国网民规模已占全球网民总数的 23.2%、亚洲网民总数的 55.4%[②]。

当然，由于我国的人口基数大，虽然那时的网民规模有了快速的发展，但是普及率还不够高，我们还有很多互联网的潜在用户。例如，2009 年 38 400 万户网民规模的普及率为 28.9%，虽位于世界平均水平之上，但明显低于一些西方发达国家。同期韩国的互联网普及率为 77.2%，位居全球首位；其次是日本，互联网普及率为 75.5%；美国的互联网普及率为 74.1%，位居全球第三（图 2-11）。在

---

① 资料来源：中国互联网络信息中心 2008 年 7 月发布的第 22 次《中国互联网络发展状况统计报告》。

② 资料来源：中国互联网络信息中心 2014 年 5 月发布的第 27 次《中国互联网络发展状况统计报告》。

我国 2010 年实质性展开三网融合试点以后,我国的网民数量和互联网普及率都一直在持续攀升（图 2-9）。

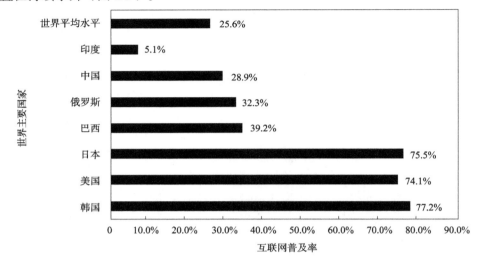

图 2-11　2009 年世界主要国家互联网普及率

资料来源:世界平均水平数据来自 https://www.itu.int/en/ITU-D/Statistics/Pages/stat/default.aspx, 2020 年 9 月 30 日。印度数据来自 https://www.statista.com/statistics/792074/india-internet-penetration-rate/, 2020 年 9 月 30 日。中国数据来自 http://cnnic.com.cn/IDR/ReportDownloads/201209/P020120904420388544497.pdf, 2020 年 9 月 30 日。俄罗斯数据来自 https://www.internetworldstats.com/euro/ru.htm, 2020 年 9 月 30 日。巴西数据来自 https://www.statista.com/statistics/209106/number-of-internet-users-per-100-inhabitants-in-brazil-since-2000/, 2020 年 9 月 30 日。日本数据来自 https://www.internetworldstats.com/asia/jp.htm, 2020 年 9 月 30 日。美国数据来自 https://www.internetworldstats.com/am/us.htm, 2020 年 9 月 30 日。韩国数据来自 https://www.statista.com/statistics/226712/ internet-penetration-in-south-korea-since-2000/, 2020 年 9 月 30 日

2003 年以后,互联网的应用也不断渗透到一些原本并不相干的产业,电子商务、电子政务和企业信息化不断普及。电子商务发展速度加快,并且在支付方式、运营模式、物流配送等方面不断创新,电子商务环境逐年改善,越来越多的企业和个人加入到电子商务活动中来。据不完全统计, 2005 年我国网上购物用户达 2200 万户,电子商务交易额达 7400 亿元,同比增长了 50%。随着 2006 年我国中央人民政府门户网站的正式开通,我国的政府网站体系初步形成,政府门户网站建设取得很大进展。企业信息化进程明显加快,越来越多的企业开始应用互联网络等现代信息技术手段促进自身发展。中国电信自推出商务领航品牌服务以来,截至 2006 年 6 月,也已发展到 35 万多家企业用户[①]。

到 2010 年我国政府开始实质性推进三网融合时,我国网民的互联网应用整体呈现出四大特点:其一,搜索引擎成为网民第一大应用（表 2-8）。其二,商务

_____

① 图文:信息产业部电信管理局副局长韩夏演讲, http://tech.sina.com.cn/i/2006- 09-21/11361151881.shtml, 2020 年 9 月 30 日。

类应用的用户规模继续领涨；网络购物用户规模增幅居于首位，网上支付、网上银行等商务类应用的重要性进一步提升。其三，娱乐类应用的使用率普遍下降，网络娱乐在实现用户量的扩张之后进入相对平稳的发展期，同时，微博客和团购的用户数已粗具规模。截至 2010 年 12 月，我国微博客的用户规模达到 6311 万户，使用率为 13.8%；团购用户规模达到 1875 万户，在网民中占比为 4.1%。其四，互联网企业和电信、电视企业开始了相互间的渗透和融合。

表 2-8　2009 年 12 月~2010 年 12 月各类网络应用用户规模及使用率

应用	2009 年		2010 年		
	用户规模/万户	使用率	用户规模/万户	使用率	增长率
搜索引擎	28 134	73.3%	37 453	81.9%	33.12%
网络音乐	32 074	83.5%	36 218	79.2%	12.92%
网络新闻	30 769	80.1%	35 304	77.2%	14.74%
即时通信	27 233	70.9%	35 258	77.1%	29.47%
网络游戏	26 454	68.9%	30 410	66.5%	14.95%
博客应用	22 140	57.7%	29 450	64.4%	33.02%
网络视频	24 044	62.6%	28 398	62.1%	18.11%
电子邮件	21 797	56.8%	24 969	54.6%	14.55%
社交网站	17 587	45.8%	23 505	51.4%	33.65%
网络文学	16 261	42.3%	19 481	42.6%	19.80%
网络购物	10 800	28.1%	16 051	35.1%	48.62%
论坛/BBS	11 701	30.5%	14 817	32.4%	26.63%
网上银行	9 412	24.5%	13 948	30.5%	48.19%
网上支付	9 406	24.5%	13 719	30.0%	45.85%
网络炒股	5 678	14.8%	7 088	15.5%	24.83%
微博客	—	—	6 311	13.8%	—
旅行预订	3 024	7.9%	3 613	7.9%	19.48%
团购	—	—	1 875	4.1%	—

资料来源：中国互联网络信息中心发布的第 27 次《中国互联网络发展状况统计报告》

注：BBS，即 bulletin board system，指网络论坛

其实，互联网的用途也不断多元化。原有的电子邮件、搜索引擎、网络银行、在线交易、网络游戏、即时通信等互联网业务继续保持快速发展，并不断涌现出新的服务形式。随着 Web 技术的应用，互联网的服务模式由一对多向一对一、多对一的个性化服务模式转换。在互联网综合服务领域，中国电信、中国移动、中国联通等电信运营商充分发挥了主力军的作用；在信息服务领域，几大门户网站新浪、搜狐、网易、TOM 等依然保持领先地位，盛大、百度、腾讯、携程网等也开始崭露头角。

就网民使用的上网设备而言，在 2010 年我国实质性推进三网融合时，其已越来越趋于小型化。图 2-12 表明，2009 年，网民用手机上网的数量增长最为迅速，从 2008 年的 39.5%增长到 2009 年的 60.8%；笔记本电脑增长率位居其次，从 2008

年的 27.8%增长为 2009 年的 30.7%；而台式电脑上网的用户增速缓慢。由此可见，移动上网已替代传统的固网上网，成为快速发展的领域。可以预料，随着政府对泛通信业规制的调整，将实现电信网、广电网和互联网在技术融合、业务融合、市场融合等方面的多维融合，使原来相互独立的产业相互渗透，产业边界逐渐模糊，从而改变产业结构的形态（胡汉辉和邢华，2003）。

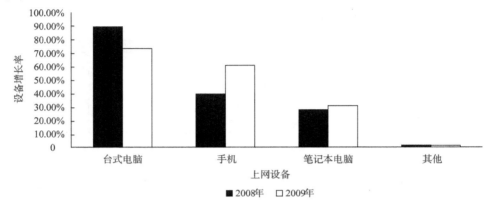

图 2-12　2008 年和 2009 年中国网民上网设备增长率示意图
资料来源：中国互联网络信息中心发布的第 25 次《中国互联网络发展状况统计报告》

2.4　我国网络融合综合改革的"起步"

　　虽然国务院做出有关"推进电信网、广播电视网和互联网融合发展，实现三网互联互通、资源共享"的决定是在 2010 年 1 月 13 日的常务会议上，但是我国三网融合的综合改革实际上在 2010 年前就有所酝酿和行动。2008 年国务院一号文件（国办发〔2008〕1 号）就曾要求加强宽带通信网、数字电视网和下一代互联网等信息基础设施建设，推进三网融合。虽然该文件的发布有利于进一步推动我国数字电视产业的发展，但并未解决"谁来规制数字电视产业"这一问题，并且没有提出三网融合的具体措施。2010 年 1 月 13 日的国务院常务会议则提出了推进三网融合的阶段性目标：2010~2012 年重点开展广电和电信业务双向进入的试点，2013~2015 年全面实现三网融合发展。

　　2008 年国务院一号文件的出台和 2010 年国务院常务会议的召开体现了大力发展数字电视产业和大力推动三网融合的战略意义，标志着我国的三网融合终于进入实质性阶段。随后，国务院又公布了三网融合试点城市名单，至此，三网融合在我国正式拉开帷幕。

　　随着 2010 年 7 月三网融合试点工作的正式启动,在政策与市场的双重推动下,传统电视业、电信业，以及互联网业的企业开始大力发展融合业务。三大产业中的企业依托各自的传统优势（如电视产业的内容制作与集成、电信产业的网络运营与管理、互联网产业的业务与平台经营）共同推动着三大产业的合作。

本节主要讨论我国三网融合综合改革起步期，也就是 2010~2012 年"重点开展广电和电信业务双向进入试点"期间有线电视、电信和互联网三大产业的一些变化。为了对比的需要，有时会适当地回溯若干年。

2.4.1　地区性融合开始试点

虽然三网融合将打破原有的产业界限，促进产业融合，但我国泛通信产业规制的改革滞后于产业的发展，广播电视和电信的企业管理和市场治理分别属于不同的行业主管部门，这些主管部门又各有不同的市场治理目标及部门利益，从而导致有效地推动网络融合并非易事，广电部门与电信部门都会自觉与不自觉地主要从自己的角度思考问题，常常需要更高级别的综合部门来出面协调，甚至演化为不同部门间的拉锯战。在这种情况下，国务院决定选择部分地区进行跨行业的三网融合试点。

2010 年 7 月 1 日，国务院办公厅公布了首批 12 个城市（地区）为三网融合的试点区域：北京市、辽宁省大连市、黑龙江省哈尔滨市、上海市、江苏省南京市、浙江省杭州市、福建省厦门市、山东省青岛市、湖北省武汉市、湖南省长株潭地区、广东省深圳市、四川省绵阳市。2011 年 12 月 31 日，国务院办公厅又公布了第二批 42 个三网融合试点城市名单。其中有 2 个直辖市（天津市和重庆市），1 个计划单列市（浙江省宁波市），22 个省会（首府）城市①和 17 个其他城市②。

根据三网融合的试点方案，广电企业可以提供：①增值电信业务；②比照增值电信业务管理的基础电信业务；③基于有线电视网络提供的互联网接入业务、互联网数据传送增值业务、国内 IP 电话业务。与此同时，电信企业可以提供：①除时政类节目之外的广播电视节目生产制作；②互联网视听节目信号传输；③转播时政类新闻视听节目服务；④除广播电台电视台形态以外的公共互联网音视频节目服务；⑤IPTV 传输服务；⑥手机电视分发服务。

试点工作在部分地区开展之后，三网融合取得了一定的进展。截至 2011 年 12 月中旬，我国的网络视频用户已经超过 3 亿户，三网融合试点地区的 IPTV 用

---

① 分别为：河北省石家庄市、山西省太原市、内蒙古自治区呼和浩特市、辽宁省沈阳市、吉林省长春市、安徽省合肥市、福建省福州市、江西省南昌市、山东省济南市、河南省郑州市、广东省广州市、广西壮族自治区南宁市、海南省海口市、四川省成都市、贵州省贵阳市、云南省昆明市、西藏自治区拉萨市、陕西省西安市、甘肃省兰州市、青海省西宁市、宁夏回族自治区银川市、新疆维吾尔自治区乌鲁木齐市。

② 分别为：江苏省扬州市、泰州市、南通市、镇江市、常州市、无锡市、苏州市，湖北省孝感市、黄冈市、鄂州市、黄石市、咸宁市、仙桃市、天门市、潜江市，广东省佛山市、云浮市。

户已经达到 350 万户。移动多媒体广播电视网络（China mobile multimedia broadcasting，CMMB）已覆盖全国 335 个城市，拥有双向终端用户 1200 万户，单向终端用户 600 万户[①]。三网融合也在一定程度上促进了广电与电信企业的合作。例如，电信运营商与广电的内容集成商合作发展 IPTV，广电有线电视运营商与中国移动合作发展宽带接入业务等。

　　当然，三网融合试点方案的具体内容（也就是"试点到底试什么？"）还需要在实践中逐步完善。根据试点方案，有线电视运营商虽然可以提供国内 IP 电话业务，但是并没有在程序上说明具体如何实现。例如，如何获得号码资源，如何进行网间结算等。因此，在这一时期还没有出现有线电视运营商提供电话服务业务的案例。在有线电视运营商提供宽带业务方面，试点方案的规定也不够详尽。试点方案仅规定可以基于有线电视网络提供互联网的接入服务，但是对国际出口及 IDC（Internet Data Center）却只字未提。事实上，由于没有 IDC 和国际出口，有线电视运营商宽带业务收入的相当部分要交给电信运营商。与此相类似，电信运营商经营数字电视业务仍然面临 IPTV 牌照的瓶颈。

　　同时，虽然 2010 年国务院常务会议后我国的三网融合有了实质性的启动，有关部门进行了局部的政策调整，赋予了三网融合相关产业新的发展机遇，但是有关试点仍是在现有的产业格局与制度框架下进行，并没有通过一部统一管辖三网融合相关产业的法律，没有建立统一的规制机构，因此，制度框架的总体变化不大。

　　我国三网融合起步期中，电信、电视和互联网三大产业的发展并不平衡，这种不平衡主要表现为：在电信与互联网企业大举进入传统的有线电视市场的同时，有线电视企业在电信网与互联网市场上的建树并不多见。在有关政策的支持下，中国的三大电信公司凭借其强大的市场运营能力与丰富的资源强势切入 IPTV 市场。互联网的快速普及给网络视频的发展提供了潜在的用户基础，也给市场化程度较高的互联网企业较大的成长空间[②]。三网融合既是企业创新的机会，也是公司发展的挑战。虽然政府在极力推动三网融合，但它对企业而言更多的是市场行为。在三网融合的背景下，电视运营商、电信运营商和互联网运营商都开始了各自的努力。

2.4.2　电视业的探索：跨区域整合

　　自 2010 年国家大力推动三网融合以来，有线电视业的发展主要反映在省网整合与跨区域发展、网络改造升级与双向化，以及增值业务开展三个方面。总体来

---

　　① 源自 2011 年 12 月 15 日，国家广播电影电视总局、网络视听节目管理司司长罗建辉在"2011 中国网络视听产业论坛"上透露的信息。

　　② 我们将在第 8 章中分析这一时期的逆向不对称规制现象。

看，虽然在省网整合方面取得了较大的突破，但整合的效益还有待市场的检验。虽然有线电视网络的双向化改造取得了较大进展，但这种供给侧的投入尚未带来明显的需求侧业务的发展，这使得双向化改造面临新考验。同时，电视产业增值业务的发展不如预期，不少有线电视运营商仍然在探索新的业务与商业模式。在三网融合背景下，有线电视网络运营商既需要完成市场化转型，又需要应对融合带来的全方位竞争，因而面临较大的生存压力。

在有线电视业的省网整合与跨区域发展方面：有线电视业界从 20 世纪 90 年代起就已经意识到网络整合的重要性——有线网络整合从 1994 年开始形成行业概念，1999 年三网融合提出后开始真正启动。2009 年，国家广播电影电视总局在《关于加快广播电视有线网络发展的若干意见》中提出 2010 年底基本实现"一省一网"的目标和要求后，有线网络整合进程明显加快，各地运营商也展开了积极实践，包括资本整合、行政整合、上市整合等，可谓各显神通，并由此涌现出了"广西模式""江苏模式""湖北模式"等。省网在经历了近 10 年的整合之后，全国绝大部分地区都已经完成，并逐步实现了业务与技术系统的统一。

有线电视之所以在三网融合期间要进行省网整合主要是基于如下理由：电信网络在全国是全程全网、统一运营，在三网融合的时代，广电网络要与电信网络展开有效竞争，需要提高网络的规模，因此首先要将各省分散的网络统一起来，然后才有可能进一步实现全国范围的有线电视网络整合。不过，那段时间国内的省网整合基本上以一个省为整合的对象，通过行政力量推动，辅之以市场化手段，而理想的网络整合应该是通过市场化的兼并实现，这样，网络整合才有可能提高市场效率。

在这一时期中，一些有实力的有线网络公司，特别是上市公司尝试了省际的跨区域发展。例如，歌华有线对河北涿州有线单方面增资 3000 万元，进一步提高了控股比例；湖南电广传媒投资近 2 亿元成立华丰达有线网络公司，负责实施省内外有线网络投资、并购和整合，并与国家开发银行签署了 197 亿元贷款额度的框架协议用于跨地域收购；江苏有线与昆明广电的合作；陕西广电网络与广西、江西省网公司的"三西"合作等。当然，起步期我国有线网络公司的跨区域发展规模还比较小，主要采取合作的形式，还没有较大规模的兼并出现。

除了跨区域整合外，国家广播电影电视总局在 2011 年宣布将推进全国有线网络的互联互通，建设一个全国有线电视网络互联互通平台，2016 年 5 月 31 日，全国有线电视网络互联互通平台正式开通上线调试。该平台包括"1"个中心、"3"个系统和"6"类基地（通常简称为 136 工程）。其中的"1"个中心是全国有线电视网络内容分化交换系统，"3"个系统分别是全国有线电视网络运营支撑系统、内容管理系统，以及骨干网传输交换系统，"6"类基地分别为广播电视内容集成基地、文化资源集成基地、数字电视出版物集成基地、数字电视互动教育内容集成基地、综合资讯服务基地和数字电视互联网内容集成基地。136 平台希望能给广电带来全程全网，实现业务与管理的融合。同年 11 月，中国共产党中央委员会宣传部（以下简称中宣部）、财政部和国家新闻出版广电总局下发了《关于加快推进全国有线电视网络整合发展的意见》，明确提出到"十三五"末期，基本完成全国有线电视网络整合。

2019 年 3 月 20 日，在第二十七届中国国际广播电视信息网络展览会（CCBN2019）主题报告会上，国家广播电视总局（以下简称国家广电总局）党组成员、副局长张宏森指出：在 IPTV、OTT 等新传播方式快速发展的背景下，全国有线电视网络急需形成一个整体，通过智能化升级改造，凝聚和锻造迎接挑战的核心竞争力。

在网络改造升级与双向化方面，有线网络公司为了开展宽带业务及点播等增值业务，纷纷开始了有线网络的双向化改造。格兰研究发布的《2018Q1 中国宽带接入市场暨广电宽带网络改造季度分析报告》显示：截止到 2018 年一季度，我国双向网络改造覆盖用户规模约为 1.7 亿户，双向网络覆盖用户在全国有线电视用户中的比例超过 70%，但是覆盖率的提高并没有相应地提高有线网络双向业务的渗透率。就宽带业务而言，由于缺少国际出口及 IDC，广电有线网络的宽带接入用户增长与电信企业相比仍显缓慢。工信部的有关数据显示，截至 2017 年 12 月底，三家基础电信企业的固定互联网宽带接入用户总数达 3.49 亿户，全年净增 5133 万户。中国电信宽带用户超过 1.53 亿户，其中上市公司宽带用户达到 1.34 亿户。中国移动有线宽带用户累计总数达 1.126 87 亿户。中国联通固网宽带用户累计达 7653.9 万户。中国广播电视网络有限公司发布的《2017 年第四季度中国有线电视行业发展公报》显示：2017 年全行业宽带接入用户同比增长 33.13%，规模达到 3498.5 万户。

在增值业务的拓展方面，起步期广电业的增值业务主要包括付费频道、高清电视、互动电视及非视频类增值业务。在某些三网融合的试点城市中，广电的增值业务取得了一定的进展。有线运营商积极寻求多方合作，尝试开展更多的业务类型，逐渐探索出新的业务模式。例如，北京歌华有线推出了 iHD 高清速递业务和飞视业务；天威视讯和同洲电子、深圳移动合作推出了甩信业务；江苏有线推出了云媒体电视，市民可利用电视上网、听报纸、打可视频电话。浙江华数公司将电视打造为家庭信息化终端和城市信息化平台：用户不仅可以借助电视终端获取衣食住行等各类信息；而且可以实现电视购物、订票、订座、家政服务、学习、炒股、玩游戏、看病挂号、找工作等。

当然，随着三网融合的发展，有线电视运营商虽然在业务创新上取得了一定成绩，但是从整体上看，有线电视产业还有待业务与商业模式上的根本性突破。据格兰研究的统计：截至 2018 年第一季度，我国有线宽带用户增速有所放缓。有线宽带用户季度净增 97.9 万户，总量达到 3633.2 万户，占有线数字电视用户总量的比重提升至 17.5%。有线电视运营商的业务创新与商业模式的创新既受到来自电信与互联网的外部挤压，也受到内部资源与能力的限制。在外部，电信的 IPTV 和网络视频与增值业务的发展限制了有线电视的观众黏度与盈利空间；在内部，市场化程度较弱的有线电视运营商在营销、服务、运营等诸多环节上既落后于实力雄厚的电信运营商，也不及熟悉市场的互联网企业。

当然，这一时期对于有线电视网络的省网整合也有一些反对的声音，主要是担心其虽然能将各省分散的网络统一起来，但也有可能建立起新的省际壁垒，不利于未来的跨省整合。

2.4.3　电信业的探索：IPTV

在三网融合的推动下，电信企业在电视市场上的探索与发展主要反映在 IPTV 的推广和移动视频的开发方面。

在 IPTV 的推广方面，乘三网融合试点的东风，电信企业加快了借助 IPTV 进入原先有线电视独占市场的步伐。IPTV 具有互动化、综合化、个性化、人性化四个业务特点，其中，能实现真正意义上的互动与提供娱乐、通信等综合解决方案是 IPTV 最显著的特点。IPTV 区别于传统有线电视的优点成为其大受欢迎的重要原因。工信部发布的《2018 年中国通信业统计公报》显示，在扎实推进 IPTV、物联网及智慧家庭等新业务下，2018 年末我国 IPTV 用户数量较上年末增长 27.1%，全年净增 3316 万户，达到 15 534 万户。2018 年，我国大力拓展光纤宽带接入业务，带动家庭智能网关、视频通话、IPTV 等融合服务加快发展，用户价值不断提升，电信业 IPTV 业务收入比上年增长 19.4%，达到 144.5 亿元。

IPTV 能够快速发展主要得益于以下因素。其一，在三网融合进程中，电信运营商凭借其强大的资本实力建设宽带网络，为基于宽带网络的 IPTV 业务提供了基础保障；其二，国家广电总局对 IPTV 的政策逐渐放松，IPTV 业务开展的政策障碍逐渐消除；其三，电信运营商通过与内容集成商（内容提供商或节目集成商）合作，建立多方合作模式，保证了内容的供给；其四，电信运营商利用捆绑与差异化策略，推动了 IPTV 用户的快速增长。

电信企业要在 IPTV 市场上实现快速增长，既需要与内容提供商合作，也要开发合理的商业模式。在 IPTV 视频内容的合作方面，2012 年 3 月前 "1 + 1 + 1" 是典型的合作模式，即 "IPTV 牌照持有商+地方广电+地方电信"[①]式的合作。在此阶段，IPTV 牌照持有商百视通网络电视技术发展有限公司（以下简称百视通）在市场中占据主导地位。2012 年 3 月百视通与中国网络电视台共同设立合资公

---

① 资料来源：合作共赢成趋势 福建 IPTV 播控平台稳步推进，http://info.broadcast.hc360.com/2013/03/050941 548922.shtml，2020 年 9 月 17 日。

司，负责 IPTV 中央集成播控总平台的可经营性业务。此后，IPTV 运营仍然是"1+1+1"模式，即"总平台牌照商（CNTV，即 China Network Television）+分平台牌照商（地方电视台）+传输服务牌照商（中国电信、中国联通等电信运营商）"的模式。可以看出，前后两种模式没有多少本质区别，其特点是兼顾了多方利益，特别是地方广电与中央广电内容提供商的利益。在这一多方合作模式下，有线电视网络运营商面临巨大的挑战。整个电视市场具有相对稳定的市场容量，越多的客户选择 IPTV，就意味着越多的有线电视用户的流失。

电信运营商在推广 IPTV 业务时采用的典型商业策略主要有捆绑销售与差异化策略[①]。电信运营商的固话与宽带业务具有较强的市场吸引力，通过将这两个业务与 IPTV 相捆绑，电信运营商大大提高了 IPTV 的市场渗透率。在捆绑定价时，电信运营商显著降低了 IPTV 的进入门槛，包括 IPTV 服务包的价格仅比没有 IPTV 服务包的价格略高。在差异化策略方面，电信企业提供 IPTV 增值业务以提高其吸引力。除了回看、点播等视频增值业务外，IPTV 的增值业务还包括电视支付、同步教育、游戏等。这些业务充分利用了 IP 网络双向互动的优势，以及电信企业在电信业发展过程中积累的信息资源。

在移动视频的开发方面，中国电信、中国移动和中国联通三家电信运营商纷纷开始与内容提供商合作，提供移动视频。例如，中国移动与国家广电总局旗下运营手机电视的中广传播合作推出移动多媒体广播电视。经过三年多的 3G（3th generation）运营，手机端视频用户增长强劲，根据《2018 中国网络视听发展研究报告》，截至 2018 年 6 月，我国网络视频用户达 6.09 亿户，占网民总体的 76%，半年增长率为 5.2%。手机视频用户数量达到 5.78 亿户，短视频用户 5.94 亿户，直播用户 4.25 亿户，音频用户 3.0 亿户，互联网电视激活用户 2.18 亿户，截至 2018 年 9 月底，互联网电视累计覆盖终端达到 3.22 亿台。2018 年，视听行业市场规模预计 2016.8 亿元，同比增长 39%；网络视频付费用户比例达 53%，同比增长 23.8%；网络视听各领域规模持续增加，网络视频已成为网络娱乐产业的核心支柱，行业整体呈现蓬勃发展的趋势。

IPTV 的推广和移动视频的开发之所以能取得这样的成绩，还和电信运营商在有线宽带与无线宽带的建设上取得了较大进展及相关的政策支持密不可分。在有线宽带建设方面，许多城市的电信运营商实施了光纤入户（fiber to the home，FTTH），并逐步提升网络带宽。根据工信部披露的信息，截至 2019 年 6 月底，三家基础电信企业的固定互联网宽带接入用户总数达 4.35 亿户，上半年净增 2737万户。其中，光纤接入（fiber to the home/office，FTTH/O）用户 3.96 亿户，占固定互联网宽带接入用户总数的 91%。宽带接入用户持续向高速率迁移，100Mbps及以上接入速率的用户达 3.35 亿户，占总用户数的 77.1%，占比较一季度和上年

---

① 我们将在第 7 章中进一步分析这一现象。

末分别提高 3.4 个百分点和 6.8 个百分点。电信运营商在改造网络、提升网速的同时实行了资费平移的策略，即将 4M 或 8M 宽带在资费价格不变的情形下应用于更大宽带。这一资费策略无疑增加了对消费者的吸引力，对广电运营商的宽带业务构成巨大威胁。在固网宽带提速的同时，三家电信运营商一直致力于无线宽带网络的改善、运营与升级。在"5G+X，超越连接"为主题的 2019 GTI（Global TD-LTE Initiative）国际产业峰会上，工信部信息通信发展司副司长刘郁林指出：截止到 2019 年 5 月，全国建成 437 万个 4G（4th generation）基站，4G 用户超过 12 亿户，月户均移动互联网接入流量达到 7.8GB，信息通信消费拉动作用明显。固网与移动宽带的提速为电信提供高质量的视频内容提供了基础设施的保障，使高清视频成为可能。

在相关政策的支持方面，2012 年 6 月国家广播电影电视总局出台了《关于 IPTV 集成播控平台建设有关问题的通知》，规定 "IPTV 集成播控总平台牌照由中央电视台持有，IPTV 集成播控分平台牌照由省级电视台申请。全国性 IPTV 内容服务平台牌照由中央级广播电视播出机构和拥有全国性节目资源的省级广播电视播出机构申请，省级 IPTV 内容服务平台牌照由拥有本省节目资源的广播电视播出机构申请。IPTV 传输服务牌照由中国电信集团公司、中国联通网络通信集团有限公司向广电总局申请"。《关于 IPTV 集成播控平台建设有关问题的通知》对 IPTV 的牌照类型及申请人做出了详细的规定，该文件标志着 IPTV 业务的合法化得到进一步确认。虽然传统电信公司仅能获得 IPTV 传输服务牌照，但是其合作对象更加明确，其内容来源也就更加可靠。

电信企业的全程全网使其在发展 IPTV 业务时具有需求方的规模经济。根据工信部发布的 2019 年上半年通信业经济运行情况，截至 2019 年 6 月底，IPTV 用户已达 2.81 亿户，对固定宽带接入用户的渗透率为 64.7%，较当年一季度提升了 0.5 个百分点[①]。IPTV 用户市场以中国电信的 IPTV 为主力军，市场规模逐步扩大。中国电信的 IPTV 用户不断增加得益于：①中国电信积极制定行业 4K 技术与产业发展路径，推动 4K 内容分发网络与平台的标准化，引领 4K 质量运维保障与用户体验标准；②规模部署 4K IPTV 机顶盒，率先拉通 4K 机顶盒产业规范，使在网用户不断增加；③积极开展合作及强化内容运营，不断迭代 4K 机顶盒、4K IPTV 电视、4K 服务标准。

2.4.4　互联网的探索：网络视频

在我国三网融合的起步期中，互联网企业利用三网融合契机谋求发展的典型

---

① 资料来源：2019 年上半年通信业经济运行情况，http://www.miit.gov.cn/n1146312/n1146904/n1648372/c7149071/content.html，2020 年 9 月 17 日。

策略是推行网络视频服务。据艾瑞咨询的统计数据，2008 年中国互联网视频服务业的广告收入约为 5.7 亿元，到 2011 年这个数据上升到 45 亿元左右，到 2018 年更是上升到 554 亿元。网络视频产业多年来维持高速增长，虽然短期内不能取代数字电视，但是其方兴未艾的势头不容小觑。

首先，网络视频产业的规模不断增加。虽然相比传统电视千亿级别的广告规模，网络视频还有差距，但是两者的差距在不断缩小。其次，网络电视的商业模式逐渐清晰，除了广告收入外，用户付费已经成为网络视频企业收入的一大重要来源。最后，新兴的视频网站企业一般并不满足于仅仅做视频播放平台，而是力图或已经渗透到内容制作或联合制作。在我国三网融合的起步期，作为新兴的视频服务，网络视频与传统的有线数字电视还是一种互为补充的关系，在未来更长的网络融合时期，网络视频有可能和数字电视相抗衡。

从需求侧看，我国网络视频用户规模一直维持着稳定扩大的态势。根据中国互联网络信息中心发布的第 43 次《中国互联网络发展状况统计报告》，截至 2018 年 12 月底，中国网民数量约 8.29 亿人，互联网普及率为 59.6%，手机网民规模达到了 8.17 亿户。随着互联网在中国的普及，包括网络视频在内的互联网应用不断发展。越来越多的消费者，特别是年轻消费者逐渐习惯于通过互联网观看各类视频节目。宽带的提速与网络视频内容的丰富都推动着网络视频产业的发展。

在我国庞大的网民队伍里，网络视频用户也从 2007 年底的 1.61 亿户逐步增长至 2011 年底的 3.25 亿户。根据中国互联网络信息中心发布的第 43 次《中国互联网络发展状况统计报告》，2018 年底，网络视频用户增加到 6.12 亿户，占网民整体的 73.9%；手机网民视频用户规模达 5.90 亿户，占手机网民的 72.2%。截至 2011 年底，在 19~24 岁年龄段的人群中，收看网络视频的比例已达到 70.7%，这一数字已经略高于收看电视的人群占比。

在网络视频用户中，付费模式已逐渐被认可。在我国三网融合刚起步时（2010年），我国互联网视频用户付费的比例还很低，如果扣除付费用户中偶尔一两次或者几个月才有一次付费行为的那些用户，有比较稳定的付费习惯的视频用户的占比大约只有 1.5%。①爱奇艺 IPO（initial public offering）的招股书数据显示，截至 2017 年 12 月底，其付费会员已达 5080 万户。

从供给侧看，我国的网络视频产业呈现出以下特点。

其一，企业兼并加速了市场整合进程。网络视频产业具有内容使用的规模经济，因此，扩大用户规模一直是网络视频市场竞争的焦点，企业兼并无疑是快速提高用户规模的有效手段。2010 年前后，我国网络视频产业发生的典型兼并有：优酷与土豆的合并，盛大网络通过华友世纪与酷 6 网的合并，体育垂直门户网站新华悦动（纳斯达克上市企业）收购宽频网站新传在线等。拥有资金渠道的网络

①　资料来源：中国互联网络信息中心发布的《2011 年中国网民网络视频应用研究报告》。

视频上市公司借助自己的资本实力进行的业内整合提高了行业的集中度。到 2018 年，中国网络视频产业，特别是网络长视频产业，已经形成了爱奇艺、优酷、腾讯视频三足鼎立的格局。

其二，传统媒体企业纷纷推出视频门户，提高了行业吸引力。在网络视频服务行业发展的早期，其经营主体以市场化程度较高、经营较活跃的民营单位为主。随着一些事业单位的企业化转型，拥有较多内容资源的国有大型媒体经营单位逐步参与到网络视频行业的竞争与合作中，如中央电视台创办了中国网络电视台、湖南卫视推出了金鹰网、中影集团开发了中国电影网等。2011 年 8 月，由全国 14 家地方电视台和 5 家平面媒体组成的联盟——城市联合网络电视台正式开播。

传统媒体的进入丰富了网络视频的内容，通过为用户提供更为优质的网络视频服务提升了行业的整体服务水平。在网络视频产业中，有线电视网络、传统媒体与经营网络视频的新媒体不仅是竞争关系，也有广阔的合作空间。有线电视和传统媒体虽然拥有丰富的内容资源，但这些内容并不一定适合新媒体的业务需要。因此，需要把来自有线电视和传统媒体的内容资源进行一定意义上的重构。这就需要通过引进市场机制，加强与有线电视运营商及新媒体企业的合作，为其提供具有版权的内容资源，共同开发新的市场需求，推广新的业务。

其三，网络视频产业逐步细分化。随着 5G（5th generation）移动通信的到来，随着智能手机的普及，网络视频市场逐步细分。这种细分包括内容的细分，如新闻、电影、娱乐节目、电视剧、网络剧等；长短的细分，如长视频或是短视频。移动互联网时代也是消费者注意力短缺的时代，短视频无疑迎合了这种消费特点，同时短视频可以与社交、新闻等网络业态融合，发展前景良好。网络视频的特点之一是互动，这种互动不仅包括用户之间的互动，还包括用户与节目的互动，网络直播中用户可以直接与直播者互动。

2.5　我国网络融合的文化发展意义

在我国，三网融合不仅能促进电信产业、电视业和互联网产业的融合式发展，而且事关我国文化产业大发展和文化事业大繁荣的实现。2011 年 10 月 15 日至 18 日召开的中国共产党第十七届中央委员会第六次全体会议公布的《中共中央关于深化文化体制改革　推动社会主义文化大发展大繁荣若干重大问题的决定》（以下简称《决定》）中明确提出要"坚持中国特色社会主义文化发展道路"，第一次从文化纲领、文化目标、文化政策上阐述了文化强国的"中国道路"。它既是对我国文化发展途径的历史性贡献，也是对三网融合社会价值的目标要求。之后，新一届党中央又进一步提出在中华民族伟大复兴中要坚持"文化自信"，明确了我国网络融合的文化发展意义。本节将主要以中共十七届六中全会的《决定》及党的十八大的有关精神为依据，阐述电信网、电视网和互联网的三网融合对实现中国特色社会主义文化繁荣的意义。

2.5.1　网络融合与文化发展的关系

伴随三网融合而来的内容竞争是电视竞争区别于曾经的电信竞争的一个根本之处。在电信竞争时期，主要的竞争领域在网络（的接入和互联互通）中，很少涉及关乎内容的竞争。电视竞争却与之不同，它为文化业的发展提供了产业平台，因此，三网融合既是技术发展的水到渠成，更是中华民族复兴过程中文化繁荣与复兴的必然要求。一方面，电视竞争将推动文化产业的自主发展，促进原创文化的产生，丰富文化资源。在中国特色社会主义建设进行到日益满足人们超越小康要求的物质需要时，电视竞争将有助于推动丰富人们的精神文化需求。另一方面，电视竞争将增强中华文化的传播力、感染力和影响力，提升与中华民族数千年文化底蕴相匹配的国际影响力。

三网融合对发展我国文化产业和繁荣社会主义文化事业具有的重要作用可以概括为如下几点。其一，三网融合为我国未来文化产业的发展提供了相关基础设施，它的顺利实施将大大提高内容与文化传播扩散的效率。其二，三网融合为文化产业的发展提供了一个产业平台。在这个平台上，各种内容与文化可以相互交流、汇合与融通，文化的消费者与生产者可以互动，有利于更好地贯彻"百花齐放、百家争鸣"的文化发展方针。如果说基础设施发挥了"管道"的作用，那么产业平台则提供了增值服务，重塑了价值创造的方式，促进了文化产业的转型升级。

哈佛大学商学院教授迈克尔·波特在其代表作《国家竞争优势》中指出，一国的竞争优势在很大程度上取决于该国产业创新和升级的能力，换言之，产业竞争力和技术创新能力决定着国家竞争力。虽然就短期而言，制造业的发展是国家发展的前提，但从长期看，一个国家的发展更取决于文化的积淀。技术创新和制造业的发展可以通过技术引进和产业转移实现短期目标，而文化与精神的培育则有所不同，文化是一个民族的遗传基因，不可能全盘引进，这是因为民族文化所具有的民族特色和区域特点是外来文化所无法取代的。一个民族要真正在世界上发挥作用，就必须有适应时代发展的先进文化，而非仅仅是技术。文化强国战略是一个国家能够成为世界强国所必选的核心战略，是一个国家崛起所必须成功破解的历史命题。中共十七届六中全会的《决定》展现了"建设社会主义文化强国"的辉煌前景，将文化繁荣提升到国家战略层面，鲜明地提出了"文化强国"的任务和目标。

党的十八大报告进一步提出"促进文化和科技融合，发展新型文化业态，提高文化产业规模化、集约化、专业化水平"①，这对我国三网融合的顺利进行具有战略指导意义。三网融合是网络基础设施的融合，其本质是信息与通信技术发展所带来的电信产业与广电业的融合。这种融合始于科技的发展与融合，但是在产业融合的过程中，会逐渐深入到终端的融合和市场的融合。要从技术融合走向市场融合，需要将技术与内容、文化有机结合。广电业包括传媒业和内容产业；电信产业从固定走向移动，从 2G（2th generation）网络走向多 G 网络，也早已不仅是"通信管道"，丰富多彩的应用程序使其几乎无所不能。电视的内容与电信的应用都是社会文化的具体形式，科技的创新赋予了内容与应用更多的创新可能。然而，要把这种可能转化为现实，既需要内容与应用的创新，也需要制度支持与商业模式的创新。因此，电视业在与电信产业融合的过程中，关键是科技能否更好地与文化结合，内容与应用能否更好地服务于社会。在这个过程中，文化是内涵、科技是载体，两者间难以分离。

党的十九大报告进一步强调"网络强国"，提出加强信息基础设施网络建设，突出"加强互联网内容建设，建立网络综合治理体系，营造清朗的网络空间"。②2017 年以后，网络融合进入了一个新阶段：逐步从建好网络向用好网络过渡③。在网络融合的背景下，如何更好地开发多样化的内容，探索可行的商业模式，建立合适的监管模式逐渐成为新的挑战。随着宽带和 4G 在中国的普及、用户上网资费的逐步下降，消费者几乎可以随时随地借助多种设备上传、观看、评论或是转发包括视频在内的各种内容。在这一过程中，传统的内容消费者可能集内容的消费者、生产者、评论者与传播者的角色于一身。基于单个人或者单个现象所带来的社会效应将大大放大，这既给优秀文化的传播提供了前所未有的机遇，也提出了新的挑战。利用不断发展与深度融合的网络虽有利于提高文化的活力，但同时增加了内容治理的难度。

一个国家（地区）的科学技术水平将直接影响文化的创造、传播与表现方式。在印刷术与造纸术发明之前，人类社会的信息传播依赖于口耳相传，文化也被局限于某个地域。印刷术与造纸术的发明大大提高了人类社会知识的传播、存储与利用效率，将文化的交流与融通推进到更大地理范围与更多人群中。当人类进入

---

① 资料来源：胡锦涛在中国共产党第十八次全国代表大会上的报告，http://cpc.people.com.cn/n/2012/1118/c64094-19612151-6.html，2020 年 9 月 17 日。

② 资料来源：习近平：决胜全面建成小康社会 夺取新时代中国特色社会主义伟大胜利——在中国共产党第十九次全国代表大会上的报告，http://www.12371.cn/2017/10/27/ARTI1509103656574313.shtml，2020 年 9 月 17 日。

③ 表现之一是：2016 年 11 月，全国人大常委会颁布了《中华人民共和国网络安全法》，于 2017 年 6 月 1 日起实施。2017 年初印发了《关于促进移动互联网健康有序发展的意见》。2017 年前三季度，全国网信系统累计约谈违法违规网站 798 家，会同电信主管部门取消违法网站许可或备案、关闭违法网站 3131 家，移送司法机关相关案件线索 903 件，有关网站依照用户服务协议关闭各类违法违规账号 50 万余个，关闭各类违法违规账号群组 139 万余个。上述数据见人民网发布的"2017 年中国互联网发展十大动向"（http://media.people.com.cn/n1/2018/0205/c192370-29806139.html，2020 年 9 月 17 日）。

信息社会之后，广播网、电视网、电话网、互联网等信息传播网络得到不断丰富与发展，人类信息传播的效率有了前所未有的飞跃。这种科技的发展不仅提高了内容传播的效率，也促进了内容的创造。内容的创造从广播网的音频内容，到电视网的音频加视频内容，再到互联网上音频、视频、文字等全方位的内容。内容创造的改变将不仅限于内容格式的变化，也包括创造内容的形式——文化业态的创新。出版业由传统出版走向数字出版与网络出版；数字电视的出现使得传统电视走向双向互动，走向多媒体；4G 网络乃至多 G 网络与智能手机的出现使得移动多媒体成为可能，各种新型的应用更是层出不穷。科技不仅改造提升了传统媒介，而且创造了新的媒介，新的媒介要求与之相适应的新内容与新文化。三网融合既然创造了诸如互动电视、高清电视、网络电视等新的视频方式，自然也会要求创新适应这些视频方式的新内容。

2.5.2　网络融合促进文化发展的途径

中共十七届六中全会的《决定》提出要"发展现代传播体系。推进电信网、广电网、互联网三网融合，建设国家新媒体集成播控平台，创新业务形态，发挥各类信息网络设施的文化传播作用，实现互联互通、有序运行"[①]，这是对我国三网融合目标的战略性阐述。融合后的内容传输网络要能构成未来的现代传播体系，需要在以下几方面做出努力。其一，三网必须互联互通、有序运行。互联互通、有序运行有多层含义。首先，同一张网在不同地域间应该互联互通，目前我国的有线电视网还不能完全做到这一点；其次，不同的网络之间也应该互联互通，这种互联互通不仅是物理网络的互联互通，而且是业务上的互联互通，包括电话业务、电视业务及互联网业务。网络与业务互联互通，体现了网络中性的原则。在现代传播体系中，网络与科技都是手段，都是为了满足客户需求，为了更好地传播文化。因此，不应该对某种科技或网络加以歧视，实施区别对待，而应该通过互联互通发挥网络的最大效能。其二，要保证现代传播体系有序运行，既要建立国家集成播控平台并加强监管，又要创新业务形态，促进包括电视产业在内的文化产业的市场化，通过市场化搞活文化产业。建立集成播控平台有利于提供电视公共服务，有利于资源的集约利用，有利于电视内容的统一管理；加强监管则是坚持正确的舆论导向，坚持为人民服务，坚持为社会主义服务的"两为"原则，保证文化产业沿着正确的方向发展。

在文化产业发展方向上，中共十七届六中全会的《决定》提出"构建现代文化产业体系""加快发展文化创意、数字出版、移动多媒体、动漫游戏等新兴文

---

① 资料来源：中共中央关于深化文化体制改革　推动社会主义文化大发展大繁荣若干重大问题的决定，http://old.moe.gov.cn//publicfiles/business/htmlfiles/moe/moe_1778/201110/125877.html，2020 年 9 月 17 日。

化产业"。①《决定》中所列举的四大新兴文化产业都与三网融合有关：文化创意产业为三网融合提供了丰富的内容支撑；数字出版产业依赖于互联网的发展；移动多媒体产业将三网融合的边界从固定网络拓展到移动网络；在三网融合背景下，动漫游戏产业将在电脑、电视、手机等产品上实现更多的出口需求。

在如何推进文化产业发展的路径方面，中共十七届六中全会的《决定》提出要"鼓励有实力的文化企业跨地区、跨行业、跨所有制兼并重组，培育文化产业领域战略投资者"。三网融合领域中不少企业属于文化企业，如广播电视台、有线电视网络公司等，这些企业要想能够获得长足的发展，必须突破地区、行业与所有制的限制，在更大的范围内与更深的程度上实现资源的整合。行业障碍与地区障碍是中国三网融合所面临的主要问题之一。目前电视企业进入电信市场与电信企业进入电视市场碰到的关键性障碍有不少并非技术壁垒，而是部门政策的限制。电视企业跨区域整合面临的困难主要也不是来自市场，而是中国电视业多年发展所形成的一种路径依赖。很多地方的电视企业在省网整合完成后，已经成为省属国企，省内整合的壁垒逐渐消除，而省际壁垒依旧是妨碍电视产业市场化的一个障碍。在这样的背景下，中央决定鼓励跨地区、跨行业、跨所有制的兼并重组，这将有利于三网融合的相关企业做大、做强，提升企业竞争力与产业的国际竞争力。

在保障文化产业发展的立法方面，中共十七届六中全会的《决定》提出要"加快文化立法，制定和完善公共文化服务保障、文化产业振兴、文化市场管理等方面法律法规，提高文化建设法制化水平"。文化产业已经成为我国经济建设的主战场之一，尽快把行之有效的文化产业政策上升为国家法律法规，已经成为我国文化产业发展急需的制度动力。纵观西方发达国家文化娱乐产业的发展，大都立法先行。我国目前在三网融合领域还缺乏一部权威性的法律，法律的缺失将增加后续改革的成本。虽然日本、韩国与我国一样都强调产业政策对产业发展的推动作用，但在三网融合问题上，日本、韩国都适时出台并修改了法律，将产业政策上升到法律高度来推动产业的可持续发展。这种做法可供我们借鉴②。

2012 年党的十八大报告提出"促进文化和科技融合，发展新型文化业态，提高文化产业规模化、集约化、专业化水平"，在中共十七届六中全会的《决定》的基础上给出了更高的标准。就电视产业而言，科技与文化的融合体现在多个方面。首先，科技作为媒介或手段，改变了文化内容的制作、传播、接收与消费。

---

① 资料来源：中共中央关于深化文化体制改革　推动社会主义文化大发展大繁荣若干重大问题的决定，http://old.moe.gov.cn//publicfiles/business/htmlfiles/moe/moe_1778/201110/125877.html，2020 年 9 月 17 日。

② 例如，日本在 2007 年前已出台《广播法》《电信事业法》等 9 部有关广播与电信法律的基础上，2010 年又通过了《信息通信法》（草案），以《信息通信法》为基础统一已有的 9 部法律，适应了网络融合下通信产业的发展需求。

21世纪以来，电视产业的发展经历了很多变化：技术形态上从模拟电视到数字电视，播放载体上从视频网站到移动设备 APP（application），内容形式上从网络剧到短视频等。其次，科技与文化的融合还体现在市场主体的变化，科技赋能新的主体参与市场。电信企业凭借 IPTV 成为重要的网络运营商；视频网站凭借丰富多样的视频内容逐渐成为一支重要的力量；大量非专业的消费者与机构也可以提供一定质量的视频内容，成为重要的内容提供者。最后，科技与文化的融合要发挥新科技的潜力，仅仅将新科技拿来用之远远不够。在企业层面，企业要进行组织变革，只有当组织资源与科技资源互补时，才能实现部分大于整体之和，科技的潜力才能得以释放；在产业层面，产业管理者要探索建立一套能够有效平衡科技利弊的制度与政策，既要鼓励科技创新带动文化创新与发展，又要防止滥用科技的不利后果，包括制作与传播不法内容、侵犯消费者隐私。

2017年，党的十九大报告进一步提出，要"健全现代文化产业体系和市场体系，创新生产经营机制，完善文化经济政策，培育新型文化业态"。①网络融合下的电视产业具有新的技术、新的商业模式，呈现新的产业结构，呼唤新的产业与规制政策。对于身处其中的企业，特别是原来的电视企业而言，要积极顺应时代需求，以创新求发展。以电视台为例，电视台作为内容的制作商与集成商，多年来依赖广告收入，在中国广告市场中占据重要份额。近年来，随着互联网平台的兴起，特别是网络视频平台的兴起，电视台能获得的广告收入已经呈现出下降趋势。传统媒体的没落并不是无解，电视台深耕电视产业多年，积累了丰富的视频内容资源，具有专业人才和伙伴关系的优势。如果电视台等电视企业能够通过组织创新与战略调整将传统的电视基因与互联网基因合理嫁接，则有可能走出一条传统电视企业在互联网时代的发展之路。

---

① 资料来源：习近平：决胜全面建成小康社会 夺取新时代中国特色社会主义伟大胜利——在中国共产党第十九次全国代表大会上的报告，http://www.12371.cn/2017/10/27/ARTI1509103656574313.shtml，2020 年 9 月 17 日。

第3章 网络融合时代电视产业分析

网络融合的雏形大概可以追溯到 20 世纪 70 年代的计算机与通信产业[1]，20 世纪 90 年代后期，在电信网、计算机网和有线电视网之间呈现出网络层次上的融合：出现了技术融合、市场融合和业务融合的趋势。Yoffie（1996）将其概括为"采用数字技术后原本各自独立的产品的整合"。Ono 和 Aoki（1998）曾分析了电信、广播和媒体融合的实质，指出"两个转换"（从专用平台到非专用平台的转换、从低带宽要求到高带宽要求的转换）基本上反映了以信息技术为基础的网络融合的发展方向。

网络融合时代电视市场上的参与者（通常又被称为行为者）依然是消费者、企业（运营商）和政府（通常为规制者）。正是他们之间的合作、竞争、制约和依存关系，使得网络融合背景下的电视市场成为一个变幻多端的市场，使得网络融合时代的电视竞争成为一个迷人的问题。

3.1 技术融合、网络融合与产业融合

在科技和产业发展史上，技术融合现象早已被人们所观察并认识，Rosenberg（1963）在分析美国工业化过程中的机器工具产业时，把产品功能和性质完全无关的产业因采用通用技术而导致的独立化过程称为技术融合（technological convergence）。Lind（2005）曾讨论了 19 世纪末蒸汽和钢铁工业的融合，他认为技术融合是指一种技术进入另一种技术的产业领域，或者两种技术相互进入对方的市场。

产业融合是随着技术融合的发展，表现在新产品及随之而来的新市场的出现方面的新变化。在规模化的网络融合现象发生之前的时代，人们就已经意识到产

---

① 考虑到三网融合的渐进性，以及它在西方国家和中国不同阶段的不同含义，本章所指的信息通信产业借用美国"96《电信法》"的概念，泛指电信、电视、互联网和部分传媒产业。

业融合现象的存在（胡汉辉和邢华，2003）。当然，虽然早在20世纪70年代就出现了明显的机械与电子的融合事例，但在20世纪八九十年代之前，产业融合仍然基本局限于制造业部门，并且这种产业融合突出表现为常用的通用技术。

随着个人电脑的诞生及媒体数字化趋势的出现，人们早期对技术融合的认识是和信息及通信技术产业的发展相联系的。Farber和Baran（1977）首先在《科学》杂志上撰文，认为计算机和通信系统的融合是未来的趋势。1978年美国麻省理工学院媒体实验室的创始人Negroponte则用三个圆圈的部分重叠来表达有关的技术融合现象，这三个圆圈分别代表了计算机产业、印刷和出版产业及广播电视和电影产业［图3-1（a）］；而且进一步用这三个圆圈重叠部分的变化（也就是重叠的过程）来表达对这类融合进一步深入趋势的判断［图3-1（b）］，不过当时Negroponte并没有考虑技术融合对电信产业的影响。

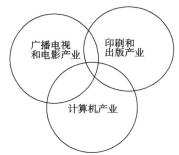

（a）麻省理工学院媒体实验室Negroponte的"技术融合圆圈"

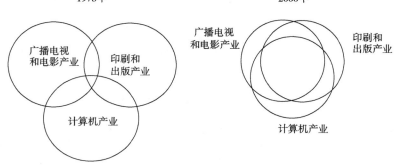

（b）麻省理工学院媒体实验室Negroponte的"技术融合演变图"

图3-1　技术融合现象示意图

资料来源：Fidler（1997）

显然，在20世纪的七八十年代，虽然富有预见力的商界领导者或研究人员已经意识到融合将成为相关产业发展的大趋势（Yoffie，1996），但是受到技术发展阶段的限制，人们当时对技术融合的认识还比较模糊，宏观上尚没有涉及产业融合的层面，微观上也没有深入到其对企业商业模式的影响，消费者和企业都还没有生存在融合的世界中。

网络融合（专题 3-1）是相伴技术融合而生的一类特殊的产业融合。20 世纪 70 年代以来，ICT 的迅猛发展推动了宽带通信网、数字电视网及下一代互联网的三网融合。三网融合首先是网络基础设施的融合。以基础设施为代表的融合一般具有四个基本特点。其一，一网多用（multiservice）：一个网络能够提供多种服务，相对应的一个网络终端将具有多功能的属性。比如，有线电视网不仅可以提供电视节目，而且可以提供宽带和电话服务。其二，多种来源（versatile）：相同的服务或内容能够由不同类型的网络（基础设施或媒介）来提供。比如，电视服务不仅可以由有线电视网所提供，而且可以接收来自卫星的信号，也可以由宽带网来提供。其三，功能组合（composition）：厂商可以组合不同服务，从而提供更加贴心的服务或更为复杂的内容。以 IPTV 为例，运营商可以将电视的功能和互联网的功能相结合，让观众得以对电视的实时表演进行在线投票。其四，协同工作（interwork）：不同的基础设施同时工作，执行同一种功能或拓展功能。比如，宽带网和有线电视网可以协同工作，宽带网提供互动或点播服务，有线电视网提供电视节目服务。

三网融合通过基础网络的融合使涉及通信产业、电视产业和互联网产业的三业融合具有了明显的网络融合特征，使得有线电视业面临与电信的 IPTV、移动电视、卫星电视等的越来越激烈的竞争（Wan et al.，2009；Wan and Hu，2008）。同时，信息及通信技术领域的网络融合又在更大范围内推动了更多的跨产业的产业融合，从而形成了今天我们随处可见的网络融合与产业融合现象。

专题 3-1　关于网络融合形式的经典划分

Economides（1996）指出：网络由网元和关联（又称为链）组成，其中网元包括硬件元、软件元和服务元等，网络关联主要包括协调网元互动的各种标准、协议、政策和条款等内容。用户之间通过网络发生互动并在此过程中产生正向（或负向）的外部性（Evans et al.，2006）。

Eisenmann 等（2011）在 Economides 网络定义的前提下，基于需求侧的功能组合维度将网络融合统一划分为四种基本的形式。

（1）功能无关型网络融合：融合的网络之间的功能互不相关。换言之，即相互融合的网络原本各自为用户所提供服务的目的并不相同，如有线电视和固定电话。当然，功能独立并不排除网络之间存在共同网元或共享用户的可能。例如，有线电视和固定电话都需要光纤传输、信号压缩和接入终端等设备。因此，许多用户可能同时接入有线电视网络和固定电话网络。

（2）功能替代型网络融合：融合的网络之间具有一定的网络替代性。根据功能替代性的强弱，又可进一步将该类融合分为强替代型网络融合和弱替代型网络融合。强替代型指网络提供的服务功能非常类似，相融合的网络服务于相同的目的。例如，Armstrong 和 Weeds（2007）曾讨论了数字电视对模拟电视的强替代关系。弱替代型指虽然网络提供的基本服务的目的基本相同，但它们采用了不同的技术手段以满足不同类型的互动。Rodini 等（2003）分析了存在于移动电话与固定电话之间的弱替代关系：两者均为促成用户通话的目的，但移动电话强调移动性，固定电话的通话质量更高。Hausman（2012）进一步考虑了网络外部性的影响，指出根据不同的需要，有些用户可能会同时选择两种通信网络（即多平台接入），而另外一些用户则会选择仅接入一个网络。

功能替代型网络融合类似于传统研究中的"模式间竞争"（intermodal competitions），两者的不同在于其研究框架及模型是否加入了网络外部性变量。

（3）用户嵌入型网络融合：对于某一特定网络而言，它在为用户提供网络服务的同时可能还是另一个网络的用户。究其原因，在于 Farrell 等（1998）指出的网络通常具有层次性。例如，易趣网为其用户提供在线拍卖网络服务，但同时它也是万维网的用户之一；进一步，万维网和其他"应用层"网络平台（如电子邮件和即时通信软件）同样嵌入于"传输层"的互联网网络平台。类似地，Anderson 和 Coate（2005）指出频道运营商在充当了联系内容提供商、广告商及观众的网络平台的同时，自身也是各种传输网络（直播卫星网络、有线电视网络、地面无线网络）的用户。

（4）网元嵌入型网络融合：一些网络只能满足用户对网络的主要需求，其自身的网元并不足以满足用户所需的所有的网络平台服务。此时，网络平台通常需要借助于第三方为用户提供网元和服务。在一些情况下，这些网元本身也是网络平台。例如，易趣网为其拍卖用户提供两种信用卡支付形式：维萨（Visa）和万事达（Master），它们在充当了易趣的第三方网元提供商的同时，自身也为用户提供网络服务。

用户嵌入型及网元嵌入型的融合网络在功能上存在互补关系。

在明确网络融合的基本形式之后，人们就可以根据不同的网间关系讨论各种融合形式下的网络主体行为和可能的市场均衡结果。例如，有线电视网络和固定电话网络通过捆绑电视、电话和互联网业务展开的交叉媒介竞争和纵向合作（Atkin et al.，2006），以及可能产生的效率增进效应和市场关闭效应。

资料来源：Eisenmann T，Parker G，van Alstyne M. 2011. Platform envelopment. Strategic Management Journal，32（12）：1270-1285

从更广的空间范围及更长的时间界限来看，产业融合是无处不在的（Lind，2005），它已不再局限于某一个，甚至某一类产业，而是成为原本分离的市场间的一种汇合和合并，它消除了有关的产业边界和进入壁垒。从产业演化角度来看，融合可以看成是技术变化的演化过程，不同产业间的知识溢出推动了这种技术变化，并进一步扩张到应用层面，最终导致整个产业的合并（Hacklin，2008）。一个产业为其他产业提供了中间投入，同时使用了其他产业的产出作为自己的中间投入，因此，特定产业的融合也可能影响相邻产业和相关产业，不同程度地重塑其他产业，从而影响整个国民经济的发展。

虽然我们在讨论一个市场的竞争问题时，往往将注意力集中在市场上企业的行为及其相互之间的关系方面，但一个完整的产业是由消费者、生产者（产品或服务的提供者）及第三方（如政府）所组成的，产业的发展是上述三类行为人共同努力的结果，三网融合时期的电视市场也不例外。三类行为人各自的行为特征是我们分析三网融合时代电视竞争问题的基础。

在对电视市场的发展和竞争问题进行讨论时，我们有必要认真梳理电视市场的经济学特征。对这些特征的提炼和观察，有利于我们在"技术进步、企业创新、政府规制"三驾马车共同引领的电视业发展的现实中寻找电视业发展的规律。当然，电视业的经济特征会因模拟电视和数字电视（也可以说是单向电视和双向电视）的差别而有所不同。我们会在有关的讨论中加以必要的区分。当然，也请读者给以适当的关注和必要的区分。

3.2　消费者行为

电视市场之所以存在，首先是因为对电视产品和服务有所需求的消费者（观众或用户）的存在。由于电视业发展路径的不同、电视内容产业发达程度的不同、居民收入水平与休闲习惯的不同，世界各国电视市场上的消费者行为有较大的差别。传统电视的消费需求主要表现为如下几个方面：平台选择、是否付费、收视时间等。随着数字电视的发展，电视业能够提供日益多样化的增值服务，如高清电视、视频点播等，此时的消费需求又会表现为如何用电视采购、咨询和预订服务等。

3.2.1　国际的消费者行为差异

出于对数据可获得性的考虑，本节的分析主要基于 2013 年的有关数据。那时，对于大多数发展中国家，甚至金砖四国[①]而言，数字电视的普及率还不高，增值服务的使用率尚低。我们将主要关注传统电视服务的需求，而不去比较数字电视的增值服务。表 3-1 显示了 2013 年美国、英国、法国、德国、意大利、日本等西

[①] 2010 年 12 月，南非作为正式成员加入"金砖国家"合作机制，"金砖四国"即将变成"金砖五国"，并更名为"金砖国家"。本书仍采用"金砖四国"的说法，意指中国、俄罗斯、印度、巴西四个国家。

方六国与巴西、俄罗斯、印度、中国等金砖四国不同电视传输技术消费者的占比情况，从中我们可以看出当年电视市场上消费者行为的一些特点。

表 3-1   2013 年主要发达国家与金砖四国不同电视传输技术消费者的占比

国家	IPTV	有线数字	有线模拟	卫星数字	卫星模拟	无线数字	无线模拟
美国	10%	40%	5%	29%	0	16%	0
英国	5%	13%	1%	42%	0	39%	0
法国	40%	4%	5%	35%	0	16%	0
德国	5%	16%	32%	43%	0	5%	0
意大利	0	0	0	27%	0	73%	0
日本	7%	51%	0	30%	0	12%	0
中国	7%	39%	15%	16%	0	14%	9%
俄罗斯	7%	5%	31%	34%	1%	15%	7%
巴西	0	11%	1%	19%	34%	6%	30%
印度	0	19%	43%	37%	0	0	1%

资料来源：*International Communications Market Report 2014*

注：原报告中的数字为四舍五入后的结果，造成德国和巴西的各类电视传输技术消费者占比的总和为101%

第一，消费者的行为存在较大的国别差异。消费者可以通过 IPTV、有线、卫星及无线方式收看电视，因而各国频道商的内容传输平台的消费者构成相差就较大。第一类国家是某一种传输方式占据主导地位，有线电视占主导地位的国家包括美国、德国、日本、印度和中国，在这些国家中，有线电视的普及率达到45%及以上；以无线电视为主要传输方式的国家为意大利，其无线电视的普及率达到了73%；以卫星为主要传输方式的国家为巴西，达到了53%。第二类国家的电视传输平台相对比较分散，缺少主导方式，如英国、法国和俄罗斯。

各国电视传输平台间的差异受到多方面因素的影响，包括电视业发展路径的差异，不同平台服务质量及服务价格的不同，一个国家内部的某个地区消费者可以订购的传输平台的多样性，消费者的转换成本等。值得一提的是，公共电视的存在对电视传输平台的分布也有所影响。在一些西方国家，如英国和美国，无线电视是以公共电视的方式免费向消费者提供的，有线、卫星与 IPTV 则是商业电视。英国的无线电视提供主流的电视频道，这使无线电视在英国的电视传输系统中吸引了较多的用户份额。在中国，不仅无线电视是免费的，而且卫星电视也是免费的（卫星电视的提供主要局限于我国偏远的农村地区），而无线频道的数量与质量都无法与有线电视相比，因此有线电视成为中国目前主要的传输平台。

第二，西方六国整体的数字电视普及率要高于金砖四国。西方六国除德国外，其他五国的电视数字化率都高于95%。在金砖四国中，除巴西外，其他三国的电视数字化率也都超过了50%，中国电视的数字化率达到76%，印度达到了56%，俄罗斯达到了61%，而巴西电视的数字化率为36%。不同传输平台数字化的成本也不同。相比无线与卫星这两种传输方式，有线电视数字化的成本较高。西方六国均已经完成了卫星与无线电视的数字化。各国付费电视的普及率受到众多因素的影响。例如，免费频道的可获得性，付费电视运营商对某些特定节目或内容拥有的独占权，公共财政资助的电视频道的存在与否等。由图 3-2 可知：①若将发达国家与发展中国家相比较，则付费电视的普及率与国家的经济发达程度之间并没有明显的相关性。巴西作为一个发展中国家，其免费电视的普及率高达 69%，是同类国家中免费电视普及率最高的国家，其付费电视的比例仅为 31%。而印度的付费电视普及率却高达 99%，不仅大大高于巴西，而且大于美国和俄罗斯。②比较 2008 年与 2013 年的数据：2008 年，英国的付费电视比例为 50%，2013 年提高到 53%；欧洲的付费电视比例为 49%，2013 年提高到 58%；金砖四国 2008 年的付费电视比例为 47%，2013 年提高到 66%；美国付费电视的变动比例则不大，保持在 84%左右[1]。从上述比较中还不难发现，世界各国出现了一个宏观的趋势：免费电视的比例呈现下降趋势，而付费电视的比例呈现上升趋势。2005 年以来，电视企业纷纷投巨资于电视的数字化及三网融合。巨额的投资成本势必将在相关利益方——运营商、政府及消费者等——之间进行分摊。在此背景下，免费电视的逐渐减少成为一种趋势。同时，付费电视的增加也部分反映了电视商业模式的演化：从依赖广告到逐渐向观众收费。

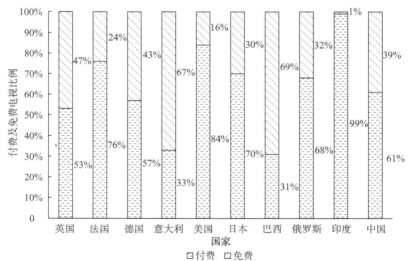

图 3-2　2013 年世界主要发达国家与金砖四国付费及免费电视比例

资料来源：*International Communications Market Report 2014*

　　由图 3-3 可知，总体而言，英国、法国、德国、意大利、美国等发达五国电

① 有关数据取自 *International Communications Market Report 2014*。

视观众的收视时间略高于巴西、俄罗斯、中国等金砖四国，韩国与中国观众的日均收视时间最少，除该两国外，其他国家观众的日均收视时间均高于 200 分钟。美国观众的日均收视时间最高，达到 293 分钟。同时可以看出，虽然新的视听媒介已经较早在发达国家中得以普及，特别是宽带的发展使得网络视频的质量大大改善，但是这并没有影响人们收看电视的热情。这不仅与发达国家电视业的数字化有关，更重要的是发达国家的电视业已经高度市场化与商业化，这是网络视频产业在短期内所无法抗衡的。

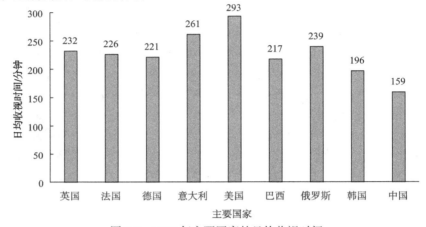

图 3-3　2013 年主要国家的日均收视时间

资料来源：*International Communications Market Report 2014*

另外，不同国家之间收视时间的差距并不主要取决于电视内容传输平台的差异，而是由各国观众的收视习惯、电视内容的质量等因素共同决定。无线传输是最早的电视传输方式，其在传输频道的容量、互动的可能性方面均落后于其他传输方式。巴西在金砖四国中对无线模拟传输方式的依赖最大（表 3-1），但同时巴西拥有较高的收视时间。

3.2.2　中国消费者的需求特点

电视业最终是为用户服务的，一般而言，电视用户构成了行业的下游。随着电视业的发展，不同市场主体的相对地位也在悄然发生着变化。比如，以前电视台处于产业的主导地位，用户只能被动地接受电视台所播放的节目。其后，用户的地位逐渐上升，因而，满足用户的欲望，根据用户的需求及其变化及时做出相应的调整将是电视产业链上各个内容提供商、网络运营商、设备制造商及技术服务商的生存之道。

经过多年的发展，我国在 2010 年时已经拥有世界上最多的电视观众数量。2010 年全国电视综合人口覆盖率为 97.62%，有线电视用户达到 1.79 亿户，居世界第一；我国电视机的普及率已经基本达到一个稳定水平，当年家庭电视机拥有率达到了 98.0%，平均每百户家庭拥有电视机 135 台（中国广播电视年鉴编辑委员会，2011）。不过，当时我国居民的计算机与互联网的普及率仍然落后于电视的普及率。2010 年我国互联网的普及率只有 34.3%（中国互联网络信息中心，2011），互联网作为一种新兴媒体，虽然发展速度很快，但在那时还没有取代电视。因此，我们对 2010 年前后泛电视消费者的行为分析仍然以电视观众为代表。

电视节目作为一种信息商品，它的消费要消耗时间。在信息时代，任何一种媒介生存与发展的首要任务是吸引消费者的注意力。和其他商品消费相比，观看电视节目的单位资金成本所花费的时间（time-intensive）更多。以我国为例，2010 年中国电视用户平均观看电视的日均时间为 171 分钟（大约每周 20 小时）（中国广播电视年鉴编辑委员会，2011），一般数字电视家庭支付的月有线电视收视维护费不到 30 元，则每个家庭每花 0.35 元大约享受了 1 个小时的电视消费。在模拟电视时代，收视维护费更低，用户的单位支付所享受的电视消费时间就更长。由此看出，模拟电视的消费具有耗时多、花费少的特点。正是由于这个特点，在模拟电视时期，电视能够成为大众娱乐消费的主要方式，占据了人们休闲生活的大部分时间。2010 年，中国网民平均每周上网时间为 18.3 个小时（中国互联网络信息中心，2011），与电视观众每周大约 20 个小时的收视时间相比，相差并不大，但是因为互联网的使用成本要远远高于电视的使用成本，所以互联网消费单位成本的时间仍然要远远低于电视消费单位成本的时间。从这个意义上讲，电视仍然是最廉价的吸引眼球的方式。但是从发展趋势看，随着人们互联网使用时间的增加，互联网将成为最能吸引眼球的媒介。事实上，2013 年，百度已经取代中央电视台成为中国广告收入最高的公司。

对于按不同年龄分组的消费者而言，观看电视与上网的时间存在一定的差别。表 3-2 比较了 2006 年和 2010 年不同年龄段消费者观看电视与上网的时间，之所以选择 2006 年，是因为此时中国的互联网已经得到一定程度的发展，而数字电视刚刚起步，模拟电视仍然占据主导地位。

表 3-2　2006 和 2010 年不同年龄段消费者每日观看电视与上网时间表

每天观看电视时间/分钟						
年份	4~14 岁	15~24 岁	25~34 岁	35~44 岁	45~54 岁	55~64 岁	65 岁及以上
2006	144	142	148	168	210	237	241
2010	143	111	133	158	216	250	257

每天上网时间/分钟					
年份	18 岁以下	18~24 岁	25~30 岁	31~40 岁	40 岁以上
2006	60	184	180	143	135
2010*	65	200	195	155	147

资料来源：每日观看电视时间来源于历年《中国电视收视年鉴》和《中国广播电视收视年鉴》，每日上网时间来源于第 19 次《中国互联网络发展状况统计报告》

*2010 年没有分年龄段的上网时长统计数据，表中数据是根据 2006 年和 2010 年平均上网时长的数据，按照 2006 年的比例推算所得

　　由表 3-2 可知，18~30 岁年龄段的消费者观看电视的时间最少，上网的时间最长，也只有这个年龄段的消费者的上网的时间超过观看电视的时间；年龄超过 40 岁的消费者观看电视的时间明显长于上网时间，特别是年龄在 55 岁以上的消费者，平均每天观看电视的时间比上网时间多近 100 分钟；年龄小于 18 岁的消费者的上网时间最短，其观看电视的时间虽然相对其他年龄段来说较少，但仍要长于上网时间。从不同年龄段的消费时间看，用上网取代看电视已经日渐成为 18 岁以上、35 岁以下青年人的主流消费方式，而对中老年人和 18 岁以下人群而言，电视仍然是主流消费方式。这种年龄段特点对于企业制定市场战略、开发商业模式具有重要意义。如果企业的目标客户是青年人，则互联网广告的效果要好于电视广告的效果。

　　电视业消费者需求的一个值得重视的现象是：传统电视正在逐渐地失去消费者。传统电视节目的消费需求具有负的收入弹性。表 3-3 比较了 2000~2010 年我国的大众电视消费时间：在此期间，电视节目综合人口覆盖率增长了 3.97 个百分点，城镇居民人均可支配收入增长 1.283 万元，但人均电视消费时间反而下降 13 分钟/日。收视时间随着人均收入的增长而减少这一点表明，从整体上看，这段时期的电视节目的消费需求具有负的收入弹性。这反映出电视内容虽然是一种大众娱乐方式，但是其整体吸引力却在下降。

表 3-3　2000~2010 年部分年份大众电视消费数据对比

项目	2000 年	2002 年	2005 年	2006 年	2009 年	2010 年	2000~2010 年增长量
人均电视消费时间/（分钟/日）	184	179	174	176	176	171	−13
电视节目综合人口覆盖率	93.65%	94.61%	95.81%	96.23%	97.23%	97.62%	3.97%
城镇居民人均可支配收入/万元	0.628	0.770	1.049	1.176	1.717	1.911	1.283

资料来源：历年《中国广播电视年鉴》《中国统计年鉴》

注：居民收入未考虑通货膨胀因素

　　电视吸引力的下降也可以从不同收入地区的电视消费者数据中看出。2006 年，经济欠发达的西北、西南与东北地区观众的人均日收视时间都在 180 分钟以上，而在经济较发达的华东与华南地区，这一数据分别为 166 分钟与 171 分钟。从不同学历对电视的消费看，2006 年，小学至高中文化程度群体的人均每日收视时间在 180 分钟左右，而大学及大学以上人群的这一数据为 158 分钟（王兰柱，2010）。

　　经过多年的发展，中国的电视业在许多方面取得了长足的进步，观众的收视环境也有了较大的改善。但是，电视反而在逐渐失去吸引力，尤其是失去对高收入与高学历人群的吸引力。2006 年，全国每个电视家庭平均可以接收 37.7 个频道，其中，城市家庭可以接收 38.9 个频道，农村家庭可以接收 21.2 个频道；对应的数据在 2010 年则分别上升到 41.4 个频道、53 个频道及 34.7 个频道。就收视方式而言，2010 年全国电视家庭中，通过省、市有线电视网接收电视信号的家庭比例达到了 51.3%，其中在城市中有 71.7% 的家庭、在农村中有 39.8% 的家庭通过有线电视网收看电视节目（中国广播电视年鉴编辑委员会，2007，2011）。

在平均收视频道与收视方式都有所改善的条件下，为什么观众的收视意愿反而会呈现下降趋势呢？从电视业内部看，观众收看节目最看重的是节目的品质。似乎在模拟电视时代，乃至目前的数字电视时代，我国电视节目内容的品质还不能完全满足观众的需求。观众虽然可以收看到较多的频道，但是真正有吸引力的节目并不是很多。频道之间的同质性较强，经常可以发现不同频道的热门电视节目间存在扎堆现象。一段时期电视剧或娱乐节目的某个题材比较风靡，于是各个频道上纷纷出现此类题材的电视剧或娱乐节目。这类节目虽然能够风靡一时，但是其对观众的吸引力仅仅限于较短的时间范围，真正具有较长生命力的精品电视节目却不多见。在某些电视时段中，观众甚至可以发现不同的频道在播放同类甚至同样的节目，这就大大降低了观众可以选择的节目的空间。

从电视业的外部环境看，电视业面临更加激烈的外部竞争。随着人民收入水平的逐步提高和互联网的发展，消费者有能力、也有可能进行更多的娱乐选择。虽然 2010 年时电信网络的 IPTV 还未大规模流行，但是互联网却为消费者提供了多方面的信息与娱乐服务，视频网站的发展使得消费者可以通过网络搜索、下载、收看自己喜欢的节目，这对传统电视业相对被动的收视模式也提出了挑战。

这些或许是对青年电视观众会大量流失的一个解释。

3.3　企业行为

电视产品与服务的提供者——企业是电视市场的重要组成部分。它们各自似乎无序的（企业）行为及相互间的关系是电视市场上最精彩纷呈的部分，历来是许多学者研究的首选主题。

3.3.1　产业链及相关企业

1.1.2 节的图 1-2（一个主要由行为人及其市场关系组成的电视系统）实际上是对电视产品与服务的提供者及其市场关系的简单解释。在图 1-2 中，主要包含内容和设备两大类产业链，这些产业链将电视产品与服务的提供者连接在一起。

从图 1-2 的内容产业链的角度看，上游主要为内容提供商及节目集成商，中游是网络运营商，下游是最终接收电视（节目，也就是内容）信号的用户。

内容提供商是电视节目（信源）的制作商，其处于电视内容链的上游位置和核心地位。

节目集成商是从事频道集成、播出及代理营销业务的运营机构。在产业链中，节目集成商上接内容供应（节目制作）方面的付费频道商，下接各地的网络运营商和客户，起到中间桥梁作用。一般而言，"集成运营商相当于全国性付费电视频道集群，在政策上，集成运营商享有在全国有线网合法落地的许可"。①节目集成商在产业链中占据着重要的地位，这是因为任何一个用户购买单一频道的可能性并不大，往往会选择购买一个频道包（有时其中还会包含若干个付费频道）。

网络运营商通常是电视产业链中承担某一个特定区域数字电视整体转换的网络建设和实际运营的企业。网络运营商位于产业链的中间环节，通常以有线电视网络运营商为主，也包括卫星和微波网络运营商，主要负责本地从前端到终端的数字电视网络运营，直接面向终端用户提供数字电视内容服务。他们通过各种硬件和软件系统控制和管理终端用户的信息和权限，并向其收取一定的费用，提供有线数字电视的有偿服务。由于模数转换后频道资源成倍增长，收视费不断提高，再加上新的增值业务不断出现，网络运营商已成为内容产业链中最直接、最可见的受益者。当然，其长期发展还要取决于付费电视收入分成及增值业务的推广水平。

根据用户规模和财务能力的大小，通常将有线电视网络运营商区分为大型网络运营商和中小型网络运营商两大类。对大型网络运营商而言，由于其规模大、财务实力强，他们在向设备制造商和技术服务商采购时，一般采用著名专业厂商的设备或产品。而对中小型网络运营商而言，其采购时往往更青睐品牌知名度较低、规模较小，但性价比较高的中小型设备制造商和技术服务商，且更倾向于接受整体解决方案。这是因为中小型网络运营商通常资金实力及融资渠道相对有限，价格敏感度高，对系统搭建时各高端软硬件产品的承受力有限；技术能力较弱，对数字电视新技术的掌握、数字电视设备的选型考察，以及数字电视网络的安装调试和后续维护等的独立应对能力较弱；对增值服务的需求不高（因为当地的用户基本以电视节目的收视需求为主，用户的购买力不强）；对供应商提供的系统的先进性和品牌知名度要求不高，更看重系统运行的稳定性等。

在图 1-2 中，除内容产业链外，设备制造商、技术服务商、网络运营商和用户还一道形成了一些跳跃式的硬件产业链，其中包含三个子链条：①设备制造商—技术服务商—网络运营商—用户；②设备制造商—网络运营商—用户；③设备制造商—用户。

---

① 付费数字电视集成商遭遇强硬地方网络平台，https://tech.sina.com.cn/it/2004-08-14/1026404692.shtml，2020年4月4日。

设备制造商和技术服务商可以统称为系统供应商，主要为网络运营商提供有关数字电视网络的平台建设、服务、维护等过程中的相应的软、硬件产品和技术支持，为数字电视内容（信号）的发送、传导和接收提供系统服务。

由于有线电视网络运营商可以被划分为大型网络运营商和中小型网络运营商，相应地，设备制造商们也能针对不同规模的运营商市场展开相应的竞争。由于具有各自领域内品牌的不同知名度，不同规模的设备制造商分别在不同类型的设备市场上占据一定的优势。

就中小型网络运营商市场而言，设备制造商向中小型网络运营商提供产品的方式主要有两种，一是专注于向运营商只提供一种或几种产品，产品定位明确；二是提供整体解决方案。对于具备整体解决方案能力的设备制造商（系统供应商）来说，往往结合上述两种方式参与有关的市场竞争。

参与中小型网络运营商市场竞争的设备制造商（系统供应商）一般包括两大类：一类是绝大部分的中小型系统供应商，这些厂商由于品牌知名度低、影响力弱等，无法或很少能够参与到大型网络运营商的市场竞争中去，他们是大部分中小城市及相应地区市场的供应主体。另一类是部分大型专业厂商参与中等城市的竞争，在市场范围上与中小型系统供应商产生了一定的重叠。

一般而言，中小型网络运营商往往偏好性价比较高的系统设备，且更倾向于接受整体解决方案。与此相对应，相关的系统供应商也会努力地提高自己所提供系统的性价比和稳定性，以及自己提供整体解决方案时的一站式服务能力。

由于数字电视的发展及三大网络的融合，电视业中产品与服务的供给呈现出如下趋势：第一，电视本身的增值服务日益多样化，包括高清电视、互动电视等。第二，在网络融合的背景下，电视的内容服务更多地作为整个服务包的一部分提供给观众，而不是单独提供给用户。服务包通常包括电视、电话及宽带等。通过将不同服务相捆绑，运营商不仅可以提高来自单用户的收益，而且可以增加用户黏性。第三，在电视收入的构成中，观众订购费所占比例趋于上升，广告费所占比例趋于下降。这种收入构成的变化，一方面是运营商为应对互联网等新兴媒体对广告的分流，积极探索新商业模式的结果；另一方面也反映出观众对电视内容的认可。

广告商支付的广告费、政府提供的公共资金与观众缴纳的频道订购费是传统电视业的三大收入来源。随着电视信号传输的数字化，这三大来源的比例也在发生变化。由图 3-4 可以发现，第一，除中国和印度外，其他国家电视收入构成中频道订购费所占比例大都呈现上升趋势。与这一趋势所对应的是，广告费所占比例呈现下降趋势。这一收入构成的变化反映出电视企业商业模式的变化是从依赖广告费到直接向观众收费。向广告商收取广告费是一种间接的收费模式，其多寡依赖于观众的收视率。凭借高质量的电视内容对观众收费，则回归了一种直接的收费模式。电视频道的收费模式大体有三种：一种是主要依赖广告费，收取较少甚至完全没有频道订购费；另一种是付费电视频道，完全依赖频道订购费而没有广告费；还有一种是介于两者之间，既有一定广告费，也有一定频道订购费。我国目前电视频道的收费模式大多是第一种，国外则以第三种居多，也不乏第二种，如 HBO 等金牌频道就没有广告费。

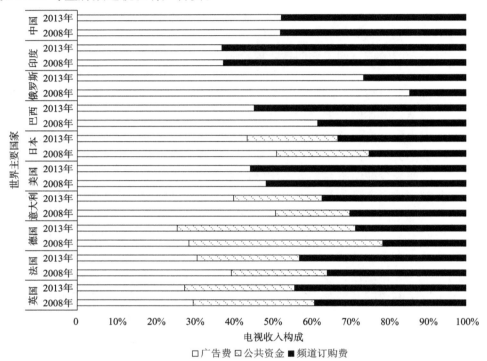

图 3-4　2008 年与 2013 年世界主要国家电视收入构成

资料来源：*International Communications Market Report 2014*

　　第二，金砖四国历史上对电视广告费的依赖都较为严重，后来这一局面得到逐步扭转。2010 年时，金砖四国除印度外，其他三国的广告费[①]均已超过其电视收入的 60%或者更多，2013 年时中国和巴西的这一比例均已减少到 50%左右。不过，这一比例与英国、法国、德国、意大利、美国、日本等西方六国相比还是反映出其对广告费有更多的依赖。付费电视频道一般广告较少，甚至没有广告，因此可以间接判断俄罗斯、巴西及中国的付费电视业还有较大的发展空间。

　　第三，在发达国家中电视收入来源较为多元化。西方国家中，既有电视收入高度依赖订购费的国家，如美国；也有对三种收入来源依赖程度较为平均的国家，

---

　　① 有关数据取自 *International Communications Market Report 2011*。

如德国；还有像日本与加拿大那样对广告费依赖程度较高的国家。各国电视收入来源构成的差异，反映了各国电视业的发达程度不同，政府对电视业的投入力度不同，以及电视业发展过程中商业模式的差异。

用户平均收益（average revenue per user，ARPU）表示每个用户在一个固定期限内（通常一个月或一年）能给运营商带来的收益。这是一个衡量运营商运营能力，反映市场景气状况的重要指标。由图 3-5 可知，发达国家的电视运营商具有较强的赢利能力。即使图中排名最末的运营商一年也可以从单个用户处获得286 英镑的收入，这个数字要远远高于发展中国家用户的 ARPU 值。有线网络开始向数字电视的整体转换后，中国有线数字电视的户均 ARPU 值主要由基本收视费和增值业务收费构成。2009 年前后我国 ARPU 值为 43.3 元/月左右，其中基本收视费为 24.5 元/月，增值业务收费为 18.8 元/月（肖皖龙等，2010）。这一方面反映出中国电视业仍具有较强的公共福利属性，价格听证制度使得电视服务的定价不会太高。另一方面，国内的电视运营商在拓展电视增值服务、开拓电信服务上与国外电视运营商还有较大的差距。

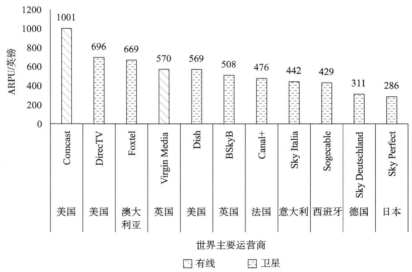

图 3-5　2010 年世界主要运营商的 ARPU 值

资料来源：*International Communications Market Report 2011*

从图 3-5 中还可看出，就平台而言，除了第一名（美国的 Comcast）及第四名（英国的 Virgin Media）为有线电视平台外，其他运营商都为卫星电视平台。需要指出的是，Comcast 的用户 ARPU 值不仅包括来自付费电视的收入，还包括电信服务的收入（如电话与宽带）。Virgin Media 公司也提供包括电视、固定电话、宽带及移动电话的四合一产品。这一方面表明传统有线电视公司受益于三网融合，通过包含电信服务的捆绑服务来提高 ARPU 值；另一方面，卫星电视作为继有线电视后兴起的一种电视传输方式，在数字电视时代具有一定的优势，并逐渐成为电视传输平台的主流。

图 3-6 给出了 2010 年五个发达国家中硬盘录像机（digital video recorder，DVR）、HDTV，以及可上网电视（connected TV）的普及情况。DVR 一般内置在电视机的机顶盒中，可以实现录像、暂停等功能。借助 DVR 功能，用户可以实现回放电视和时移电视。可上网电视则可以提供互联网接入，实现一些互联网功能，如视频分享和社交网站等。

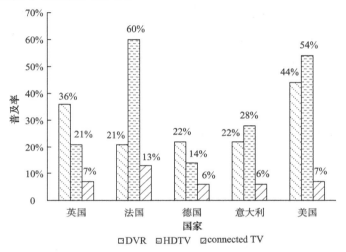

图 3-6　2010 年部分发达国家电视增值服务的普及率

资料来源：*International Communications Market Report 2011*

由图 3-6 可以发现，上述五国中的 DVR 与 HDTV 已经具有了一定的普及率，这两项的普及率一般超过了 20%，这反映出在数字电视日益普及的情况下，数字电视的增值应用逐渐得到发达国家消费者的认可，因为这些新的电视增值服务[①]可以给用户观看电视带来更多的方便和更好的享受。随着这些服务的硬件与软件价格的逐渐下降，这些增值服务的普及率将逐步上升，并覆盖包括发展中国家在内的更多地区。上网电视的出现是三网融合在电视终端领域的一个突出表现，其为消费者观看视频节目提供了新的传输方式，也为上网提供了一个新的终端，但是与功能日益强大的电脑相比，上网电视的优势还显不足。上网电视能否普及，还有待进一步观察。

3.3.2　三网融合时代的企业竞争

在市场经济环境下，由于企业追求效益的自利性，竞争往往是绝对的，而合作往往是相对的、有条件的，更具有竞争性合作的特点。

---

① 电视增值服务是电视服务的一部分，电视服务通常包括基本服务和增值服务。

网络融合会形成原先没有的市场,一旦发生技术融合并出现相互交叉的技术,通过一定的商业模式将其扩展到更广的领域,价值创造的新机会就会逐渐浮现出来。当然,集成交叉技术将会带来的不仅有新的应用、产品或服务,而且会在更一般的水平上,随着新的、差别化的、更高层次的价值观而显现新的竞争。因此,当将技术融合转化为创造新价值的机会时,产业融合的结果将是新的竞争和合作相伴而行。

随着融合而出现的新应用和新服务往往与原先的应用和服务具有不同的价值取向,这些价值取向可能与另外一个网络的价值取向相类似。这样,随着应用和服务的演化,不同网络的界限将逐渐消失。当网络发生融合时,不仅在技术的交叉区域将出现新的改进型应用,而且会出现新的价值。例如,20 世纪 90 年代互联网刚刚出现时,人们通过电话线连成了互联网,而如今则利用互联网来提供电话服务(如微信语音甚至视频通话)。两个网络融合后既可能形成一个有明确边界的新网络,也可能新形成的网络和原来的网络存在一定的重合。这样,新的网络将作为一个细分市场为原来的两个网络所共享,从而将原先互不干扰的两个网络的各自业务展开在同一个网络上,形成新的竞争局面。

解释网络融合时代企业竞争的一个常用案例是有线数字电视和 IPTV 的竞争[①]。在我国,有线数字电视主要由本地电视网络运营商所运营,有线电视网络运营商或台网合营的本地有线电视台负责在本地建立有线电视网络并传输电视信号。这在一定程度上造成了有线电视网络的分割,形成了本地有线运营商的自然垄断地位。就 IPTV 而言,则其主要由中国电信、中国移动和中国联通等电信运营商所提供。两者用不同的经营模式(表 3-4)争夺观众资源,进行关于消费者(观众)的市场竞争。

表 3-4　IPTV 和有线数字电视的经营模式

项目	有线数字电视	IPTV
经营战略	低价格、多频道、高质量的画面	高端服务、客户化服务
核心竞争力	当地政府的支持,舆论宣传	丰富的市场经验、品牌认知,强大的财力和人力资源
合作伙伴	与电视价值链其他环节的企业关系密切	必须与 IPTV 牌照持有人合作,通过增值服务获取潜在收益

根据表 3-4,我们可以从经营战略、核心竞争力、合作伙伴等角度对有线电视和 IPTV 各自的市场竞争优势做出如下分析。

就经营战略而言,有线数字电视运营商原先大都运营过有线模拟电视,因此会致力于以较低的价格和较高的质量提供电视内容服务。由于数字标准相对模拟

---

① 我们将在第 7 章中进一步讨论有线电视网络运营商和 IPTV 运营商之间的竞争问题。

标准具有更高的精确度、多样性，以及和其他电子媒介的交互操作性，在实现模数转换后，有线电视能够提供更多的频道，可以让观众欣赏到标清或高清的画面，享受到更多的增值服务。当然，如果观众并没有感受到有线数字电视的这些优势，有线电视网络运营商就很难在与IPTV的竞争中占有优势。

与有线电视网络运营商相比，IPTV往往瞄准高端增值服务，如视频点播、时移电视及与互联网有关的服务。有了IPTV，观众就有更多的自由随时收看自己想看的内容。此时，电视机不仅是信号的接收工具，还是能够提供客户化服务、满足观众个性需求的智能工具。这意味着可以实现诸如投票、实时表演、复杂的内容点播和定位广告等一系列前所未有的功能。IPTV战略的实施从2005年起开始。2005年3月，国家广播电影电视总局给上海广播电视台发放了首张IPTV集成播控运营牌照。拿到牌照之后，上海广播电视台成立了专门运营IPTV业务的百视通公司，并与中国网通在哈尔滨地区正式启动了IPTV试验工作。之后，百视通又与中国电信和中国网通合作，在上海、黑龙江、辽宁、福建、浙江、陕西等地进行了IPTV试验。截至2005年底，国内IPTV用户数量为26.7万户。虽然IPTV提供的是高端服务，但电信运营商往往将IPTV的价格设置的相对较低，或者干脆与宽带捆绑，甚至直接向订购宽带业务的客户赠送IPTV。

就核心竞争力而言，由于我国的有线电视网络运营商相对分散、市场化程度不太高，一般为地方政府所拥有或控制，但能够获得当地政府的强有力支持。区域化的有线电视网络运营商将既是地方保护主义的受益人，又是某种程度上的受害者。虽然从短期看，有线电视网络运营商将受益于地方保护，特别是在一定程度上免于受到IPTV的竞争，但从长期看，政府的地方保护将使得有线电视网络运营商面临扩张障碍，在中央关于深化文化体制改革的总体部署要求以省（自治区、直辖市）为单位进行有线电视网络整合的情况下尤其如此，市县一级政府的地方保护主义将难以为继。

与有线电视网络运营商相比，中国的电信企业自20世纪90年代以来，相互间就经历了激烈的市场竞争，它们通过竞争积累了自己丰富的商业经验，建立了自己的品牌形象，拥有较多的资金和高质量的人力资源。电信企业为了充分利用现有的资源并且增加新的收入来源，有较强的激励实施IPTV，复制各自在某些城市推广IPTV中取得的成功经验。由于规模经济和学习曲线效应，通过商业模式的复制，电信运营商将大大降低其成本。

就合作伙伴而言，有线电视产业链包括内容提供商、节目集成商、网络运营商和用户等①。中国过去的地方电视台具有内容制作、节目集成和电视播放功能。自从2001年电视台的市场化改革以来，上述三种功能虽被拆分为由不同的企业

――――――――――
① 按照本书1.1.2节的观点，电视产业链可以分为内容供应链和设备供应链两条相对独立的产业链。设备供应链包括设备制造商、技术服务商（系统集成商）、网络运营商及用户。此处暂不讨论设备供应链。

完成，但是这些企业仍然在人事、资金及业务上维系着多种关联性。这种拆分可以看成是纵向分离。强势的有线电视网络运营商和节目集成商有激励通过兼并行为恢复过去的纵向一体化。例如，提供有线数字电视服务的杭州华数公司就是网络运营商、内容提供商及设备制造商的合资公司。有线电视网络运营商、内容提供商，以及节目集成商长久以来的历史关联赋予了有线电视网络运营商一定的优势地位。

与有线电视网络运营商相比，虽然电信运营商必须和 IPTV 牌照持有者合作才能够提供 IPTV 服务，但是电信运营商并不满足于仅仅充当网络运营商的角色，具有相当的"由基础设施运营商向综合信息提供商转变"的激励。与此相比，尽管有线电视网络运营商在和传统电视内容提供商及节目集成商的合作方面具有优势，但是电信运营商也在逐渐增加自身的内容来源渠道。通过较长期和互联网的运营，中国的电信运营商已经和一批增值服务提供商和内容提供商建立了良好的合作关系。其中某些增值和内容服务可以转移到 IPTV。更多的增值和内容服务意味着 IPTV 的产业链可以延伸到其他产业或其他市场，这将给 IPTV 带来更多的吸引力。

3.3.3　三网融合时代的企业合作

如果深入电信、电视等媒体及互联网产业的内部，可以发现有关的融合不仅限于"网络"这一基础设施本身，而是逐渐遍布电信、电视、互联网等产业的几乎所有环节（图 3-7），这给原先处于不同网络的企业创造了更多的合作和发展机会。由数字技术所推动的网络融合将融合行为沿着原先的产业链向上游和下游扩散。下游出现的终端融合使得智能手机兼具通话、上网及游戏功能，还可以通过手机收看电视节目。这种融合使得消费者可以通过同一个终端享受到一家运营商提供的一揽子服务。上游的内容融合使得同样的内容可以采取相同或不同的形式展现在电视机、个人电脑、手机等终端上，人们不仅可以通过相关播放软件在电脑上收看传统的电视内容，也可以通过电视机收看原来只能在电脑上播放的视频。

服务/内容融合	基于电信的服务和内容	电视节目	基于互联网的服务和内容
网络融合	电信网络	电视网络	互联网
终端融合	电信终端设备（如手机）	电视终端设备（如电视机）	互联网终端设备（如电脑）
	电信产业	电视产业	互联网产业

图 3-7　电信、电视及互联网产业融合合作机会矩阵图

人们还可以看到许多融合的服务现象，比如，原来只是针对个人电脑用户的即时通信服务（instant message）也可以随着互联网产业和移动通信产业的融合而扩散到手机用户。类似的还有移动公司的飞信业务（这一曾经一度被大众广为使用的工具今天已经几乎被微信群完全取代了）、移动 QQ 等。

三网融合时代，企业间合作的必然性主要取决于内部和外部的多方面因素：就内部而言，主要是组织的资源和能力需求；就外部而言，主要是网络融合带来的市场机遇。

就内部而言，通过彼此间的合作，企业既可以弥补自身的不足，有效利用外部的资源与能力，实现能力和业务的创新；还可以迁移与提升企业自身的资源与能力，以应对网络融合带来的挑战。单个企业的资源与能力都是有限的，需要与相关企业合作才能把握网络融合带来的机遇。图 3-7 解释了电信、电视和互联网企业有关融合的合作机会。网络融合恰恰是许多合作得以成功的基础。

我国的电信运营商虽然具有网络设施、用户规模、渠道资源及资金等多方面的优势，但在网络融合的趋势下，电信运营商要进入电视业或互联网产业，还是缺少相应的资源与能力。这不仅是因为电信运营商对电视市场的运作并不熟悉，缺少在这一新市场中运作的特有资源与能力，而且是因为电信运营商尚没有电视节目制作与内容集成的资质。

对电视台而言，虽然三网融合丰富了其内容分发的渠道，但是电视台本身既不控制这些渠道，也不了解这些渠道的市场运作规律。同时，网络融合并不必然意味着内容的增值：一般性节目的价格可能会下滑，只有高质量的内容才能获得超额回报（格里菲斯，2006）。对有线电视运营商而言，网络融合提供了其向家庭娱乐与信息综合平台发展的机遇，但是处于市场化转型中的有线电视运营商在其资金、人才、管理上都面临巨大挑战，可以说来自其内部的挑战丝毫不亚于三网融合带来的外部挑战。

对互联网企业而言，其相对于电信业和广电业的企业往往具有更强的能力，这是因为互联网市场的竞争较为充分，京东和拼多多的市值排名的胶着状态就是一个证明。经过多年的发展，在电子商务、网络视频、即时通信、网络游戏等领域出现了一批具有竞争力的企业。相比于电信与电视企业的网络运营与产品营销，这些互联网企业更加熟悉用户和了解市场，在一定程度上已经实现了用户运营的服务化。不过，如果与谷歌、脸书等世界级的互联网企业相比，中国的互联网企业无论是在规模还是创新能力方面都还有一定的差距。在网络融合的挑战面前，这些互联网企业同时还面临网络与内容资源的瓶颈（网络主要掌握在电信与有线电视网络运营商手中，视频内容主要掌握在电视台和内容提供商手中），从而具有合作的激励。

从企业的外部来看，三网融合模糊了产业边界，改变了价值创造的方式，重塑了市场结构，增加了合作需求。

首先，在网络融合的背景下，企业要进入相邻市场，需要与相邻市场中的上下游企业展开合作。网络融合给企业带来了横向扩展的机遇。企业在横向扩展时，自己并不一定能完成产业链的所有功能，需要与产业链上下游的其他伙伴合作。

其次，网络融合背景下价值创造的方式正悄然发生着变化。在网络融合之前，价值创造在很大程度上只是线性的叠加。在网络融合背景下，价值链纷纷被价值网络所取代。基于价值链的客户价值和基于价值网络的客户价值常常并不相同。基于价值链的客户价值通常为成本和收益之差，基于价值网络的客户价值更为凸显网络效应。具体到电视业的价值网络，其价值来源包括观众与广告商。这种价值来源反映了多种网络效应的作用，既包括观众与内容之间的间接网络外部性，也包括观众与广告之间的交叉网络外部性（cross-side network externality），这是在单一的价值链模式下所没有的现象。由于外部制度的差别及企业商业模式的差异，不同企业从价值网络和价值链上所得到的客户价值的比例也是不一样的。我国的节目集成商更加依赖广告收入，而有线电视网络运营商虽然名义上只能获得来自观众的节目订购费，但实际上它也可以用落地费的形式来分享一定的广告收入，同时有线电视网络运营商也可以设置开机广告与节目导航广告等。

总之，在网络融合的背景下，电视产业中价值的分配模式已经发生了变化。以往企业独占产业链上某个环节的价值增值（如电视台获得广告费，有线电视网络运营商获得收视费）的现象正悄然发生着变化，价值分享模式表现得更为分散，而这正是企业合作的基础。

在网络融合的背景下，企业间的合作出现了多种模式。我们可以用图 3-8 来表示，由 X 轴方向（基于电视的业务）、Y 轴方向（基于电信的业务）和 Z 轴方向（基于互联网的业务）组成的三维坐标系来对这些合作模式进行分类。

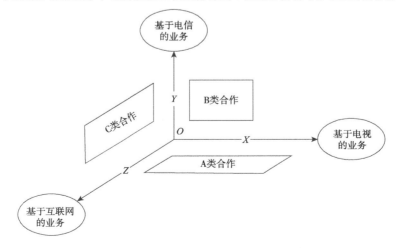

图 3-8　基于三重维度的三网融合空间示意图

三网融合主要涉及电信网、有线电视网和互联网的融合，因此有关的企业合作也主要发生在电信业、电视业和互联网产业中。我们不妨称 X-Z 平面（电视业与互联网企业）的企业合作为 A 类合作，称 X-Y 平面（电视业与电信企业）的企业合作为 B 类合作，Y-Z 平面（电信企业与互联网企业）的企业合作为 C 类合作。

实践中有线电视与互联网企业的 A 类合作主要有三种模式。其一，有线电视网络运营商与互联网服务提供商之间的合作（不妨称其为 A1 模式）。两者之间可以实现平台共享与用户共享，促进双方相关业务的发展。这方面的典型例子如华数传媒与淘宝的合作。其二，内容集成商（如电视台）与视频网站之间的合作（不妨称其为 A2 模式）。由内容集成商提供具有版权的内容，视频网站提供互联网平台。这方面的典型例子如北京电视台和优酷的合作。其三，内容集成商与互联网服务提供商之间的合作（不妨称其为 A3 模式）。两者通过将内容集成商的节目与互联网企业的服务结合起来，通过电视媒体推广与促销互联网企业的产品与服务。这方面的典型例子如湖南卫视与淘宝的合作。

华数传媒与淘宝的合作是有线电视网络运营商与互联网企业合作的 A1 模式的典型案例（顾颖莹和陈玉珑，2012）。华数互动电视与淘宝网在各自的平台上为对方开辟了一个入口，从而实现互利互惠。华数互动电视在电视首页上开辟了电视淘宝商城一栏，而淘宝网首页也有以付费影视为模块的淘花网的入口。华数互动电视是基于有线电视网的家庭数字电视平台，电视淘宝商城属于免费的电视应用。用户只需点击"淘宝"，即可进入购物界面，操作简便，方便家庭成员随时下单。由阿里巴巴集团与华数传媒联合投资的中国第一家数字产品分享交易平台——淘花网（现淘宝数字业务事业部），涵盖了数字化产品的许多领域，包括音乐、视频、电子书、网络文学、教育资源、游戏等。用户需要采用付费的方式即可享受淘花网所提供的数字化产品。

华数传媒与淘宝的合作实现了跨平台的用户共享。淘宝网的购物群体可以借助淘宝平台享受视听服务，华数传媒的互动用户可以借助电视平台完成购物。这种跨平台的用户共享首先扩大了两个公司的用户规模。对于特定用户而言，他往往习惯于某一个平台的操作，而缺少在其他平台上操作的经验与意愿。跨平台的用户共享模式将一个平台的用户迁移到另外一个平台，而原来平台的用户并不减少。例如，老年人可能不习惯电脑上网的购物方式，但是通过电视淘宝商城，就可以基于电视机的遥控器，方便地完成购物的过程。另外，两个公司的合作也增加了各自的用户黏度。华数传媒开通电视淘宝商城不仅有利于淘宝，也有利于提高华数传媒自身对部分电视用户的吸引力，降低用户流失率，增加来自单用户的收益。淘宝也可以借助淘花网的数字化产品，丰富自身的产品线。总之，淘宝与华数传媒的跨平台合作推动了两者的平台建设，提高了两者平台的综合信息集成与服务能力。在网络融合背景下，平台合作的关键之一是平台能否有效吸引、整合与管理外部的互补创新。淘宝与华数传媒互相为对方的平台提供了互补的产品与服务，增强了各自平台的竞争力。

北京电视台与优酷的合作是内容集成商（如电视台）与视频网站之间合作的A2模式的典型案例。中国第一视频网站优酷与北京电视台借由2011年春节联欢晚会进行了深度合作，除作为北京电视台春晚独家视频合作伙伴，对北京电视台"主春晚+网络春晚"共计6台春晚进行直播外，优酷还介入了春晚节目的内容制作，为春晚节目输送优质内容资源，并在推广等层面进行了多方位的网台联动合作。

当时（2011年）中国规模最大的视频网站优酷拥有两亿户以上月独立访问用户及6100万户网吧用户，拥有国内最大的网络视频平台。优酷和北京电视台的合作，除视频直播和内容合作外，还在推广层面进行联动合作，突破了网台联动以内容共享为主的合作模式，扩大了视频网站和电视台的合作规模，做到了优势互补。优酷作为中国最大的视频网站，在自制节目、内容资源和合作推广等各个方面都有着丰富经验和成功实践，其与电视台的深度合作在为观众和网民制作更优质内容的同时，也为后期的合作探寻着共赢的合作模式。优酷庞大的用户群和先进的节目推广经验为北京电视台的运作增加了活力，而北京电视台的节目内容也进一步锁定了优酷的用户群。

淘宝与湖南卫视的合作则属于电视台与互联网企业合作的A3模式的典型案例。两家企业成立了合资公司快乐淘宝。合资公司打造了《快乐淘宝》和《越淘越开心》两档黄金节目，节目内容不同于一般的电视购物，它结合了淘宝特色并与时尚潮流明星联系起来。《越淘越开心》中的"秒杀"环节更是吸引了大批喜欢刺激的观众。淘宝网数据显示，第一次开播的网络互动节目《越淘越开心》就吸引了100万名观众参加"秒杀"活动。合资公司还成立了独立域名网站嗨淘网（Hitao），开始涉足自营B2C（business to customer）业务。嗨淘网承接来自电视节目的流量，实现销量转化，开创了从电视到在线电商的商业模式。嗨淘网主营美容化妆品业务，2015年1月其获得由国家信息产业公共服务平台和赛迪网联合颁发的2014年度"最受女性信赖美妆电商"奖项。

淘宝与湖南卫视的合作是三网融合下互联网产业与内容产业对接的A3模式的一次积极探索。两者的合作虽有跨平台合作的性质，但又不同于淘宝与华数传媒的跨平台用户共享。合作时淘宝公司借助湖南卫视的平台发展自营业务，推销自有商品；湖南卫视则可以借助台网互动延伸电视媒体的产业链，实现新的盈利模式。因此，淘宝可以单方面分享湖南卫视的收视群体，湖南卫视在全国省级卫视中也拥有了较高的城市入户率，高达8.8亿的人口覆盖。通过与湖南卫视合作，淘宝可以借助湖南卫视的高覆盖率与高收视率推销自营商品。湖南卫视的定位为娱乐，其对年轻观众具有较大的吸引力。淘宝正是抓住了这一点，其建立的Hitao网站专门销售针对年轻女性的时尚潮流商品。对湖南卫视而言，通过将娱乐与购物结合，湖南卫视可以改变广告媒体以往的一次性广告收入盈利模式，将视频服务向产品服务延伸。两者的合作将媒体品牌与网络品牌较好地嫁接在一起，不仅保留，甚至提升了电视观众的广告价值，而且挖掘了其直接购物带来的潜在商业价值。

网络融合后，互联网企业和电视企业的联系日益紧密。通过发展相关的互联网业务，电视企业可以扩展互动内容和增值业务，从而为单个用户提供更多价值。对于互联网企业来说，与电视"联姻"能够扩大覆盖的用户范围，最终获得更多优质用户。同时，网络视频平台纷纷自制电视剧，市场竞争激烈，互联网企业也需要和有优质内容的电视企业合作，给用户带来更好的家庭娱乐体验。双方利用各自优势，推进互联网和有线电视网络深度融合，打造更丰富的内容与应用生态，为用户和合作伙伴创造更多的价值，也进一步促进了三网融合。

对有线电视业与电信企业的 B 类合作而言，我们也可以观察到至少两种模式。其一，电信运营商与节目集成商（如电视台）之间的合作（不妨称其为 B1 模式）。在这类合作中，电信运营商提供宽带网络，节目集成商提供节目。这方面的例子有上海电信与上海电视台合作提供 IPTV，中国移动与中央电视台合作打造中国手机电视台。其二，有线电视网络运营商与电信运营商（如中国移动）之间的合作（不妨称其为 B2 模式）。在这类合作中，中国移动缺少足够的固网资源，有线电视网络运营商则缺少开发互联网业务的资源，两者合作有利于发展宽带业务与网络增值业务。这方面的例子有歌华有线与北京移动，以及天威视讯与深圳移动的合作。

B1 模式的典型模式有：中国电信股份有限公司上海分公司（以下简称上海电信）与上海电视台的合作贯通了内容制作和渠道运营环节，两者的合作使得节目内容有着更大的受众面，改变了传统电视的收看模式，人们可以通过兼具通信、互联网、电视功能的综合数字化家庭终端来收看电视内容，同时电视网和电信网的结合为用户提供了个性化、交互化、可定制的 TV 服务和信息服务。这一合作模式诠释了电信网络和电视网络不但要在技术层面上实现融合，实现互联互通、无缝覆盖，更要在业务层面上互相交叉渗透。对上海电视台来说，其积极利用电信网实现广播电视传输业务。对上海电信来说，其内容产品得以不断拓宽。此外，中央电视台与中国移动合资打造的中国手机电视台，是面向移动互联网的国家级播出机构，合作模式为由中央电视台提供内容，并在中国移动的终端设备中播出。中国手机电视台的成立标志着流媒体手机电视领域的合作已全面展开，是全方位合作，运营商全程参与公司的运作，在业务上合作分工，是广电系统和电信系统在三网融合的业务层面的新突破。中央电视台借此合作机会进入了新媒体领域，不断地提升了内容的传播能力和影响力，并建立了从内容播控到内容服务的端对端全程全网管理模式。

歌华有线与北京移动的合作是较为典型的 B2 模式，早在 2011 年初双方就签订了战略合作协议，开展互为产品代理、资源互补和资源共享等合作，这是一次有线和无线的互补性战略行为。北京移动提供移动通信设施和设备的建设、运维及优化等服务。2012 年初歌华有线提供流媒体视频的歌华飞视业务已成功实现与北京移动 WLAN（wireless local area networks）网络的技术对接，借助北京移动在市区内近 2 万个公共热点场所的 Wi-Fi 覆盖（含 82 所高校），移动用户可使用智能终端便捷地收看到高清晰、免流量费的飞视电视直播服务。随着三网融合战略的推进，双方进行了更深层次的合作，签署了 4G 合作共建框架协议，共同拓展 4G 网络建设、维护及光纤、管道等资源合作。天威视讯与深圳移动的合作也曾实现了广电网络与移动网络间音视频、游戏、电子书等信息的传递与共享（这种模式称为甩信）。深圳移动负责甩信运营平台的开发建设和运营推广，天威视讯负责高清视频点播服务平台与节目源的提供，发挥各自的优势，两者的合作在便民信息服务上实现了突破，避免了移动、广电的同质化竞争。

至于电信企业与互联网企业之间的 C 类合作，根据 2000 年公布施行的《中华人民共和国电信条例》的规定，互联网及其他公共数据传送业务属基础电信业务，互联网接入服务和互联网信息服务属增值电信业务。因此，早在三网融合之前，电信企业与互联网企业的合作就已经开始。三网融合后，随着电信产业与互联网产业边界的进一步模糊，两者之间的合作都将进一步加强。电信企业与互联网企业相互依存，相互促进。从联通和腾讯合作推出大王卡，到三大电信运营商纷纷推出自己的"互联网+"战略，电信企业不断探索与互联网企业新的合作模式，打造自己的互联网思维，以谋求在互联网时代的战略转型与升级，实现从跨界合作到深入融合的发展。

当然，类似于图 3-8，借助于 X-Y-Z 三维坐标系来反映电视业与电信企业、互联网企业合作后带来的新产品与新服务还有不同的标示方式。例如，以 X 轴方向反映由于"电视的数字化"所带来的相关增值服务，如高清电视、互动电视、DVR 等融合后产品；以 Y 轴方向反映由于"信息和通信技术产业的融合"（又常被称为狭义融合）所带来的相关增值服务，如宽带、视频与语音的捆绑服务等；以 Z 轴方向反映由于"电视产业与其他产业的融合"（又常被称为广义融合）所带来的相关增值服务，如电视购物、远程教育等服务。这种标示方式的好处是较好地应用了轴向空间，反映了电信业、有线电视业及互联网企业与其他行业合作的结果，但其缺点是难以应用轴外的平面空间。

3.4　政　府　作　为

无论在中国还是西方发达国家，政府都是电视市场上不可或缺的角色，都在电视业的发展中发挥了极其重要的作用。随着中国特色社会主义市场经济体系的发育，我国政府在电视市场上正逐渐淡出"组织者"的角色，逐步走向以规制为主的"监控者"角色。而在西方发达国家，政府则主要表现为市场的规制者。

3.4.1　电视业中的政府规制

政府在电视市场上扮演的角色之一（此处用角色之一是因为它无法代表政府的全部甚至是大部分工作，在中国尤其如此）是市场规制者。政府对电视市场的规制问题产生于电视市场的形成过程之中[①]。换句话说，当电视部门属于事业单位时，电视部门与政府间是一种行政性关联而不是市场规制关系。当电视部门企业化，电视业产业化、市场化的时候，为了保护市场构成主体的普遍利益、弥补市场失灵，势必会产生政府的规制需求。

电视市场的规制是各国政府的共同话题，尽管各国的规制政策不尽相同，但几乎都呈现出共同的趋势——从严格规制到引入竞争，再到激励性规制的改革。对电视市场的规制通常都是将经济学的规制理论与电视业的特征相结合，寻求在既定的经济制度与产业政策下，如何有效实现对电视市场的规范与监管。在西方发达国家中，对电视市场的规制主要集中在两个方面：产权规制和内容规制。产权规制属于经济性规制，以提高电视业的绩效为目的；内容规制属于社会性规制，以实现公共利益为目标[②]。一般来说，电视业的经济规制及社会规制的主体都是政府部门。经济规制主要表现在电视的频率分配和牌照的发放（进入规制）、电视产品和服务收益的限制（价格规制）、产业标准的统一（标准规制），以及产业政策的制定和执行等方面；内容规制主要表现在电视内容多元化的标准制定，以及对电视节目的品位与道德标准要求等方面法规的制定。

一般而言，政府对市场的规制通常出现在市场显现垄断的情况下。此时，垄断者有在自身利益最大化激励下滥用市场势力而损害市场上其他行为主体的动机，其后果往往是造成整个社会福利的下降。因此需要政府动用经济规制或社会规制的手段给其以有效的制约。

为了应对垄断给电视业带来的不利影响，各国常常采取一定的产权制度安排来遏制垄断势力的蔓延。产权最重要的功能是激励功能，完整的产权约束及严格的产权保护制度可以将行为主体合理导向效率最大化的产出结果，从而实现产出的最大化。电视业同时具有明显的社会属性和产业（经济）属性，因而一定的产

---

① 作者再次说明，严格地说，电视事业、电视业、电视产业、电视市场是不同的概念，但本书为了叙述的方便，在一些读者很容易区分和理解它们之间区别的前提下并不严格考虑这些概念使用的准确性，请读者加以谅解。
② 经济性规制和社会性规制的定义可以参见植草益（1992）。

权制度安排势必直接影响电视企业的垄断势力。规制部门对电视企业并购与重组等行为的规制其实都是针对产权的规制。由于电视产品具有社会属性与经济属性的双重性，这就决定了在电视产权发挥其激励功能的过程中既要考虑经济后果，又要考虑其承载的社会功能所派生的公共利益问题。

　　除了扩展垄断势力可能会影响内容的多样化外，内容提供商也可能在追求利润最大化的过程中，将目标集中到一些观众关注度比较高的节目，从而引起内容多样化的不足，如近年来国内电视市场形成的跟风现象。某种类型的电视剧引起轰动后，各地的电视台紧跟其后，导致一段时期荧屏上充满该类题材的节目。为了应对类似现象，也需要政府的干预，为其他类型的节目留出足够的播放空间。

　　社会性规制主要是以确保国民生命安全、防止灾害、防止公害和保护环境为目的的规制，都是为了针对其"外部不经济"，提供"公共产品、准公共产品"有关的政策。对电视业的社会性规制，也是针对其外部性，特别是以电视内容为主的负外部性所采取的措施。电视内容规制的多元化标准和节目的品位与道德标准反映了电视作为一种准公共产品，需要注重不同个体的需求偏好，防止可能产生的负外部性。

　　在市场经济条件下，由于不同的利益所驱，电视节目或传播服务有可能会造成市场失灵。作为企业，由于从准公共产品中获得的效益低于整个社会从该产品中获得的收益，因此在私人市场上会出现准公共产品的供给不足，此时需要政府通过规制来满足社会的需求。例如，当由完全竞争的市场机制来提供电视传播服务时，由于电视节目的非竞争性，增加一个观众的边际成本接近于零，此时依据观众数量的多少而进行节目定价将处于两难的境地：如果采用边际成本定价原则，则电视节目的制作商和网络运营商将无法收回固定成本，最终无法长期生存；如果不采用边际成本定价，又难以达到资源的最佳配置，无法达到电视节目或传播服务的最优结果。为了解决市场失灵问题，就要发挥"看得见的手"——政府的作用，通过政府的干预来实现电视市场的平衡和有序竞争。

　　电视节目能带来外部性，其价值取向会对社会成员产生影响，从而影响社会的行为。例如，湖南卫视举办的《超级女声》选拔赛曾成为当年关注度极高的事件，对青年人的时尚追求影响颇大，而这种外部性带来的收益（或成本）有时很难内化为企业的收益（或成本），外部性带来的后果是：不好的副产品生产过度，好的副产品又生产不足（伯吉斯，2003）。基于外部性的原因，就需要对电视市场的有关内容进行社会性规制。例如，为了确保儿童不被伤害，常常要求在节目正式开始前给出警告或特殊符号，或者规定在某个时间段不能播出与暴力相关的节目。

电视媒体传播速度快，影响面大，观众的文化差异较大，因此还需要确保电视市场为观众提供准确而公平的消息，要求广告信息准确，不误导消费者。显然，这些符合社会利益的要求与内容提供商的利润最大化目标并不完全一致，多数国家对此做了相应的规制。例如，限制酒精饮料等的广告时间，禁播涉枪等特殊商品的广告。进一步的规制还包括限制一般商品的广告数量：如欧洲一些国家曾限制每小时最多 12 分钟的广告（Salomon，2009），或者限制运营商在节目内插播广告。虽然这些限制增加了广告成本，但保护了观众不会因太多的广告而影响观赏的质量。

在日益全球化的今天，国外文化对本土文化的冲击也常常影响国内文化事业的发展，可能会引起地方和民族特性的逐渐消失。作为单个企业来说，既没有经济动力也没有足够财力支撑民族文化的发展，此时必须依靠政府的资助和相应的规制措施来抵消国外文化的负面冲击和影响。

总之，政府在电视市场上的作用是多方面的，通常需要用多方面的规制来达到期望的市场治理目标。

3.4.2　中国电视业的政府规制

在我国开始大力推进三网融合的 2010 年，除了少数几个专门的产业规制部门外，从中央到地方几乎所有的政府机关都有一定的规制权力，如中央和地方的经济综合管理部门，行业主管部门，经济贸易委员会，国家发改委，各级工商、物价、环保、民航、卫生、市政、技术监督等。而且，当时我国对同一市场行为的政府规制往往涉及多个规制机关，三网融合下的电视行业治理也不例外。

我们可以从规制机构和规制制度（与措施）两个方面观察 2010 年前后我国电视业的政府规制情形。

1998 年 3 月，当时的广播电影电视部改为国务院直属的广播电影电视总局，同时有线电视网络的管理归口新成立的信息产业部，这标志着我国当时尝试着对电视业的内容制作与信号传输进行分开规制的改革探索。随着国家广电总局职能的不断完善，在电视业基本形成了以国家广电总局为核心、垂直为主的规制体制。

2008 年我国新一轮国务院机构改革后的电视规制机构设置及其相互关系如图 3-9 所示，主要涉及工信部（之前为信息产业部[①]，再之前是邮电部）、国家广播电影电视总局、国家发改委和其他一些政府部门。

[①] 1998 年，按照政企分开、转变职能、破除垄断、保护竞争与权责一致的原则，在原邮电部、电子部的基础上组建了信息产业部。

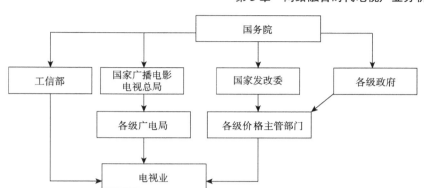

图 3-9　2008 年我国电视业的主要规制机构

在如图 3-9 所示的规制体系中, 国务院总体负责中国电视业的市场准入规制, 国务院下属的管理部门如国家广播电影电视总局、工信部、国家发改委, 以及价格部门等都可以提出自己的建议方案, 由国务院最终决策。具体执行部门主要是国家广播电影电视总局。2008 年后划归国家广播电影电视总局的职能中与电视规制相关的主要内容包括: 负责电视、信息网络视听节目服务机构和业务的监管并实施准入和退出管理, 指导对从事电视节目制作的民办机构的监管工作; 监管电视节目、信息网络视听节目和公共视听载体播放的视听节目, 审查其内容和质量; 指导电视和信息网络视听节目服务的科技工作, 负责监管电视节目传输、监测和安全播出。对于三网融合方面的规制, 国家广播电影电视总局的相应职能是参与拟订国家信息网络发展总体规划, 拟订全国广播影视传输覆盖网、监测监管网的发展规划和有关的技术政策。

在众多政府部门中, 就规制机构而言, 当时的国家广播电影电视总局是我国电视业的主要规制机构。根据国家广电总局网站所公示的总局职能看, 其扮演着多重混合角色[1]。这些角色所蕴含的使命有可能带来一些内在或外在的冲突与矛盾。内在的冲突主要源于国家广电总局同时担负着促进产业发展与产业规制的职能。在促进产业发展上, 国家广电总局要制订产业发展规划, 协调产业发展; 在产业规制上, 国家广电总局要监管有关内容的制作、传输与播出。产业发展要求电视企业能够深化市场化改革; 产业规制则要求电视企业能提供普遍服务, 提供符合社会主义精神文明要求的内容。产业发展将广电企业推向市场, 产业规制则将广电企业从市场拉回计划经济模式。因此, 国家广电总局职能设置的内在矛盾部分导致了广电企业的市场化道路滞后于电信企业。随着数字电视的引入, 国家广电总局要在产业发展和内容规制这两个目标之间取得平衡将更加困难。对数字媒体内容的过度控制有可能妨碍内容制作、生产与传播的效率, 而缺少优质内容

---

① 国家广电总局主要职能请见: http://www.nrta.gov.cn/col/col2013/index.html, 2020 年 9 月 19 日。

一直是中国数字电视发展的主要障碍之一。

国家广电总局角色的外在冲突主要表现在其与工信部的职能冲突上。这种冲突的部分原因是电信网络与电视网络的可能的重叠性。有线电视的网络属性与电信网络有诸多重叠，因此工信部也对电视业有一定的规制权限。2000 年国家颁布《中华人民共和国电信条例》[①]，明确了信息产业部为我国电信产业的唯一专业规制机构[②]。2008 年，在信息产业部的基础上，合并国家发改委工业管理的有关职责、国防科学技术工业委员会除核电管理外的职责及国务院信息化工作办公室的职责，组建了工信部。对于三网融合方面的规制，则以工信部为主，统筹推进国家信息化工作，组织制定相关政策并协调信息化建设中的重大问题，促进电信、广播电视和计算机网络的融合。而国家广播电影电视总局职能第七条规定：国家广播电影电视总局负责"指导广播电影电视和信息网络视听节目服务的科技工作，负责监管广播电影电视节目传输、监测和安全播出"。在网络融合的时代，这与工信部对电信基础设施的监管有可能形成冲突。网络融合将实现一网多用，如果有一个统一的规制机构允许一网多用，则可能带来范围经济与有效竞争等多重好处。但是两个规制机构的存在就可能出现双方都尽力阻挠对方进入己方业务市场的局面，造成我国三网融合进展的困难。

表 3-5 简单比较了 2008 年时我国国家广播电影电视总局和美国负责有线电视业规制的 FCC 各自的地位和职能。美国 FCC 的规制职能主要包括针对数字电视业的结构规制（市场进入的控制、企业并购等）、费率的规制、跨业经营的限制（包括横向市场的合并和纵向市场的整合）及节目取得的规制等。我国国家广播电影电视总局的规制则主要涉及和节目有关的市场进入的控制、跨业经营的限制及节目取得的规制。

表 3-5　中国国家广播电影电视总局和美国 FCC 的比较

项目	中国国家广播电影电视总局	美国 FCC
在国家机构中的地位	隶属国务院	直接受国会监督，同时受到联邦司法系统的制约
职能	内容规制和部分结构性规制，产业规划	《电信法》所规定的职能
规制依据	《有线电视管理规定》等部门规章	三次国会立法
涉及产业范围	广播电视	广播、电视、通信、互联网等
反垄断规制	没有反垄断的权力	具有行业内反垄断的权力

注：三次国会立法分别是 1984 年的《有线传播政策法》（The Cable Communications Policy Act of 1984），1992 年的《有线电视消费者保护及竞争法》（Cable Television Consumer Protection and Competition Act of 1992），以及 1996 年的《电信法》

---

① 《中华人民共和国电信条例》于 2000 年 9 月 25 日以中华人民共和国国务院令第 291 号的形式公布，以后分别根据 2014 年 7 月 29 日《国务院关于修改部分行政法规的决定》（国务院令第 653 号）和 2016 年 2 月 6 日《国务院关于修改部分行政法规的决定》（国务院令第 666 号）进行过两次修订。

② 《中华人民共和国电信条例（2016 修订）》第三条规定"国务院信息产业主管部门依据本条例的规定对全国电信业实施监督管理"。那时的"国务院信息产业主管部门"为工信部。

　　就规制制度与措施而言，我国 1983 年开始推行"四级办广电"，导致了电视业所有权的分散。广电的这一发展特点很大程度上导致了后来电视业规制的分散性，形成了我国 2010 年时的规制制度体系。

　　表 3-6 表明，虽然我国三网融合依据的法规体系较多，但是不同法规之间存在一定的不协调问题。三网融合法律体系的主体由部门规章所构成，而有关部门在制定规章时往往从各自的角度出发，其法律效力也较低。法规体系中缺乏具有较高效力的法律，特别是行业法律，这使得我国三网融合缺少基础性的法律支持。同时，我国的电信网络、有线电视网络及互联网分别属于不同的规制部门。在网络融合的过程中，广电、电信等不同规制部门的职能重叠和目标分歧会在一定程度上限制电视业务在三网融合过程中的发展。例如，在有关 IPTV、手机电视等新业务的分类方面，规制部门由于利益分歧，往往难达成一致。

表 3-6　延续至 2010 年时我国电视网络规制机构的横向设置状况

项目		电信网	有线电视网	互联网
规制机构		市场准入：国务院 价格规制：原信息产业部及地方机构 行业管理：国家发改委及地方物价部门	中宣部，国家广播电影电视总局，信息产业部，各地广电部门、物价部门	原信息产业部、国家广播电影电视总局、国务院新闻办、原文化部、公安部、国家保密局
规制法律法规体系	进入规制	《中华人民共和国电信条例》	《有线电视管理暂行办法》、《有线电视管理暂行办法》实施细则、《有线电视管理规定》、《广播电视管理条例》、《国务院办公厅关于加强广播电视传输网络建设管理的通知》	《中华人民共和国电信条例》《互联网骨干网间互联管理暂行规定》《互联网骨干网互联结算办法》
	价格规制	《中华人民共和国价格法》《中华人民共和国电信条例》		
	普遍服务规制	"村村通"工程*	"村村通"工程	

资料来源：沈华和胡汉辉（2007）

　　*为解决广大农民群众的"听广播、看电视难"问题，1998 年党中央、国务院启动了广播电视"村村通"工程，第一轮工程至 2005 年结束。根据第一轮实施效果，2006 年，党中央、国务院决定继续实施广播电视"村村通"工程，按照"巩固成果、扩大范围、提高质量、改善服务"的要求，构建农村广播电视公共服务体系。到 2010 年底使 20 户以上已通电的自然村全部通上了广播电视

　　2010 年，我国针对数字电视的规制措施主要包括准入规制、价格规制、标准规制和反垄断政策等。

　　数字电视的准入规制可以分为两类。一类是与内容制作、集成有关的准入规制；一类是与内容传输有关的网络运营商的准入规制。对于前一类规制，国家广电总局对电视行业的内容准入规制一直比较严格，包括对内容提供商的资质和电视内容的审定、频道的申请、电视台的开办等。对于后一类规制，2005 年 7 月 11 日，国家广播电影电视总局发布了《国家广电总局关于推进试点单位有线电视数字化整体转换的若干意见（试行）》，明确提出在确保国有广播影视单位控股 51%以上的前提下，吸收境内非公有资本参与推进有线电视数字化整体转换及业务开

发。2012 年 6 月，国务院办公厅发布《国务院关于大力推进信息化发展和切实保障信息安全的若干意见》（国发〔2012〕23 号），明确指出"在确保信息和文化安全的前提下，大力推进三网融合，推动广电、电信业务双向进入"。2013 年 8 月，国务院发布《国务院关于促进信息消费扩大内需的若干意见》（国发〔2013〕32 号），明确提出"全面推进三网融合，加快电信和广电业务双向进入，在试点基础上于 2013 年下半年逐步向全国推广"。

数字电视的价格规制一般由两部分组成，即对基本收视维护费及增值服务费的限制。基本收视维护费实行政府定价，一般采用成本加成的方法确定收费建议价格，通过价格听证会的形式决定价格。增值服务费一般由运营商根据市场定价。《有线电视基本收视维护费管理暂行办法》（发改价格〔2004〕2787 号）指出："有线电视基本收视维护费依据有线电视网络运营的合理成本加合理利润和税金制定""有线电视网络经营者采用新技术和提高服务质量导致经营成本或支出发生明显变化的，可以申请调整有线电视基本收视维护费的收费标准。"江苏省 2016 年 10 月 1 日施行的《江苏省有线电视收费管理办法》将定价分为政府定价、政府指导价和市场调节价："有线电视基本收视维护费（包括模拟电视、数字电视，以下同）实行政府定价，在履行定价成本监审和价格听证程序后制定；有线电视初装费、互动数字电视基本服务费以及基本收视维护费标准外的终端收视费等与有线电视主营业务相关具有行业或者技术垄断的延伸服务收费实行政府指导价；增值业务服务收费实行市场调节价，由有线电视网络经营者根据经营成本和市场需求情况自主确定。"①

数字电视的标准规制主要体现为针对机顶盒制造和使用的相关政策。国务院 2008 年一号文件明确要求"有线数字电视接收终端（包括机顶盒和一体机）实行机卡分离技术体制（即数字电视接收终端与条件接收模块完全分离）。从 2008 年起，有线数字电视运营机构应按照机卡分离的技术体制开展数字电视业务，在境内销售的具备地面数字电视信号接收功能的数字电视机应符合国家标准要求"。信息产业部当时推出了两个机卡分离的标准 PCMCIA（personal computer memory card international association）和 UTI（universal transport interface），其意义在于有利于推动软硬件厂家的专业化分工，推动硬件生产的规模经济和高质量的软件开发。信息产业部并没有强制推行哪一个标准，标准所带来的产品和应用的竞争更多的是交由市场来决定。

就数字电视的反垄断规制而言，根据 2008 年 8 月 1 日实施的《中华人民共和国反垄断法》，商务部和国家工商行政总局负责反垄断规制，包括横向和纵向的

---

① 资料来源：江苏省有线电视收费管理办法，https://baike.baidu.com/item/%E6%B1%9F%E8%8B%8F%E7%9C%81%E6%9C%89%E7%BA%BF%E7%94%B5%E8%A7%86%E6%94%B6%E8%B4%B9%E7%AE%A1%E7%90%86%E5%8A%9E%E6%B3%95/22545752?fr=aladdin，2020 年 9 月 19 日。

反垄断，国务院国有资产监督管理委员会则负责监督该行业的资产运作。实际上《中华人民共和国反垄断法》的执行权力分散在国家发改委、商务部和国家工商总局。这种多头规制的特点，既有有利的一面，也有不利的一面。有利的一面是多头监管可能增加规制俘获的成本，有利于平衡各个利益集团；不利的一面是可能导致规制冲突和混乱，增加协调的成本，推迟决策的过程。实际上，截至 2019 年，并未出现针对有线电视的、有影响的反垄断调查及相应的反垄断案例。随着三网融合的发展，2011 年国家反垄断局针对中国电信和中国联通就宽带接入展开了反垄断调查。反垄断局提出了三项整改意见，但都没有牵扯到反垄断的实质问题，即网间结算费用的问题。

3.5　电视市场的经济学特性

　　电视业的经济学特点可以从电视节目、电视系统等不同角度去观察。当主要从电视节目的角度去观察时，因为电视节目属于信息类产品，所以具有信息产品所具有的一些共性特征。例如，研发的高成本与复制的低成本、非消耗性、需求的异质性等。无论何种电视节目的制作都要花费金额不等的投资，相比电视节目制作的投资，复制电视节目的花费则几乎可以忽略不计。就非消耗性而言，观众在观看电视节目的过程中，电视节目不仅没有丝毫损耗，而且通过口耳相传，电视节目的内容会得到进一步的扩散。这是所有信息类产品与物质类产品的一个显著不同之处。就需求的异质性而言，受众个体的差异将影响信息的接受程度。受众因为知识积累与经历的不同，对相同的电视节目可能产生不同的看法，这些看法间的差异有时可能相差不大，但有时却可能相去甚远。这一特点对于节目制作方具有较大的影响：究竟是制作大众化的节目，还是制作曲高和寡类的节目，往往是一个艰难的权衡。

　　当我们主要从电视系统，特别是有线电视系统的角度去观察时，电视业的经济特性主要包括垄断特性、准公共产品特性、网络效应特性及双边市场特性。下面对电视业的这些特点做进一步的阐述。

3.5.1　垄断特性

　　与电信业相类似，电视业具有一定的自然垄断性和行政垄断性，其表现方式因无线电视（尤其是早期的无线模拟电视）和有线电视（尤其是有线数字电视）而有所不同。

　　早期的无线模拟电视几乎没有自然垄断性，因为它不像固定电话那样需要架设专门的线路通往各个用户家庭，而有线电视网络公司就与之不同，它必须架设缆线到用户家中，并借助缆线传送电视信号。20 世纪 70 年代早期，规制经济学家 Kahn 就认为有线电视是自然独占的，在同一个区域内如果存在一家以上的有线电视系统，将会缺乏效率（Kahn，1971）。以美国为例，美国 1992 年的《有线电视消费者保护及竞争法》虽然要求在核发特许经营许可证时，"核发特许机关不得核给独家特许（exclusive franchise），并不得无理地拒绝核发另一张具竞争性的特许"，但是现实中有线电视分地区独占的现象在美国 1992 年《有线电视消费者保护及竞争法》实行后并没有得到显著的改善（江耀国，2006）。

有线电视业基础设施的固定成本较高，而提供服务的边际成本相对较低。当基本的有线网络搭建好以后，多向一个用户提供服务的边际成本将非常少。根据我国国家新闻出版广电总局①2018 年发布的《全国有线电视发展情况专项统计调查分析报告》，2017 年全国有线电视网络净资产共计人民币 1560.98 亿元。另外由于有线电视技术的快速发展，现有的有线电视设备每 5 年，甚至间隔更短就需更新换代。不管用户数量是多少，基本的网络建设费和有线电视网络的运营管理费用是大体不变的，随着用户规模的扩大，每提供一份服务的平均成本就会明显下降，从而达到规模经济。从这个意义上来说，有线电视具有较典型的自然垄断产业特征。

除自然垄断性外，与电信（这一相对缺乏内容的）产业相比，主要针对内容制作和机构开办的行政垄断也会加剧电视业的垄断性。电视业的行政垄断主要体现在电视内容的制作、播出与传输产业链中。首先，电视内容制作段的行政垄断主要是由于我国对电视节目的制作实行准入制度。根据 1997 年国务院颁布的《广播电视管理条例》和 2004 年国家广播电影电视总局发布的《广播电视节目制作经营管理规定》，国家对从事电视制作经营业务实行许可制度。任何广播电视节目制作经营机构的设立和广播电视节目制作经营活动的从事均需取得《广播电视节目制作经营许可证》；任何单位和个人未经许可不得从事广播电视节目制作业务。国家广电总局负责对电视节目制作资格的准入履行行政许可审批。其次，频道与电视台也具有行政垄断的特点。目前观众仍旧主要通过订购频道的方式消费电视节目。频道是电视节目的一个捆绑包。电视节目的频道打包消费既不同于一般的商品购买方式（此时购买普通商品的消费者可以根据自身的偏好选择合适的商品组合），也不同于一般的信息类商品消费（此时购买计算机办公软件的消费者既可以购买包括 Word、Excel、PPT 在内的捆绑组合，也可以分别购买自己需要的

---

① 我国广播电视的主管部门在 1967~1982 年 5 月为"中央广播事业局"，其后分别经历过"广播电视部"（1982年 5 月设立）、"广播电影电视部"（1986 年 1 月设立）和"国家广播电影电视总局"（1998 年 3 月设立）等。2013 年 3 月，国家新闻出版总署与国家广播电影电视总局合并，组建"国家新闻出版广播电影电视总局"，不日又更名为"国家新闻出版广电总局"。

组件），消费者只能以频道作为购买对象，不能购买具体的节目。根据我国 2004 年的《广播电台电视台审批管理办法》，频道的开办需要具有国家广电总局颁发的《广播电视频道许可证》，开办电视台也需要国家广电总局颁发的《广播电视播出机构许可证》。随着网络视频的兴起，国家广电总局陆续颁布了与网络视频服务有关的规定，2007 年 12 月发布了《互联网视听节目服务管理规定》，并于 2015 年进行了修订。根据该规定，"从事主持、访谈、报道类视听服务的，除符合本规定第八条规定外，还应当持有广播电视节目制作经营许可证和互联网新闻信息服务许可证；从事自办网络剧（片）类服务的，还应当持有广播电视节目制作经营许可证"。

在电视的传输环节也体现着较明显的行政垄断性。我国一般实行基于区域独家垄断的特许经营。根据我国 1997 年 9 月 1 日施行的《广播电视管理条例》第三章第二十三条的规定，我国同一行政区域只能设立一个区域性有线广播电视传输覆盖网。自有线电视诞生后，我国一直遵循着各地设台、分别建网、各自传输的管理体制。因而，无论是从网络管理还是从节目传送角度看，各地有线电视台（或有线数字电视网络运营商）本身都有自己传统的网络势力和用户范围，其划分标准基本上以地域界定。所以，无论是有线模拟电视，还是有线数字电视，都因为各区域电视台、网络运营商各自为政、互不干扰而具有很强的区域性特点。这一特点主要体现在以下三个方面：一是区域内终端用户所收看的只能是本区域内传送的节目，没有选择性；二是运营商服务和管理的权限也只限于本区域内；三是各区域电视台、网络运营商之间无明显竞争关系。这些特点导致用户的收视率和电视台（网络运营商）所传输节目的质量之间并无多大关联，用户虽有权利控制自己观看电视时间的长短，但无法舍弃本区域的节目而去观看域外运营商所传送的节目。

当然，电视业的垄断特征也有一个演化的过程。初期的有线电视一般采取独家垄断的特许经营方式，资源的稀缺性阻止了更多有线电视网络的出现。但随着光通信、数字技术等关键技术取得长足进展，随着 IP 协议的逐渐统一，电信网络和计算机网络在不需要多少追加投资的基础上，也可能经营有线电视节目的传输服务，从而造成电视业的竞争态势。因此，20 世纪 70 年代以来，随着政府政策和技术壁垒的部分取消，有线电视的自然垄断特征已有所减弱（Martin，1999；江耀国，2006；胡汉辉和沈华，2008）。进入 21 世纪以来，随着三网融合，特别是宽带互联网的发展，出现了一些传统电视的替代品，包括 IPTV、互联网电视、流媒体视频等。有线电视的垄断性已经大大降低。

3.5.2　准公共产品特性

一般而言,公共产品是指具有消费或使用上的非竞争性和受益上的非排他性,能被绝大多数人共同消费或享用的产品或服务。其特点是一些人对这一产品的消费不会影响另一些人对它的消费,具有非竞争性;一些人对这一产品的利用,不会排斥另一些人对它的利用,具有非排他性。公共产品一般由政府或社会团体所提供。因为电视节目的内容起着鼓舞人们斗志、娱乐人们生活、教育人民成长的作用,所以电视具有一定的公共产品属性[①]。

早期的无线电视(地面模拟电视)节目是较典型的公共产品,这是因为电视机就和接收广播信号的收音机一样,只要有了它就可接收到无线电视信号。当时,电视台无法排斥观众对电视的消费,观众相互之间对电视节目的消费也不具有竞争性。随着电视技术的发展及电视的商业化,当初无线电视的那种公共产品属性逐步发生了变化。随着采用信号加密技术的有线电视和卫星电视的出现,电视内容的传输者可以从供给侧进行人为的排他性安排,使得只有付费的用户才能够接收到电视信号[②]。在这种情况下,虽然电视依然具有非竞争性特征,但已不再具有非排他性特征。此时,电视成为一种准公共产品。

不过,在有线电视发展的初期,当它尚未采用信号加密技术时,作为无线电视的辅助接收设施,有线电视还不具备自己独特的产业形式和赢利模式,在有线电视网络系统中,还只是节目的单向流动,这就决定了每一个用户在同一时间都能以同一种方式接收到相同的电视节目信号。用户只要将有线电视信号传输线与电视机相连就可以收看有线电视。因此,此时就可能出现偷接有线电视信号线而不缴费的现象。一些消费者能够较轻松地逃避有线电视缴费在一定程度上反映了当时有线电视的非排他性。同时有线电视也具有模拟电视消费的非竞争性特征,因此,没有信号加密手段的有线电视仍然具有较为明显的公共产品特征。

当然,有线电视节目从公共产品过渡到准公共产品有一个过程。进入20世纪60年代后,有线电视已经能够在系统中逆向传输一些简单的信号。虽然这一技术对有线电视未来产业的发展极其重要,但当时在政策、技术与经济发展三者的共同作用下,有线电视公共产品特性的减弱幅度并不明显。直到1965年,美国的法律还禁止有线电视业开展付费电视业务,不仅如此,还要求市场排名前10位的有线系统必须提供公共、政府和教育专用频道及一个商业租用频道。强制性要求有线电视运营商提供基本层的服务,这在一定程度上保障了有线电视的部分公共产品特征。不过,随着对有线付费电视形式的法律承认、其他规制条件的放松和卫星传输技术的发展,付费电视等有线电视的服务形式逐渐被观众所接受,有线电视的效用被逐步分割,排他性也逐渐成为不争的事实。

---

① 布朗和杰克逊(2000)将有线电视视为准公共产品。曼昆(2009)则将有线电视称为非竞争性的产品,这些与准公共产品的分类基本一致。

② 这里的付费并不是指付费节目,而是观众必须为接收到电视信号向网络公司的付费,该费用在中国被称为有线电视网络维护费,在英国则被称为电视执照费(TV licence fees)(Ofcom,2011)。

　　数字化大大拓展了有线电视的传输能力，不仅使同一条传输线路能够传输更多的电视节目，其节省的带宽还为有线电视的互动服务奠定了基础。同时，由于多媒体数字化标准的逐步统一，有线电视与其他媒介融合的趋势也日益明显。双向数字化的有线电视能够开展音频、视频、数据与语音等业务。通过多媒体技术，有线电视能把计算机、电视机、录像机、录音机、电话机、游戏机等联为一体，组建家庭的多媒体信息平台。在这种情况下，有线电视所服务的客户将不再作为一个整体享受不可分割的服务，而是一个个需求各异的个体所享受到的排他性服务。这样，此时的有线电视提供的服务就是典型的准公共产品了。

3.5.3　网络效应特性

　　网络效应是电视业，尤其是数字有线电视业的主要特性之一，其主要内容表现为网络的外部性。一般而言，网络的外部性有间接网络外部性、直接网络外部性和交叉网络外部性之分[①]。按照 Economidies（1996）的观点，模拟电视时代的网络外部性属于某种间接的网络外部性，因为那时电视的消费者并不关心其他消费者是否也安装了模拟电视机。当然，如果订购某个模拟电视运营商所提供的服务的消费者越多（也就是消费者基数越大），则该运营商就可能有更好的条件和更大的激励去为消费者提供更多、更好的模拟电视节目和服务，而这是消费者希望得到的结果。与直接网络外部性和交叉网络外部性相类似，这种间接网络外部性会带来正反馈机制。随着用户人数的增加，模拟电视运营商能够提供更高质量的服务，购买更精彩的频道和节目，因为这样做可以反过来吸引更多的消费者。

　　显然，这样的间接网络外部性不同于直接网络外部性，因为直接网络外部性强调网络用户（消费者）人数的增加会直接给同类消费者带来效用的增加（此时运营商必定会给消费者提供更好的服务）。同样，间接网络外部性也不同于交叉网络外部性。不过，因为交叉网络外部性需要利用双边市场的概念加以解释（也就是交叉网络外部性体现了双边市场中因为平台一边用户的增加给平台另外一边用户所带来的效用变化），所以我们此处暂不对它做进一步解释。

　　虽然我们可以从理论上分析间接网络外部性，然而现实中（如有线电视环境中）可能并不存在这种间接网络外部性，这要依据具体的市场环境及网络运营商的商业模式而定。在有线电视网络运营商垄断经营的区域，消费者除了垄断运营商外别无其他选择，而当运营商处于一定程度的垄断地位时，就会因为缺乏竞争而不十分在意电视节目的质量（因为此时节目质量对用户人数的影响并不明显）。上述情况在我国一些地区表现得比较普遍。在模拟信号时代，由于有线电视的区域垄断和几乎

　　[①]　对网络外部性感兴趣的读者可以阅读 Katz 和 Shapiro（1985）的经典性文献。

没有付费电视节目，间接网络外部性的正反馈机制并不能有效地建立起来。即使用户基数增加，垄断性运营商也没有太大的激励为消费者提供更好的内容与服务。在模拟电视时代，观众最在意的电视内容并没有得到相关电视运营商的重视。

模拟电视的这种间接网络外部性特征将继续存在于数字电视时代，并且数字电视技术将削弱原先限制间接网络外部性发生作用的一些条件。以我国一些地区的数字电视市场为例，有线数字电视运营商不仅面临 IPTV 这一与有线数字电视具有高度替代性产品的直接竞争，而且付费电视的出现增加了运营商的收入渠道，使得电视运营商有了提供更好节目与服务的激励。因此，模拟时代断裂的正反馈链条又能被重新连接起来。

当然，在数字电视时代，除了间接网络外部性外，还存在直接网络外部性（胡汉辉等，2010）。数字化革命使得其内容（如虚拟社区平台）具有了互联网的基本特征，网络内的每个用户都能通过共同使用相同或相关产品而获得诸多利益，这些利益包括信息的共享、互补性产品供给的增加、规模效益带来的价格降低等。每个用户通过连接有线网络获得的价值都将随着使用者数量的增加而提高，这也同时显著提高了数字电视网络的正外部性，其本质即梅特卡夫（Metcalfe）法则：网络价值与用户数量的平方成正比。

3.5.4　双边市场特性[①]

双边市场特性是电视业相对于电信产业而言最典型的经济特性之一，在电视市场由无线市场转向有线传输市场、实行网台分离后尤其如此。

通俗地说，当两组（或言两边的）参与者通过一个平台进行交易，而且平台一边的参与者加入平台的收益取决于加入该平台另一边的参与者数量，这样的市场被称作双边市场。不难发现，电视业具有较典型的双边市场特征（万兴等，2009；万兴等，2010）。电视业的一个简化的双边市场结构如图 3-10 所示。

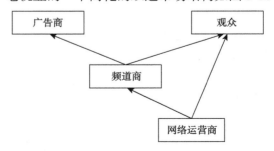

图 3-10　电视业的双边市场示意图

---

① Rochet 和 Triole（2003）认为，具有双边（或多边）市场结构、交叉网络外部性和价格结构非中性的网络平台可称为双边市场。关于双边市场的进一步讨论将在本书的 4.1.3 节中进行，此处暂且先借用这一概念。

由图 3-10 可知，电视业中存在不止一个双边市场。对于"广告商—频道商—观众"系统中的频道商（它此时是平台企业）而言，广告商与观众构成频道（此时的频道可以被类比于一个播出节目的电视台）的两边。广告商与观众间存在交叉网络外部性。广告商希望其投放的广告能够为数量更多的观众所观看，这是一种正的交叉外部性；另外，观众通常并不希望看到更多的广告，这是一种负的交叉外部性。频道商的作用是协调广告商与观众。观众收看电视节目的主要目的往往是休闲，其休闲时间相对比较集中。比如，早上（如央视新闻频道的《朝闻天下》节目时段）、中午（如央视新闻频道的《午间新闻》节目时段），以及晚上（如央视新闻频道的《新闻联播》节目时段）的若干时间段。特别地，晚上是观众收看电视节目的黄金时间。在这些时间段中，电视台一般会安排收视率较高的节目，如精彩的电视剧、体育赛事或者重大新闻节目，以及有创意的娱乐节目等。

电视台将精彩的节目安排在黄金时间，并不是指望观众为这些时间段的节目支付更高的价格，而是由于拥有众多的观众，网络的交叉外部性使得电视台能够从广告商那里得到更多的广告费。这样的定价机制与电影间存在较大的不同。虽然电影与电视都属于功能比较类似的娱乐工具，而且电影还是最重要的电视节目之一。但是，因为观看电影的票价由观众支付，所以在观众比较多的黄金时段，如晚上或周末，电影票的价格会相对较高一些，这是由供求规律所决定的。但是在电视节目消费的黄金时间，用户并没有为电视节目支付比平时更高的价格（无论是免费电视还是付费频道都是如此）。那么，为什么频道商要在黄金时间播放精彩的（电视）节目呢？主要是为了提高收视率。许多电视台的生存依赖于广告，广告的投放依赖于收视率。频道商播放高成本节目的目的在于提高收视率，获得更多的广告投放。正是这种交叉外部性机制，使得频道商扮演了一个平台企业的角色，通过协调广告商的利益与观众的兴趣，频道商能够使得广告产品"到达"更多的客户。

与频道商能承担平台（企业）的功能相类似，有线电视网络运营商（常常被简称为网络运营商）也能扮演平台（企业）的角色，此时平台的一边为观看节目的观众，另一边是频道运营商。网络运营商的这种平台企业角色存在于世界上的许多国家，我国也不例外。目前，我国各省（自治区、直辖市）普遍至少有一个省（自治区、直辖市）级频道已经成为卫星频道（卫视频道），然而这些省（自治区、直辖市）级卫星频道在落地时，要向各省（自治区、直辖市）的有线电视网络运营商缴纳一笔不菲的落地费[①]，否则其他省（自治区、直辖市）的有线电视网络运营商将不会转播这些省的卫星频道。收取落地费的逻辑使卫视频道能通过"落地"使其节目"到达"当地有线电视用户的电视机（或终端显示）屏幕上。从这方面看，落地费类似于超市的通道费（slotting fee，超市要求厂商缴纳一笔费

---

① 关于落地费的更多讨论将在本书第 4 章 "落地的竞争与双边市场问题" 中进行。

用后才允许其产品进入超市的卖场）。如果仅从纵向关系的角度看，似乎由于频道商作为内容提供商，其为有线电视网络运营商提供节目内容，网络运营商应该向频道支付节目费用，但现实却截然相反，频道商反而需要向有线电视网络运营商支付落地费用。

网络运营商为什么能够两头收费：既向（一端的）观众收费，同时也向（另一端的）频道商收费呢？第一，如上文所述，频道商的商业模式是通过向广告运营商出售观众的观看时间来实现其商业价值的，这就决定了频道商表面上看是为网络运营商提供了节目，实际上是要购买网络运营商所能提供的观众观看时间。第二，对于终端消费者（观众）而言，电视节目与渠道其实是互补品，这两者缺一不可。电视节目是内容，渠道是媒介。对于大多数互补品而言，互补品中的任意一个都不存在稀缺性，因此其价格是相对合理的。但是对于电视频道与电视传输渠道而言，却容易发生稀缺，这两者并不能发生较好的匹配。根据经济学的供求规律，当频道比较稀缺时，频道的落地无须缴纳落地费；相反，网络运营商还要向频道商支付有关（内容的）费用。但是随着频道数量的增多，频道进入消费者家庭的渠道变得相对稀缺。在模拟电视时代，城市里的电视用户一般只有垄断性区域有线电视这一种渠道。这样，供求关系就发生了反转，频道的增加与渠道的稀缺使得网络运营商可以因为自己掌握着用户而向频道商收费。这与制造商和零售商之间的博弈关系具有一定的相似性，在"制造商—零售商—消费者"体系中，制造商与零售商谁更加强势，谁就能在整条产业链中获得更多的话语权。如大型卖场的情形：卖场拥有大量的客户资源，因此可以要求制造商支付通道费。在模拟电视时代，频道提供商对平台运营商依赖程度比较高，频道提供商除了有线电视网络运营商外，没有其他渠道可以到达消费者。网络运营商面对频道提供商时具有买方垄断地位，面对观众时具有卖方垄断地位。因此，有线电视网络运营商可以利用这种双边市场特性，扮演媒介平台的角色。

当然，网络运营商的这种平台角色受到内容与渠道供求关系的影响。在一定条件下，如果供求关系发生不利于网络运营商的变化时，其能否扮演平台企业的角色就将是一个问题。如果某些频道的内容特别受到观众的喜爱，成为观众的必选频道，在这种情况下，频道商就不仅不需要向网络运营商缴纳费用，而且要反过来向网络运营商收费。而且，如果渠道变得不再稀缺，这时频道商的地位也会得到相应的改善，如在数字电视时代，渠道逐渐丰富，如 IPTV、卫星电视等。在这种情况下，原来处于垄断地位的有线电视网络运营商将部分失去其垄断地位，其所掌握的观众渠道资源将不再稀缺。

以上讨论了电视业中分别以频道商和网络运营商为平台（企业）的两个双边市场。这两个双边市场既有一定的联系，又有所区别。就联系而言，无论是前一个双边市场（广告商—频道商—观众），还是后一个双边市场（观众—网络运营商—频道商），观众都是双边市场的一边，消费者的注意力成为一种商品。在模拟电视时代，我国的电视业仍然依赖注意力经济。以 2010 年为例，我国广播电视总收入为 2301.87 亿元（包括财政补贴），其中广告收入为 939.97 亿元，占 40.8%，在各项收入来源中占比最高（中国广播电视年鉴编辑委员会，2011）。在无线模拟电视时代，频道商的商业模式主要不是依靠播放的内容赚钱，而是更多地依靠播放广告的收入。因此，以网络运营商为平台的双边市场的基础实际上是以频道为平台的商业模式，这两个平台都以广告收入为基础，体现了观众端的重要性，谁掌握了观众，谁就拥有行业的话语权。

实际上，图 3-10 只是一个简化的电视业（主要是有线电视业）的双边市场示意图。在现实的电视市场中，还存在着一些其他类型的双边市场。例如，在频道商和网络运营商之间，还会有渠道运营商存在，他们的作用就是将频道（或内容）运作到有线电视网络运营商（或 IPTV 电视运营商）之处。

总之，概括起来看，在电视发展的各个阶段，电视产品（及服务）与电视市场基本上都具有垄断特性、准公共产品特性、网络效应特性和双边市场特性等。这些出自模拟电视的特性会从多方面影响数字电视的发展。究其原因不外乎三者：其一，模拟电视的某些特性在数字电视时代仍然存在，并继续发挥作用，如双边市场特性。其二，模拟电视的某些特性在数字电视时代可能会发生局部的变化。例如，在模拟电视时代只有间接网络外部性效应，而在数字电视时代就将出现直接网络外部性效应。其三，某些特性将发生根本的转变，如准公共产品特性。在数字电视时代，通过在机顶盒中加入条件控制等手段，可以对用户进行有效的识别，对用户收视的内容进行分类提供。此时，电视的消费已经具有了一定的排他性；同时，由于带宽的限制，电视的某些增值服务具有了一定的竞争性，电视更多地具有了私人产品的属性。

当然，模拟电视对数字电视发展的影响并不止于某些产品特性的改变，模拟电视所形成的制度环境、市场结构及企业与观众的行为，都不易在短时期内发生根本性改变，势必较长时期地影响电视业演化的轨迹。

第4章 落地的竞争与双边市场问题

从本章开始，我们将对部分由三网融合导致的电视竞争的典型问题进行定性和定量相结合的分析[①]，正如在绪论和第 3 章的电视竞争分析中所讨论的那样，有线电视网络运营商向通过卫星转播的电视频道（以下简称卫视）的运营商收取落地费的问题，来自卫视频道运营商和有线电视网络运营商之间的利益分配，是一个产生于模拟电视时代的经典性电视竞争问题，主要发生在卫视频道运营商和有线电视网络运营商之间。

落地费一词源于机场对使用该机场跑道的航空公司所征收的费用，原本是因为某些机场比较繁忙，跑道等资源有限，机场运营方对航空公司设定的拥挤费（Morrison and Winston，2007）。在国内，这个概念被扩展到了电视产业。各省的卫星电视频道发现在解决了如何通过卫星转播（俗称上星）其节目信号的有关问题之后，似乎还存在一个更大的难题：如何让自己的节目落地，显现在千家万户的电视机屏幕上？业界将卫视频道在进入某地的有线电视网络时所发生的费用形象地称为卫视落地费（也常被简称为落地费）。

既然航空业的落地费起因于机场资源的有限，那么类似地，卫视落地费则起因于模拟信号时代有线电视网络频道资源的有限。随着数字技术的发展及光纤技术的进步，有线电视网络中同时传输的频道数量已大大增加，落地费本应逐渐减少，但是就国内目前的状况而言，落地费的减少并不明显。究竟是什么原因造成了这样一种局面呢？本章试图从政府规制、市场结构变迁等视角切入，以数理经济学方法分析有线电视网络运营商和电视运营商的市场行为及其相应的市场绩效。

[①] 这些分析将采用学界通行的分析思路：首先从一些电视竞争市场上发生过的现象和案例中提炼相应的科学问题，然后回顾以往的学者对类似问题的分析过程和（对我们将进行的讨论有所借鉴和参考的）有关模型（方法），在此基础上，应用数理经济学或博弈论模型进行分析，再对有关命题和结果进行讨论。

从本章开始的讨论参考了不少前辈和同仁的类似研究，有些工作也曾在作者以往主持或参与的研究中（如作者所指导的博士学位论文中）有所涉及，少部分结果在有关学术会议甚至学术杂志上有所交流和发表。为了全书逻辑的完整性，我们保留了这些内容。对此，作者做了尽可能的引注和说明。不过，由于视野和水平所限，难免有所遗漏。在此，作者对有关人士真诚致歉，也请读者给以监督，不吝赐教，帮助我们改正不妥之处。

4.1　问　题　概　述

本节主要讨论有线电视网络运营商向卫视频道运营商收取落地费问题的由来及其持续至今的原因，显然，落地费的产生与有线电视网络运营商逐渐成为平台运营商，进行着双边市场式经营（此时平台的一边是落地的卫视频道的运营商和广告运营商，另一边是电视观众）密切相关。为了分析落地费竞争问题的需要，在本节中较为详细地讨论了双边市场的定义及其特征，并对双边市场理论的有关发展过程进行了简单的综述。

4.1.1　案例：宁波的落地竞争

在三网融合之前，有线电视网络是卫视频道进入有线电视用户终端（即卫视落地）的唯一通道，从市场结构的角度看，有线电视网络运营商具有本地的区域垄断地位。

从 1986 年新疆电视台成为我国第一个通过卫星转播其节目（俗称卫视上星）的省级电视台，到 1999 年天津电视台和海南电视台等的卫视频道上星为止，我国各省（自治区、直辖市）都有了上星的电视频道。由于我国目前仍然规定一般城市居民家中不能直接接收卫星电视信号，而 DTT 信号转播又因频道较少和质量较差，在城市中基本被淘汰，这样，上星的卫视频道通常主要通过本地的有线电视传输网络进入当地居民家中（IPTV 等方式除外）。

不过，"上天容易落地难"，如 2008 年春节即将来临之际，宁波市区的有线电视用户有一天突然发觉家中的电视机收不到湖南卫视了。

案例 4-1　湖南卫视难落宁波的 2008

湖南卫视是湖南广播电视台和芒果传媒有限公司旗下的一套综合性电视频道，在娱乐节目的发展中，湖南卫视重视人文关怀元素的适时导入，播出的综艺节目往往都具有人文价值，不仅能够缓解和释放人们心中的压力，还能在一定程度上引领新风尚、传递正能量、改变社会的不良风气等，尤其是《快乐大本营》《天天向上》等综艺类节目深受广大用户，包括一部分宁波市民的喜爱。

然而，2008 年 1 月 11 日，宁波市区的有线电视用户发现一直收看的湖南卫视消失了，询问宁波广电的结果是：所交落地费的时效期过了。不过，也有新闻机构爆料称，停播的原因是宁波搞地方保护主义，落地费的要价过高，导致湖南卫视无法落地。此举不仅引发部分宁波市民的不满，也成为当时全国的热点新闻之一，相关消息纷纷登上各大门户网站、报纸等主流媒体的头版，甚至有网友发出《湖南卫视，求求你回到宁波来！》的博文。

在这样的背景下，经过宁波广电和湖南卫视双方的协商，湖南卫视后来逐渐恢复了在宁波部分地区的播出，不过主要集中在宁波的各个县（市）区。直至 2011 年 6 月，属于传统意义上宁波中心城区的"老三区"仍然无法正常收看湖南卫视，也就是说，经过当事双方长期的利益博弈和全国媒体的介入，湖南卫视仍然没有进入宁波主城区。

湖南卫视一度不能在宁波落地的原因当然涉及电视竞争的多个方面，不过落地费的要价过高和受地方保护的广告收益或许是两个重要原因。曾经，省级卫视通过卫星落地并不需要交钱，反倒是地方有线要邀请卫视来落地，因为这可以增加有线观众的收视频道。但后来卫视越来越多，地方有线的带宽却有限（在有线电视运营商通过模拟方式传送电视信号时尤其如此），只能让某几个卫视落地，这就势必导致各个卫视之间争相竞争落地的资格。而地方有线电视运营商也看到了这块大肥肉，坐地起价，谁有钱就给谁落地。宁波有线的要价湖南卫视付不起（也或许是不愿意付），才不得不忍痛放弃这块市场。

此外，影响湖南卫视落地宁波的另一个重要推手或许是原先在宁波有线的节目中做广告的运营商，广告运营商为了自身的效益最大化，往往将有限的广告播出时间投给最火的电视台。因此，如若将湖南卫视放入宁波有线的市场，很可能会抢了原先宁波本地电视频道的广告资源，从而不仅丢了收视率，而且流失了广告收入。宁波有线出于地方保护主义的考虑，具有不让湖南卫视落地的激励，从而导致垄断与不正当竞争行为。

资料来源：

宁波封杀湖南卫视引起市民抗议，http://news.sina.com.cn/c/2008-01-15/080914745083.shtml，2020 年 4 月 3 日

宁波封杀湖南卫视引发市民强烈不满，http://news.ifeng.com/society/2/200801/0115_344_365283_1.shtml，2020 年 4 月 3 日

纵观湖南卫视落地宁波受阻事件的前前后后，问题的矛头直指落地费。卫视落地费对于当时的消费者而言，还是一个新鲜词。对于电视节目，大多数用户一直是被动的接受者，当地有线电视运营商转播哪些卫视，观众就只能看哪些卫视，却从未想过转播卫视的背后，蕴藏着这样一个关于利益的博弈。

在三网融合的时代，卫视频道落地缴费的行业规则被延续下来，因为对于"飘在天上"的卫视频道而言，地上的有线电视网络具有一定的自然垄断性，即便在

引进 IPTV 及其他类似竞争者的情况下，卫视信号的传输往往一定程度上仍然要依靠有线电视网络，在卫星数字电视市场和 DTT 市场规模都不大的我国尤其如此。有关落地费的竞争将走向何方？有关的竞争方式将如何演变？这仍然是运营商和学者关心的问题。

4.1.2　卫视落地费的由来与双边市场

在各省电视台卫视节目上星的初期，各地有线电视网普遍存在节目不足的现象，上星节目恰好可以满足有线电视网急于扩大用户数量的需求，因此各地有线电视网络运营商对上星的卫视节目一般采取免收落地费的策略。当时，各卫视频道与有线电视网形成了各取所需、互惠互利的局面。然而，由于早期的有线电视网传输的是模拟电视信号，一般只能传输 30~50 个频道（杨龙，2008），有线电视传输网络的带宽是极其有限的传输资源。随着上星频道数量的增加，带宽资源越来越紧张，这就类似于繁忙的机场面对众多需要降落的航班的情形。为了争取有限的带宽资源，让自己的节目进入千家万户，卫视频道逐渐开始向有线电视网络运营商缴纳落地费。

随着安徽卫视率先通过付费的方式在本地有线电视网络中落地，主动付费落地的行业规则由此形成（杨龙，2008）。2004 年在杭州进行了第一次卫视频道落地权的拍卖。到 2009 年，在全国各省级卫视中，交给落地方，以及与此直接关联的覆盖经费（它通常不仅包含交给落地方有线电视网络的落地费，而且包括"落于"该地宾馆、车站、学校等单位的费用）达到上亿元的就有 8 家，江苏、浙江等东部沿海省级卫视的覆盖投入更是达到 1.2 亿元。2010 年，全国各省级卫视均大幅提高了覆盖力度，投入覆盖经费 1 亿元以上的有 9 家；另有 8 家投入超过 9000 万元。贵州卫视、江西卫视等一些中西部省级卫视每年覆盖投入也达到 8000 万~9000 万元，这笔经费占到全频道成本的 1/3 左右，超过 1 亿元的占比达到 37.5%（于秀娟，2010）。图 4-1 给出了 2010 年以后部分上市公司落地费的变化状况，个别公司的落地费收入已经超过 3 亿元。

当然，近年来（如 2017 年），部分运营商支付的落地费的增长势头得到遏制，部分公司甚至有所下降（图 4-1），IPTV 的异军突起（所导致的竞争效益）、卫视的品牌效应等都是重要的影响因素。

随着网络信号传输方式的模数转换，在信号传输带宽已经不再成为稀缺资源之后的一段时期内[①]，为什么落地费却仍然有较大幅度的上涨呢？

20 世纪时，因为电视处于模拟时代，同时有线电视网络技术尚未得到充分发展，所以带宽资源有限。但是，进入 21 世纪后，我国各地纷纷进行有线网络数字

---

① 那时，诸如 IPTV 一类的进入者竞争尚未充分展开。

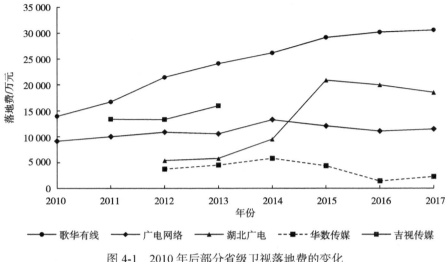

图 4-1 2010 年后部分省级卫视落地费的变化
资料来源：根据各公司的历年年报整理

化改造，带宽资源已经大大丰富。部分城市的有线网在 2007 年时就已经升级到 49 芯光纤传输网络，一芯的容量就可以传播数套节目。即使已有的电视频道被全部传输，仍将空出 40 多芯处于未被利用的状态（杨龙，2008）。

在这种情况下，仅从带宽资源紧张的角度已经不足以解释落地费上涨的现象。人们更多地把原因归结于本地有线电视网络运营商的垄断地位。然而随着三网融合时代的来临，电信运营商（曾经的电信网络运营商）陆续开通 IPTV 传输电视节目，而且互联网上的网络电视也在各地相继开通，有线电视网络运营商应当面临一个可竞争的电视（视频内容）市场。

或许，传统经济学的资源稀缺和垄断市场等理论已经不能充分解释有线电视网络运营商的这一"反常"的市场行为。这是因为在传统分析中，一个重要的假设是市场结构为单边市场。实际上，有线电视网络运营商在扮演着一个双边市场的平台角色，而市场结构的改变会导致公司的定价行为不同于单边市场行为。稍后的分析将会表明，双边市场下的分析喻示着有线电视网络运营商抬高落地费是其理性选择。沿用单边市场思路的一些规制措施将会进一步促使落地费不降反升。当然，我们也会看到，在规制约束下，运营商追求利润最大化的过程将导致低效率的结果。

有线电视网络运营商在本地区域中属于垄断厂商，因此一直受到政府一定程度的规制。主要表现为电视观众的接入费受到规制，同时有线电视网络运营商不被允许经营插播广告业务（开机广告等除外），因此观众在有线电视节目中看到的广告主要来自频道运营商，即各电视台在节目之间插播的广告才是合法的。对于卫视频道落地费的收取数额目前并没有明文规定，大致在电视频道运营商之间，以及电视频道运营商和有线电视网络运营商之间的博弈过程中逐渐形成。但在广电业内部，尤其是电视台方面一直对落地费持反对态度，认为它加剧了卫视频道和广告客户的生存压力（张辰等，2007）。

不过，我们也应看到，对于有线电视网络运营商而言，仅仅依靠电视观众的收视费尚难以弥补其对网络建设的投资。比照电信产业可以发现，电信运营商在向各类公司收取网络接入费，用以弥补基础设施建设的投入，而收取卫视频道落地费的实质也类似于电信市场的网络接入费，从市场行为的角度考虑也有一定的合理性。

卫视频道落地费自 2004 年采用拍卖方式后，目前仍然大多采用每年一次性收取的方式，与卫视频道的经营收入无关，不妨称之为一次性落地费。另外，各地有线电视网络运营商与内容集成商、专业频道运营商合作，推出了不少收费频道。在这些收费频道中，有线电视网络运营商与合作方按收入分成。这一方式的本质也具有落地费的性质。由于它是按照一定比例从频道运营商的收入中提取，不妨称之为分成式落地费。

在模拟信号时代，网络运营商尚不能获得与消费者有关的收视信息，因此，那时一次性落地费是对卫视频道收取费用的唯一方式。而在采用数字信号传输电视内容以后，网络运营商可以从机顶盒的 CA 系统中获得诸如用户的收视率等有关信息。从技术上讲，可以把一次性落地费改为分成式落地费，由有线电视网络运营商根据卫视频道的收视率按分成式落地费方式收取。那么，这种分成式落地费是否会改变频道运营商的处境，是否比一次性落地费更有效率，能给消费者带来更大的福利呢？本章将应用双边市场的有关理论，通过扩展 Armstrong（2006）模型，在区域性垄断市场结构，以及三网融合时引入电信运营商、展开 IPTV 业务、出现平台竞争的情况下，分析有线电视网络运营商采取不同方式收取落地费时（对频道运营商和消费者所）采取的定价策略，并进一步讨论消费者、有线电视网络运营商和频道运营商及广告客户之间的利益关系。

4.1.3　双边市场的定义与特征

在传统产业中，商品交换是一个线性的路径，制造商将产品卖给批发商，批发商再将产品卖给零售商，零售商最终将产品卖给用户（Eisenmann et al., 2011）。我们常见的这种线性过程是典型的单边市场（当然这个定义不够严格，在专题 4-1 中将引入更学术化的定义）。其实在现实生活中双边市场早已存在，如古老的房产中介行业及传媒产业中的报纸等。随着金融业和信息技术的发展，银行卡平台、网上交易平台作为双边市场进入了人们的视野。

专题 4-1　双边市场的经典定义

针对双边市场的相关研究起源于世纪之交。当时，美国、欧洲和澳大利亚出现了针对国际银行卡市场的一系列反垄断诉讼（Chakravorti and Roson，2006）。2004 年，法国图卢兹大学著名的产业经济研究所和政策研究中心联合主办了"双边市场学术会议"，标志着双边市场理论的初步形成。

双边市场研究一般将对平台服务有所需求的客户分为两类——卖方用户和买方用户。卖方用户通过平台运营商向买方用户提供多样化的产品或服务，买方用户通过平台运营商从卖方用户处获得其提供的多样化的产品或服务。这种形式可以表述为一种双边市场，即市场由三个部分组成：卖方用户、（中介性）平台和买方用户（图 4-2）。

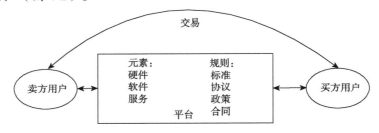

图 4-2　双边市场结构示意图

资料来源：根据 Eisenmann 等（2011）整理

具有如图 4-2 所示的市场交易形式只是双边市场的必要条件，许多具有类似形式的市场并不能被称为双边市场。进一步，参考 Evans（2002）对双边市场的更为详细的定义可知，双边市场在任何时候都需要具有三个特征：①存在两个不同的用户群；②一边用户的价值随着另一边用户数量的增加而增加；③需要一个中介来内部化这种交叉的网络外部性。

从上述概念和特点出发，可以看出有线电视业属于典型的双边市场，它的卖方用户是频道运营商、广告业主等，买方用户则是众多的电视观众，而有线电视网络运营商是平台服务的提供者。显然，平台一边的电视观众越多，则对平台另一边的频道运营商和广告业主的价值就越大；反之亦然，平台另一边提供电视节目的频道越多，则对电视观众一边的价值就越大，而广告越多，则可能对电视观众和频道运营商产生越大的负价值。

另外，根据 Rochet 和 Tirole（2006）的定义，如果在每次交易中，平台向卖方收取费用 a^S，向买方收取费用 a^B，则总费用为 $a = a^S + a^B$。如果市场交易量与费用结构无关，只与总费用相关，则为单边市场；如果总费用保持不变，但调整 a^S 和 a^B 的大小将导致交易量改变，则为双边市场。该定义从数学角度更精确地区分了双边市场和单边市场的概念，强调了定价结构对双边市场的重要性。

虽然双边市场最重要的特征是网络外部性，但其不同于传统的网络外部性。传统的网络外部性是基于同一种产品或市场而言，用户越多，对新用户的吸引力就越大。这种传统的网络外部性在电信产业中已经得到过较深入的探讨（Katz and Shapiro，1985）。而在双边市场中的网络外部性则主要表现为交叉网络外部性，即平台一边的用户数量会影响平台另一边的用户价值。根据这一特性，可以进一步将交叉网络外部性区分为两种不同类型的外部性：会员外部性（membership externality）和使用外部性（usage externality）（Rochet and Tirole，2006）。它们各自的结构如图 4-3 所示。

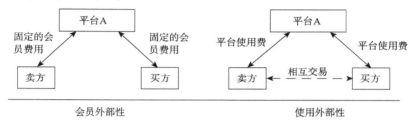

图 4-3　两种不同类型的网络外部性

会员外部性是指只要加入了这个平台就对另一方用户的效用产生影响，而不管交易是否实际发生。这种外部性属于事前的外部性。这种交易包括两种：一次性交易市场（如不动产）和多次交易市场（如手机游戏开发商和用户）。

使用外部性只有在实际交易发生之后才会显现，因此属于事后的外部性。其网络外部性来自双边用户的交易。每一边的用户都会从每次交易中获得利益（Cortade，2006）。

现实经济中的双边市场往往同时存在着这两种外部性。对于由有线电视构成的双边市场而言，电视观众和频道运营商之间几乎不产生直接交易，主要属于会员外部性。

从概念提出的角度看，双边市场理论融合了网络外部性和多产品定价的问题（Rochet and Tirole，2003）。双边市场理论既从网络外部性理论中引入了无法内部化的外部性问题，又从多产品定价理论中引入了价格结构与价格水平的问题。双边市场理论研究的出发点是终端用户无法内部化其他终端用户使用平台所产生的福利效应。

除了专题 4-1 给出的一些经典概念外，Hagiu（2004）进一步将双边市场分为四类。第一类为中介市场，平台充当了市场双方的"媒介"，主要包括婚姻介绍、房地产经纪、网络 B2B（business to business）和 B2C、拍卖及股票交易市场。第二类为观众创造的市场，其中平台充当市场创造者，为多组买者和多组卖者进行匹配，主要包括电话黄页、电视、报纸、网络门户等市场。第三类为共享投入的市场，典型的例子包括软件及电动游戏市场等，在这些市场中，市场一侧的使用者对另一侧应用程序制造商的部分产品感兴趣，但是只有在获得了瓶颈投入（如操作系统或者控制台）后才能使用这部分产品。第四类为基于交易的市场，其中平台经营者可以计算所有市场双方所发生的交易。他们面临两阶段问题：在第一阶段，平台的经营者必须让双方都能处于平台之上；在第二阶段，平台经营者必须鼓励平台双方的参与者更多地进行交易。这类市场主要包括银行卡市场、3G（4G乃至多 G）电信网络市场及数字电视市场。

4.1.4 文献回顾

学者对各类具有双边市场特性的产业进行了深入研究，如 Chakravorti（2003）总结了银行卡产业对银行、零售商和消费者的影响，并认为银行卡服务具有与众不同的特点，因此有关价格等的反垄断政策并不适用于该市场。Caillaud 和 Jullien（2003）研究了电子媒介市场，表明在位平台商向双边用户按交易收费比注册费方式更容易阻止新的进入者。Armstrong（2006）给出了一个考虑注册费和水平差异化的双边市场研究框架，并分析了报纸产业对广告客户和消费者的定价行为。石奇和岳中刚（2008）则以双边市场理论研究了零售商收取通道费的不同方式对生产商形成的纵向约束。

不同的竞争形式会影响双边市场的绩效。Chakravorti 和 Roson（2006）研究了在双寡头垄断情况下，差异性平台中存在卡特尔的市场均衡。他们的研究表明，当市场结构从垄断性卡特尔转向双寡头垄断竞争时，价格下降的效应将会强于价格结构变化的效应，对福利存在正效应。

由于双边市场不同于单边市场的特征，各国的反垄断法在双边市场的应用中面临挑战。在一些特定情况下，对双边市场的错误理解会产生错误的政策。产生这些错误的原因主要是政策制定者和执行者缺少对双边市场典型特征的了解，特别是对两侧市场中参与人决策相互依赖性的了解。

对双边市场理解最常见的错误是单独地考虑某个子市场。双边市场的形成需要平台双方的参与，高于边际成本或平均成本的价格并不一定意味着存在市场势力，同时，价格低于边际成本并不一定意味着发生了掠夺性定价，两种现象同时存在也不一定是出现了交叉补贴（Wright，2004）。

通常受到反托拉斯法限制的搭配销售行为在双边市场中需要更为合理的解释。Rochet 和 Tirole（2008）给出了两个提供同样服务的竞争性平台之间的竞争模型。其中，一个平台的经营者是另一个双边市场的垄断者。捆绑在两个市场中出售的产品会减少价格竞争，因此，从平台及社会福利的角度来看，多市场平台可以达到一个更好的价格平衡。Jullien（2005）则注意到搭配销售可以作为双边市场均衡情况下网络规模的有效承诺，而这样的承诺基于了参与者预期。

另外，即使平台一侧拥有明显的用户基础，也不一定能被理解为存在对另一侧市场的进入壁垒。如微软反托拉斯案例中，人们认为基于视窗操作系统的大范围应用程序（的存在性）对视窗操作系统的竞争者来说形成了进入壁垒。这样的观点是片面的。尽管如此，网络外部性产生的效应究竟是否为中性，仍依赖于双边市场的具体特征（Evans，2003）。

国内针对双边市场开展了较系统研究的还有以陈宏民教授为首的上海交通大学安泰经济与管理学院产业组织与技术创新研究中心的团队，他们的典型工作主要是关于双边市场的理论框架构建，并且分析了相关细分产业的双边市场共性、特性和平台企业的竞争策略，主要包括银行卡、传媒、中介、操作系统软件和第三方金融数字身份认证等方面的研究（陈宏民和胥莉，2007）。其他学者则研究了银行卡产业双边市场特征下的规制和反垄断问题（董维刚和张昕竹，2007；骆品亮和殷华祥，2009），或将双边市场理论拓展到有关媒体产业（万兴等，2010；朱振中和吕廷杰，2007）和娱乐产业（李明志等，2010，2012）的分析。

我们不再综述此后的有关文献，虽然自 2012 年以后，双边市场理论继续得到长足的发展，主要是因为我们即将分析的"卫视落地费"作为曾经的一个电视竞争的经典问题在 2010 年初期的中国格外受到各方的关注，而我们的分析也主要基于那一时期的情形，采用的双边市场理论和模型也主要基于那一时期的有关理论成果。

基于双边市场角度的分析可以为我们更深刻地理解三网融合初期，尤其是模拟电视向数字电视转换时期（这一时期的显著特征是来自其他网络的电视运营商，如 IPTV、网络电视的运营商尚未和有线电视网络运营商展开充分竞争）的卫视频道落地费问题奠定基础。后文的分析将表明，规制措施沿用单边市场下的思路，是落地费高于预期的重要原因之一。

专题 4-2　Armstrong（2006）双边市场模型

Armstrong 等在 2006 年发表的论文中考察了垄断型双边市场中的交叉网络外部性和平台的固定收费问题，以及寡头竞争型双边市场中用户单归属和多归属情形下的相关问题。模型的基本假设为（为了方便读者的阅读，此处统一改为本章采用的符号，而未沿用 Armstrong 等在 2006 年发表的论文中的数学符号）：某双边市场中垄断公司为生产商和消费者提供服务，生产商和消费者的效用分别为

$$u_1 = b_1 n_2 - f_1$$
$$u_2 = b_2 n_1 - f_2$$

则生产商和消费者加入平台的数量分别为

$$n_1 = \rho_1(u_1)$$
$$n_2 = \rho_2(u_2)$$

则均衡下的平台收费为

$$f_1 = c_1 + \frac{\rho_1(u_1)}{\rho_1'(u_1)} - b_2 n_2$$

$$f_2 = c_2 + \frac{\rho_2(u_2)}{\rho_2'(u_2)} - b_1 n_1$$

其中，c 为接入成本；ρ 为生产商或消费者数量关于效用的函数。

可知平台收费与成本正相关，与需求弹性和交叉网络外部性负相关。

对于竞争性平台，假设生产商和消费者都是 Hotelling 模型下的线性分布，首先假设它们都是单归属用户，均衡收费 $f_1 = c_1 + t_1 - b_2$、$f_2 = c_2 + t_2 - b_1$，从而表明在市场两边如果都是单归属性质，竞争会导致平台更重视网络外部性，价格下调幅度会增加。

如果接着假设生产商为多归属性质，根据文中给出的一个一般函数的分析框架，进一步的研究结果表明竞争性平台定价时会忽略多归属厂商的利益，吸引到平台厂商的数量将较少。

资料来源：Armstrong M. 2006. Competition in two-sided markets. The RAND of Journal of Economics，37（3）：668-691

本书随后的有关分析将基于专题 4-2 的双边市场模型展开。

4.2　消费者接入费和广告播放不受规制时的情形

本节将在 Armstrong（2006）双边市场模型（专题 4-2）的基础上，引入有关有线电视双边市场特征的变量，讨论电视频道落地费的合理性问题。首先讨论完全不存在规制时的基本情形。

4.2.1　变量假设及基本模型

假设某一地区存在一个垄断的有线电视网络运营商，其向消费者提供数字电视的接入，收取固定的接入费（即有线电视维护费）；向频道运营商提供节目转播的网络接入，每年收取一次性落地费。由于完全没有规制，有线电视网络运营商可以播放自己的广告。

假设有 n_1 个频道运营商，对频道运营商收取的一次性落地费为 f_1；假设有 n_2 个消费者加入有线网络，系数 b_{21} 为有线电视网络运营商的用户增加对频道运营商产生的网络外部性；有线电视网络运营商在其网络上插播广告，势必对频道运营商的节目，以及频道运营商自己的广告投放产生负面影响,通常广告数量随广告商数量增加而增加。本节为了分析方便,假设广告商数量为 n_3,广告数量的增加将对频道运营商产生负的网络外部性,以系数 $-a_{31}$ 表示。在这些基本假设下,频道运营商的效用为

$$u_1 = b_{21}n_2 - a_{31}n_3 - f_1 \tag{4-1}$$

对于单个消费者而言,收看有线电视须缴纳固定的接入费,为 f_2,系数 b_{12} 为频道运营商的增加对消费者产生的网络外部性;系数 $-b_{32}$ 为广告数量增加对消费者产生的负网络外部性,这是因为广告的增加基本上对消费者产生负面的收视体验。基于这些假设,消费者加入有线电视网络的效用为

$$u_2 = b_{12}n_1 - b_{32}n_3 - f_2 \tag{4-2}$$

类似地,对于单个广告商而言,其在当地有线电视网络运营商做广告,产生接入费 f_3,以系数 b_{23} 表示电视观众的数量对广告商产生的正网络外部性,以系数 a_{13} 表示频道运营商的数量对广告商来说产生的正网络外部性,则广告商加入有线电视网络的效用为

$$u_3 = b_{23}n_2 + a_{13}n_1 - f_3 \tag{4-3}$$

此处采用 Armstrong(2006)对模型的处理方式,即频道运营商、消费者和广告商的数量都可以表示为各自效用的增函数,即

$$n_1 = \rho_1(u_1), \ n_2 = \rho_2(u_2), \ n_3 = \rho_3(u_3) \tag{4-4}$$

而频道运营商、消费者和广告商三方的关系可以用图 4-4 表示。

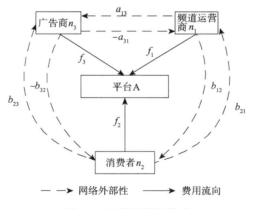

图 4-4　网络外部性模式

4.2.2　模型求解

假设有线电视网络运营商向频道运营商提供网络接入产生成本 c_1,向消费者提供接入产生成本 c_2,向广告商提供广告接入产生成本 c_3,在广告和消费者的入网都不受规制的情况下,有线电视网络运营商追求利润最大化的模型如下:

$$\pi = \max_{f_1, f_2, f_3} n_1(f_1 - c_1) + n_2(f_2 - c_2) + n_3(f_3 - c_3) \tag{4-5}$$

在不引起歧义的情况下，用 ρ_1 表示 $\rho_1(u_1)$，ρ_2 类似。式（4-5）可转换为用效用表示的形式：

$$\pi = \max_{u_1,u_2,u_3} \rho_1(b_{21}\rho_2 - a_{31}\rho_3 - u_1 - c_1)$$
$$+ \rho_2(b_{12}\rho_1 - b_{32}\rho_3 - u_2 - c_2) + \rho_3(b_{23}\rho_2 + a_{13}\rho_1 - u_3 - c_3) \tag{4-6}$$

利用一阶条件可以得到接入费定价公式为

$$f_1 = c_1 + \frac{\rho_1}{\rho_1'} - (b_{12}n_2 + a_{13}n_3)$$

$$f_2 = c_2 + \frac{\rho_2}{\rho_2'} - (b_{21}n_1 + b_{23}n_3) \tag{4-7}$$

$$f_3 = c_3 + \frac{\rho_3}{\rho_3'} + (b_{32}n_2 + a_{31}n_1)$$

有线电视网络运营商对三类用户的定价首先考虑其成本（即 c_i 项，$i=1,2,3$），其次根据消费者的参与弹性对定价做向上的调整（即 $\frac{\rho_i}{\rho_i'}$ 项，$i=1,2,3$），这两项与专题 4-2 中 Armstrong（2006）的基本模型相一致。第三项根据用户对其他类型用户的间接网络外部性做出不同的调整，由于频道运营商和消费者对其他用户产生正的网络外部性，定价均向下调整。对于广告商，因为其对其他用户产生负的网络外部性，所以其定价被向上调整。

通过式（4-7）可以发现，卫视频道的数量对消费者数量和广告商有正的网络外部性，可以增加消费者数量和广告商投入广告，因此，在消费者和广告均不受规制的情况下，有线电视网络运营商对卫视频道的收费有下调的动力。注意到消费者数量对广告商有一定吸引力，因此，如果放松对广告的规制，也有利于下调电视观众的接入费。同时，广告商对卫视频道和观众一般产生负的网络外部性，因此接入费的组成部分除了边际成本和广告需求弹性加成外，还增加了负网络外部性的调整因素。实际上相当于利用广告商补贴了消费者接入费和卫视频道落地费。从而可得如下命题。

命题 4-1 由于卫视频道的网络外部性，网络运营商会降低频道的落地费，广告商的负网络外部性会导致网络运营商对卫视频道和消费者给予一定的交叉补贴。

4.3 规制模式下的分析

在我国当前的情形下，依据《广播电视广告播出管理办法》[①]，包括以前的

---

① 国家广播电影电视总局令第 61 号，2010 年 1 月 1 日起施行。

《广播电视广告播放暂行管理办法》，均要求转播、传输广播电视节目时，不得以任何形式插播自行组织的广告。参考国外经验，有线电视网络运营商与频道运营商之间对广告费是可以分成的，或者广告时段按一定比例分配。因此，尽管目前有线电视网络运营商插播广告受到规制，但并不妨碍我们讨论放松和维持广告规制的经济后果及其差别。

4.3.1　规制消费者接入费时的讨论

不妨假设解除对广告的规制，但仍然规制针对消费者的接入费，在这种情况下是否能有效降低落地费呢？

延续 4.2 节的基本模型，只是消费者接入费 f_2 继续受到规制，成为外生变量，保持不变（也就是说有线网络电视运营商不能直接通过调整 f_2 来调整消费者的效用，只能进行其他的间接调整）。

注意到 f_2 是由规制者制定的价格，视为常量，依据式（4-2），u_2 是以 n_1 和 n_3 为自变量，以 f_2 为参变量的函数，再参考式（4-1）和式（4-3），则式（4-4）中的 n_2 可以表示为 u_1 和 u_3 的函数：

$$n_2 = \rho_2(u_2) = \rho_2(b_{12}\rho_1(u_1) - b_{32}\rho_3(u_3) - f_2) \equiv \rho_2(b_{12}\rho_1 - b_{32}\rho_3 - f_2) \qquad （4\text{-}8）$$

注意这种情况下，ρ_2 是以 u_1 和 u_2 为自变量的复合函数，为了符号表达清晰，在不引起歧义的情况下表示为 $\rho_2(b_{12}\rho_1 - b_{32}\rho_3 - f_2)$，则有线电视网络运营商的利润最大化公式（4-6）转换为

$$\pi = \max_{u_1, u_3} \rho_1(b_{21}\rho_2(b_{12}\rho_1 - b_{32}\rho_3 - f_2) - a_{31}\rho_3 - u_1 - c_1)$$
$$+ \rho_2(b_{12}\rho_1 - b_{32}\rho_3 - f_2)(f_2 - c_2) + \rho_3(b_{23}\rho_2(b_{12}\rho_1 - b_{32}\rho_3 - f_2) + a_{13}\rho_1 - u_3 - c_3)$$
$$（4\text{-}9）$$

利用复合函数求导可得两个一阶条件：

$$\frac{\partial \pi}{\partial u_1} = 0 = \rho_1'(f_{1c} - c_1) + \rho_1(b_{21}b_{12}\rho_2'\rho_1' - 1) + b_{12}\rho_2'\rho_1'(f_2 - c_2) + \rho_3(b_{23}b_{12}\rho_2'\rho_1' + a_{13}\rho_1')$$

$$\frac{\partial \pi}{\partial u_3} = 0 = \rho_1(-b_{21}b_{32}\rho_2'\rho_3' - a_{31}\rho_3') - b_{32}\rho_2'\rho_3'(f_2 - c_2) + \rho_3'(f_{3c} - c) + \rho_3(-b_{23}b_{32}\rho_2'\rho_1' - 1)$$

进一步对一阶条件构成的方程组求解，可得落地费和广告客户接入费的定价。

$$f_{1c} = c_1 + \frac{\rho_1}{\rho_1'} - \alpha_{13}n_3 - b_{12}\rho_2'(b_{21}n_1 + (f_2 - c_2) + b_{23}n_3)$$
$$（4\text{-}10）$$
$$f_{3c} = c_2 + \frac{\rho_3}{\rho_3'} - \alpha_{31}n_1 + b_{32}\rho_2'(b_{23}n_3 + (f_2 - c_2) + b_{21}n_1)$$

下标 c 表示消费者接入费受规制的情形。比较式（4-10）和式（4-7），我国有线电视有以下几种特殊情形。

首先，由政府按照接近成本的价格对消费者接入费 f_2 的设定进行规制，因此 $f_2 - c_2 \approx 0$。

其次，在我国的有线电视发展过程中，因为对消费者缴纳的接入费实行价格规制（只能对消费者收取较低的价格），且长期以来各个地方有线电视只由一家垄断运行，大多数城市的居民几乎全部加入了当地的有线电视网络，用户接近饱和。所以可以认为在（分析期时的）中国 $\rho_2'(u_2) \ll 1$，即提高消费者的效用将难以再增加入网人数。

最后，电视市场中消费者数量远多于频道运营商和广告商的数量，即 $n_2 > n_1 + n_3$，而且单个消费者影响有限，间接网络效应是小于 1 的参数。

综上可得 $n_2 > \rho_2'(b_{21}n_1 + (f_2 - c_2) + b_{23}n_3)$ 和 $n_2 > \rho_2'(b_{23}n_3 + (f_2 - c_2) + b_{21}n_1)$。

由此可知，对 f_2 的规制，将导致 $f_1 < f_{1c}$、$f_3 > f_{3c}$。

因此，尽管频道运营商对消费者有网络外部性，但因为消费者接入费受到规制，则对落地费的设定过程中这种外部性带来的收益较小，所以对落地费的收取将主要考虑频道运营商对广告客户的网络外部性，这将导致落地费相对较高。类似地，有线电视网络运营商在对广告商的定价过程中，将会较少考虑其对消费者的负网络外部性，从而导致对广告商收取较低的接入费。由于消费者接入费的规制，有线电视网络运营商只对频道运营商给予较少的交叉补贴。

由此，可得如下命题。

命题 4-2　在消费者接入费继续受到规制，仅放松广告规制的情形下，频道运营商对消费者的正网络外部性将降低，有线电视网络运营商会提高收取的卫视频道落地费而降低对广告商的收费。

4.3.2　同时规制插播广告时的讨论

如本节开始所述，目前不仅消费者的有线电视接入费受到规制，有线电视网络运营商也被禁止插播广告，有线电视中的广告均来自频道运营商（网络的开机广告除外）。由于几乎没有广告商向有线电视网络运营商投放广告，图 4-4 中的网络外部性模式可以简化为形如 Armstrong（2006）讨论的一般双边市场模式。在这种情况下，式（4-1）和式（4-2）将简化为 $u_1 = b_{21}n_2 - f_1$ 和 $u_2 = b_{12}n_1 - f_2$。由于此时消费者的接入费也受规制，类似式（4-8）的分析，取 $n_2 = \rho_2(u_2) = \rho_2(b_{12}\rho_1(u_1) - f_2) \equiv \rho_2(b_{12}\rho_1 - f_2)$。其余仍延续基本模型的假设，则有线电视网络运营商的利润式（4-6）转换为

$$\pi = \max_{u_1} \rho_1(b_{21}\rho_2(b_{12}\rho_1 - f_2) - u_1 - c_1) + \rho_2(b_{12}\rho_1 - f_2)(f_2 - c_2) \quad （4-11）$$

根据一阶条件和复合函数求导法则，则有

$$\frac{\partial \pi}{\partial u_1} = 0 = \rho_1'(b_1\rho_2 - u_1 - c_1) + \rho_1(b_1 b_2 \rho_1' \rho_2' - 1) + b_2 \rho_1' \rho_2'(f_2 - c_2) \qquad （4-12）$$

可得落地费的定价公式：

$$f_{1ca} = c_1 + \frac{\rho_1(u_1)}{\rho_1'(u_1)} - b_{12}\rho_2'(u_2)\left[b_{21}n_1 + (f_2 - c_2)\right] \qquad （4-13）$$

f_{1ca} 中下标 c 表示消费者接入费受规制，下标 a 表示有线电视网络运营商插播广告受规制。类似于 4.3.1 节命题 4-2 中的讨论，此时有线电视网络运营商对落地费的定价不仅较少考虑频道运营商对消费者的网络外部性，而且完全不考虑广告商的负网络外部性，结果有 $f_{1ca} > f_{1c} > f_1$。其定价模式接近于单边市场的垄断运营商。因此有如下命题。

命题 4-3　当有线电视网络运营商被禁止插播广告且对消费者收取的接入费受规制后，有线电视网络运营商对频道运营商收取一次性落地费时，将不考虑频道运营商对广告商的网络外部性，较少考虑对消费者的网络外部性，从而设定较高的落地费。

通过命题 4-1、命题 4-2 和命题 4-3，还可以进一步得到以下结论。

（1）b_{12} 可以视为频道运营商对消费者的影响力。由式（4-7）可知，当消费者接入费不受规制时，落地费与卫视频道的品牌影响力成反比。对于已经具有了相当影响力的频道品牌，由于网络外部性的作用产生的下调费用较大，有线电视网络运营商会对这类频道运营商收取较低的落地费，通过品牌频道的品牌效应吸引更多的消费者加入网络。

（2）由命题 4-2 和命题 4-3 可知，当消费者的接入费受到规制时，卫视频道的品牌将难以发挥应有的效应，有线电视网络运营商较少考虑品牌频道对消费者的吸引力，表现为网络外部性产生的下调费用较小。有线电视网络运营商将尽力内部化网络外部性所产生的利润，定价时主要考虑需求弹性因素产生的上抬费用，因此，卫视频道无论优质与否，将一律被收取高价落地费。

（3）无论消费者的接入费是否受到规制，落地费与有线电视网络运营商的区位优势和规模成正比。在省会城市和发达地区的中心城区，有线电视网络运营商收取的落地费较高。这是因为在电视内容制作竞争日益激烈的市场条件下，卫视频道迫切需要大规模地传播媒体网络，扩大电视受众数量，由此才能通过提高广告费用来增加盈利。因此，中心城市的有线电视网络成为一种稀缺资源，卫视频道对此类有线电视网络的需求弹性较低，为此支付的落地费较高。

（4）当消费者的接入费和有线电视网络运营商的广告同时受到规制时，落地费对消费者形成交叉补贴。分析式（4-13）和式（4-7）可知，如果完全没有受到规制，则落地费中包含较大的下调费用。当受到规制时，有线电视网络运营商为谋取最大利润，则向频道运营商收取的落地费中减少了下调费用，这实质上是用抬高的落地费对消费者的低接入费形成了交叉补贴。

上述分析可以解释为什么卫视频道的落地费在网络融合后的一段时期仍然会大幅度提高。根据有关统计（杨龙，2008），2001~2004 年，全国省级卫视每年的覆盖预算几乎都在以翻番的速度递增。一些省会和沿海发达城市的落地价格甚至上涨了 10 倍。歌华有线等几家上市公司的落地费，在 2010 年后也均有不同幅度的上升。产生这一现象的部分原因在于消费者的接入费受到低价规制，消费者加入有线电视网的成本较低，同时有线电视网络运营商被禁止插播广告，导致其几乎不考虑频道运营商对广告和消费者的影响。

上述结论也可以解释案例 4-1 所述的宁波广电为何曾因落地费的问题在 2008年一度停播湖南卫视这一现象（杨龙，2008）。湖南卫视在消费者中的影响力相当大，当消费者的接入费和广告不受规制时，有线电视网络运营商会通过吸引优质卫视频道的方式吸引消费者加入网络。当消费者的接入费受到规制时，运营商会较少考虑卫视频道的品牌效应，因为减少优质卫视频道并不会减少其消费者的市场份额，自然也不会降低其利润。当然，从长远来看，品牌效应的消失将会影响卫视频道对内容建设的投入，最终影响消费者的效用。

4.3.3　关于分成式落地费的讨论

前文的讨论主要针对一次性落地费。在采用数字信号传输技术后，消费者收看某一频道的时间就可以通过机顶盒系统完整地记录下来。正是因为这一技术进步，有线电视网络运营商可以在付费频道中采用收入分成的方式收费。这实质上相当于对落地费采用了后付费的方式，它带来的好处是频道运营商不必事先付出大笔费用，而是根据该频道的收视情况缴纳费用，这样有线电视网络运营商就可能与频道运营商共担风险。

那么，面对不断见涨的落地费，规制者是否可以要求有线电视网络运营商通过采用类似收费频道的方式，对卫视频道按点播量收取费用呢？这种方式是否可以缓解卫视频道的资金压力呢？我们可以进一步分析分成式落地费对频道运营商的影响。

在将收取一次性落地费修改为按照收视率情况收费的情形下，不妨假设一个频道的平均收视率为 s，则式（4-1）改为

$$u_1 = b_{21}n_2 - p_1 n_2 s \qquad (4\text{-}14)$$

但对于消费者来说，仍然面对着免费频道，其效用仍然沿用式（4-2），则有线电视网络运营商的利润函数为

$$\pi = \max_{p_1} p_1 n_2 s n_1 - c_1 n_1 + n_2(f_2 - c_2) \qquad (4\text{-}15)$$

参考式（4-1）、式（4-4）和式（4-8），式（4-15）可转化为以效用 u_1 表示的利润函数

$$\pi = \max_{u_1} \left(\frac{b_{21}}{s} - \frac{u_1}{\rho_2(b_{12}\rho_1 - f_2)s} \right) \rho_1 \rho_2 (b_{12}\rho_1 - f_2)s - c_1\rho_1 + \rho_2(b_{12}\rho_1 - f_2)(f_2 - c_2)$$

（4-16）

利用一阶条件和复合函数求导可得

$$p_1 = \frac{c_1 + \frac{\rho_1(u_1)}{\rho_1'(u_1)} - [b_1 b_2 n_1 \rho_2'(u_2) + b_2 \rho_2'(u_2)(f_2 - c_2)]}{n_2 s}$$

（4-17）

与式（4-13）对比可知，只要有线电视网络运营商把分成费用 p_1 设定为 $p_1 = \frac{f_1}{n_2 s}$，则按照收视率向卫视频道收取的分成式落地费与一次性落地费的总值是一样的。但是，每个频道的收视率不同，因此实行分成式落地费后，每个频道的落地费为 $p_1 n_2 s_i$，其中 s_i 是实际收视率。这实际上导致了品牌频道运营商对非品牌频道运营商的补贴。因此我们有如下命题。

命题 4-4 实行按收视率收取的分成式落地费后，平均落地费与一次性落地费相同，但会导致高效益频道运营商对低效益频道运营商的交叉补贴。

从命题 4-4 可知，分成式落地费带来的有利影响将是减轻了低效益频道运营商的成本压力，可以节省部分落地费用于改善品牌质量；带来的不利影响是高效益频道运营商的处境不仅没有改善，反而需要补贴低效益频道运营商，将不利于其对频道质量的后续投入。实际上，在众多频道运营商中，低效益频道运营商占了大多数，由于分成式落地费有利于这些低效益频道，我们就可以在媒体上发现要求按分成方式收取落地费的呼声较高。

这个结果可以帮助我们理解为什么有线电视网络运营商对分成式落地费并不积极这一现象。面对着三网融合背景下的电视竞争市场，有线电视网络运营商还是需要利用高效益频道运营商的优质节目吸引观众。如果采取分成式落地费，将会影响品牌频道的播出。因此，有线电视网络运营商对分成式收费方式普遍表现平淡，多数人仍然倾向于维持一次性落地费的收取方式就是可以理解的了。

4.4 区域竞争形态下的落地费问题

本节主要讨论允许竞争性网络运营商收取广告费会对落地定价产生何种影响。

前文讨论了在区域垄断情况下，有线电视网络运营商基于双边市场的定价问题。当消费者接入费和广告同时受规制时，有线电视网络运营商对卫视频道收取较高的落地费，基本不考虑其对消费者和广告客户的外部性。那么，进入网络融合时代以后，有线电视的区域垄断有可能被打破，至少其垄断势力会受到一定程度的削弱。有些地区的 IPTV 用户将会发展得很快，例如，像上海电信与上海文广新闻传媒集团（以下简称上海文广）的合作，其用户占有率在短时间内达到了42%（顾成彦和胡汉辉，2008）。

在模拟电视时代，由于网络融合尚未全面开始，我国的有线电视运营基本上处于垄断地位，也由此产生了有线电视网络运营商向频道运营商收取较高落地费的现象（杨龙，2008）。随着电信的 IPTV 加入对电视观众的争夺之后，竞争是否会带来价格的下降呢？卫视频道早已不堪承受巨额的落地费，一度寄希望于电信运营商的 IPTV 与有线电视的竞争。但是，从部分 IPTV 的试点城市看，频道落地费并没有明显下降，有些地区仍在上升。本节将引入横向差异化竞争模型，试图对此现象给予经济学的解释。

本节的分析将延续 4.2 节的建模思路，不过分析顺序有所不同，首先分析网络运营商在广告受规制情形下的定价行为，这种情形正是目前我国各地区的普遍状况。其次分析放松广告规制情形下网络运营商的定价行为，该情形是美国电视业高度发达后形成的一种商业模式。

4.4.1　广告规制情形下的竞争

假设在某个地区的有线电视产业链中存在原广电系统的有线电视网络运营商，通过有线电视网络向消费者提供电视节目。同时电信网络运营商也通过电信宽带向该地区的消费者提供 IPTV。此时的电视产业链为：上游的频道供应商向网络运营商（有线电视网络运营商或电信网络运营商）提供打包的节目频道，再由网络运营商通过自己的网络传播给观众，产业链的下游为电视观众。

由于频道运营商制作节目的成本较高，而复制和传播其内容的成本却极低，这就意味着频道运营商在多加入一个播出平台时，除了网络接入费（落地费）之外，产生的成本并不大，而多加入一个播出平台，其可能的用户数却是成倍增加，同时带来的广告效益也会相应增加。现实中，频道运营商一般会同时加入多个播出平台，最大限度地播出自己的节目。因此，可以认为频道运营商属于多归属群体（multi-homing groups）。事实上，从 2010 年上海和杭州的有线电视市场的竞争结果看，收费频道提供商基本上同时选择在两家网络运营商的网络上播出自己的收费频道。

对于消费者来说，无论是否订购收费频道，只要接入一家网络，就要缴纳固定的接入费，而收看到的有线电视频道基本类似，因此消费者一般会选择某一家网络运营商提供的电视节目，它们属于单归属群体（single-homing group）。

本节仍将借鉴专题 4-2 中 Armstrong（2006）的分析框架，利用 Hotelling 模型，将 4.2 节讨论的垄断情形扩展到网络融合后的双寡头竞争情形，继续分析引入竞争后网络运营商对频道运营商和消费者的定价机制。

　　假设在区域性市场中存在有线电视网络运营商 i 和电信运营商 j。消费者在长度为 1 的线性市场上服从连续均匀分布,网络运营商分别位于市场的两端。t 表示消费者到达网络运营商处的成本,也可以表示两个网络运营商服务的替代程度。t 越大,说明两个网络运营商的替代程度越小,或者说彼此之间的服务差异越大,因此,也可以将其视为网络运营商在消费者市场上竞争程度的参数。频道运营商以序号 1 表示,消费者以序号 2 表示。

　　假设网络运营商 i（或 j）向频道运营商提供网络接入产生成本 c_1^i,上标表示运营商,下标表示双边市场中的某边用户。网络运营商向频道运营商收取落地费 f_1^i。这里我们仍设定为一次性落地费。4.3.3 节中关于分成式落地费的分析已经表明,在总量上一次性落地费和分成式落地费是等价的。分成式落地费只是利用收视率（或者利用机顶盒记录点播次数）将落地费在不同频道运营商之间进行再分配,而我们在对网络运营商的分析中,则更关注网络接入费在频道运营商和消费者之间的分配。因此,为了分析的简单和清晰,我们将以一次性落地费的讨论为代表,有关的分析结论容易推广到分成式落地费的情形。

　　假设网络运营商向消费者提供电视接入产生成本 c_2^i。当某个消费者接入该网络,则可以收取网络接入费 f_2^i。在模型中,我们假设放松对消费者接入费的规制。这是因为引入竞争后,由于竞争的压力,网络运营商已经难以进行垄断定价。

　　假设频道运营商加入网络运营商 i 的数量为 n_1^i,消费者加入该网络运营商的数量为 n_2^i,则频道运营商和消费者的效用为

$$u_1^i = b_{21}n_2^i - f_1^i$$
$$u_2^i = b_{12}n_1^i - f_2^i$$

（4-18）

其中,电视观众对频道运营商的网络外部性为 b_{21};频道运营商对电视观众的网络外部性为 b_{12}。

　　显然,参数 b_{21} 同时刻画了频道运营商的类型差别,类型为 b_{21} 的频道运营商从一个观看它的频道的消费者处获得效用 b_{21}。

　　设函数 $F(b_{21})$ 是以 b_{21} 为参数的频道运营商类型的累积分布函数,因为频道运营商具有多归属的性质,所以频道运营商要么同时通过两个运营商的网络进行频道落地,要么就退出当地市场。这样只有当效用 $b_{21}(n_2^i + n_2^j) - (f_1^i + f_1^j) \geqslant 0$ 时,类型为 b_{21} 的频道运营商才会加入网络运营商 i 和 j,则加入两个网络运营商的频道运营商数量为

$$n_1^i = n_1^j = n_1 = 1 - F\left(\frac{f_1^i + f_1^j}{n_2^i + n_2^j}\right)$$

（4-19）

　　式（4-19）也是频道运营商的需求函数,假设分布函数 $F(b_{21})$ 连续可微,反

函数存在，即逆需求函数存在。网络运营商在消费者一侧展开 Hotelling 竞争，假设两个网络运营商可以对整个市场全覆盖，则网络运营商 i 的市场份额为

$$n_2^i = \frac{1}{2} + \frac{u_2^i - u_2^j}{2t} \qquad （4-20）$$

因为网络运营商对消费者是全覆盖的，所以有 $n_2^i + n_2^j = 1$，式（4-19）转化为

$$n_1 = 1 - F(f_1^i + f_1^j) \qquad （4-21）$$

将式（4-18）代入式（4-20）可得

$$n_2^i = \frac{1}{2} + \frac{(b_{12}n_1^i - f_2^i) - (b_{12}n_1^j - f_2^j)}{2t} \qquad （4-22）$$

上述模型及相关参数如图 4-5 所示。

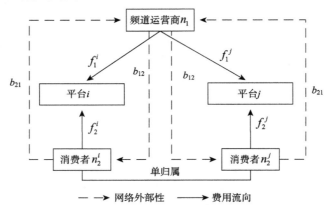

图 4-5　网络运营商双边市场竞争模式

结合式（4-21）和式（4-22），两个网络运营商需要解决的定价问题为

$$\pi^i = \max_{f_1^i, f_2^i} f_1^i n_1^i + f_2^i n_2^i - c_1^i n_1^i - c_2^i n_2^i$$
$$\pi^j = \max_{f_1^j, f_2^j} f_1^j n_1^j + f_2^j n_2^j - c_1^j n_1^j - c_2^j n_2^j \qquad （4-23）$$

根据一阶条件，可得网络运营商对频道运营商的定价形式为

$$f_1^i = c_1^i - \frac{n_1^i}{n_1^{\prime i}(f_1^i + f_1^j)} = c_1^i + \frac{n_1}{F'(f_1^i + f_1^j)}$$
$$f_1^j = c_1^j - \frac{n_1^j}{n_1^{\prime j}(f_1^i + f_1^j)} = c_1^j + \frac{n_1}{F'(f_1^i + f_1^j)} \qquad （4-24）$$

对比 4.2 节的分析，垄断的网络运营商对频道运营商的定价策略为

$$f_1 = c_1 + \frac{n_1}{n_1'(u_1)} - b_{12}n_2 \qquad （4-25）$$

注意式（4-24）中的 $n_1^{\prime i}(f_1^i + f_1^j)$ 是对价格求偏导，结果为负；而式（4-25）

中的 $n_1'(u_1)$ 是对效用求偏导，结果为正。二者的符号相反。首先，面对多归属的频道运营商，网络运营商设定落地费时将只考虑成本和需求弹性，不考虑频道运营商对消费者产生的网络外部性，设定的价格甚至高于双边市场完全垄断情形下的落地费。其次，两个网络运营商采取了默契合谋的定价方式，其定价行为与单边市场的完全垄断情形一致，都设定了垄断价格。

出现上述情形的原因在于当网络运营商面对多归属的频道运营商时，降低价格虽然可以吸引更多的频道运营商，但同时增加了竞争对手的频道运营商数目。在这种情况下，因频道运营商增多而增加的网络外部性收益并不能被全部内部化，频道运营商的多归属特性造成网络运营商不能独占因频道运营商增多而带来的利益。因此，网络运营商在对频道运营商设定落地费的过程中，对频道运营商将采取类似垄断厂商的定价行为，既形成默契合谋，又不考虑频道运营商对消费者的网络外部性。因此有以下命题。

命题 4-5　在频道运营商多归属的情形下，形成默契合谋，即放开消费者接入费后，双寡头网络运营商收取落地费仍按照单边完全垄断市场定价，不考虑频道运营商的网络外部性。

上述命题可以解释如下现象：目前许多地方的电信公司已经开展了 IPTV 业务，但是各地的有线电视网络运营商收取的落地费并没有因此而显著降低（近年来的落地费反而继续上涨）。原因之一正如命题 4-5 所指出的，频道运营商一般是多归属的，当市场中引入 IPTV 业务以后的一段时期内，有线电视网络运营商降低落地费反而会增加电信运营商的竞争能力。因此，每一个追求利润最大化的公司都不愿意降低价格，最后反而抬高落地费。

进一步假设频道运营商类型参数 b_{21} 为 $[0, \theta_{21}]$ 上的均匀分布，令 $c_1^i = c_1^j = c_1$ 和 $c_2^i = c_2^j = c_2$。根据一阶条件，分析对称均衡解，可以求得网络运营商对频道运营商和消费者的定价为

$$f_1^i = f_1^j = f_1 = \frac{c_1 + \theta_{21}}{3}$$
$$f_2^i = f_2^j = f_2 = c_2 + t \tag{4-26}$$

对消费者定价的结果与没有网络外部性的 Hotelling 模型定价结果相同，即网络运营商对消费者的定价不会考虑消费者对频道运营商产生的网络外部性影响。该结果的原因是频道运营商的多归属特性。网络运营商如果通过降价吸引到更多的消费者后，由于网络外部性的影响，可以增加自身网络中频道运营商的数量，但是同时增加了竞争对手网络中的频道运营商数量。网络运营商不能将增加的网络外部性全部内部化（垄断的网络运营商则可以做到这一点），因此，网络运营商对消费者的定价将不考虑消费者产生的网络外部性。

但是，网络运营商对频道运营商的定价则考虑了消费者的网络外部性，表现

在式（4-26）中，对频道运营商的定价参考了频道运营商类型的均匀分布参数 θ_{21}。我们可以把消费者对频道运营商的网络外部性理解成频道运营商对消费者的重视程度。虽然频道运营商对消费者的重视程度不同，但是网络运营商并不能对其加以区分，故对频道运营商落地费的设定只能参照最大参数来设定。因此有如下命题。

命题 4-6 频道运营商多归属特性为均匀分布，双寡头网络运营商对消费者的定价按照单边市场时的情形决定，不会考虑消费者的网络外部性；对频道运营商的定价则会参考消费者的最大网络外部性。

从以上两个命题可知，在区域范围内，引入电信网络运营商的 IPTV 竞争并没有给频道运营商带来更多益处。网络运营商的多归属特性将导致其形成合谋，按照完全垄断的单边市场设定落地费。而消费者也没有享受到竞争带来的更多益处，网络运营商对落地费的定价并不会考虑消费者网络外部性带来的收益。不过，若参考美国电视产业的运营状况，可以发现，如果放松针对网络运营商的广告规制，也许在竞争中能够给多方带来收益。

4.4.2 放松广告规制后的竞争

图 4-6 给出了引入广告商后的竞争模型。这里假设了广告商面对网络运营商时的单归属特性。这一假设在区域市场中比较接近现实。首先，众多广告商已经在频道中针对不特定用户投放了广告，当在网络运营商处投放广告时，将更重视消费者的分类，更愿意投入细分的特定对象。其次，网络运营商吸引了不同类型的消费者，能够通过机顶盒等装置分析消费者的偏好，给广告商提供更丰富的信息资源。广告商和网络运营商的结合使广告商可以借助网络运营商的横向差异区分不同类型的消费者，因而其更愿意成为网络运营商的单归属用户。

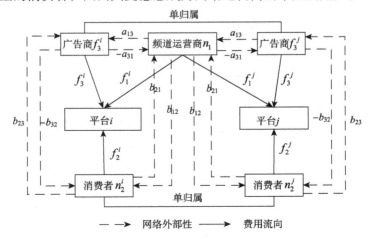

图 4-6 网络运营商放松广告规制情形下的双边市场竞争模式

假设网络运营商为广告商提供服务的差异化系数为 t_3，广告商在 $[0,1]$ 上服从均匀分布，网络运营商对广告商的竞争也形成横向差异化的 Hotelling 竞争。广告商加入平台 i 的数量为 n_3^i，接入平台 i 的成本为 c_3^i，平台 i 对广告商收取接入费 f_3^i，对消费者产生负的网络外部性 $-b_{32}$，对频道运营商产生负的网络外部性 $-a_{31}$。频道运营商对广告商产生正的网络外部性 a_{13}，消费者对频道运营商产生正的网络外部性 b_{23}。假设为消费者提供服务的差异化系数为 t_2。其余的符号与 4.2.1 节相同。三类用户在两个平台的效用表示为

$$
\begin{aligned}
u_1^i &= b_{21}n_2^i - a_{31}n_3^i - f_1^i, \quad & u_1^j &= b_{21}n_2^j - a_{31}n_3^j - f_1^j \\
u_2^i &= b_{12}n_1^i - b_{32}n_3^i - f_2^i, \quad & u_2^j &= b_{12}n_1^j - b_{32}n_3^j - f_2^j \\
u_3^i &= b_{23}n_2^i + a_{13}n_1^i - f_3^i, \quad & u_3^j &= b_{23}n_2^j + a_{13}n_1^j - f_3^j
\end{aligned}
\tag{4-27}
$$

对于多归属的频道运营商，类型参数 b_{21} 的分布仍为 $F(b_{21})$，当 $u_1^i + u_1^j > 0$ 时，频道运营商同时加入两个网络平台。考虑到 $n_2^i + n_2^j = 1$ 和 $n_3^i + n_3^j = 1$，频道运营商加入平台的数量为

$$
n_1^i = n_1^j = n_1 = 1 - F(a_{31} + f_1^i + f_1^j)
\tag{4-28}
$$

对比式（4-21）可知，$a_{31} + f_1^i + f_1^j > f_1^i + f_1^j$，分布函数是增函数，表明网络运营商做广告将会减少频道运营商的数量。后文的分析将进一步表明频道运营商数量减少的趋势增加了与网络运营商的议价能力，因而网络运营商将通过减少设定的落地费来吸引频道运营商。而且，频道运营商减少的趋势不会一直持续，会有另外的动机平衡这个结果。

根据 Hotelling 模型的求解方法，可得加入平台 i 的广告商和消费者的数量为

$$
\begin{aligned}
n_2^i &= \frac{1}{2} + \frac{b_{32}(1 - 2n_3^i) - (f_2^i - f_2^j)}{2t_2} \\
n_3^i &= \frac{1}{2} + \frac{b_{23}(2n_2^i - 1) - (f_3^i - f_3^j)}{2t_3}
\end{aligned}
\tag{4-29}
$$

两个网络运营商需要解决的定价问题为

$$
\begin{aligned}
\pi^i &= \max_{f_1^i, f_2^i, f_3^i} f_1^i n_1^i + f_2^i n_2^i + f_3^i n_3^i - c_1^i n_1^i - c_2^i n_2^i - c_3^i n_3^i \\
\pi^j &= \max_{f_1^j, f_2^j, f_3^j} f_1^j n_1^j + f_2^j n_2^j + f_3^j n_3^j - c_1^j n_1^j - c_2^j n_2^j - c_3^j n_3^j
\end{aligned}
\tag{4-30}
$$

仍然假定频道运营商的类型是 $[0, \theta_{21}]$ 上的均匀分布，为分析对称均衡解，令 $c_1^i = c_1^j = c_1$、$c_2^i = c_2^j = c_2$ 和 $c_3^i = c_3^j = c_3$。

根据一阶条件，可以求得网络运营商对频道运营商、消费者和广告商的定价为

$$f_1^i = f_1^j = f_1 = \frac{c_1 + \theta_{21} - a_{31}}{3}$$

$$f_2^i = f_2^j = f_2 = c_2 + t_2 - b_{23} \qquad (4\text{-}31)$$

$$f_3^i = f_3^j = f_3 = c_3 + t_3 + b_{32}$$

分析式（4-31）可以发现，网络运营商对广告商收取了高于接入成本的费用 $t_3 + b_{32}$，同时有 $\frac{a_{31}}{3}$ 补贴了频道运营商，b_{23} 补贴了消费者。由于频道运营商的多归属特性，其对广告商和消费者的网络外部性都没有出现在定价公式中，本质原因还是其网络外部性不能被平台内部化，从而网络运营商没有动力吸引更多的频道运营商。不过，网络运营商在定价过程中分别考虑了消费者和广告商对频道运营商的网络外部性。因为消费者对频道运营商很重要，有正的网络外部性，所以平台可以对频道运营商提高落地费；同时，广告商对频道运营商产生负的网络外部性，从而导致频道运营商的数量减少。为了维持一定量的频道运营商，需要网络运营商降低相应的落地费。

广告商和消费者的单归属特性使得网络运营商需要同时考虑他们相互的网络外部性。因为消费者对广告商产生正的网络外部性，所以可以降低消费者的接入费，并可依据其外部性大小给予相应补贴。同时，因为广告商对电视观众产生负的网络外部性，所以可以提高相应广告商的接入费。故有如下命题。

命题 4-7 放松网络运营商的广告规制后，由于广告客户的负网络外部性，竞争性平台将给频道运营商以补贴，降低频道运营商的落地费，增加广告商的接入费；由于频道运营商的多归属特性，其网络外部性将不起作用；由于消费者对广告商的正网络外部性，竞争性平台将降低消费者的接入费。

4.5　结果与分析

本章的分析表明，针对有线电视网络运营商的不同规制措施将导致频道运营商落地费的差异。我们在讨论高额落地费的时候，需要考虑规制背景与双边市场的特征。三网融合以前，对有线电视的规制措施和可能的结果为：进入规制将导致运营商的区域垄断，造成人为的渠道稀缺；价格规制将使得中国的有线电视具有公共服务的功能。对广告播放的规制将使运营商的开机广告和节目导航广告因为没有明确其合法性，在数量上和电视台比较仍然显得微不足道。所以，目前我国电视产业主导的商业模式还是以广告费为主。在这种模式下，收取落地费成为有线电视网络运营商对广告费的一种变相分成方式。

如果对消费者接入费和广告的播放同时进行规制，此时设定的卫视频道落地费将最为高昂；如果放松对广告播放的规制，有线电视网络运营商可以播放广告或者参与广告分成，则卫视频道支付的落地费将有所减少，并形成广告商对卫视频道的补贴；如果进一步放松对消费者接入费的规制，则卫视频道支付的落地费可能最小化，形成广告商对卫视频道和消费者的交叉补贴。这些结果表明，如果广告播放和消费者接入费同时受到规制，则应考虑对卫视频道落地费的限制，否则有线电视网络运营商将可能把网络接入费的压力全部转嫁给卫视频道，这对卫视频道的发展会产生不利影响。

如果依据观众收视率来确定分成式落地费，则落地费的总量将不会改变，但点播率较高的品牌频道节目缴纳的落地费将会相对较高，从而形成品牌频道运营商对非品牌频道运营商的交叉补贴。

随着三网融合的进展，电信运营商的 IPTV 将与有线电视网络运营商形成竞争。然而，因为频道运营商具有的多归属特性，网络运营商无法单独增加自己网络的频道运营商数量。所以，尽管存在双寡头竞争，网络运营商对频道运营商的落地费仍会高于区域垄断市场下的定价。引入竞争并不必然降低对双边用户的收费。事实上，在电信的 IPTV 进入电视市场后，如图 4-1 所示，落地费在一段时期内仍有较大幅度增长。

尽管三网融合已经实质性放松了规制，但目前我国尚不允许有线电视网络和电信网络在传输电视频道过程中插播广告，这一限制间接提高了网络运营商设定的频道落地费。当放松广告规制后，依据理论分析，落地费将会相应有所下降。这也说明高额的落地费其实是网络运营商变相参与广告播出而索取的分成。

本章的分析忽略了更复杂的播出模式，如随着数字电视的发展，收费频道将进入千家万户。此时，免费频道和付费频道共存，消费者除了缴纳接入费外，还需支付频道订购费。这些情况均增加了有线电视网络运营商在双边市场结构下定价的复杂性，也增加了消费者福利和频道运营商利润分析的复杂性。

参考英国和美国的数字电视发展历程，随着网络融合的持续发展，电视产业的运营将在商业模式上出现较大变化。一些发达国家已过渡到订购费主导的商业模式，在这种模式下，网络运营商反而会向频道运营商交钱买节目。就英国而言，其在网络运营商的下游增加了零售服务提供商，他们直接和观众交易，提供电视节目的组合和收费。零售服务提供商再与网络运营商（即平台服务批发商）和频道批发商进行交易，这将增加市场参与者，也将相应增加观众与网络运营商的议价能力（实质上是零售服务提供商代表消费者与网络运营商出门进行谈判）。就美国而言，其则在网络运营商的上游增加了一个电视网（直观上可理解为电视台联盟），这就增加了频道运营商对网络运营商的议价能力。同时，电视网还要协调全国性电视和本地电视台的关系，以及频道内广告播出的分配等，更增加了电视竞争的复杂性。对这些内容的进一步研究将加深我们对有线电视产业的理解。

　　本章在竞争环境下只考虑了网络运营商对称情况下的均衡。实际上，在市场开放初期，新进入者的网络能力和市场份额与在位运营商相比均处于劣势地位，如对网络运营商的非对称情形作进一步的研究，将会得到更丰富的成果。

　　今后可以继续的相关研究或许表现在以下方向上。①将目前只考虑频道运营商的多归属特性扩展至单归属特性。随着频道运营商产品差异化程度的加深，在具有一定市场势力后，部分频道运营商有可能选择单归属，与网络运营商签订排他性协议，以获得较低的网络接入费。这将增加网络运营商定价的复杂程度。②目前的研究为了使模型尽量简化，广告商只有单归属特性，事实上部分广告商将是多归属的，一部分单归属和一部分多归属虽然将增加分析难度，但其结果也将更接近现实情形。③目前的模型假定用户被全覆盖，竞争均衡达到 Hotelling 模型的对称均衡。同时 Hotelling 模型还假设了消费者市场总额的固定性，网络运营商只能从对手那里获得更多的市场份额。事实上，我国的有线电视并没有被完全覆盖，新进入者不一定必须抢夺对手的市场份额，这将缓解电视竞争的激烈程度。④有线电视产业目前是收费频道和免费频道共存，这无疑增加了网络运营商定价的难度，然而本章只是在完全信息情况下对网络运营商的定价进行研究。在不完全信息情况下，利用激励理论研究双边市场中针对频道运营商和消费者的甄别，可以提供更丰富的决策模式，获得更丰富的成果。

第5章　模数转换的竞争与技术升级问题

伴随着电视信号传输技术的发展，有线电视的信号传输方式逐渐由模拟信号转换成数字信号（通常称为有线电视的模数转换）。它是人类技术创新成果的一次大规模产业和社会应用，代表着电视技术创新升级的方向。今天，一些没有经历过模拟电视时代的读者或许难以真实体会当年有线电视大规模（甚至整体）实施模数转换的意义。模数转换作为有线电视产业发展中的一个历史阶段，尤其是当它正好与三网融合在时间段上有所重叠时，其电视竞争的特点就更为明显。

作为模拟电视向数字电视的技术升级性转换，有线电视的大规模模数转换在微观上实现了电视服务的供应者和消费者间的双向互动，从宏观上看是我国三网融合中的重大事件。诚然，即使不推动三网融合，对有线电视而言，数字电视也将逐步代替模拟电视，就像当初模拟彩色电视代替模拟黑白电视一样。不过，模数转换能明显增强有线电视网络运营商的市场竞争力，扩展有线电视的信道资源，因此，在三网融合的大背景下，电视的模数转换就有其学术讨论和实践总结的价值和意义。

电视模数转换过程在不同国家的表现也有所不同。尽管各个国家都有可能采用相似的技术，然而，由于不同的国家有不同的制度禀赋、市场结构及人口特征，电视媒体的再造过程和结果也可能大不相同。在这一过程中，发展中国家不仅面临难以获得先进技术及资金不足的困难，而且面临一些软环境的约束，如缺乏独立的规制机构、市场体系培育尚未完全到位、立法效率不高等。本章将针对我国的基本国情，分析在网络融合的环境下，有线电视实现模拟电视向数字电视转换过程中的一些问题。首先，从利益相关者的分析框架出发，研究中国数字电视发展的推动因素、过程及可能的结果，其次，通过一个简单的数理模型分析数字电视转换的可能变化，通过均衡模型讨论模数转换过程中的消费者福利变化。

5.1　问　题　概　述

为了推动有线电视系统向数字电视的规模化转换，国家广播电影电视总局曾于 2003 年专门出台了我国发展数字电视的"三步走"战略：按照有线数字电视、卫星数字电视及无线数字电视的顺序发展我国的数字电视业。虽然当时"三步走"战略的提出主要出自对播出安全而非经济收益的考虑，但它对我国数字电视产业的发展与市场结构产生了重大影响，决定了有线数字电视在一段时期内将是我国数字电视市场的主导方式。

5.1.1　案例：青岛有线电视的模数转换

显然，模数转换的成功实施将不仅大大增加传统意义上的电视机的功能，拓展电视产业的市场边界，在一定程度上调整电视产业链上供应者和需求者之间的关系（甚至部分重新定义"供应者"和"需求者"的角色），剥夺一部分（由于各种原因）仍旧钟情于模拟电视的消费者的选择权，而且会使有线电视网络运营商通过大规模（或快速）增加用户基数以增强其竞争能力而改变电视市场的竞争格局。因此，有线电视网络运营商纷纷积极探索高效率的模数转换途径。其中，青岛实现的整体性模数转换具有一定的代表性。

案例 5-1　青岛有线电视网络的模数整体转换

青岛有线电视网络始建于 1992 年，在最初十年的发展中，2002 年其市区的入网用户数已达 60 万户，收费率达 98%以上。开展了高速局域网互联、因特网接入、智能化社区、高速数据广播等多功能业务，为数十个系统和数百个单位组建了数据专网，CM（cable modem）和 IP 的因特网入户约 9000 户。

但是，随着青岛有线电视基本业务的日趋饱和，发展的多功能业务虽营业额大，但利润空间非常有限，面对与其他大公司的竞争，运营空间也扩展艰难。在这种情况下，如何保持青岛有线的持续健康发展成为一个只有依靠改革才能解决的难题。

青岛有线自 1999 年开始发展基于模拟机顶盒的付费电视业务。起初进展不错，一些单位将其作为福利或礼品，订购者屡见不鲜；加上青岛有线配以的宣传攻势，个人消费也被带动起来，但不久就出现了停滞的趋势。究其原因，主要是付费节目内容的丰富程度不尽如人意，投入产出比不高。消费者要先花 1000 元买机顶盒，然后每月再花二三十元观看付费电视频道，因而收视的积极性不高。一年后出现了用户减少现象，很多用户不再续交第二年的收视费。因此，2000 年青岛确定的数字电视发展策略是技术跟踪、实施观望。

2003 年，青岛市被列为全国有线数字电视首批试点城市之一，青岛市抓住这个机遇，于当年 10 月 21 日在全国率先启动了有线电视由模拟信号向数字信号的整体转换。青岛市有线数字电视整体转换的实施方案是："整体平移、分步实施。"首先进行整体转换，迅速建成规模化、可运营的数字电视平台；然后在标准化、开放性的数字电视平台上开展付费电视、信息服务、电子商务、电视银行、互动游戏、电视邮件、数据专网等各类新业务，打造有线网络的核心竞争力，实现有线网络的可持续发展。其具体做法是以小区为单位，通过"在整体停止原有模拟信号有线电视节目输送的同时，向原有有线电视用户免费提供一部数字电视机顶盒使用权"的办法，统一把模拟电视用户升级到数字电视用户。整个计划分为小区试点、中度推广和大规模推进三个阶段。

2003 年 10 月至 2004 年 3 月为小区试点阶段，主要目的是验证系统的可靠性，征集社会对系统设计、内容服务的反馈意见，进一步对系统进行升级完善。2004 年 4 月至 6 月为中度推广阶段，在网络中比较均匀地零星选择一些网络质量比较高、经济条件比较好的中高档社区进行整体转换示范推广。一方面，由于高收入群体对服务的质量与内容更为敏感，遍布城区的示范小区进一步提高了市民对数字电视的感知度和认同感，有效促进了数字电视的宣传与登记。另一方面，通过分析中度推广阶段的经验教训，施工流程得到了有效完善，为后期大规模推进奠定了良好的基础。2004 年 12 月 26 日，青岛市有线数字电视用户完成本年度 15 万户的整体转换目标，有线数字电视用户位居全国首位。2005 年 10 月全面实现市区 60 万户有线电视数字化目标。依据青岛市的用户分布情况，采取了"由东及西、由南向北、由点带面、层层推进"的施工策略。施工过程中，通过总结数字电视的故障特点，逐步建立和完善了一整套新的运行维护体系，有效缩短了用户投诉的响应时间，进一步提高了用户对有线数字电视系统的信任度。

青岛有线数字电视的整体转换采用光节点数字信号切换方式，安装人员带机顶盒逐户登门、安装调试。施工过程中采取分时间段通知安装的方式，尽量减少用户在家等候时间（一般为 2 小时）。对整体转换时不在家的用户则在其门上张贴预约联系电话，由专项施工队伍负责电话预约补装任务。数字电视整体转换后，青岛有线的收视费（一般家庭）由 12 元/月提高到 22 元/月，用户对服务的效率和质量提出了更高的要求。

青岛市是全国有线数字电视首批试点城市之一，在当时的国家广播电影电视总局及山东省广电局和青岛市委、市政府的领导与大力支持下，第一个启动了有线电视由模拟信号向数字信号的整体转换，为实现城市有线网络的可持续发展进行了有益的探索。

资料来源：薛留忠. 2009. 市场化转型和服务创新：中国广电业的发展与实践.
南京：东南大学出版社

随着青岛于 2005 年 10 月成功实现 60 万户的模数整体转换之后，杭州、深圳、
佛山、大连、太原、厦门、珠海等 10 多个城市也相继开始了整体模数转换的进程，
广西等地区开始推行全省（自治区、直辖市）的整体转换，步入了"后整转时代"[①]。
截至 2017 年，我国有线数字电视用户达 19 404 万户，数字化率达 90.48%（中国
广播电视年鉴编辑部，2018），全国基本完成了有线电视的模数转换。

5.1.2　我国有线电视模数整体转换的背景

在数字化转换过程中，政府的政策导向往往是数字化转换的关键决定因素
（Galperin，2002）。中国作为发展中的大国，高度重视模拟电视向数字电视的转
换。为了切实推动我国数字电视的转型，2003 年 5 月，国家广播电影电视总局发
布了《我国有线电视向数字化过渡时间表》。此后，国家广播电影电视总局又于
2005 年 7 月推出了整体转换的政策，目的是打破当时有线数字电视转换在很多城
市都面临的 2 万户瓶颈问题。2006 年，国家广播电影电视总局制定了整体转换的
（24 字）方针"政府领导，广电实施，社会参与，群众认可，整体转换，市场运
作"。2008 年国务院一号文件（国办发〔2008〕1 号）更是明确鼓励数字电视产
业发展，提出加快由模拟电视向数字电视的整体转换。要求各地在地方政府的大
力推动下，由有线电视运营商主导，将模拟电视升级为数字电视。整体转换要求
当一个小区大部分用户的收视方式从模拟切换为数字后，在保留少量模拟频道的
同时，切断模拟信号的传输。[②]

当然，模拟电视向数字电视的转换改变的绝不仅是如何传输电视节目信号，
而是电视业的一次重大技术革命。作为媒体的数字电视，无论是提供公共服务还
是个性化的服务，在信息社会中都扮演着重要角色；数字电视产业链涉及内容制
作、包装、传播、设备制造、销售等部门，对国民经济发展具有战略意义；数字
电视作为一种重要的宣传工具，在国家的政治、文化生活中发挥着独特而重要的
作用。正因为数字电视的经济、文化和政治意义，各国都非常重视模拟电视向数

---

① "后整转时代"的主要特点是，除了在 2015 年基本实现全国有线电视整体数字转换之外，还要着重开放
基于数字技术的新业务和新服务，如文化教育、生活信息、电视商务、娱乐游戏、家付通、电子政务等，由单纯
地看电视向"用电视"转化，使电视机成为三网融合时代的信息化终端。有线网络的双向改造将是"后整转时代"
的亮点，它是实现双向和互动"用电视"的设施基础。

② 根据国家广播电影电视总局的要求，模数整体转换后，必须保留至少六套模拟频道，转播中央、省和当地
电视台的主要节目，供没有机顶盒的用户接收。

字电视的转换。不少国家（地区）的政府纷纷出台了相关政策，支持模拟电视向数字电视的转换。这些政策和措施主要体现在国家主导制定数字转换的时间表，对数字电视发展予以财政上的支持（如机顶盒的免费发放等）。

模数转换不仅是技术创新推动下的企业商业模式变革，也是用户对电视使用方式和习惯的改变。模数转换的效果当以是否有更多的用户（他们不再是传统电视意义上的观众，而是新一代的"用"电视者）使用数字电视来加以衡量。

由于信息技术的飞速发展，现今的一些观众甚至都没看过以模拟信号传播的电视，故而难以想象人们对模拟电视和数字电视的不同需求感受，也就难以体会当年模数转换的意义。图 5-1 给出了 2007 年 CSM（CVSC-sofres media）媒介公司对中国九个城市不同年龄组有线数字用户和有线模拟用户的调查结果[1]。数字技术意味着用户将改变以往的电视收视习惯，从被动型收看向（部分由于数字电视的双向功能所实现的）主动型使用转变。虽然常识告诉我们，对习惯了操作个人电脑和游戏机的青少年而言，这种转变比较容易实现，但对于老年人而言，这并非一件易事（Borés et al., 2003），但是上述理解并不适用于中国有线电视模数转换的实际。如图 5-1 所示，数字电视对 34 岁以下人群的收视时间影响并不大，但是 45 岁以上人群收看有线数字电视的日均收视时间却比收看有线模拟电视者多了 30 分钟左右（或许由于有线数字电视给这批观众以节目回看等功能）。

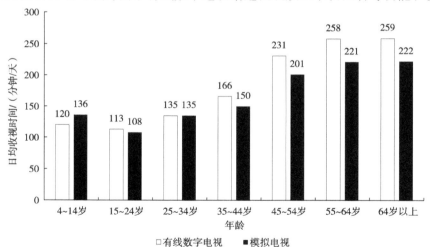

图 5-1　中国不同年龄分组的有线数字电视和模拟电视用户的收视时间
资料来源：王兰柱（2008）

① 数据见王兰柱（2008）。《中国电视收视年鉴》系专业视听率调查公司 CSM 媒介公司从 2003 年起的连续性年度出版物（2019 年版由丁迈主编），由中国传媒大学出版社出版。该年鉴自 2009 年后的版本未见有类似的（关于）观众收视时间对比的调查数据。

　　造成图 5-1 中的现象主要有两个原因：第一，数字电视的成功转换并不一定满足消费者的预期。部分网络运营商尚未普及增值服务（如视频点播、时移电视及互动电视等），或者用户不愿意花钱购买相关的增值服务，许多数字电视用户并没有享受到数字电视特有的一些增值服务，因此对有线数字电视缺乏忠诚。第二，中国有较高的宽带普及率。互联网上丰富的资源将很多年轻人从有线电视网络的电视机前拉走，转向观看 IPTV 和网络视频等。

　　自 2005 年青岛市第一个实现有线电视从模拟到数字的整体转换以来,我国数字电视的观众数目飞速增长（图 5-2）。图 5-2 包括了有线数字电视用户数和 IPTV 用户数（基本上为数字电视）。由图 5-2 可知，到 2008 年底，中国数字电视用户数量就突破了 4000 万户，覆盖了 24% 的中国城市家庭。考虑到中国直到 2003 年才开始发展数字电视用户，其数字电视增长的速度和达到的规模就都是不俗的表现，特别是有线数字电视在短短 4 年不到的时间内，用户规模增长了近 41.1 倍[①]，成为中国城市居民收看数字电视的主要方式。

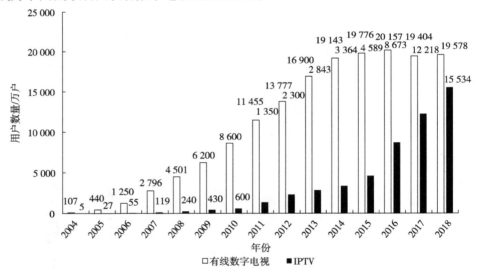

图 5-2　中国数字电视用户的增长情况

资料来源：历年的《中国广播电影电视发展报告》（《中国广播电视年鉴》）、《国民经济和社会发展统计公报》及中国广播电视网络有限公司与格兰研究合办的《中国有线电视行业发展公报》

　　截至 2018 年,有线数字电视用户达 19 578 万户,IPTV 数字电视用户达 15 534万户。同时，有线数字电视用户数的发展从 2015 年后趋于缓和并有所下降，与此相比，IPTV 的数字电视用户数一直保持较强劲的上升势头。

---

　　① 以 2004 年的 107 万户有线数字电视用户为基数。

5.1.3　文献回顾

在模拟信号时代，电视主要有三种转播方式：有线网络、地面电视和卫星电视。进入数字电视时代后，技术进步导致这三种方式仍然存在。欧美有关国家的数字电视实践表明，三种方式的模数转换不仅技术可行，而且可以展开大规模的商用（Adda and Ottaviani，2005）。随着三网融合的发展，IPTV 也成为数字电视的一种实现方式，因此模数转换在学术界更多的是一种技术进步和技术升级，多数学者会从其内容传输的速度、容量等角度出发来研究这一变革，其更多地被认为是在网络融合时代的一种必然现象，因此较少有学者就这一现象做详细的经济学分析。

当然，模数转换虽然只是电视业的技术创新与升级中的一项工作，但其对有线电视产业的发展意义重大。随着信息技术的飞速发展，网络媒体给传统的大众媒体包括电视媒体带来了挑战，如何在开放性、交互性，以及信息资源共享等方面胜出，电视媒体产业还需从根本的技术传输角度改革以求生存。稽波和徐春成（2005）指出，未来电视产业的出路在于借助模数转换后的数字传输渠道的基础上发展出来的数字电视和网络互动电视。数字技术的运用所诞生的新媒体，以及他们对传播内容、形式、效果的影响是决定性的，使媒体产业实现前所未有的领域拓展和效益提升（易绍华，2009）。

国际文献大都基于政治经济学或制度经济学的理论，建立概念框架研究电视模数转换的过程及其特点。Weber（2005）利用创新扩散理论分析了中国电视模数转换的关键要素及其相互关系。除了新技术本身，其他传统媒体在内容、宣传等方面的相互作用也是激励电视业实施模数转换的重要因素。Feng 等（2009）则认为，当时中国监管机构的争论、严厉的政策制定过程等将阻碍电视的模数转换过程。

电视产业的经验分析主要涉及与有线电视业的质量和价格密切相关的问题。Mayo 和 Otsuka（1991）曾通过垄断者利润最大化的一阶条件得到逆需求方程，然后建立联立方程模型研究了解除规制前的需求、定价和规制之间的关系。Rubinovitz（1993）建立了经验模型，考察了解除规制后的价格上涨究竟是由于需求弹性的变化还是施加市场势力的结果。Beard 等（2001）用理论模型研究了价格规制下价格与质量之间的关系，发现结果并不确定；接着，Beard 等（2006）通过建立经验模型考察了有线电视产业中因增加一个频道而提价的净效应。也有学者用经验模型研究了规制前后价格和质量之间的权衡，并且得到了相似的结论，即解除规制后质量得到改善，消费者愿意付钱购买更好的质量（Otsuka，1997）。

我国关于模数转换的效益分析更多地使用比较法。万兴等（2009）借助双边市场模型分析了垄断和竞争两种市场结构下的模数整体转换后的消费者福利，以及频道商利益的变化，并给出了引入竞争后的市场环境使得消费者可以在相对低廉的价格下享受到数字电视的福利，而且运营商们可以在现有业务设施的基础上规模经济地开展更多的数字内容服务的结论。尽管就数字电视的用户数而言，模拟电视向数字电视转换之后的市场运营在我国相当成功，然而，这是否能代表用户真正接受了数字电视，是否意味着数字电视的商业成功，以及是否有效率地实现了电视的"普遍服务义务"，这在业界仍有所争议。

在我国 2010 年大规模推进三网融合之前，对一些部分实现了模数转换地区的转换效果的评价也是各说其辞。据电视媒体调查机构 CSM 媒介公司在我国 154 个样本城市的收视率调查数据，2007 年电视收视率唯一出现增长的东北地区是有线电视模数转换进行得最缓慢的地区之一，而先前有线数字电视转换推进较迅速的华东和华南地区的电视收视率却分别下降了 1%~2% 及 4%~5%（王兰柱，2008）。

为什么有线电视的模数转换进展迅速，却没有在收视率及服务上赢得观众呢？对这一结果有两种较为流行的观点。第一种观点认为，收视率不高是因为电视缺乏精彩的内容，同时由于网络等新媒体的冲击，电视观众自然会减少收视时间；第二种观点认为，现在的模数整体转换是为转换而转换，缺少对后期商业运营的考虑。在整体转换过程中，由于运营商采取向观众赠送机顶盒的策略，为了降低转换的成本，赠送的机顶盒往往技术水平较低、功能单一。这样，模数整体转换虽然成功了，但是大多数用户无法享受数字电视增值服务所带来的更多服务和更大福利，如视频点播、互动电视、时移电视等。由于数字电视的优点无法重复体现，就不难理解为何在一定时期内达不到吸引观众的预期了（卢远瞩和张旭，2015；吴玉玲，2013；吴玉玲和鲍立，2010；万兴等，2009）。

实际上，虽然上述理由都在一定程度上反映了中国数字电视市场的现状，但是前述两种观点都未能准确揭示中国数字电视市场的本质。为什么电视产业在我国已经逐渐市场化，而内容提供商仍然缺少制作精彩内容的激励呢？为什么有线电视网络运营商会在模数整体转换中采取不恰当的商业策略呢？如果在中国进行模数整体转换的运营商几乎都只能不约而同地选择同一种不恰当的商业策略，这背后隐藏了什么更深层的原因呢？

除此以外，万兴等（2009）指出中国数字电视市场不振的主要原因在于市场并没有真正形成有效的竞争。从事模数整体转换主体的有线电视网络运营商大多来自电视台，缺乏市场竞争的经验，对客户需求缺乏深刻和充分的长期理解，还没有建立起适合数字电视发展的商业模式。同时，由于过去"四级办广电"体制的惯性，中国有线电视传输市场具有地区分割的特点，各有线电视网络运营商在本地市场具有垄断地位。在这种情况下，由一批尚未具备充足市场经验的企业垄断本地市场，主导模拟电视向数字电视的转换，需求的萎缩或许就在所难免了。

用户规模本身并不能完全揭示中国数字电视发展的全部真相，也不能全面预示中国数字电视产业未来的发展。值得一提的是，中国有线数字电视的快速发展很大程度上得益于模数整体转换的政策。模数整体转换是在地方政府的大力推动下，由有线电视网络运营商实施的，将模拟电视升级为数字电视的激励政策。整体转换以楼栋、院落、居民小区为单位，将模拟电视用户全部转换为数字电视用户，最终关闭模拟电视信号。2005 年青岛市成功实施了有线数字电视的整体转换后，我国的不少大中型城市纷纷效仿青岛市，使有线数字电视的用户数量在一段时间内（尤其是 2015 年之前）迅猛增加。

5.2　不同市场状态下的模数整体转换模型

前文已经提及，以往基于政治经济学或制度经济学的理论建立概念框架讨论电视模数转换过程的研究通常难免存在两个缺陷。一方面，缺乏经验的分析（如从定量的角度揭示中国数字电视产业正在发生什么，以及背后的逻辑）；另一方面，容易忽视数字电视产业演化过程中利益相关者的协调作用（单纯强调某一方在中国数字电视产业发展过程中的决定性影响）。本节试图从我国有线电视模数整体转换的实际出发，采用定性分析和定量分析相结合的方法，分析数字电视整体转换过程中的一些规律性现象。

5.2.1　垄断状态下的转换

在模拟信号时代，电视主要有有线电视、地面（无线）电视和卫星电视三种转播方式。进入数字电视时代后，除上述三种外，又增加了 IPTV、网络电视等实现方式。不过，在我国三网融合的初期，尤其是在有线电视大规模进行模数转换的时代，有线电视网络通常在各地居于主导地位。

在模拟信号传输时代，我国有线电视的发展一直遵循着各地设台、分别建网、各自传输的管理体制。因而，无论是从网络管理还是从节目传送角度看，各地有线电视台（或后来的有线数字电视网络运营商）本身都有自己的网络势力和用户范围。不同于电信产业的全程全网，我国那时的有线电视网络具有地区分割的特点，有线电视用户只能收看到所在地有线电视网络运营商转播的电视节目，没有其他的（本地）有线电视运营商可选择。目前，中国还有一些城市中的有线数字电视服务业继承了模拟（电视）时期的区域分割特征。

下面我们将通过博弈模型分析模拟电视向数字电视整体转换时运营商的有关战略与行为。我们首先以有线电视网络运营商为例，分析垄断情形下的整体转换，其次，分析引入竞争（如有线电视网络运营商和经营 IPTV 的电信运营商竞争）情形下的整体转换，并比较两种情形下各自的特点。

　　由前文的讨论可知，在我国的电视市场中，有线电视网络运营商扮演了平台的角色，一方面，在下游市场中它们为用户提供收视服务，并收取收视费，即有线电视维护费；另一方面，在上游市场中它们为频道商提供节目信号的传输，并收取频道落地或传输费用。观众和频道商之间存在间接的网络外部性，即随着某平台观众数量的增加，更多的频道商愿意加入该平台，反之亦然。因此，在这些观众、运营商和频道商之间构成了一个双边市场。

　　假设在某城市中共有 N_h 户家庭，考虑到大部分城市进行整体转换的方式，而且在较短时期内完成了转换，因此忽略模拟电视和数字电视并存的情况。假设该城市中家庭的数目不变，转换前家庭有权选择观看有线模拟电视或不收看电视。一旦模拟电视整体转换为数字电视后，由于模拟信号被切断，所有的家庭如果要看有线电视，就只能够选择价格更高的数字电视①。

　　考虑 t 为 0 和 1 两个时期。有线电视网络运营商在第"0"时期仅提供模拟电视服务，在第"1"时期仅提供数字电视服务。

　　在下游市场中，假设该城市的有线电视网络运营商收取的收视费为 p_t^d，考虑质量因素的实际传输的频道数量用 y_t^u 表示，则模拟时代和数字时代的消费者效用函数为

$$u_t = \theta_t^d y_t^u - p_t^d \tag{5-1}$$

其中，θ_t^d 表示用户的类型。假设 θ_t^d 均匀分布在[0,1]上，则由 $u \geq 0$，可以得到具有有效需求的消费者（效用大于 0）所在集合为 $\left[\dfrac{p_t^d}{y_t^u}, 1 \right]$②。

　　另外，在电视的上游市场中，有线电视网络运营商能够提供的频道数目为 N_{ct}，假设运营商向频道商收取的传输费为 p_t^u，选择收看有线电视的观众数为 x_t^d，观众的收视时间为 h_t，则频道商的效用函数为

$$u_t^u = \theta_t^u x_t^d h_t - p_t^u \tag{5-2}$$

其中，θ_t^u 表示频道商的类型，假设 θ_t^u 均匀分布在[0,1]上，则由 $u \geq 0$，可以得到具有有效需求的频道商（效用大于 0）所在集合为 $\left[\dfrac{p_t^u}{x_t^d h_t}, 1 \right]$。

　　有线电视系统的投资具有一次性的特点，一座城市的有线电视系统通常是一次性建成或一次性从模拟电视升级为数字电视，一旦建成或升级后就可以很低的边际成本满足用户的收视需求。因此无论在 0 或 1 时期，拥有模拟或数字有

---

　　① 当然，这和实际情况有稍许的不同，按照国家广电总局的要求，在完成模拟电视向数字电视转换后，所有城市必须保留若干套模拟电视的节目。根据 CSM 媒介公司的调查，国内完成模拟电视向数字电视转换后的城市平均提供的模拟频道数不到 10 个。不过，我们此处的这种假设对模型分析结果的解释力并无多大影响，却可以简化模型。

　　② 对这一结果有兴趣的读者可以参阅 Gabszewicz 和 Wauthy（2004）。

线电视系统的有线电视运营商将做出价格决策（而不是产量决策）以实现利润的最大化。

在既不考虑运营商的边际成本，又不考虑运营商将其系统从模拟升级为数字带来的固定成本时，由式（5-1）和式（5-2）可以得到运营商的目标函数为

$$\max_{p_t^d, p_t^u} \pi_t = p_t^d \left(1 - \frac{p_t^d}{y_t^u} \right) N_h + p_t^u \left(1 - \frac{p_t^u}{x_t^d h_t} \right) N_{ct} \tag{5-3}$$

由式（5-3）可得 $p_t^d = \frac{1}{2} y_t^u$，$p_t^u = \frac{1}{2} x_t^d h_t$。

考虑到存在下列需求关系 $y_t^u = \left(1 - \frac{p_t^u}{x_t^d h_t} \right) N_{ct}$，$x_t^d = \left(1 - \frac{p_t^d}{y_t^u} \right) N_h$，可得市场均衡时，上下游市场价格和数量为

$$y_t^u = \frac{1}{2} N_{ct}, \quad x_t^d = \frac{1}{2} N_h$$

$$p_t^d = \frac{1}{4} N_{ct}, \quad p_t^u = \frac{1}{4} N_h h_t \tag{5-4}$$

并且，当市场均衡时，整体转换前后的上下游市场的价格将符合式（5-5）。

$$\frac{p_0^d}{p_1^d} = \frac{N_{c0}}{N_{c1}}$$

$$\frac{p_0^u}{p_1^u} = \frac{h_0}{h_1} \tag{5-5}$$

式（5-5）表示：在上游市场中，模拟时代和数字时代网络运营商向频道商收取的传输费用之比等于这两个时代中用户收视时间之比；模拟时代和数字时代网络运营商向用户收取的收视费等于在这两个时代中网络运营商所能够传输的频道数量之比。我国模拟电视向数字电视整体转换的实践并没有证伪式（5-5）：实践表明，整体转换后，随着用户可收看的频道数目的增加，用户的收视费提高了，同时各地向频道商收取的传输费则有涨有落。从这一结论我们可以得到如下命题。

命题 5-1a　在以网络运营商为平台的电视产业链中，观众和频道商之间具有正的间接网络外部性。观众收视时间的增加使得频道商愿意支付更多的传输费（其中主要是落地费），同时，可选择频道的增加使得用户愿意支付更多的收视费。这意味着垄断的有线电视网络运营商要提高在平台某一边（市场）的收费，就必须改善自身在平台另一边（市场）的能力或者绩效，因而它具有高效进行模数转换的激励。

命题 5-1b　实现模数转换后，网络运营商作为平台，观众和频道商作为市场的双边性质虽没有发生变化，但是双边市场的竞争瓶颈却发生了变化，由观众端移向了频道端。

在模拟电视时代，各个频道提供的内容大都差别不大，精彩程度有限，使得

那时的瓶颈在观众端，因而网络运营商向观众收取的费用往往不高。而在数字电视时代，随着付费频道和增值服务的推出，高质量的频道逐渐成为稀缺资源，使得此时网络运营商增加了对观众的收费而有可能减少对高质量频道的收费。这就解释了为什么在模拟电视时代是频道运营商向网络运营商缴费，而到了数字电视时代有可能会反过来：网络运营商却要向频道运营商购买节目（或者双方共享收益）。

5.2.2　双寡头状态下的转换

本节我们将主要考察如果在模数转换过程中引入竞争，将会出现什么样的结果。与 5.2.1 节不同的是，先前我们主要讨论一个垄断的有线电视网络运营商通过平台和两边的参与者——频道运营商及消费者发生的关联活动，而现在我们还要进一步考虑两个电视运营商——有线电视网络运营商及经营 IPTV 的电信运营商之间的竞争。

假设在某个城市中，电信运营商提供 IPTV 服务，有线电视网络运营商提供有线数字电视服务。电信运营商无论从资本实力、市场经验和品牌形象等方面都强于有线电视运营商。同时，IPTV 可以实现单播、时移、基于 Internet 的服务等，而有线电视网络运营商的模数转换尚未完成（仍为单向信号），暂未实现 IPTV 可提供的一些功能。

假定在下游市场中，消费者会认为 IPTV 提供了较高质量的接入服务（Wan and Hu，2008），而在上游市场，由于频道运营商效用，还不至于随技术的进步立刻发生变化，其效用函数不变。

下面，我们将利用纵向差异化模型，分析在下游市场中，当两类运营商展开差异化竞争时，市场竞争的结果和垄断情形下模数整体转换的结果有何不同。

设有线电视网络运营商 A 和经营 IPTV 的电信运营商 B 转播的频道数分别为 y_A 和 y_B，$y_A < y_B$，有线电视网络运营商和电信运营商能够提供的频道数目分别为 N_{Act} 和 N_{Bct}，考虑质量因素，设 $N_{Act} \leqslant N_{Bct}$。消费者的效用函数为 $u = \theta y_i - p$，其中 θ 为消费者对质量的评价程度，假设有 $n = N_h$ 个观众均匀分布于参数空间 $[\theta_L, \theta_H]$ 上（下标 L 表示最小值，H 表示最大值）。假设 θ_{AB} 类型的消费者对选择有线数字电视或 IPTV 没有差距，则有

$$\theta_{AB} y_A - p_A^d = \theta_{AB} y_B - p_B^d \tag{5-6}$$

由此可以得到无差异的消费者 $\theta_{AB} = \dfrac{p_B^d - p_A^d}{y_B - y_A}$，$\theta > \theta_{AB}$ 时将选择较高质量的

IPTV，因此可以得到对 IPTV 的需求为 $1 - \dfrac{p_B^d - p_A^d}{y_B - y_A}$，而对有线数字电视的需求为

$$\frac{p_B^d - p_A^d}{y_B - y_A} - \frac{p_A^d}{y_A} 。$$

考虑到频道运营商的效用函数不变，仍然如式（5-2）所示。因此在模拟电视向数字电视过渡时，两大运营商的利润函数分别为

$$\max_{p_A^d, p_A^u} \pi_A = p_A^d \left(\frac{p_B^d - p_A^d}{y_B - y_A} - \frac{p_A^d}{y_A} \right) N_h + p_A^u \left(1 - \frac{p_A^u}{x_A h_A} \right) N_{Act}$$

$$\max_{p_B^d, p_B^u} \pi_B = p_B^d \left(1 - \frac{p_B^d - p_A^d}{y_B - y_A} \right) N_h + p_B^u \left(1 - \frac{p_B^u}{x_B h_B} \right) N_{Bct} \tag{5-7}$$

考虑到上下游需求之间存在如下关系：

$$x_A = \left(\frac{p_B^d - p_A^d}{y_B - y_A} - \frac{p_A^d}{y_A} \right) N_h, \quad y_A = \left(1 - \frac{p_A^u}{x_A h_A} \right) N_{Act}$$

$$x_B = \left(1 - \frac{p_B^d - p_A^d}{y_B - y_A} \right) N_h, \quad y_B = \left(1 - \frac{p_B^u}{x_B h_B} \right) N_{Bct} \tag{5-8}$$

由式（5-7）和式（5-8），容易得到均衡时市场份额为

$$x_A = \frac{N_{Bct}}{4 N_{Bct} - N_{Act}} N_h, \quad y_A = \frac{1}{2} N_{Act}$$

$$x_B = \frac{2 N_{Bct}}{4 N_{Bct} - N_{Act}} N_h, \quad y_B = \frac{1}{2} N_{Bct} \tag{5-9}$$

基于垄断市场的均衡结果与竞争市场的均衡结果，5.2.3 节我们将通过静态比较来考察市场绩效的变化。

5.2.3　模数转换时垄断与竞争的静态比较

比较竞争情形下的式（5-9）和垄断情形下的市场容量式（5-4），$y_t^u = \frac{1}{2} N_{ct}$，$x_t^d = \frac{1}{2} N_h$，可以得到 $x_A + x_B > x_t^d$（因为 $N_{Act} = N_{ct}$，即数字电视时代有线电视网络运营商可以提供相同数量的电视频道）。打破垄断后，由于下游市场的价格下降，下游市场的观众数目增加了 $\frac{2 N_{Bct} + N_{Act}}{4 N_{Bct} - N_{Act}} N_h$。在上游市场中，无论是垄断还是竞争情形，所有频道商要最大化效用，都有多属的动机，因此运营商面临的其实仍然为一个垄断的市场，此时两个运营商实际提供的频道数仍然只有其能力的 1/2，和垄断情形时完全相同。

通过式（5-7）和式（5-8），可以得到均衡时有线电视运营商的价格为

$$p_A^d = \frac{N_{Bct} - N_{Act}}{2 \left(4 N_{Bct} - N_{Act} \right)} N_{Act}, \quad p_A^u = \frac{N_{Bct}}{2 \left(4 N_{Bct} - N_{Act} \right)} N_h h_A \tag{5-10}$$

比较式（5-10）和式（5-4），可以发现 $p_1^d > p_A^d$（因为 $N_{Act} = N_{ct}$，即无论是垄断还是寡头竞争情形，有线电视网络运营商所能够提供的频道数都不变），也就是说引入竞争后，有线电视网络运营商为了和电信运营商争夺消费者而降低了对下游（观众）的收视费。在上游市场中，垄断和双寡头垄断情形下的价格关系则符合如下公式：

$$\frac{p_1^u}{p_A^u} = \frac{(4N_{Bct} - N_{Act})h_1}{2N_{Bct}h_A}$$

由 $N_{Act} \leqslant N_{Bct}$，$\frac{p_1^u}{p_A^u} \geqslant \frac{3h_1}{2h_A}$，考虑收视时间的实际变化很小，可以得到 $p_1^u > p_A^u$，即引入竞争后，上游市场中有线电视网络运营商也会降低对频道商收取的传输费。

通过式（5-7）和式（5-8），还可以得到均衡时的市场价格之间的关系为

$$\frac{p_A^u}{p_B^u} = \frac{h_A}{2h_B}, \quad \frac{p_A^d}{p_B^d} = \frac{N_{Act}}{2N_{Bct}} \tag{5-11}$$

比较式（5-5）和式（5-11）可知：第一，式（5-5）为整体转换前后的不同时点、同一网络运营商的价格决策，第二，式（5-11）为同一时点、不同网络运营商之间的价格关系。式（5-11）反映了高质量的网络运营商可以同时在两个市场维持较高的价格。

和式（5-5）类似的是，运营商在上游市场收取的价格取决于下游市场中用户的收视时间，运营商在下游市场收取的收视费取决于上游市场中运营商所提供的频道服务。

我们还可以进一步分析在模数转换过程中有线电视网络运营商处于垄断和竞争两种情形下的消费者福利。

在垄断情形下，电视观众整体转换后的福利为 $\int_{0.25N_{ct}}^{0.5N_{ct}} \left(1 - \frac{p_t^d}{y_t^u}\right) N_h dp_t^d$，即 $\frac{1}{16}N_{ct}N_h$。在引入竞争的情形下，有线数字电视观众的消费者净剩余为 $\int_{\frac{N_{Act}(N_{Bct} - N_{Act})}{2(4N_{Bct} - N_{Act})}}^{\frac{N_{Act}(N_{Bct} - N_{Act})}{4N_{Bct} - N_{Act}}} \left(\frac{p_B^d - p_A^d}{y_B - y_A} - \frac{p_A^d}{y_A}\right) N_h dp_A^d$，化简得 $\frac{N_{Act}N_{Bct}(N_{Bct} - N_{Act})}{4(4N_{Bct} - N_{Act})^2}$。

而 IPTV 观众的消费者净剩余为 $\int_{\frac{N_{Bct}(N_{Bct} - N_{Act})}{4N_{Bct} - N_{Act}}}^{\frac{2N_{Bct}(N_{Bct} - N_{Act})}{4N_{Bct} - N_{Act}}} \left(1 - \frac{p_B^d - p_A^d}{y_B - y_A}\right) N_h dp_B^d$，化简得 $\frac{N_{Bct}^2(N_{Bct} - N_{Act})}{(4N_{Bct} - N_{Act})^2}$。

显然，引入竞争后消费者福利的改善来自两个方面：第一，选择高质量的IPTV。由两个化简后的消费者净剩余公式可以看出，IPTV 观众的消费者净剩余是有线电视观众消费者净剩余的 4 倍多，更高的质量吸引了更多的消费者从有线

数字电视转向 IPTV，从而提高了消费者的福利。第二，引入竞争后仍旧选择有线电视的消费者因为有线电视接入价格的下降，其福利也会得到提高。

5.3 模数转换中的消费者福利变化

本节将分析模数整体转换政策下，实行数字化转换后的消费者福利变化。

假设有线电视网络运营商为城市数字电视的垄断提供商，图 5-3 反映了数字电视转换前后的市场均衡。数字电视转换前，电视观众的需求曲线为 BF，相应的垄断者边际收益曲线与边际成本曲线 MC_a 的交点给出了均衡产量 Q_a 以及均衡产量对应的均衡价格 P_a。在模拟电视时代，消费者剩余可以用三角形 BP_aF 表示。如果在数字电视的转换中没有采用整体转换政策（也就是一部分观众可以继续享受模拟电视服务），则需求曲线将右移到 AE，均衡产量减少到 Q_d，均衡价格上升到 P_d，此时消费者剩余可以用三角形 AP_dC 表示。

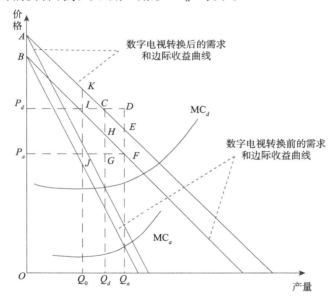

图 5-3 数字电视转换前后的市场均衡

如果仍然可以得到模拟电视服务，则 Q_dQ_a 数量的消费者将不会选择数字电视。但是由于实行了整体转换，这部分消费者必须切换到数字电视。

下面进一步定量计算数字电视整体转换后消费者福利的变化。

消费者订购电视服务的条件有两个。第一，消费者愿意支付的价格 P^* 超过实际市场价格 P；第二，运营商所提供的服务质量 S 达到了消费者的最低质量要求

S^*。假设（P^*，S^*）的联合概率密度函数为 $h(P^*,S^*)$，则模拟或数字电视的普及率可以用式（5-12）表示[①]。

$$n = \int_P^\infty \int_0^S h(P^*,S^*)\mathrm{d}P^*\mathrm{d}S^* \qquad （5\text{-}12）$$

在模拟时代，当价格为 P_a 而服务质量为 S_a 时，普及率为 $\int_{P_a}^\infty \int_0^{S_a} h(P^*,S^*)\mathrm{d}P^*\mathrm{d}S^*$。根据用户对数字电视的看法，订购模拟电视的用户可以分为三组。第一组数量为 OQ_0，这组用户对电视服务评价很高，即使在模拟电视时代，他们也愿意支付 P_d（数字电视时代运营商收取的价格）。第二组数量为 Q_0Q_d，这组用户对电视服务的评价中等，并且即使没有整体转换政策也愿意订购数字电视。第三组数量为 Q_dQ_a，这组用户对数字电视服务的评价不高，如果没有整体转换政策，他们将不转向数字电视。

式（5-13）给出了这三组用户的普及率：

$$n = \int_{P_a}^\infty \int_0^{S_a} h(P^*,S^*)\mathrm{d}P^*\mathrm{d}S^* = \begin{cases} n_1 = \int_{P_d}^\infty \int_0^{S_a} h(P^*,S^*)\mathrm{d}P^*\mathrm{d}S^*, & OQ_0 \\ n_2 = \int_{P_d}^\infty \int_0^{S_d} h(P^*,S^*)\mathrm{d}P^*\mathrm{d}S^* - n_1, & Q_0Q_d \\ n_3 = n - n_1 - n_2, & Q_dQ_a \end{cases} \qquad （5\text{-}13）$$

对于 Q_dQ_a 间的第三组用户而言，在整体转换政策下，由于消费的示范效应和棘轮效应，他们订购了数字电视服务。第三组用户的福利损失由两部分组成。一部分是不能收看模拟电视的福利损失，另一部分是切换到数字信号的福利损失。他们的福利变化可以用三角形 HGF 和三角形 CDE 两个三角形来表示（三角形 HGF 代表不能收看模拟电视的福利损失，三角形 CDE 代表被迫接受模数转换的福利损失）。

假设模数转换前后的需求曲线是平行的，则三角形 CDE 和三角形 HFG 的面积相等。因为 $HC:DF$ 等于 $IC:ID$，所以得到

$$HC = \frac{IC \cdot DF}{ID} = \frac{Q_0Q_d \cdot (P_d - P_a)}{Q_0Q_a} = (P_d - P_a) \cdot \frac{n_2}{n_2 + n_3}$$

$$HG = (P_d - P_a) \cdot \frac{n_3}{n_2 + n_3}$$

故第三组用户的福利损失为

$$\Delta W_3 = \frac{n_3^{\,2}}{n_2 + n_3}(P_d - P_a)$$

对 OQ_0 间的第一组用户而言，他们的福利损失为梯形 $BIJP_a$ 和梯形 $AKIP_d$ 的

---

① Ellickson（1979）假定有线电视的普及率为价格的概率密度函数。由于服务质量同样是决定有线电视数字化转型中的重要变量，本处假定普及率为价格和服务质量的联合概率密度函数。

面积之差（梯形 $BIJP_a$ 表示模拟时代的消费者剩余，梯形 $AKIP_d$ 表示数字时代的消费者剩余）。该福利损失为 $\Delta W_1 = n_1 \cdot DF - n_1 \cdot KI = n_1 \cdot DF - n_1 \cdot HC = n_1 \cdot HG = (P_d - P_a) \cdot \dfrac{n_1 n_3}{n_2 + n_3}$。

第二组用户的福利损失为梯形 $IHGJ$ 和三角形 KCI 的面积之差（梯形 $IHGJ$ 表示该组消费者数字转换前的消费者剩余，三角形 KCI 表示数字转换后的消费者剩余）。容易得到第二组用户的福利损失为 $\Delta W_2 = \dfrac{1}{2} n_2 (HG + IJ) - \dfrac{1}{2} n_2 HC = \dfrac{n_2 n_3}{n_2 + n_3}(P_d - P_a)$。

总之，我们不难发现，由垄断者实施数字电视转换时，所有用户组都存在福利损失，并且福利损失之比成立如下公式：

$$\Delta W_1 : \Delta W_2 : \Delta W_3 = n_1 : n_2 : n_3$$

5.4　结果与分析

根据前述讨论并综合全章的分析，我们有理由认为，我国有线电视网络运营商采用的政府主导下的模数整体转换的形式有利于推动模拟电视向数字电视的迅速过渡，可以解决消费者预期带来的转换延迟问题。然而因为缺乏有效的市场机制配合，模数的整体转换在一段时期也可能带来收视率下降、价格上升、消费者投诉增加等问题。所以，为了提高模数转换的效率，也为了通过高效率的模数转换方式提高网络运营商的市场竞争力，有必要鼓励模数转换中的市场竞争行为。即使是政府主导下的模数整体转换，也应该尽可能地引入竞争。

首先，三网融合提供了模数转换竞争的可能性（胡汉辉和沈华，2007）。由于数字技术、宽带技术等的迅速发展，有线电视网、宽带通信网和互联网这些原来互不相关的网络可以提供相近的服务。网络融合增强了网络服务的范围经济特性，如电信运营商不需要重建基础设施，利用现有的宽带网就可以提供 IPTV 模式的数字电视服务，从而在技术层面消除了由沉没成本巨大导致的数字电视网络的自然垄断特征。不同的传输网络之间的竞争成为可能，并且在不少发达国家和地区已经成为现实。

其次，数字电视产业自身的发展也需要引进模数转换的竞争。基于前文的分析，在模数转换的过程中，通过引入竞争，不仅现有消费者可以享受到更低廉的价格，而且会有更多的消费者参与到转换过程中，享受到数字电视的福利。我国主导模数转换的是有线电视网络运营商，相对于电信运营商，它们的行政导向较强，对地方政府依赖较大，缺乏市场运作的经验。不仅如此，我国有线电视网络运营商往往集多任务于一身：机顶盒零售、网络建设与维护、提供收视服务、内容集成。诸多任务使得它们与已经市场化的电信运营商相比，较难专注于自己核心能力的发展，只能以较高的成本提供自己并不擅长的服务。另外，有线电视网络运营商也可能利用自己的多任务，设置市场瓶颈，阻碍其他企业进入，滥用市场势力。例如，有线电视网络运营商通过免费发放集成了条件接入系统的数字机顶盒，而不是机卡分离的机顶盒，增加了消费者转向其他电视或视频运营商的成本[①]。为了提高模数转换的经济效率，有必要引入竞争者。

最后，从产业生命周期动态演化的角度看，由于模拟电视技术已经成熟，模拟电视产业的进一步发展将面临"天花板"效应，而数字电视产业尚处于创新期。虽然数字电视产业来自模拟电视产业，但是由于外生技术的质的飞跃，这时电视产业的需求和成本将随之变化，并对企业行为、产业结构和绩效产生重大影响。在产业的创新导入期，引入竞争不仅能让产品的价格恢复常态，而且能将新的产品和工艺引入市场，使市场进入成为一种市场创造过程（Geroski，1995）。创新的进入者通过引入新的产品或服务会创造新的市场，消费者也会通过切身体验逐步认可新的产品或服务。有线电视运营商通过引入竞争，向竞争对手学习，与竞争对手合作，可以实现数字电视更大的市场覆盖，从而提高自己的市场覆盖率。电信运营商加入数字电视产业链，有利于在网络运营商环节引入竞争，提高市场效率，进而推动整个数字电视产业的良性发展。通过引入高水平的竞争者，也有利于有线运营商自身的发展壮大。引入竞争者能够带来人才和资金的流动，技术的引入和模仿，商业模式的学习，甚至企业制度的创新。

进一步理解模数转换对网络融合时代电视竞争的影响，还需要考虑城市居民人均收入对数字电视普及率的影响。随着居民收入的增加，数字电视收视费占居民收入的比例在减少，观众收入的约束在降低。而且对中国大多数城市家庭而言，在网络融合起步的几年，看电视仍然是他们主要的休闲方式之一。数字电视的普及率会受到模拟电视普及率的影响，可以说模拟电视提供了数字电视的用户基础。从这些条件出发，可以发现执行模数整体转换的政策效果会比较显著。

另外，模数转换需要关注发达地区与后发地区（如我国中西部地区）的经济差别。在经济发达地区，随着生活水平的提高，居民不再盲目追求电视节目的数量，而是更加注重电视节目的质量，也就是说居民的精神生活水平提高了，要求更高质量的节目来满足需求。而数字电视的收视费由于依旧受到国家规制，其费用与发达地区人民的收入相比已经不足以带来大的影响。

然而在人均可支配收入较低的后发地区的城市里，数字电视收视费的价格对居民收入而言则相对较高。数字电视收费与居民收入呈负相关的现象，也是对规

---

① 8.3 节将进一步讨论有关"机卡分离的不对称规制"问题。

制政策的挑战。规制者需格外关注模数转换过程对后发地区的负面影响。

本章的有关分析对我国电视的模数转换具有一定的政策意义。

第一，我们必须站在三网融合的高度去理解中国数字电视的模数整体转换，破除不同部门间阻碍三网融合的政策壁垒。2008 年国务院一号文件（国办发〔2008〕1 号）的第二十二条就明确提出"有关部门要加强宽带通信网、数字电视网和下一代互联网等信息网络资源的统筹规划和管理，促进网络和信息资源共享"。在三网融合的技术实现已经基本不成问题的今天，不能因部门利益之争而丧失发展的机遇。

第二，在打破阻碍三网融合的可能的行政垄断后，要及时采取一系列微观措施以保障有线电视模数转换的高效进行。例如，加快产业链各环节运营主体的市场化体制改革，对有线电视网络运营商尤其如此，让其尽快真正成为市场主体，发展自己独特的商业模式。还要大力提倡企业（与平台）间的合作，在合作中克服自己以往的能力刚性，形成自己的核心能力。

第三，对于还处于产业创新期的我国数字电视产业而言，通过良好的产品和服务引导消费、培育市场至关重要。市场主导企业的主要任务应该是尽力将整个产业做大，而不是仅仅在现有的市场规模下力图争夺更多的市场份额。因此，一方面有线电视网络运营商要努力实现自身的市场化转型，提供更好的用户体验；另一方面，应该允许更多的企业参与到数字电视市场的竞争与发展中来。总之，只有通过建立竞争与合作共存的市场秩序，我国有线电视产业的模数转换才能真正达到预期的发展目标。

第6章　纵向差异化与平台间竞争问题

在三网融合的环境里，有线电视网络运营商、电信运营商和互联网运营商之间的竞争与合作具有与电信竞争时代不同的特点。例如，它们一般在网络融合以前就都拥有自己的基础网络（设施），因此，他们之间围绕如何到达观众的显示终端（电视机、手机等）的电视节目（或服务）的竞争很多时候具有"拼设施"的特点：看谁在经营中能提供具有更高的用户满意度和技术水准的网络等基础性设施的服务。此时，更好的服务和更舒适的用户体验（如更快的网速和更流畅的画面）就显得格外重要，因为它们反映的是服务提供商的基础网络（设施）的水平。

在以往的电信等具有网络型产业特点的市场竞争中，根据进入者究竟是自建所需要的基础性设施，还是租用在位者的设施从事经营活动，可以将进入者和在位者间的竞争活动区分为基于自有设施（通常简化为基于设施：facility-based）的竞争和非基于设施（如基于服务：service-based）的竞争①。因此，当有线电视网络运营商、电信运营商和互联网运营商利用他们自己的网络进行竞争时，就是在参与基于设施的竞争。

电视市场上的经营者们各自具有的网络基础设施不少是具有平台性质的设备系统②，因此，在三网融合环境里，一些基于设施的竞争往往可以归结为平台间的差异化竞争（简称平台间竞争问题，在不会引起误解的场合，甚至可更简化为平台问题）。随着网络融合的深入，在电视竞争市场上会出现越来越多的平台，而且，网络融合使得传统的单用途网络向高级的多用途平台转变。平台间的差异化竞争将成为电视竞争的典型问题之一。

---

① 在非基于设施的竞争中，因为发挥主要作用的将不是（基础）设施本身的技术能力，而是经营者利用租用的设施给消费者提供服务（或产品）的水平，所以人们有时又将其称为基于服务的竞争。

② 我们已在前面论述过电视市场上的一些经营者的网络基础设施系统具有平台性质，如有线电视或 IPTV 运营商管理着双边市场：一边是上游的内容提供商，如频道，另一边是下游的观众。故此处不再赘述。

平台间的差异化竞争给网络的融合带来了新的市场竞争形式，这种竞争不同于融合前市场竞争的特点是，运营商需要在同一个市场上将自己的身份从"一定程度的、被保护的进入者"转变为"放松规制、鼓励竞争市场上的从业者"。因为，在网络融合的驱动下，企业可以利用自己已经具有产权的原有资产，包括基础设施和客户资源来进入相关市场，而在网络融合前的电视市场上，往往主要是基于服务的竞争（只有在位者才具有相应的网络等基础设施，进入者只能租用在位者的设施从事经营活动）。由于"那时的"进入者在参与基于服务的竞争时往往需要租用在位者提供的非绑定网络元素，就须借助于规制者一定程度的介入，通过保证"租用设备的"进入者和"出租设备"的在位者之间的公平竞争来保护进入者的利益。而基于设施的竞争（此时在位者和进入者各自使用自己的设施参与竞争）则可以归结为市场问题，这恰恰要求放松规制、鼓励竞争。

本章将分三节来讨论网络融合背景下电视市场上基于设施的平台间差异化竞争的背景，以及纵向差异化的平台间竞争问题[①]：6.1 节从对比两个视频平台（爱奇艺和搜狐视频）经营特点的案例入手，介绍三网融合时代基于设施的竞争和平台间差异化竞争问题的背景，并进行简略的文献回顾；6.2 节和 6.3 节则讨论纵向差异化的平台竞争，两节的讨论将有变量内生和变量外生的不同。

6.1　问　题　概　述

在网络融合的背景下，我国围绕有关电视节目（或内容）所展开的竞争具有明显的平台差异化竞争特点，有关竞争通常与一些基础性设施有关。本节将首先通过一个对比性案例讨论电视市场上平台差异化竞争问题产生的背景，接着对有关的文献进行回顾。

6.1.1　案例：网络电视[②]产业中的平台经营

本节将讨论广义网络电视市场的细分市场——网络视频市场中的一个平台差异化的经营案例。视频网站间的竞争是互联网时代，尤其是移动互联网时代平台间差异化竞争的典型事件。视频网站之间可能是同类的，如爱奇艺与搜狐视频，他们都聚焦长视频；也可能是非同类的，如快手和斗鱼，它们分别聚焦短视频与

---

① 本章将不对横向差异化的平台竞争问题进行专门的讨论。对这一问题感兴趣的作者可参考本书中讨论横向差异化问题的其他章节，如 4.4 节"区域竞争形态下的落地费问题"等。

② 严格地说，6.1.1 节案例涉及的网络视频市场并不是传统意义上的网络电视市场。但是，在三网融合的情形下，网络视频（简称为视频）和网络电视都具有共同的内容属性。因此，在不至于导致明显混淆的情形下，我们不妨用广义的网络电视（有时干脆简称为电视）去表达包含视频的内容属性。

直播。无论是同类还是非同类视频网站之间，都存在差异化竞争。

视频网站大多采用双边乃至多边平台的商业模式（如一边是内容提供商，另一边是终端用户；或者一边是广告商，另一边是终端用户等）。视频平台是否能吸引和留住消费者往往取决于其提供产品（或服务）的质量。视频网站提供内容服务的质量通常包括内容本身的质量、内容传输（如网络带宽）和展示（往往取决于人工智能、虚拟现实等相关技术）的质量等。所有这些质量因素都将直接影响终端用户的体验，对于平台的竞争至关重要。视频网站的收入则主要来自用户缴纳的会员费和来自广告商的广告费。我们将加以对比的爱奇艺和搜狐视频也是如此。

《2018 中国网络视听发展研究报告》显示，截至 2018 年 6 月，国内网络视频用户规模已达 6.09 亿户，较 2017 年底增加 3014 万户，半年增长率为 5.2%。网络视频用户规模的快速增长，表明其已经拥有较为良好的用户基础。视频平台的"马太效应"进一步凸显，内容付费在营收结构中的占比逐年提升。腾讯视频、爱奇艺、优酷三大视频平台上的用户占了全部网络视频用户的 89.6%，构成了中国视频平台的第一梯队；紧随其后的第二梯队包括芒果 TV、哔哩哔哩、搜狐视频、咪咕视频和乐视视频等。随着视频平台竞争的加剧，第二梯队平台的用户使用率有所下降。

案例 6-1 描述了两个代表性视频网站——爱奇艺和搜狐视频各自不同的经营特点。

案例 6-1　爱奇艺与搜狐视频不同的经营特点

爱奇艺自 2010 年 4 月 22 日正式上线以来，秉承"悦享品质"的品牌口号，为用户提供丰富、高清、流畅的专业视频体验，成为中国高品质视频娱乐服务的提供者，目前属于我国网络视频网站的第一梯队。根据其官网的消息，2019 年 6 月 22 日，其会员数量已经突破 1 亿人。

爱奇艺于 2018 年 2 月 27 日正式向美国证券交易委员会（Securities and Exchange Commission，SEC）提交招股说明书，2019 年 3 月 29 日正式在美国纳斯达克挂牌上市，股票代码 IQ，并于当天首次公开发行 125 000 000 股美国存托股票（American depositary shares，ADS），每股定价 18.00 美元，共计融资 22.5 亿美元。

搜狐视频成立于 2004 年底，前身是搜狐宽频，2006 年，搜狐播客作为门户网站的第一个视频分享平台面世，2009 年 2 月，搜狐"高清影视剧"频道上线，独家首播千余部影视剧，提供正版高清电影、电视剧、综艺节目、纪录片在线观看。2010 年以来，搜狐视频聚焦美剧，曾被誉为"中国第一美剧平台"。近年来，为了降低视频内容的采购成本，自制内容已经成为搜狐视频的主要策略。截至 2018 年，搜狐视频尚未能实现盈利，基本上为视频网站第二梯队的代表。

对爱奇艺和搜狐视频各自不同经营特点的对比可以从视频内容的质量发展、平台内容的传输和展示质量、定价策略、用户规模及收益等方面来展开。

1. 视频内容的质量发展方面

爱奇艺一方面不惜重金购买内容版权，另一方面努力打造自身的原创内容。在内容外购上，爱奇艺倾向于获得独家版权。该公司曾在 2017 年与美国最大的流媒体平台奈飞，在 2018 年与加拿大著名的飞狗巴迪娱乐公司（Air Bud Entertainment）签订了独家合作协议。此外，爱奇艺还与国内多家视频版权所有者签署相关版权协议，包括传统的电影制片厂、内地或港台的电影制作公司等。在内容制作上，一直向奈飞看齐的爱奇艺在原创内容上打造了一系列创纪录的爆款原创内容。发布于 2014 年的《奇葩说》被认为是真正意义上的第一档超级网综，它和《中国有嘻哈》均产生了 30 亿流量。自 2015 年以来，爱奇艺已推出了包括《老九门》和《无证之罪》等的优质原创剧集，这两部剧集产生了大约 130 亿流量。这些持续不断的优质内容不仅有效提升了爱奇艺的市场占有率和品牌溢价，也促使了用户付费意愿的提升和习惯的养成。

爱奇艺历来重视与优质内容提供商的合作，力求形成最密切的共赢关系，突破普通合作伙伴在互利模式上的局限。为此，爱奇艺推出合作人计划，包括针对制作超级网剧的"海豚计划"、对新制作公司进行投资孵化的"幼虎计划"、培养优秀演艺人才的"天鹅计划"及"云腾计划"、开发漫画 IP 影视游戏的"苍穹计划"、扶持优秀动漫创作人和制作团队的"晨星计划"等，其都指向前端的内容服务。

搜狐视频也明白"内容拉动会员"的道理。继 2009 年引进《迷失》之后，美剧成了搜狐视频的特色品牌标签。到 2013 年，搜狐视频已成为国内第一美剧平台，美剧的总集数、总季数都远高于其他网站，搜狐视频一度成为美剧爱好者的"天堂"。

随着有关版权费的攀升，相比爱奇艺，搜狐视频深知难以硬拼财力去争夺头部资源。于是，搜狐视频从 2016 年开始把注意力转向了原创自制剧，希望通过在自制剧领域的精耕细作留住用户，同时削减高额的版权购买费。2015 年，《无心法师》第一部播出时，其凭借新颖的题材、逼真的特效和甜掉牙的"无牙 CP"圈粉无数，不但斩获了豆瓣 8.3 分的好口碑，还成了首部登陆 TVB（Television Broadcasts Limited）播出的网剧。

对搜狐视频而言，资本是其提高内容质量的最大桎梏。爱奇艺 CEO（chief executive officer）龚宇曾在"2016iJOY 悦享营销会"上宣布，来年爱奇艺至少要花费 100 亿元采购优质版权内容。这对当时缺少"金主"撑腰的搜狐视频来说，无疑是一个天文数字。

2. 平台内容的传输和展示质量方面

爱奇艺不仅是视频内容企业，也是一家互联网企业。公司每年不惜将巨资投入相关技术的研发、内容传输和显示质量的改善。根据爱奇艺的招股书，2017 年底，公司共有研发人员 2608 人，占到公司员工总数的 43.4%，高投入持续改善和创新了爱奇艺的内容传输和展示。爱奇艺在剧本创作、视频制作、个性化推荐、选角、编码、剪辑等方面都深度应用了人工智能技术。爱奇艺还在自己的 2019 世界·大会上推出了全球首个互动视频标准，并计划推出辅助互动视频制作的互动视频平台。在互动视频标准下，爱奇艺可以实现分支剧情、视角切换、画面信息探索等观影体验。

搜狐视频与喜欢高投入与背靠百度的爱奇艺相比，由于其技术研发的资金与带宽有限，其持续改善内容传输和展示的能力也相对较弱。从用户体验看，搜狐视频整体上要弱于爱奇艺。

3. 平台的定价策略方面

内容上的投入实质是为了争夺用户，尤其是付费用户。表 6-1 对比了爱奇艺与搜狐视频的会员价格。

表 6-1　爱奇艺与搜狐视频的会员价格比较（单位：元）

视频网站	会员类型	单月价格	连续包月	连续包季	单季度	连续包年	单年
爱奇艺	普通会员	19.8	15	45	—	178	—
	全终端会员	49.8	30	88	—	330	—
	体育会员	15	—	—	40	—	148
搜狐视频	普通会员	20	15	45	—	178	—
	全终端会员						
	体育会员						

资料来源：爱奇艺官方网站（http://www.iqiyi.com/）；搜狐视频官方网站（https://tv.sohu.com/）
注：价格均来自 2019 年

从表 6-1 可以看出，两家视频网站 VIP（very important person）的月费、季度费和年费相似。另外，爱奇艺和搜狐视频均有普通 VIP 新用户首月优惠，爱奇艺 6 元，搜狐 9.9 元。新客首月优惠价不仅能助长平台用户数量，还能扩展平台影响力。整体来看定价对比，爱奇艺似乎更懂得如何"收揽人心"。值得一提的是，爱奇艺除了普通会员外，还推出了全终端会员和体育会员，尤其是体育会员，其会员权益包括赠观赛券和专享赛事直播，如英超直播、西班牙国王杯直播、卡拉宝杯直播等。

4. 平台的用户规模方面

爱奇艺首次公开递交的招股书数据显示，截至 2017 年 12 月底，其付费会员规模为 5080 万户。截至 2018 年 2 月底，爱奇艺付费会员规模达 6010 万户，较 2017 年的 5080 万户增长 930 万户，已超过奈飞在美国本土市场的用户规模（5475 万户）。不仅是会员数量在增加，爱奇艺的活跃用户数也遥遥领先，并表现出高黏度。截至 2017 年 12 月 31 日的第四季度，该公司的移动月平均访问用户约为 4.213 亿人，PC 端月平均访问用户约为 4.241 亿人。根据艾瑞 mUserTracker 数据，2017 年 3 月，爱奇艺 APP 的月使用时长达 57 亿小时，连续两个月超越 QQ，成为仅次于微信的中国第二大 APP。

搜狐视频近年来的会员业务发展主要依靠原创剧，其会员数量也有较平稳的增长。

5. 平台的收益方面

爱奇艺营收的主要来源是在线广告收入和会员服务收入。在线广告收入从 2015 年的 33.99 亿元涨到了 2017 年的 81.58 亿元，涨幅高达 140%。2015 年，爱奇艺的付费剧目《盗墓笔记》引发收视热潮，开启了国内视频网站的付费时代。其会员服务收入从 2015 年的 9.96 亿元涨到 2017 年的 65.36 亿元，同比 2016 年增幅达 73.7%，占总收入百分比从 2015 年的 18.7% 上升至 2017 年的 37.6%，营收贡献占比持续扩大。

2017 年以来，搜狐视频收入的半数来自非广告收入。由于搜狐视频的用户数量无法与一线视频网站相比，其广告业务面临着衰退的风险。搜狐视频 2017 年财报显示，2017 年搜狐视频的营收为 0.797 亿美元，2016 和 2015 年则分别为 0.123 亿美元和 0.213 亿美元。同时，搜狐视频 2017 年、2016 年、2015 年购买视频内容的成本就已分别达 0.706 亿美元、0.229 亿美元和 0.199 亿美元。

资料来源：

https://baike.baidu.com/item/爱奇艺/1523627?fr=aladdin，2020 年 9 月 16 日

https://baike.baidu.com/item/搜狐视频/9591231?fr=aladdin，2020 年 9 月 16 日

http://www.iqiyi.com/，2020 年 10 月 7 日

https://tv.sohu.com/，2020 年 10 月 7 日

详解爱奇艺 IPO 招股说明书！，http://mini.eastday.com/mobile/180324182420676.html#，2015 年 12 月 31 日

Netflix、亚马逊、爱奇艺，三大视频巨头技术之路，http://www.sohu.com/a/123408299_116441，2020 年 9 月 16 日

案例 6-1 主要从平台质量等角度对爱奇艺和搜狐视频的经营特点和绩效进行了对比，让我们看到了两个平台之间纵向差异化经营的特点，从中可以窥见同类平台之间差异化竞争的情形，它无疑对我们后面将要用模型对"纵向差异化平台竞争"问题所作的分析具有启发性。

6.1.2　电视产业中平台竞争的背景

案例 6-1 所述的网络视频的差异化经营（它们势必导致不同平台间的差异化竞争）向我们预示了网络融合背景下的电视竞争进入了平台竞争时代。显然，在网络融合的背景下，我国的电视产业在一定程度上已经进入了基于设施的平台竞争[①]阶段，不少网络运营商成为双边平台企业[②]。

认为我国电视业的发展已经进入基于设施的平台竞争阶段的第一个含义是，这种竞争主要是基于设施的，而不是基于服务的。

早期的电信产业竞争基本上是基于服务的模式内竞争，那时不具备自有基础设施的电信服务提供商（进入者）通过接入在位者的电信基础设施，提供与电信基础设施提供商（在位者）相同模式的电信服务。而在网络融合的情形下，作为电视市场进入者的电信运营商能够基于自己已有的电信网络（基础设施）提供类似于在位者的产品（或服务），如 IPTV 服务，而不必利用（或租用）在位的有线电视网络运营商的有线电视网络。

一般而言，进入者和在位者基于（各自拥有的）不同设施而展开的竞争则是一种模式间竞争。从供给侧看，有线电视与 IPTV 基于不同的网络，其技术特征不同，商业模式也有所差别。电信运营商一般将 IPTV 与宽带捆绑提供给消费者，通常情况下并不单独提供 IPTV 服务。而有线电视运营商在更多的情形下将会分别提供有线电视与宽带接入服务。从需求侧看，消费者对两种服务的体验也不尽相同。有线电视作为一种传统的电视服务，消费者更多是被动收看电视，收视质量较高。即使数字化后，消费者对有线电视的主动使用主要限于节目回放、高清频道、付费频道等。IPTV 作为一种新兴的电视服务，赋予了观众更多的主动性，但是收视体验取决于观众家庭的接入带宽。

认为我国电视业的发展已经进入基于设施的平台竞争阶段的第二个含义是，这种基于设施的竞争具有平台竞争的特点。

在电视产业中，平台竞争就是多边市场竞争。有线电视运营商与电信运营商

---

① 准确地说，基于设施的平台竞争表达的是基于设施的平台的差异化竞争。在不至于引起混淆的前提下，我们不妨省掉几个字。

② 一般而言，网络运营商是现实的身份属性，平台则是学术层面的抽象，本章中，如果是有线电视和 IPTV 竞争这一具体的语境，我们仍然使用网络运营商这一概念；但如果是一般性的讨论，我们通常使用平台企业的概念。

并不是仅仅在单边市场中竞争。一方面，两者要争夺终端消费者（观众）；另一方面，两者也要争取高质量的内容。内容与观众在电视市场中具有相互依赖性。如果运营商能够较好地驾驭这种相互依赖性，则可以给平台运营带来正反馈，促进平台业绩的高速增长。

在传统的产业组织理论中，企业的产品（或服务）差异化竞争可以分为纵向差异化和横向差异化竞争。在电视产业的平台竞争中，同样存在纵向差异化和横向差异化的不同竞争。在网络融合的初期，有线电视的数字化刚刚起步，大部分地区是在模数整体转换这一行政政策的推动下实现了有线电视的数字化。那时，很多地区并没有完成有线电视网络的双向化改造。这意味着消费者虽然名义上享受了有线数字电视服务，可以接收更多的频道外，实际享受的福利有限。而电信网络运营商的 IPTV 则大多从一开始就具有双向互动功能，可以提供诸如点播和回放等服务。因此，如果订购了 IPTV，观众就可以享受到比有线电视更加方便与自主的电视消费，体验到 IPTV 比有线数字电视具有更高的服务质量。此时在有线电视和 IPTV 之间存在着较明显的纵向差异。然后，随着有线数字电视的双向化改造，有线电视和 IPTV 用户体验间的差距将会逐渐缩小，甚至完全趋于一致。此时，有线电视的内容传输平台和电信的 IPTV 传输平台间将由纵向差异化竞争转向横向差异化竞争。

我们曾在 4.2 节（消费者接入费和广告播放不受规制时的情形）和 4.3 节（规制模式下的分析）中讨论过在区域垄断的情况下，有线电视网络运营商基于双边市场的定价问题。在那种情形下，当消费者接入费和广告费不受规制和分别（或同时）受到规制时，有线电视网络运营商会对卫视频道收取落地费，很少考虑消费者和广告商的外部性效应。而在进入网络融合时代以后，有线电视的区域垄断有可能被打破（例如，有些地区的 IPTV 用户会发展得很快）。虽然我们将在 6.2 节和 6.3 节的纵向差异化竞争模型分析中，讨论两个平台（如有线电视平台和 IPTV 平台）提供质量有差异的服务时的情形，然而，随着时间的推移和三网融合的深入，两大平台提供的节目将会逐渐趋同，其纵向间的差异将逐渐减少。现实中的市场竞争情形也是如此，普遍存在着有线电视网络平台和 IPTV 传输平台通过竞争几乎平分秋色的情形。这些迹象表明，三网融合的深入将使得不同的电视平台运营商的商业模式和服务质量逐渐趋同，从而过渡到横向差异化竞争的模式。

6.1.3　文献回顾

在三网融合的电视竞争市场上，基于设施的竞争常常和平台间的差异化竞争问题联系在一起。在有关平台间的差异化竞争的研究中，差异化是一个研究重点。现有的平台差异化研究主要集中于两个方面：一是平台所有者应该在生态系统的哪些方面（如平台的哪一侧）实现差异化；二是采用何种形式的差异化：横向还是纵向差异化。

首先，不同于传统的企业差异化战略，平台自身或者平台的某一侧都可能成为平台差异化战略的一部分。一方面，平台本身的差异化意味着可以通过改善平台的内在特性来增加平台的客户价值。例如，可以通过增加一些功能而对视频游戏机进行升级，从而使升级后的游戏机更有利于用户和开发人员进行功能改进（Zhu and Iansiti，2012）。另一方面，平台也可以有意选择和强化平台生态系统中某一侧的差异化，这些做法或选择可能出于平台自身的利益，也可能出于整个生态系统的利益（Hendel et al.，2009）。例如，平台所有者可能要利用对其他客户有较大影响的大客户来达到自己的某种意图。具体而言，平台所有者可以识别和吸引优质供应商和大客户，并与其签订排他性合同（Eisenmann et al.，2006）。平台上的供应方也可以基于平台特性进行差异化，如搜寻成本与信用（任晓丽等，2013）。

其次，平台本身是一类产品（或服务），因此有纵向或横向差异化两种方式。一个平台可以通过质量的改进和模式的控制来选择如何差异化。平台提供者可以通过投资来改善平台的主要功能，提供高品质的平台（Gal-Or et al.，2012；Sridhar et al.，2011；万兴和高觉民，2013）。不同模式的平台可以更好地适应不同类型用户的需求：潜在使用者可以采用试用模式，初学者可以采用基本模式，专家可以采用高级模式（Gallaugher and Wang，2002；Bhargava and Choudhary，2004）。此外，各版本平台的特性可以适应用户随着时间的推移不断变化的需求（Reinartz and Ulaga，2008）。当然，平台的赞助商需要权衡这样的问题：究竟是投资于高品质的平台以吸引用户，还是降低投资强度以促进和便利第三方的内容开发（Anderson et al.，2013）。

在模型的提炼和分析方面，由于相关变量内生与外生假设的不同，讨论纵向差异化的众多文献的结论也不尽相同。现有文献大多在质量外生情形下考虑平台的竞争问题（Gabszewicz and Wauthy，2004；纪汉霖和管锡展，2007；万兴等，2010）。Gabszewicz和Wauthy（2004）与万兴等（2010）都以平台一边用户的数量来表示平台的质量，着重研究了多属性对市场均衡的影响，Gabszewicz和Wauthy（2004）发现多属性情形下的均衡结果与合谋情形类似；万兴等（2010）发现上游客户多属度的增加将提高上游市场的价格差距并缩小下游市场的价格差距。纪汉霖和管锡展（2007）在价格外生情形下用Hotelling模型考虑了具有质量差异化的双边市场的竞争问题，发现高质量平台偏好高质量，而低质量平台对质量高低的偏好并不确定。也有少量文献将质量决定内生化。Salim（2009）的研究发现，如果两个平台采用共同的标准（即平台兼容假设），平台的投资将取决于质量的成本：如果成本较高，平台将不会进行投资；如果成本较低，则两个平台会选择不同的质量。Viecens（2006）基于消费者质量偏好异质性，以及卖家关心平台上其他卖家的类型这两个关键假设，发现均衡时处于竞争状态的两个平台在价格、客户类型及服务质量上都具有不对称性。

当客户对平台的单一特征有不同的偏好时，平台可以采用横向化差异来满足客户异质的偏好。现有的平台横向差异化研究主要通过建立博弈模型分析不同条件下的均衡特征：或研究交叉网络外部性的大小与费率结构对均衡的影响（Rochet and Tirole，2003；Armstrong，2006）；或考虑多平台接入的情形（张凯和李向阳，2010；范小军和陈宏民，2009；曹俊浩等，2010）。

平台的差异化竞争还与 ICT 产业中某些焦点问题密切相关，如网络中性问题，即是否允许网络运营商对不同的网络服务提供商实行基于质量的价格歧视。Hermalin 和 Katz（2007）建立了一个数理模型考察产品的质量限制对社会福利的影响，该模型同时考虑了双边市场情形与传统市场情形，研究发现，网络中性对社会福利有不利影响，限制产品质量的结果是将排斥处于市场底层的应用服务提供商。

自 2010 年以来，双边平台的差异化模型得到进一步应用与拓展。在理论拓展上，Chang 等（2013）将平台差异化看成是一个选址问题，考察了双边用户网络外部性大小对平台差异化决策的影响。当双边用户网络外部性相同时，两个平台会聚集在市场中间；否则两个平台将选址于市场的不同端点，或聚集在市场的某个端点。平台兼容将降低用户视角下的平台差异化。Maruyama 和 Zennyo（2015）分析了平台兼容性选址下的双边用户参与问题。研究发现，除非兼容的成本为零，否则两个平台都选择兼容并不构成一个均衡。当一个平台选择兼容，另一个平台选择不兼容时，存在不对称均衡，但是与两个平台都选择兼容的非均衡情形相比，双边用户福利都将受到损失。

在模型应用上，Reisinger（2012）考察了一边为广告商，一边为用户的媒体平台。这个市场中，广告商认为平台是同质的，但是用户认为平台是有差异的。在广告商处于伯川德（Bertrand）竞争的情形下，平台仍然可以在广告侧市场获得正收益，并且平台的利润随着用户对广告的厌恶成本的加大而增加。模型可以解释现实世界中广告数量受到限制的公共电视平台与不受限制的私人电视平台共存时，私人电视平台将受益。Economides 和 Tåg（2012）基于双边市场模型考察了网络中性（network neutrality）问题。在垄断平台下，在一定参数范围内（由网络外部性大小和双边用户的差异化程度决定），网络中性规制可以提高社会总福利。这一结论在双寡头平台情形下仍然成立，这表明即使在有竞争的情形下，网络中性规制仍然有效。

6.2 变量外生情形下的纵向差异化平台竞争

本节主要通过防降价均衡，采用纵向差异化模型讨论研究用户数和频道商数外生情形下的网络运营商之间的价格竞争，然后基于纵向差异化模型研究用户数和频道商数内生情形下的网络运营商之间的价格竞争（6.3 节）。本节和 6.3 节的研究结果将表明，在外生情形下，平台企业的定价对某市场份额的影响依赖于另一市场中的份额。在内生情形下，随着频道商多属性的增加，在上游市场中，高质量平台企业和低质量平台企业间的价格差距将逐渐加大；而在下游市场中，高质量平台企业和低质量平台企业间的价格差距将逐渐减小。

我们不妨假设在某个城市的数字电视产业链的上游共有 s 个频道供应商（以下简称频道商），中游为两个电视网络运营商，分别为有线电视运营商和提供 IPTV 的电信运营商，下游为观众。频道商向电视网络运营商提供打包的节目频道，再由电视网络运营商通过自己的网络传播给观众。频道商根据网络运营商给出的价格及下游观众的数目选择网络运营商。频道商偏好下游客户基础（installed base）大的网络运营商，因为这样自己可以吸引到更多的广告投放。下游观众根据可以观看的频道数量和网络运营商的定价选择网络运营商，频道商的数目越多，观众的效用越大。因此，由于上下游市场中需求的相互依赖，上下游市场的均衡也将相互依赖。

6.2.1 上游市场的均衡

我们先考察上游（频道商）市场的均衡问题。虽然频道商处于产业链的上游，并向其下游的网络运营商提供频道节目。然而不同于一般的纵向关系，现实中我们通常观察到的是频道商向网络运营商付费[①]，原因在于频道商可以通过播放广告获利，而网络运营商并不能从频道商的广告收入中分成。

假设 s 个频道商中有 h 份额的频道商同时通过 A、B 两个网络运营商播放自己的频道，$h \in [0,1)$，当 $h=1$ 时，两个网络运营商同时覆盖所有频道商，这种情况下，观众只需要考虑网络运营商的定价，间接网络外部性将不再发挥作用。在剩下的 $(1-h)s$ 个频道商中，有 $(1-h)s_A$ 个频道商选择网络运营商 A，$(1-h)s_B$ 个频道商选择网络运营商 B。这样选择网络运营商 A 的频道商共有 s_A+hs_B 个，选择网络运

---

① 这一费用在第4章中被部分地称为落地费。此处之所以不继续称之为落地费是为了不致引起混淆。本节与4.2 节、4.3 节的区别在于后两节只有垄断的有线电视网络运营商，而此处是两个（电视）内容播出平台；另外，本节与4.4 节的区别在于，4.4 节讨论横向差异化平台竞争，而本节讨论纵向差异化平台竞争。

营商 B 的频道商共有 $s_B + hs_A$ 个。对于 $(1-h)s$ 个频道商，选择网络运营商 A 或网络运营商 B 的频道商的效用函数如式（6-1）所示。

$$U_A^u = \begin{cases} \alpha x_A - p_A^u, & \text{选择接入商} A \\ \alpha x_B - p_B^u - \delta^u, & \text{选择接入商} B \end{cases} \qquad U_B^u = \begin{cases} \alpha x_B - p_B^u, & \text{选择接入商} B \\ \alpha x_A - p_A^u - \delta^u, & \text{选择接入商} A \end{cases} \qquad (6\text{-}1)$$

其中，p_A^u 和 p_B^u 表示两个网络运营商向频道商收取的通道费用；x_A 和 x_B 表示两个网络运营商所能吸引到的观众的数量；$\delta^u \geqslant 0$ 表示频道商从不喜欢的网络运营商处转播频道所承担的额外成本；α 表示频道商对所覆盖的用户数量的评价程度，较高的 α 值表示频道商更重视用户的数量。由效用函数式（6-1），我们可以得到单独选择网络运营商 A 和网络运营商 B 的频道商数量的分段函数如式（6-2）所示。

$$q_A^u = \begin{cases} 0, & p_A^u > p_B^u + \delta^u + \alpha(x_A - x_B) \\ (1-h)s_A, & p_B^u - \delta^u + \alpha(x_A - x_B) \leqslant p_A^u \leqslant p_B^u + \delta^u + \alpha(x_A - x_B) \\ 1, & p_A^u < p_B^u - \delta^u + \alpha(x_A - x_B) \end{cases}$$

$$q_B^u = \begin{cases} 0, & p_B^u > p_A^u + \delta^u + \alpha(x_B - x_A) \\ (1-h)s_B, & p_A^u - \delta^u + \alpha(x_B - x_A) \leqslant p_B^u \leqslant p_A^u + \delta^u + \alpha(x_B - x_A) \\ 1, & p_B^u < p_A^u - \delta^u + \alpha(x_B - x_A) \end{cases} \qquad (6\text{-}2)$$

由防降价均衡条件可得

$$\pi_A^u = p_A^u(s_A + hs_B) \geqslant \left[p_B^u - \delta^u + \alpha(x_A - x_B) \right](s_A + s_B)$$
$$\pi_B^u = p_B^u(s_B + hs_A) \geqslant \left[p_A^u - \delta^u + \alpha(x_B - x_A) \right](s_A + s_B) \qquad (6\text{-}3)$$

可知，在防降价均衡中，网络运营商 A 和网络运营商 B 都没有激励将价格降到足够低以占领整个市场，因为如果这样做，自己的利润会更低。因此式（6-3）取等号，可以得到均衡时的价格如式（6-4）所示。

$$p_A^u = \frac{\delta^u(s_A + s_B)(s_A + 2s_B) + \alpha s_A(s_A + s_B)(x_A - x_B) - hs_A(s_A + s_B)(x_A\alpha - x_B\alpha - \delta^u)}{(1-h)(s_A^2 + s_As_B + hs_As_B + s_B^2)}$$

$$p_B^u = \frac{\delta^u(s_A + s_B)(s_B + 2s_A) + \alpha s_B(s_A + s_B)(x_B - x_A) - hs_B(s_A + s_B)(x_B\alpha - x_A\alpha - \delta^u)}{(1-h)(s_A^2 + s_As_B + hs_As_B + s_B^2)}$$

$$(6\text{-}4)$$

6.2.2　下游市场的均衡

接下来我们再考察下游（用户）市场的均衡问题。

考虑到现实中一般每个观众只会从一个网络运营商处订购接入服务，与式（6-1）相似，考虑到选择网络运营商 A 的频道商共有 $s_A + hs_B$ 个，选择网络运营商 B 的频道商共有 $s_B + hs_A$ 个，我们可以得到从 A 或 B 处订购接入服务的消费者效用函数如式（6-5）所示。

$$U_A^d = \begin{cases} \beta(s_A + hs_B) - p_A^d, & \text{从接入商}A\text{购买} \\ \beta(s_B + hs_A) - p_B^d - \delta^d, & \text{从接入商}B\text{购买} \end{cases}$$

$$U_B^d = \begin{cases} \beta(s_B + hs_A) - p_B^d, & \text{从接入商}B\text{购买} \\ \beta(s_A + hs_B) - p_A^d - \delta^d, & \text{从接入商}A\text{购买} \end{cases} \quad (6\text{-}5)$$

其中，p_A^d 和 p_B^d 表示在下游市场中，两个网络运营商向用户收取的通道费用；β 表示用户对可以看到的频道数量的评价程度，较高的 β 值表示用户更重视频道的数量；$\delta^d \geqslant 0$ 表示观众从不喜欢的网络运营商处订购接入服务所承担的额外成本。由效用函数式（6-5），我们可以得到网络运营商 A 和网络运营商 B 处的观众数的分段函数如式（6-6）所示。

$$q_A^d = \begin{cases} 0, & p_A^d > p_B^d + \delta^d + \beta(1-h)(s_A - s_B) \\ x_A, & p_B^d - \delta^d + \beta(1-h)(s_A - s_B) \leqslant p_A^d \leqslant p_B^d + \delta^d + \beta(1-h)(s_A - s_B) \\ 1, & p_A^d < p_B^d - \delta^d + \beta(1-h)(s_A - s_B) \end{cases}$$

$$q_B^d = \begin{cases} 0, & p_B^d > p_A^d + \delta^d + \beta(1-h)(s_B - s_A) \\ x_B, & p_A^d - \delta^d + \beta(1-h)(s_B - s_A) \leqslant p_B^d \leqslant p_A^d + \delta^d + \beta(1-h)(s_B - s_A) \\ 1, & p_B^d < p_A^d - \delta^d + \beta(1-h)(s_B - s_A) \end{cases} \quad (6\text{-}6)$$

由防降价均衡条件可得

$$\pi_A^d = p_A^d x_A \geqslant \left[p_B^d - \delta^d + \beta(1-h)(s_A - s_B) \right](x_A + x_B)$$

$$\pi_B^d = p_B^d x_B \geqslant \left[p_A^d - \delta^d + \beta(1-h)(s_B - s_A) \right](x_A + x_B) \quad (6\text{-}7)$$

在防降价均衡中，网络运营商 A 和 B 都没有激励将价格降得足够低以将对方挤出市场，因为这样自己的利润将更低。由式（6-7）取等号可以得到均衡价格如式（6-8）所示。

$$p_A^d = \frac{\delta^d(x_A + x_B)(x_A + 2x_B) + \beta(1-h)x_A(s_A - s_B)(x_A + x_B)}{x_A^2 + x_A x_B + x_B^2}$$

$$p_B^d = \frac{\delta^d(x_A + x_B)(x_B + 2x_A) + \beta(1-h)x_B(s_B - s_A)(x_A + x_B)}{x_A^2 + x_A x_B + x_B^2} \quad (6\text{-}8)$$

6.2.3　关于上、下游市场的两个命题

根据式（6-4）和式（6-8），可以得到命题 6-1。

命题 6-1　①在上游市场中，当 $p_i^u \geqslant p_j^u$，且 $x_i \leqslant x_j$ 时，$s_i \leqslant s_j$。②在下游市场中，当 $p_i^d \geqslant p_j^d$，且 $s_i \leqslant s_j$ 时，$x_i \leqslant x_j$。

证明　首先证明①，由式（6-4）可得

$$p_A^u - p_B^u = \frac{\delta^u(1-h)(s_B^2 - s_A^2) + \alpha(1-h)(x_A - x_B)(s_A + s_B)^2}{(1-h)(s_A^2 + s_A s_B + h s_A s_B + s_B^2)}$$

易得 $(x_A - x_B) \geqslant \dfrac{\delta^u(s_A^2 - s_B^2)}{\alpha(s_A + s_B)^2}$，显然 $x_A \leqslant x_B$ 时，$s_A \leqslant s_B$ 成立。

下面证明②，我们证明 $p_A^d \geqslant p_B^d$ 时的情形。由式（6-8），可得

$$p_A^d - p_B^d = \frac{\delta^d(x_B^2 - x_A^2) + \beta(1-h)(s_A - s_B)(x_A + x_B)^2}{x_A^2 + x_A x_B + x_B^2}$$

若 $p_A^d \geqslant p_B^d$，则 $\delta^d(x_B^2 - x_A^2) + \beta(1-h)(s_A - s_B)(x_A + x_B)^2 \geqslant 0$。

容易得到当 $h \neq 1$ 时，$(s_A - s_B) \geqslant \dfrac{\delta^d(x_A^2 - x_B^2)}{\beta(1-h)(x_A + x_B)^2}$，显然 $s_A \leqslant s_B$ 时，$x_A \leqslant x_B$ 成立。命题 6-1 得证。

我们知道，在没有网络外部性的市场中，厂商可以通过低价向更多客户销售其产品。命题 6-1 则说明了在有间接网络外部性的市场中扩大市场份额的充分条件，即如果网络运营商只在下游市场降价，并不一定能扩大下游市场的份额，当该网络运营商同时在上游市场吸引到的频道商超过另一网络运营商时，其一定能扩大下游市场的份额。

同理，网络运营商如果想扩大其在上游频道市场的份额，只在上游市场降价并不能如愿，还需在上游市场降价的同时，也在下游市场吸引更多的观众订购其接入服务，这样才能够保证扩大其在上游市场中的份额。

进一步，我们容易得到 $\dfrac{\partial(p_A^d - p_B^d)}{\partial(s_A - s_B)} = \dfrac{\beta(1-h)(x_A + x_B)^2}{x_A^2 + x_A x_B + x_B^2} \geqslant 0$。

同理，我们容易在上游市场中得到 $\dfrac{\partial(p_A^u - p_B^u)}{\partial(x_A - x_B)} \geqslant 0$。

这进一步表明网络运营商上游（下游）市场份额的差距对网络运营商在下游（上游）市场均衡定价的差距具有正面影响，这进而将影响网络运营商在下游（上游）市场的份额。上游市场和下游市场之间这种价格和市场份额的交叉影响正是间接网络外部性的表现。

考虑均衡时的网络运营商 A 和 B 的利润关系，我们可以得到命题 6-2。

命题 6-2 ①在上游市场中，当且仅当 $x_i - x_j \geqslant \dfrac{\delta^u(s_j^2 - s_i^2)}{\alpha(s_i^2 + s_j^2 + 2h s_i s_j)}$ 时，$\pi_i^u \geqslant \pi_j^u$；②在下游市场中，当且仅当 $s_i - s_j \geqslant \dfrac{\delta^d(x_j^2 - x_i^2)}{\beta(1-h)(x_i^2 + x_j^2)}$ 时，$\pi_i^d \geqslant \pi_j^d$。

证明 首先证明①。将式（6-4）代入式（6-3），相减可得

$$\pi_A^u - \pi_B^u = \frac{\delta^u(1-h)(s_A + s_B)(s_A^2 - s_B^2) + \alpha(1-h)(x_A - x_B)(s_A + s_B)(s_A^2 + s_B^2 + 2h s_A s_B)}{(1-h)(s_A^2 + s_A s_B + h s_A s_B + s_B^2)}$$

易得当且仅当 $x_A - x_B \geqslant \dfrac{\delta^u(s_B^2 - s_A^2)}{\alpha(s_A^2 + s_B^2 + 2hs_As_B)}$ 时，$\pi_A^u \geqslant \pi_B^u$。

下面证明②。对命题 6-2 的②，我们证明 $\pi_A^d \geqslant \pi_B^d$ 时的情形。将式（6-8）代入式（6-7），相减可得

$$\pi_A^d - \pi_B^d = \frac{\delta^d(x_A + x_B)(x_A^2 - x_B^2) + \beta(1-h)(s_A - s_B)(x_A + x_B)(x_A^2 + x_B^2)}{x_A^2 + x_Ax_B + x_B^2}$$

因为此式的分母大于零，故有，当且仅当其分子也大于等于零时，$\pi_A^d \geqslant \pi_B^d$。

从而易得，当且仅当 $s_A - s_B \geqslant \dfrac{\delta^d(x_B^2 - x_A^2)}{\beta(1-h)(x_A^2 + x_B^2)}$ 时，分子大于等于零。

所以当且仅当 $s_A - s_B \geqslant \dfrac{\delta^d(x_B^2 - x_A^2)}{\beta(1-h)(x_A^2 + x_B^2)}$ 时，$\pi_A^d \geqslant \pi_B^d$，②得证。命题 6-2 得证。

我们知道在没有网络外部性的防降价均衡中，当且仅当 $x_i \geqslant x_j$ 时，$\pi_i \geqslant \pi_j$（Shy，2001）。然而由于上游市场和下游市场之间存在间接的网络外部性，市场份额和利润之间具有较复杂的关系。

根据命题 6-2，当 $x_i \geqslant x_j$ 且 $s_i \geqslant s_j$ 时，有 $\pi_i^d \geqslant \pi_j^d$ 且 $\pi_i^u \geqslant \pi_j^u$。然而，这只是充分条件，并不是必要条件。在 $x_i < x_j$ 时，只要 s_i 充分大于 s_j，即满足命题 6-2 的条件，仍然能够保证 $\pi_i^d > \pi_j^d$，即使某网络运营商在下游市场的份额没有竞争对手高，但是由于其拥有较大优势的上游市场份额，在下游市场中其仍然能够获得超过竞争对手的利润。

进一步，我们还可以得到 $\dfrac{\partial(\pi_A^d - \pi_B^d)}{\partial(s_A - s_B)} = \dfrac{\beta(1-h)(x_A + x_B)(x_A^2 + x_B^2)}{x_A^2 + x_Ax_B + x_B^2} \geqslant 0$，这反映了两个网络运营商在上游市场份额差距的扩大，将加大它们在下游市场的利润差距。

同理，我们也可以推出网络运营商在下游市场份额差距的扩大，将加大它们在上游市场的利润差距。

6.3　变量内生情形下的纵向差异化平台竞争

本节将基于专题 6-1 的工作基础，采用纵向差异化模型研究用户数和频道商数内生情形下的网络运营商之间的价格竞争。研究结果表明，与外生情形不同的是，当变量内生时，随着频道商多属度的增加，在上游市场中，高质量网络运营商和低质量网络运营商间的价格差距将逐渐加大；而在下游市场中，高质量网络运营商和低质量网络运营商间的价格差距将逐渐减小。

专题 6-1 纵向差异化与双边市场基础模型

Gabszewicz 和 Wauthy（2014）考虑了具有纵向差异化特点的双边市场中的价格竞争。假设如下：市场中存在两个平台 A 或 B，平台的上游一边为商家，下游一边为消费者。假设 B 平台提供较高质量的服务。上游市场中，商家的效用函数为 $u = \theta x_i - p_i^u$。其中 θ 表示商家的类型，假设商家均匀分布在 $[0,1]$ 上，则由 $u \geq 0$，可以得到商家所在集合为 $[\frac{p_i^u}{x_i}, 1]$。假设 θ_{AB} 表示该类商家选择 A 或 B 平台运营商没有差异，则有 $\theta_{AB} x_A - p_A^u = \theta_{AB} x_B - p_B^u$，可得 $\theta_{AB} = \frac{p_B^u - p_A^u}{x_B - x_A}$。$\theta > \theta_{AB}$ 的商家选择 B 平台运营商可以获得更大效用，所以商家对 B 的需求为 $1 - \theta_{AB}$，即 $1 - \frac{p_B^u - p_A^u}{x_B - x_A}$。而对 A 平台的市场需求为 $1 - \frac{p_A^u}{x_A} - \left(1 - \frac{p_B^u - p_A^u}{x_B - x_A}\right)$，即 $\frac{p_B^u x_A - p_A^u x_B}{x_A(x_B - x_A)}$。

同理，在下游市场中，假设 τ_{AB} 表示该类观众选择 A 或 B 网络运营商没有差异，则有 $\tau_{AB} s_A - p_A^d = \tau_{AB} s_B - p_B^d$，可得当 $s_A \neq s_B$ 时，$\tau_{AB} = \frac{p_B^d - p_A^d}{s_B - s_A}$。$\tau > \tau_{AB}$ 的观众选择 B 平台可以获得更大效用，所以 B 平台在下游市场的份额 x_B 为 $1 - \frac{p_B^d - p_A^d}{s_B - s_A}$，$A$ 平台在下游市场的份额 x_A 为 $\frac{s_A p_B^d - s_B p_A^d}{s_A(s_B - s_A)}$。$A$ 平台与 B 平台的目标函数如下，其中价格为决策变量：

$$\max_{p_A^u, p_A^d} \left[p_A^u \frac{p_B^u x_A - p_A^u x_B}{x_A(x_B - x_A)} + p_A^d \frac{s_A p_B^d - s_B p_A^d}{s_A(s_B - s_A)} \right]$$

$$\max_{p_B^u, p_B^d} \left[p_B^u (1 - \frac{p_B^u - p_A^u}{x_B - x_A}) + p_B^d (1 - \frac{p_B^d - p_A^d}{s_B - s_A}) \right]$$

容易得到，市场均衡时，低质量平台 A 在上下游市场的价格为 $p_A^u = p_A^d = \frac{2}{49}$，高质量平台 B 在上下游市场的价格为 $p_B^u = p_B^d = \frac{8}{49}$；低质量平台 A 在上下游市场的份额为 $x_A = s_A = \frac{2}{7}$，高质量平台 B 在上下游市场的份额为 $x_B = s_B = \frac{4}{7}$。高质量平台在两个市场的价格与市场份额都高于低质量平台。

资料来源：Gabszewicz J J, Wauthy X Y. 2014. Vertical product differentiation and two-sided markets. Economics Letters，123（1）：58-61

由专题 6-1 可知，Gabszewicz 和 Wauthy（2014）的模型主要考虑了具有纵向差异化特点的双边市场中的价格竞争问题。我们将建立考虑平台多属度的纵向差异化双边市场模型。与 Gabszewicz 和 Wauthy（2014）模型的不同之处是，此处考虑了平台上游客户——频道商的多属行为，即平台上游部分频道商可能同时加入了两个平台。这样，本节的结论其实涵盖了 Gabszewicz 和 Wauthy（2014）的研究结果，而将其作为多属度 $h=0$ 的一个特例。具体分析如下。

6.3.1 模型建立和求解

有线电视和 IPTV 提供的数字电视接入服务并不完全相同。IPTV 可以更容易地实现单播、时移、基于 Internet 的服务等，发展初期的有线数字电视在实现这些功能时要相对困难一些，因此本节假定频道商和观众都认为 IPTV 能提供较高质量的接入服务（Wan and Hu，2008）。

假设网络运营商 A 和网络运营商 B 展开纵向差异化竞争，网络运营商 A 通过有线电视网提供数字电视，网络运营商 B 通过宽带网络提供 IPTV，能提供较高质量的服务。和 6.2 节中变量外生的模型一样，这里仍然假定频道商可选择多属，观众只选择一个网络运营商。

在上游市场中，频道商的效用函数为 $u = \theta x_i - p_i^u$，其中 θ 表示频道商的类型，选择单属的频道商均匀分布在[0,1]上，则由 $u \geq 0$，可以得到单属的频道商所在集合为 $[\frac{p_i^u}{x_i}, 1]$。

假设 θ_{AB} 表示该类频道商在选择网络运营商 A 或 B 时没有差异，则有

$$\theta_{AB} x_A - p_A^u = \theta_{AB} x_B - p_B^u$$

可得 $\theta_{AB} = \dfrac{p_B^u - p_A^u}{x_B - x_A}$。$\theta > \theta_{AB}$ 的单属频道商选择网络运营商 B 可以获得更大效用，所以单属频道商对 B 的需求为 $1 - \theta_{AB}$，即 $1 - \dfrac{p_B^u - p_A^u}{x_B - x_A}$。而对网络运营商 A 的市场需求为 $1 - \dfrac{p_A^u}{x_A} - \left(1 - \dfrac{p_B^u - p_A^u}{x_B - x_A}\right)$，即 $\dfrac{p_B^u x_A - p_A^u x_B}{x_A(x_B - x_A)}$。

考虑到 h 份额的频道商同时选择两个网络运营商，则网络运营商 A 的市场份额 $s_A + h s_B$ 为 $\dfrac{p_B^u x_A - p_A^u x_B}{x_A(x_B - x_A)} + h\left(1 - \dfrac{p_B^u - p_A^u}{x_B - x_A}\right)$，网络运营商 B 的市场份额 $s_B + h s_A$ 为 $1 - \dfrac{p_B^u - p_A^u}{x_B - x_A} + h \dfrac{p_B^u x_A - p_A^u x_B}{x_A(x_B - x_A)}$。

同理，在下游市场中，假设 τ_{AB} 表示该类观众选择网络运营商 A 或 B 没有差异，

则 有 $\tau_{AB}(s_A + hs_B) - p_A^d = \tau_{AB}(s_B + hs_A) - p_B^d$ ， 可 得 当 $s_A \neq s_B$ 时 ， $\tau_{AB} = $

$\dfrac{p_B^d - p_A^d}{(s_B - s_A)(1 - h)}$ 。 $\tau > \tau_{AB}$ 的观众选择 B 可以获得更大效用，所以网络运营商 B 在

下游市场的份额 x_B 为 $1 - \dfrac{p_B^d - p_A^d}{(s_B - s_A)(1 - h)}$ ，网络运营商 A 在下游市场的份额 x_A 为

$\dfrac{p_B^d - p_A^d}{(s_B - s_A)(1 - h)} - \dfrac{p_A^d}{s_A + hs_B}$ 。

网络运营商 A、B 的目标函数为

$$\max_{p_A^u, p_A^d} \left\{ p_A^u \left[\frac{p_B^u x_A - p_A^u x_B}{x_A(x_B - x_A)} + h\left(1 - \frac{p_B^u - p_A^u}{x_B - x_A}\right) \right] + p_A^d \left[\frac{p_B^d - p_A^d}{(s_B - s_A)(1 - h)} - \frac{p_A^d}{s_A + hs_B} \right] \right\}$$

$$\max_{p_B^u, p_B^d} \left\{ p_B^u \left[1 - \frac{p_B^u - p_A^u}{x_B - x_A} + h\frac{p_B^u x_A - p_A^u x_B}{x_A(x_B - x_A)} \right] + p_B^d \left[1 - \frac{p_B^d - p_A^d}{(s_B - s_A)(1 - h)} \right] \right\}$$

（6-9）

由式（6-9）可以得到在下游市场中，均衡价格满足式（6-10）

$$p_B^d = \frac{1}{2}(p_A^d - s_A + hs_A + s_B - hs_B)$$

$$p_A^d = \frac{p_B^d(s_A + hs_B)}{2(s_B + hs_A)}$$

（6-10）

在上游市场中，均衡价格满足式（6-11）

$$p_B^u = \frac{p_A^u x_A - x_A^2 - hp_A^u x_B + x_A x_B}{2(1 - h)x_A}$$

$$p_A^u = \frac{x_B(p_B^u - hp_B^u + hx_B - hx_A)}{2(x_B - hx_A)}$$

（6-11）

由式（6-10）、式（6-11）可以求得均衡价格关于上、下游市场份额的表达式，将其代入 x_A、x_B、s_A、s_B，在上游市场中，可以求得

$$s_A = \frac{2h^2 - 3h + 2}{(1 - h)(7 - 2h)}, \ 1 > s_A > 0$$

$$s_B = \frac{2h^2 - 7h + 4}{(1 - h)(7 - 2h)}, \ 1 > s_B > 0$$

（6-12）

则在上游市场中，网络运营商 A 的份额为 $s_A + hs_B = \dfrac{2 + 3h - 2h^2}{7 - 2h}$ ，网络运营商 B 的份额为 $s_B + hs_A = \dfrac{4 - h - 2h^2}{7 - 2h}$ 。在下游市场中，可以求得

$$x_A = \frac{-4 + h + 2h^2}{-14 + 7h + 6h^2}$$

$$x_B = 2x_A$$

（6-13）

下游市场中的每个观众只选择一个网络运营商，而标准化的观众总数不大于 1，即 $x_A + x_B \leqslant 1$，可以得到 $h \leqslant 0.5$。因此在均衡时，反映多属程度的 h 的取值范围为 $[0, 0.5]$。当 h 处于 $(0.5, 1)$ 时，均衡不存在。

6.3.2　均衡分析

由式（6-12）、式（6-13），我们可以得到图 6-1。由图 6-1，有理由猜想均衡时上、下游市场份额应符合命题 6-3。

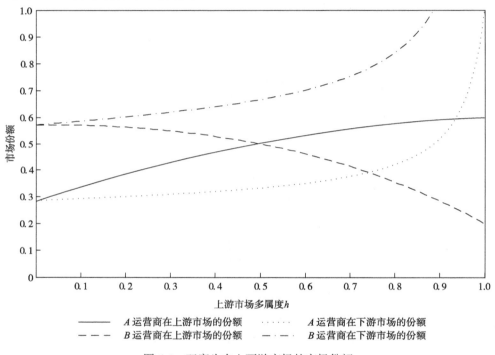

图 6-1　双寡头在上下游市场的市场份额

命题 6-3　当上游市场多属度不大于 0.5 时，随着多属度的增加，有以下几种情况。①当多属度小于 $\frac{7}{2} - \sqrt{12}$ 时，高质量网络运营商在上游市场的份额增加，当多属度大于 $\frac{7}{2} - \sqrt{12}$ 时，高质量网络运营商在上游市场的份额减少。②高质量网络运营商在下游市场的份额随之增加，低质量网络运营商在上、下游两个市场的份额均随之增加。③低质量网络运营商和高质量网络运营商所覆盖的下游市场总范围增加，上游市场总范围不减。

证明　因为高质量网络运营商在上游市场的份额为 $s_B + hs_A$。$\dfrac{\partial(s_B + hs_A)}{\partial h} =$

$\dfrac{1-28h+4h^2}{(7-2h)^2}$，所以当 $h \in [0, \dfrac{7}{2}-\sqrt{12}\,]$ 时，$\dfrac{\partial(s_B+hs_A)}{\partial h}>0$，当 $h \in [\dfrac{7}{2}-\sqrt{12},0.5]$ 时，

$\dfrac{\partial(s_B+hs_A)}{\partial h}<0$。①得证。

同理，当 $h \in [0,0.5]$ 时，可证 $\dfrac{\partial(s_A+hs_B)}{\partial h}>0$，$\dfrac{\partial x_B}{\partial h}>0$，$\dfrac{\partial x_A}{\partial h}>0$，$\dfrac{\partial(x_A+x_B)}{\partial h}>0$，

$\dfrac{\partial(s_A+hs_B+s_B+hs_A)}{\partial h}\geqslant 0$。证毕。

命题 6-3 的①说明，在上游市场中，一旦 h 超过一个微小的阈值，约 0.036，高质量的网络运营商将面临递减的市场份额，下文可以看到这将影响高质量网络运营商在上游市场的利润增速，并最终导致高质量网络运营商的总利润将随 h 的增加而下降。

当 $h=0$ 时，$x_A=s_A=\dfrac{2}{7}$、$x_B=s_B=\dfrac{4}{7}$。这与 Gabszewicz 和 Wauthy（2004）的命题 6-3 的结论一致，即在上游频道商不存在多属的情况下，提供较高质量的网络运营商在上、下游两个市场的份额均为另一网络运营商的两倍。而当 $h \in [0,0.5)$ 时，上游市场中高质量网络运营商的份额一直高于低质量网络运营商的份额；下游市场中，高质量网络运营商的市场份额始终为低质量网络运营商的两倍。当 h 增加到 0.5 时，两个网络运营商在上游的市场份额相同，同时拥有相同数量的单属频道商，$s_A=s_B=1/3$。

将式（6-12）和式（6-13）代入式（6-10）和式（6-11），可以得到上游市场的均衡价格分别为

$$p_A^u=\frac{(1+2h)(4-h-2h^2)}{(7-2h)(14-7h-6h^2)}$$

$$p_B^u=\frac{(4-h-2h^2)^2}{(1-h)(7-2h)(14-7h-6h^2)}$$

下游市场的均衡价格分别为

$$p_A^d=\frac{4-2h-16h^2+8h^3}{98-77h-28h^2+12h^3}$$

$$p_B^d=\frac{4(4-9h+4h^3)}{98-77h-28h^2+12h^3}$$

将它们绘在同一张图中，可以得到图 6-2。由图 6-2，可以猜想均衡时上下游市场份额应符合命题 6-4。

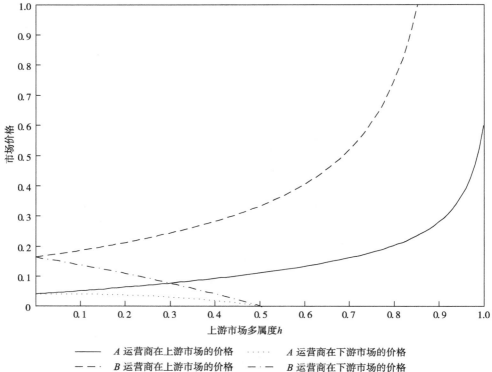

图 6-2 双寡头在上下游市场的定价

命题 6-4 当上游市场多属度不大于 0.5 时，随着多属度的增加，①在上游市场中，高质量网络运营商和低质量网络运营商的价格均增加，且它们之间的价格差距增加；②在下游市场中，高质量网络运营商和低质量网络运营商的价格均减少，且它们之间的价格差距减少。

证明 因为 $\dfrac{\partial p_A^u}{\partial h} = \dfrac{2(497 - 280h - 408h^2 + 224h^3 + 80h^4)}{(98 - 77h - 28h^2 + 12h^3)^2}$，所以当 $h \in [0, 0.5]$ 时，

$\dfrac{\partial p_A^u}{\partial h} > 0$。

同理可证，当 $h \in [0, 0.5]$ 时，有 $\dfrac{\partial p_B^u}{\partial h} > 0$，$\dfrac{\partial p_A^d}{\partial h} < 0$，$\dfrac{\partial p_B^d}{\partial h} < 0$。

当 $h \in [0, 0.5]$ 时，在上游市场中，容易证明：

$$\dfrac{\partial (p_B^u - p_A^u)}{\partial h} = \dfrac{1022 - 1960h + 975h^2 + 56h^3 - 40h^4 - 96h^5 + 48h^6}{(98 - 175h + 49h^2 + 40h^3 - 12h^4)^2} > 0$$

同理可证，在下游市场中，$\dfrac{\partial (p_B^d - p_A^d)}{\partial h} < 0$。证毕。

当 $h \in [0, 0.5)$ 时，在上游和下游市场中，高质量网络运营商的定价始终都要高

于低质量网络运营商的定价。特别地，当 $h=0$ 时，$p_A^d = p_A^u = \dfrac{2}{49}$，$p_B^d = p_B^u = \dfrac{8}{49}$。当 h 增加到 0.5 时，$p_A^d = p_B^d = 0$，$p_A^u = \dfrac{1}{9}$，$p_B^u = \dfrac{1}{3}$。

命题 6-4 的结论符合我们的直觉，为了让更多的频道商多属，网络运营商需要吸引更多的观众，要吸引更多的观众，网络运营商必须降低下游市场的价格，此时，为了实现利润最大化，网络运营商势必提高在上游市场的价格。同时，随着上游频道商多属度的增加，观众对网络运营商的评价将趋同，这使得高质量和低质量网络运营商在下游市场的价格差距减少。本处的结论和 Armstrong（2006）定理 4 的结论是类似的。[①]

由以上均衡时的价格和市场份额的表达式，容易得到网络运营商的利润具有如下性质。

命题 6-5　当上游市场多属度不大于 0.5 时，随着多属度的增加，高质量网络运营商的利润随之下降，低质量网络运营商的利润随之增加，但是高质量网络运营商的利润始终高于低质量网络运营商的利润。

由价格和市场份额表达式，按照命题 6-3 和命题 6-4 的证明过程，可以证明命题 6-5，此处省略证明过程。

进一步分析可以发现，随着多属度的增加，高质量网络运营商和低质量网络运营商的上游市场利润都会上升，而下游市场的利润都会下降。这反映出下游市场为竞争的瓶颈。随着多属度的增加，两个网络运营商所覆盖的下游市场的总量在增加，价格在下降，同时，观众的福利将上升。

6.3.3　双寡头运营商合并时的情形

如果双寡头的网络运营商实行合并，则此时的目标函数为式（6-14）：

$$\max_{p_A^u, p_A^d, p_B^u, p_B^d} \left\{ p_A^u \left[\frac{p_B^u x_A - p_A^u x_B}{x_A(x_B - x_A)} + h\left(1 - \frac{p_B^u - p_A^u}{x_B - x_A}\right) \right] + p_A^d \left[\frac{p_B^d - p_A^d}{(s_B - s_A)(1-h)} - \frac{p_A^d}{s_A + hs_B} \right] \right.$$
$$\left. + p_B^u \left[1 - \frac{p_B^u - p_A^u}{x_B - x_A} + h\frac{p_B^u x_A - p_A^u x_B}{x_A(x_B - x_A)} \right] + p_B^d \left[1 - \frac{p_B^d - p_A^d}{(s_B - s_A)(1-h)} \right] \right\}$$

$$(6\text{-}14)$$

仿照式（6-9）的求解过程，容易得到当取角解时，即只有高质量网络运营商 B 存在于市场时，式（6-14）将取得最大值。在这种情况下，高质量网络运营商垄断市场，其目标函数为式（6-15）：

---

① Armstrong（2006）的定理 4 的结论为：在 $h=1$ 的情况下，上游市场为垄断市场。而本处的结论可以解释为随着 h 的增加，两个网络运营商在上游市场的势力同时增强。

$$\max_{p_B^u, p_B^d} \left[p_B^u \left(1 - \frac{p_B^u}{x_B} \right) + p_B^d \left(1 - \frac{p_B^d}{s_B} \right) \right] \tag{6-15}$$

易得 $p_B^u = \dfrac{x_B}{2}$，$p_B^d = \dfrac{s_B}{2}$。

考虑到上游市场份额为 $s_B = 1 - \dfrac{p_B^u}{x_B}$，下游市场份额为 $x_B = 1 - \dfrac{p_B^d}{s_B}$。容易得到均衡时，$p_B^u = p_B^d = \dfrac{1}{4}$，$x_B = s_B = \dfrac{1}{2}$。

因此，如果网络运营商 A 和 B 合并，则合并后的网络运营商会关闭低质量的网络运营商 A 所提供的服务，只留下为消费者和频道商提供高质量服务的网络运营商 B。

容易证明，对于任意 $h \in [0,0.5]$，这时网络运营商的利润高于合并前网络运营商 A 和 B 的利润之和。比较合并前后网络运营商在上下游市场的价格可以发现：合并后的高质量网络运营商提高了在下游市场的价格；当 $h \in [0,0.318\ 486]$ 时，合并前的高质量网络运营商在上游市场的价格低于合并后其在上游市场的价格，当 $h \in [0.318\ 486,0.5]$ 时，合并前的高质量网络运营商在上游市场的价格高于合并后其在上游市场的价格。如命题 6-3 的③所述，当 $h \in [0,0.5]$ 时，低质量网络运营商和高质量网络运营商所覆盖的下游和上游市场的总范围分别是 h 的单调增函数和单调不减函数，$h = 0$ 时，合并前上游和下游市场的最小覆盖为 6/7，大于合并后的 1/2，所以合并后有一部分观众和频道商退出了市场。

因此，合并后观众的福利存在两方面的损失。一方面，因为下游市场的高价，一部分观众退出了市场；另一方面，没有退出市场的观众不仅要忍受较高的价格，而且可以观看的频道也会减少。

6.4　结果与分析

数字电视产业中的接入服务及节目（内容）提供范式具有一种间接网络外部性，但是不同于硬件/软件范式，接入服务及节目（内容）提供范式的网络运营商处于核心地位，硬件/软件范式的消费者是系统组装者。本章的 6.2 节首先通过防降价均衡研究了用户数和频道商数外生情形下的网络运营商之间的价格竞争，然后 6.3 节基于纵向差异化模型研究了用户数和频道商数内生情形下的网络运营商之间的价格竞争。研究发现，在外生情形下，网络运营商的定价行为对某市场份额的影响依赖于其在另一市场中的份额；在内生情形下，随着频道商多属度的增加，在上游市场中，高质量网络运营商和低质量网络运营商间的价格差距将逐渐拉开；而在下游市场中，高质量网络运营商和低质量网络运营商间的价格差距将逐渐减小。基于 6.2 节和 6.3 节的分析，接入服务及节目（内容）提供范式的竞争特点要求电视市场上的相应行为人采取相关的竞争策略和措施。

第一，由于部分频道商具有多属的特点，而观众一般只会选择一个网络运营商，这决定了网络运营商往往在下游市场收取比较低的价格以尽可能地吸引更多的观众，从而借助间接网络外部性吸引更多的频道商，通过提高上游市场的价格提高自己的总利润。这是有线电视网络运营商和 IPTV 运营商都会采用的共性策略。

第二，随着频道商多属度的增加，网络运营商在下游市场的竞争加剧。相比高质量的网络运营商，低质量的网络运营商更希望频道商多属度增加，因为这样能够提高自身在上游市场的份额，从而吸引更多的下游观众，并提高自己的总利润。这时高质量网络运营商应该采取策略，阻止频道商多属，如要求某些频道商签署排他性合约。

第三，为了保护消费者的利益，规制机构应该限制电视网络运营商的合并行为。针对电视网络运营商的合并行为，规制机构应要求合并的网络运营商提供不同的价格/质量选择，一方面，以较低的价格提供一定质量的接入服务，以满足普遍服务的最低要求；另一方面，以较高的价格提供较高质量的接入服务，以满足高端消费者的需求。在三网融合的背景下，无须重建网络，中国的有线电视运营商和电信运营商就可以分别基于现有的有线电视网络和宽带网络提供数字电视服务。目前，规制机构应该鼓励电信运营商的市场进入，因为有线电视网络运营商和电信运营商之间的竞争有利于打破当下有线电视的本地垄断，提高消费者福利；同时着眼未来，规制机构应实施偏向有线电视网络运营商的不对称规制，保护相对弱小的在位者，确保有线电视网络运营商提供低价的普遍服务。

第四，纵向一体化的网络运营商和频道商会排斥和其他独立网络运营商或频道商的合作，这将导致多属度降低，从而减少下游市场的竞争，同时高质量、低质量运营商在下游市场的份额都有所下降。因此，为了鼓励网络运营商之间的竞争，规制机构应考察网络运营商和频道商纵向一体化所带来的垄断效应，约束网络运营商和频道商之间的一体化行为，要求纵向一体化的网络运营商和频道商为独立网络运营商或频道商提供公正、合理和非歧视的服务。

第7章 电视和宽带的捆绑销售与多产品竞争问题

在经济学的意义上，人们往往将市场理解为具有相同使用价值或具有高度替代性的产品的购销关系的集合。因此，一个公司因为经营着多种产品，所以往往同时参与着多个具有一定关联性的细分市场上的竞争。在网络融合的电视竞争背景下，由于企业在电视（市场）和电信（市场）等多市场的交叉进入，运营商通常会将原先分别在不同市场上销售的多个产品捆绑在一起出售。例如，将有线电视（或 IPTV）和互联网宽带捆绑在一起进行销售，从而出现了一个公司（或平台企业）同时参与多个"与电视产业邻近市场"上的竞争问题。不妨称这类竞争问题为网络融合时代电视产业的多产品竞争问题。

本章将以电视和宽带的捆绑销售为线索，用三节讨论网络融合后的多产品竞争问题。7.1 节将首先以中国首个三网融合试点城市——上海为例，介绍上海电信和东方有线网络有限公司两大运营商，特别是两者所采用的捆绑策略；然后简略说明网络融合时代捆绑销售出现的背景，回顾主要的经典文献；7.2 节将通过建立二维 Bertrand 模型，分析网络融合背景下在两个邻近①市场上经营的双寡头的多产品定价问题。这将有助于我们了解多市场②的互动对均衡价格的影响；7.3 节就电视和宽带两种服务的捆绑情景做一些理论上的探讨。考虑到网络外部性可能存在于寡头垄断市场、垄断市场或同时存在于这两类市场，所以提供两种产品（或服务）的运营商就可能采用纯捆绑或单独出售的策略，因而该节将比较网络外部性下多产品竞争的六种情形，分析同时经营于垄断市场和寡头垄断市场的多产品

---

① 这种邻近性往往由供给侧的技术进步所导致，如提供宽带的电信运营商也可以提供 IPTV 服务。

② 虽然经济学在定义"产品"和"市场"时常常具有一定的关联性，因而，"多产品"往往涉及"多市场"，但是严格地说，"多产品"和"多市场"是两个不同的概念。"多产品"的概念主要是从供给侧的观察，可以较大程度地独立于需求，而"多市场"概念则涉及需求侧。因为消费者对产品感觉的异质性所带来的需求差异可能导致一个产品同时对应多个细分市场。本章的分析将主要聚焦于企业提供涉及邻近市场的不同产品，如电视与宽带服务。因此，本章一般使用"多产品"而非"多市场"的提法，请读者注意加以区别。

（多服务）运营商和只存在于寡头垄断市场的单产品（单服务）运营商之间的市场均衡，以及合谋的动机等问题。

7.1　问　题　概　述

具有网络外部性的多产品竞争问题涉及提供多个邻近产品的运营商之间的竞争，其中至少有一种产品具有网络外部性特征。网络的融合究其实质也是一种（以某种特定网络为基础的、一批运营商所参与的）产业融合。因此，三网融合实质上也是涉及电信产业、电视业和互联网产业的"三大市场"的融合与竞争。这时的网络多市场竞争问题因为网络所特有的外部性效应而与传统的多市场竞争有所不同。

7.1.1　案例：上海电视市场上的"多产品竞争"

我们将以 2008 年前中国三网融合的唯一试点城市——上海为例，描述网络融合初期的电信运营商（上海电信）和有线电视网络运营商［东方有线网络有限公司（Oriental Cable Network，OCN）］之间的多市场竞争，以便为本章随后的有关分析建立其实践基础。

案例 7-1　三网融合初期的上海电视市场

上海作为全国首个三网融合试点城市之一，政府部门的不介入造就了特殊的网络间相互渗透与融合的市场环境。在以固定电话、数字电视和互联网三大业务形态组成的复合市场中，上海电信和隶属于广电系的东方有线是两家竞争性的网络平台运营商（东方有线现隶属于东方明珠新媒体，仍然是广电系）。

从 1999 年明确电信和广电"互相禁入"原则（同年 9 月 17 日，国务院办公厅发布 82 号文《关于加强广播电视有线网络建设管理的意见》），到 2008 年启动三网融合（同年 1 月 1 日国务院发布 1 号文《国务院办公厅转发发展改革委等部门关于鼓励数字电视产业发展若干政策的通知》）的八年多"禁入"期间，上海是全国唯一的三网融合试点地区。当隶属于广电系的东方有线可以提供互联网宽带接入服务时，上海电信也可以提供 IPTV 形式的数字电视服务。

上海电信拥有中国电信集团内最大的城市电信网络，为超过 2200 万户用户提供包括固定电话、移动通信、宽带互联网接入、卫星通信、信息化应用等在内的全业务综合信息服务。上海电信在开展固定电话和宽带接入业务的同时，于 2005 年利用其自身与上海文广合资组建的百视通的 IPTV 业务进入了数字电视市场。百视通公司成为国内领先的 IPTV 新媒体视听业务运营商和服务商，其在 2015 年 6 月吸收合并东方明珠，重组后的百视通变更为上海东方明珠新媒体股份有限公司。

东方有线的基础业务则为建设和维护整个上海市的有线电视网络，为上海市的居民传输安全、稳定、清晰的有线电视节目及提供其他增值服务，东方有线作为全国有线电视系统唯一的三网融合试点，在主营有线数字电视的同时，也通过推出宽带"有线通"业务进入了宽带接入市场。

一时间，上海电信和东方有线均采用捆绑销售的策略与对方展开竞争：上海电信向消费者提供固定电话、数字电视和宽带接入的捆绑服务，从而可以在电信（语音业务）和宽带、数字电视（非语音业务）三个市场上进行竞争。东方有线却苦于号码频谱资源匮乏而无法开展固定电话业务，只能对其数字电视和宽带接入业务进行捆绑，而无法进入电信市场。因此，那时上海市的宽带接入市场和电视接入市场可以视为由上海电信和东方有线组成的寡头垄断市场，而电信市场可以视为由上海电信垄断的完全垄断市场。

在互联网业务市场上，百视通和东方有线的产品设计都十分注重终端用户体验，同时两者的差异性也较小。在数字电视市场上，两家运营商均从上海文广购买节目内容产品，因而它们为消费者提供的频道在数量和内容上都几近相同。百事通拥有庞大的节目库，包括 1500 多部电影、300 多部电视剧、各类数字频道和 42 套特色频道，如瑜伽、健康、音乐等。同时，通过将互联网的功能引入电视，百事通提供的各类增值业务包括医院预约、餐饮查询、选秀投票等。东方有线则传输模拟电视 61 套、数字视音频节目 134 套（包括数字标清免费节目 61 套、数字标清付费节目 50 套、数字高清付费电视节目 3 套和数字音频节目 20 套），并提供视频录播、电视回看、视频点播、数据信息浏览等各类互动电视业务。其中，互动电视是东方有线为家庭用户提供的基于有线电视的各类增值服务，包括专业的高清和标清付费频道，以及视频点播、数字录像、电视回看、电视证券、卡拉 OK、电视支付和电视购物等交互应用。

因此，双方都推出捆绑套餐，力求以低价捆绑多市场产品的方式来获取用户。上海电信在提速降费的工程上加快步伐，其套餐优惠也层出不穷。上海电信推出的"十全十美"家庭业务无限量套餐包括千兆宽带、40GB 无限手机流量，以及"天翼高清""智慧组网""家庭云""智能网关""智能机顶盒"等智能网络+智能应用，其最低月费只要 129 元。而东方有线则以其"互动家庭"等宽带和高清互动电视捆绑服务为主。以有线通为例，包月为 220 元初装费+120 元的月费，包年则只要 1200 元的年费（免初装费）+免费移机+无户口限制，包两年为 2400 元/25 月（免初装费）+免费移机+无户口限制。截至 2016 年底，上海电信的数字电视用户数量为 300 万户，宽带用户数量超 530 万户；东方有线的数字电视用户为 550 万户，宽带用户数量为 50 万户。

从包含中国移动等运营商的电信市场来看，上海电信在电信市场上处于寡头垄断的地位。早在 2000 年 4 月，上海电信的固话用户数量已经突破 500 万户。随着移动通信的兴起，固话用户的数量逐渐减少。2003 年，上海网通开通固定电话业务，2008 年随着中国电信、中国移动及中国联通三家都成为全业务运营商，上海电信在固话市场失去了完全垄断的地位，但仍然保持着市场领先。

为了推动网络运营商能经营全业务领域，进一步促进三网融合，作为当时全国唯一的三网融合试点城市，上海的政策制定者对有关市场实施了相互业务开放领域对称的"双向准入"规制：在上海市场上，一方面，原本不具有内容播放权限的上海电信通过与广电系的内容集成商——上海文广合作，有效地进入了数字电视业务领域。另一方面，因为没有固话号码资源、无法开展固定电话业务的东方有线通过采取与"对手的对手"合作的方式获得了号码资源（例如，和上海的中国移动合作，推出"E 家通系列套餐"，集移动通信业务、东方有线 4M 宽带和互动电话点播回看节目包等多重产品，只需 158 元/月），进入了语音通信服务领域。

资料来源：

https://baike.baidu.com/item/上海电信/10076761?fr=aladdin，2020 年 9 月 16 日

https://baike.baidu.com/item/东方有线/6205774?fr=aladdin，2020 年 9 月 16 日

https://sh.189.cn/sqsm/，2020 年 9 月 16 日

http://www.ocn.net.cn/gsjs.html，2020 年 9 月 16 日

https://baike.baidu.com/item/e 家通/198853?fr=aladdin，2020 年 9 月 16 日

7.1.2　多产品竞争的背景

案例 7-1 所描述的三网融合初期，上海电视的多产品竞争情形具有一定的典型性和普遍性。由于跨市场的业务进入，三网融合将打破原有的市场均衡，有关市场的结构也会发生变化，运营商可能从原先多个单一市场上的（完全）垄断者变为多个市场上的寡头垄断者，寡头垄断运营商在多个相关市场展开竞争。网络融合的发展使得计算机网和有线电视网可以实现 IP 电话的功能，从而打破电信公司原先对通话市场的垄断，为形成竞争性的电信市场提供了新的可能。在有线电视领域，有线电视网和宽带网均能够提供数字电视服务（有线数字电视、IPTV 及网络电视）。在互联网领域，有线电视网络运营商也可以通过有线电视网络提供宽带接入服务，从而进入互联网服务领域。这样，由于技术进步和规制放松，电信、电视和互联网运营商都可以利用已有的网络资源进入相关市场，多产品竞争成为可能。

　　网络融合下的多产品市场无疑是运营商新的利润增长点，它为运营商们在多市场发起竞争，并在某些产品市场中实行维持战略创造了条件。从国际上看，美国通信业[①]的多产品竞争格局在 20 世纪末就已基本形成（表 7-1）。

表 7-1　美国通信业的多产品竞争

公司	本地电话	长途电话	无线电话	有线电视	互联网接入	无线互联网	互动电视	卫星电视	内容生产
AT&T	▲	▲	▲		▲	▲	▲		
Verizon	▲	▲	▲		▲	▲			
西南贝尔	▲	▲	▲		▲			▲	
Quest	▲	▲	▲		▲	▲		▲	
Nextel	▲	▲	▲			▲			
Time Warner	▲			▲					
Comcast	▲	▲		▲		▲			▲
ABC				▲					▲
NBC				▲					▲
CBS				▲					▲
Fox				▲				▲	▲

　　资料来源：根据 Garcia-Murillo 和 MacInnes（2001）整理

　　注：表中三角形表示公司有这项产品业务；ABC 即 American Broadcasting Company；NBC 即 National Broadcasting Company；CBS 即 Columbia Broadcasting System

　　在网络融合的情形下，原有的网络基础设施可以提供新的功能。比如，电信宽带网络可以 IPTV 的形式提供数字电视信号的传输服务，有线电视的同轴电缆可以为用户提供宽带接入服务。网络融合后，运营商通常会选择将新服务与旧服务捆绑，通过服务包的形式为用户提供选择。技术的融合只是提供了捆绑式经营的可能性，市场上的既有优势则提供了捆绑式经营的必然性。

　　从运营商的角度看，捆绑式经营的一种形式是捆绑销售。通常捆绑（销售）业务具有如下优势。第一，捆绑业务有利于网络运营商充分挖掘其在网络融合前就已拥有的客户基础的价值。通过捆绑，运营商可以提高从单个客户获得的价值。例如，英国天空电视广播公司（British Sky Broadcasting Group，BSkyB）就不仅在传统电视服务的基础上推出了互动电视、高清电视、DVR 等电视增值服务，还推出了电视、宽带及语音捆绑服务。根据 BSkyB 2011 年的年报，该公司的 ARPU 值已经从 2005 年的 384 英镑增长到 2011 年的 539 英镑。

　　第二，在网络融合的情形下，运营商可以借助捆绑方式将其在某一市场的战

---

　　① 在美国、英国等一些发达国家中，电信产业是多网融合基础上的泛产业，包含语音通信、广播电视、甚至一些传媒业。这一产业划分在美国"96《电信法》"中得到进一步明确。

略优势延伸到另一市场。比如，中国电信原有的优势在宽带与固话服务。2008 年我国电信市场再次重组以后，新的中国电信虽然从老中国联通手上接收了 CDMA 移动通信服务，但是与新中国联通和新中国移动比较，其移动通信业务的竞争力还不够强。同时，中国电信的宽带业务还面临着广电宽带的挑战。面对这种情形，中国电信提供了包括宽带、固话、移动通信及 IPTV 在内的套餐服务。这一套餐服务既包括中国电信的优势服务领域——宽带与固话，同时也覆盖了其新兴的业务——移动通信和 IPTV。中国电信可以借助其在网络融合前所培育的庞大的宽带和固话客户群，以较低的成本向原有客户发展新兴业务。这种新旧业务的捆绑使得新进入的运营商能够较快覆盖新兴市场，从而对在位者构成较大的挑战。

从经济优势看，捆绑具有供给侧和需求侧的范围经济。捆绑不仅利用了供给侧的范围经济，而且满足了需求侧的范围经济。网络融合本身使得同样的基础设施不需要追加投资，或仅仅是较少的固定投资就可以提供多种服务。此时联合提供这些服务的成本要大大低于原来分别提供这些服务的成本之和。比如，宽带网络可以同时提供宽带和 IPTV，建设一条宽带的固定成本要低于分别建设专门的互联网络及有线电视网络的成本之和。数字时代信息产品的消费还具有需求侧范围经济，这种经济性主要体现在如下几点。第一，用户与运营商之间的交易成本降低，用户只需要通过和一家运营商的谈判就可以一站式获得所需要的一揽子服务，大大节约了用户的时间。第二，用户在向一家运营商订购一种以上的信息产品（或服务）时，往往比只消费一种信息产品（或服务）具有更大的便利性，这些便利性包括服务的接入、缴费、售后服务等。第三，在一般情形下，捆绑服务的价格将低于单独购买这些信息服务的价格之和。正因为捆绑具有的需求侧范围经济，现实中很多消费者都选择从一家运营商购买一揽子信息服务。以 2013 年江苏电信的宽带、固话及 IPTV 的套餐服务为例，其 20M 宽带套餐捆绑了 IPTV 及 3G 服务，价格为 199 元/月。如果用户要单独购买该套餐中的 20M 宽带，价格为 150 元/月，3G 服务为 189 元/月。可见，用户购买套餐的价格要大大低于用户单独购买套餐中各项服务的价格之和。凭借这种捆绑优势，2014 年 1 月江苏电信的 IPTV 用户数量达到 535 万户，江苏成为全国 IPTV 用户最多的省份。

正如局部均衡不同于一般均衡一样，运营商之间的多市场竞争不同于运营商之间的单产品市场竞争。除了联合经营所带来的范围经济外，网络型产业融合下的多市场竞争至少有如下不同于单产品市场竞争的特点。其一，由于同一个运营商可能同时存在于几个细分市场中，运营商之间存在着多市场上的接触，运营商在其中一个市场中的战略互动将影响他们在另外一个市场上的战略互动。也就是说，此时对运营商而言，其相互之间不仅存在市场内的战略互动，还存在市场间的战略互动。其二，网络外部性带来的单产品市场中的消费者锁定、赢家通吃等现象会有更大的影响。也就是说，某个市场的网络外部性可能会因为运营商多市场间的战略互动而对另一个市场的竞争具有战略意义。其三，这些市场可能面临相同的消费者，运营商有可能通过捆绑产品（或服务）为这些消费者提供一揽子服务。总之，和单独出售产品相比，捆绑销售对多市场的竞争具有战略含义。

7.1.3　文献回顾

为了 7.2 节和 7.3 节分析的需要，我们主要对"双寡头多产品时的定价问题"和"多产品的捆绑竞争问题"进行简单的文献回顾。

就双寡头多产品问题而言，运营商是否进行多产品经营（这是运营商是否面临多市场竞争的前提）还取决于范围经济性和市场竞争的程度。经典文献认为，多产品经营的主要原因是范围经济的产生（Baumol et al.，1982）。Baumol 等（1982）认为，在不受规制的可竞争市场上，运营商多产品经营的主要原因是范围经济带来的成本节约［通常简称 BPW（Baumol Panzar Willig）定理］，如果多产品经营的成本高于单独经营各产品的成本之和的话，一定有专业运营商代替多产品运营商。当然，对 BPW 定理也有不同的看法。例如，Mayo（1984）就曾指出 BPW 定理不适用于规制下的多产品公用事业，主要理由有两条：一是无论是否存在范围经济，像电力等公用事业的市场进入会受到严格的规制；二是公用事业的多产品需求曲线的价格弹性低，运营商通常缺少降低成本的激励。

Doraszelski 和 Draganska（2006）则揭示了市场的竞争程度是决定运营商是否进行多产品经营的另一个重要原因。他们研究了多产品运营商的市场细分战略，说明了在双寡头垄断的多产品市场中，运营商的经营究竟是选择通用型产品还是客户订制型产品。在融合后的市场中，客户对产品的需求将更为个性化，产品差异化也将更为明显。只提供一种目标产品的策略会产生两种效应：由于适应性的增强而增加了一些消费者的效用，但是同时，这样的策略也会因为不适应性的增加而降低效用。由于以前的文献没有联合考虑两种效应，因此难以考察到市场细分的内部原因。Doraszelski 和 Draganska（2006）的研究表明，除了适用程度外，竞争的强度和多提供一种产品的固定成本决定了运营商是否采取多产品竞争战略。

研究寡头市场的战略互动一般采用古诺数量竞争和伯川德价格竞争模型，这类文献多关注于经营同质产品或产品完全替代情况下的问题，较少有人研究多产品寡头垄断竞争。多维博弈理论是对博弈理论的一种扩充，用于分析具有多维行动集合的参与人的策略集合。Bulow 等（1985）研究了一个市场的变化对另一个市场所产生的效应，即使两个市场中的需求并不相关，仍然发现决定两个市场互动特性的关键在于竞争者对产品的看法，即竞争者对产品究竟是互补型还是相互替代型的看法。谭德庆和刘光中（2004）在经典伯川德竞争模型（Bertrand duopoly model）的基础上，把纳什均衡（Nash equilibrium）扩展为多维纳什均衡，提出了多维博弈概念，研究了有关运营商多产品背景下的有关价格博弈问题。

电信产品具有显著的网络外部性特征。此时消费者购买产品所获得的效用将随着购买相同产品或者兼容产品的其他消费者数目的增大而增多，因而决定市场均衡结果的主要因素将不是产品的当前销售规模，而是消费者对最终网络产品规模的预期。已有的关于网络外部性作用下垄断运营商动态定价的研究从耐用产品的价格趋势出发，主要目标是验证科斯（Coase）定理在存在网络外部性条件下是否仍然成立（Economides，1989）。他们的研究表明，当网络外部性足够强时，均衡价格将随时间而递增。从这一点上看，正的网络外部性允许垄断运营商承诺其自身的可信度以获得将来提高其产品价格的机会。潘小军等（2006）通过构造一个两阶段动态模型，分析了存在网络外部性条件下垄断运营商的动态价格策略。研究表明，若垄断运营商在不同阶段提供同质产品，则第一阶段的价格要高于第二阶段价格的贴现值；若垄断运营商在第二阶段提供差异产品，则产品的价格会比没有网络外部性的情况下有所降低。潘小军和陈宏民（2002）对垄断运营商的定价策略和产品推出策略进行了研究，认为若运营商在两阶段提供同质产品，则当产品的网络外部性较强时，运营商会增加其产品的产量；特别是在第二阶段，运营商增加的产量会更多，并且其所获得的利润也会增加。

就单一产品市场而言，潘小军等（2006）分别研究了网络外部性条件下垄断运营商的定价策略。就多市场中的捆绑竞争问题而言，学术界通常提及的与多市场竞争的捆绑策略密切相关的三篇经典论文分别是 Bulow 等（1985）、Martin（1999），以及 Spector（2007）的文献。

Bulow 等（1985）的文献是多产品竞争领域的一篇经典之作。其采用的分析模型中的竞争者包括一个多产品运营商，其同时存在于产品市场 1 和产品市场 2 两个市场中，而一个单产品运营商只存在于产品市场 2 中。Bulow 等（1985）的研究发现，外部对产品市场 1 的冲击对运营商 B 的利润影响取决于两个因素：其一，两个产品市场是否具有范围经济特点；其二，寡头市场中的产品究竟是互补型还是替代型。

Martin（1999）在多产品竞争的背景下考察了捆绑的战略和福利效应。Martin 采用了和 Bulow 等（1985）大体类似的模型假设，即一个不仅存在于垄断市场，而且存在于寡头垄断市场的多产品运营商，以及一个仅存在于寡头市场的单产品运营商。但与 Bulow 等不同的是，Martin 从社会福利函数出发建立了有关模型（而 Bulow 等并没有假定具体的函数形式）。Martin 还提出了战略替代和战略互补的概念，认为普通替代或互补概念关注的是运营商 A 改变其在寡头垄断产品市场 2 的产量对运营商 B 在产品市场 2 利润的影响。战略替代或互补概念关注的是运营商 A 改变其在寡头垄断产品市场 2 的产量对运营商 B 在产品市场 2 边际利润的影响。Martin 从社会福利函数出发，讨论了运营商捆绑下的均衡价格、产量、利润及社会福利。Martin（1999）得到的结论是：捆绑允许在一个市场具有垄断地位的运营商在其他市场实施更大的市场势力，从而使得其他市场竞争对手处于战略不利地位，并降低社会福利。Martin 认为来源于捆绑的市场势力可以改变商品之间的替代关系。

Spector（2007）则考虑了捆绑和搭售对合谋的影响，该文中有关模型的市场结构假设和 Martin（1999）相类似，即一个多产品运营商同时存在于两个产品市场 1 和 2 中，而一个单产品运营商只存在于产品市场 2 中。不过 Spector（2007）与 Martin（1999）在假设上的一个重大差别是，Spector（2007）考虑了多产品运营商不仅可以同时出售 1 和 2，而且可以单独出售 2，Martin（1999）则仅考虑了纯捆绑。Martin 的研究发现捆绑和搭售可能是一种有利可图的战略，因为它们可以促进合谋，并使得搭售公司在合谋市场取得更大的市场份额。搭售有助于合谋，其中的道理很简单，因为 A 产品的垄断者要求客户必须从它那里购买 B 产品，这样部分需求（同时需要 A 和 B 两种产品的消费者的需求）将免于竞争。

近年来，随着双边市场平台的出现，多产品捆绑竞争的研究开始与双边市场的研究相结合，取得了一些新进展。例如，Amelio 和 Jullien（2012）研究发现平台可以将捆绑作为一种隐含的补贴工具。对于垄断平台而言，捆绑可以提高参与度，并给两边用户都带来好处。对于双寡头平台而言，在一边市场捆绑将缓和在另外一边市场的竞争。当网络外部性较大时，捆绑将提高整体的社会福利。

Mantovani（2013）考虑了一家企业同时在 A 和 B 两个产品市场，另外两家企业分别只在 A 或 B 产品市场下的情形。研究发现，如果公司之间是基于产量的古诺竞争，则多产品公司采取捆绑策略将完全无效。如果公司之间是基于价格的 Bertrand 竞争，则当竞争对手的产品被视为多产品公司的捆绑组合的替代品时，捆绑策略将有利可图。Mantovani（2013）发现捆绑的作用不仅在于可以作为产品差异化的工具，而且可以强迫消费者购买互补程度较低的产品组合。Mantovani（2013）模型的结果依赖于消费者如何评价单独产品与捆绑产品之间的替代/互补关系。

Chen 等（2016）则考虑了平台两边的用户为广告商和观众的双边市场，其研究不同于其他文献之处在于平台由两个上游企业与一个下游企业构成。两个竞争的上游企业提供广告与商品，下游的垄断企业决定是单独提供还是捆绑提供这两种商品。这一模型可用于电视产业的情形，上游企业为内容提供商，下游企业为有线电视运营商。研究结果显示，非捆绑可以提高消费者福利与下游企业利润，但是将减少上游企业利润。

7.2　网络融合下的双寡头多产品定价模型

在网络融合背景下的市场竞争问题中，双寡头、多产品的定价是一个基础性问题。虽然双寡头多产品的定价似乎已经是一个被充分讨论过的经典问题，但网络时代所特有的、被网络融合所放大的网络外部性效应，以及这种效应所导致的市场竞争态势的变化，并未被以往的研究所充分展开。显然，这样的课题对于研究网络融合时代的电视竞争具有积极的意义。

7.2.1　讨论的角度及背景

我们不妨稍微换一个讨论的角度，将以前主要瞄准有线电视运营商（而将电信运营商作为配角）的讨论转向主要针对传统电信运营商。我们已知，在三网融合的时代里，电信运营商具有成为集电视广播、语音通信和互联网服务为一体的全业务运营商的机会和激励。2013 年 12 月 4 日，我国工信部正式向中国移动、中国电信和中国联通三大运营商发放了 4G 的 TD-LTE（time division long term evolution）牌照。这意味着 4G 网络、终端和业务都名正言顺地进入了商用阶段。2015 年 2 月 27 日，工信部又向中国电信和中国联通正式发放了另一种 4G 网络制式——FDD（frequency-division duplex）的经营许可牌照，两家公司终于获得期待已久的 4G 制式。这样，三家寡头终于可以各自的 4G 网络为基础展开竞争。2019 年 6 月 6 日，工信部向中国电信、中国移动、中国联通、中国广电发放了 5G 商用牌照，揭开了四寡头竞争的序幕。

本节将主要在谭德庆和刘光中（2004）的研究（专题 7-1）的基础上，构建双寡头多产品经营运营商的 Bertrand 二维博弈模型，讨论拥有两个完全覆盖网络的运营商（如同时拥有可以传送 IPTV 的固话网和发布视频节目的宽带网的中国电信和中国移动）同时提供两种具有替代性业务（如 IPTV 和网络视频业务）的情况下，从事多产品经营的垄断运营商的定价策略，并进一步探讨网络外部性对垄断运营商定价策略的影响。

专题 7-1　多维 Bertrand 模型

谭德庆和刘光中（2004）在经典 Bertrand 竞争模型的基础上，把 Nash 均衡扩展为多维 Nash 均衡，提出了多维博弈概念。谭德庆和刘光中研究了这样的问题：在运营商从事多种产品的生产和经营的背景下，他们如何同时在几种存在替代性关系的产品之间进行价格博弈。

换言之，如果两个运营商生产两种产品并同时供给某一地区，他们垄断该地区的（两种）产品市场。当其中一个运营商所生产的（两种）产品的单位生产成本为不完全信息时，两个运营商如何就（两种）产品的价格进行博弈，才能使自己的总利润达到最大。

显然，这是一个不完全信息二维 Bertrand 博弈问题。

设运营商 i 选择这两种产品的市场价格为 $(p_{i1}, p_{i2}) \geqslant 0 (i=1,2)$，$(p_{i1}, p_{i2}) \in P_{i1} \times P_{i2}$，$P_{i1} \times P_{i2}$ 为运营商 i 的两种产品的价格策略空间。

Q_{ik} 为运营商 i 的第 k（$k=1,2$）种产品的需求函数，$Q_{ik}=Q_{ik}\left(p_{ik},p_{i,3-k},p_{3-i,k},p_{3-i,3-k}\right)$。

$$Q_{i1}=a-p_{i1}+\alpha p_{j1}+r_1\left(\frac{p_{i2}+p_{j2}}{2}\right)$$

$$Q_{i2}=b-p_{i2}+\beta p_{j2}+r_2\left(\frac{p_{i1}+p_{j1}}{2}\right)$$

运营商 i 的利润函数为

$$U_i\left\{(p_{11},p_{12}),(p_{21},p_{22})\right\}=Q_{i1}\left(p_{i1}-C_1\right)+Q_{i2}\left(p_{i2}-C_2\right)$$

$$=\left[a-p_{i1}+\alpha p_{j1}+r_1\left(\frac{p_{i1}+p_{i2}}{2}\right)\right]\left(p_{i1}-C_1\right)$$

$$+\left[b-p_{i2}+\beta p_{j2}+r_2\left(\frac{p_{i1}+p_{j1}}{2}\right)\right]\left(p_{i2}-C_2\right)$$

谭德庆和刘光中的研究结果表明，当两个运营商对于具有一定替代关系的两种产品进行博弈时，单独对每种产品价格进行博弈时均衡状态下的总利润将小于联合考虑两种产品价格进行多维博弈时均衡状态下的总利润。

资料来源：谭德庆，刘光中. 2004. 不完全信息多维 Bertrand 模型及其分析. 中国管理科学，12（1）：85-88

7.2.2 模型分析

假设运营商 i 选择 IPTV 业务和网络视频业务的价格为 $(p_{i1},p_{i2})\geqslant 0(i=1,2)$，$(p_{i1},p_{i2})\in P_{i1}\times P_{i2}$，$P_{i1}\times P_{i2}$ 为运营商 i 的两种产品的价格策略空间，其中第一个下标表示运营商，第二个下标表示所能提供的产品。IPTV 业务和互联网业务（如网络视频业务）之间存在一定的替代性（如视频内容的相似性），并且两者都具有显著的网络外部性特征。在多产品市场，对于一个运营商所经营的某一种产品，顾客需求量不仅与运营商经营的该产品的市场价格有关，而且与对手同类产品的市场价格及另一产品的市场结构相关。运营商 i 的第 $k(k=1,2)$ 种产品的需求函数为 $Q_{ik}=Q_{ik}\left(p_{ik},p_{i,3-k},p_{3-i,k},p_{3-i,3-k},\lambda_1\right)$。假设一个运营商某种产品的市场需求函数与本运营商的该产品价格、竞争运营商的该产品价格、另一产品的双方价格，以及该产品的网络外部性强度的线性关系如下：

$$Q_{i1}=\frac{1}{(1-\lambda_1)}\left\{a-p_{i1}+\alpha p_{j1}+r_1\left(\frac{p_{i2}+p_{j2}}{2}\right)\right\} \tag{7-1}$$

$$Q_{i2} = \frac{1}{(1-\lambda_2)}\left\{ b - p_{i2} + \beta p_{j2} + r_2\left(\frac{p_{i1}+p_{j1}}{2}\right) \right\} \tag{7-2}$$

其中，$i=1,2$；$j=3-i$；a 和 b 为市场需求的常量；$\alpha(\alpha>0)$ 为运营商 j 经营的第一种产品的市场价格对运营商 i 的第一种产品顾客需求量的影响系数；$\beta(\beta>0)$ 为运营商 j 的第二种产品的市场价格对运营商 i 的第二种产品顾客需求量的影响系数；$r_1(r_1>0)$ 为第二种产品（同时包括运营商 i 和 j 的第二种产品）的平均市场价格对运营商 i 的第一种产品需求量的影响系数；$r_2(r_2>0)$ 为第一种产品（同时包括运营商 i 和 j 的第一种产品）的平均市场价格对运营商 i 的第二种产品需求量的影响系数；λ_1 为第一种产品的网络外部性强度系数，λ_2 为第二种产品的网络外部性强度系数，且 $0 \leqslant \lambda_1, \lambda_2 < 1$。

假设两个运营商所经营的两种产品的边际成本均相同，分别为常数 C_1 和 C_2，$C_1 < a$，$C_2 < b$，则运营商 i 的利润函数为

$$U_i\{(p_{11},p_{12}),(p_{21},p_{22}),(\lambda_1,\lambda_2)\} = Q_{i1}(p_{i1}-C_1) + Q_{i2}(p_{i2}-C_2)$$

$$= \frac{1}{1-\lambda_1}\left[a - p_{i1} + \alpha p_{j1} + r_1\left(\frac{p_{i1}+p_{i2}}{2}\right) \right](p_{i1}-C_1)$$

$$+ \frac{1}{1-\lambda_2}\left[b - p_{i2} + \beta p_{j2} + r_2\left(\frac{p_{i1}+p_{j1}}{2}\right) \right](p_{i2}-C_2)$$

$$\tag{7-3}$$

对 U_1 关于 p_{11} 和 p_{12} 求导数，并令其为零，可得

$$\frac{\partial U_1}{\partial p_{11}} = \frac{1}{1-\lambda_1}\left[a - p_{11} + \alpha p_{21} + r_1\left(\frac{p_{12}+p_{22}}{2}\right) \right] - \frac{1}{1-\lambda_1}p_{11} + \frac{1}{1-\lambda_1}C_1 + \frac{1}{1-\lambda_2}\frac{r_2}{2}(p_{12}-C_2)$$

$$\tag{7-4}$$

得到运营商 1 的向量反应函数为

$$\begin{pmatrix} p_{11} \\ p_{12} \end{pmatrix} = \frac{1}{\dfrac{4}{(1-\lambda_1)(1-\lambda_2)} - \left[\dfrac{r_1}{2(1-\lambda_1)} + \dfrac{r_2}{2(1-\lambda_2)}\right]^2}$$

$$\times \begin{pmatrix} \dfrac{2}{(1-\lambda_2)} & \dfrac{r_1}{2(1-\lambda_1)} + \dfrac{r_2}{2(1-\lambda_2)} \\ \dfrac{r_1}{2(1-\lambda_1)} + \dfrac{r_2}{2(1-\lambda_2)} & \dfrac{2}{(1-\lambda_1)} \end{pmatrix} \begin{pmatrix} \dfrac{\alpha}{(1-\lambda_1)} & \dfrac{r_1}{2(1-\lambda_1)} \\ \dfrac{r_2}{2(1-\lambda_2)} & \dfrac{\beta}{(1-\lambda_2)} \end{pmatrix} \begin{pmatrix} p_{21} \\ p_{22} \end{pmatrix}$$

$$+\cfrac{1}{\cfrac{4}{(1-\lambda_1)(1-\lambda_2)}-\left[\cfrac{r_1}{2(1-\lambda_1)}+\cfrac{r_2}{2(1-\lambda_2)}\right]^2}\begin{pmatrix}\cfrac{2}{(1-\lambda_2)}&\cfrac{r_1}{2(1-\lambda_1)}+\cfrac{r_2}{2(1-\lambda_2)}\\\cfrac{r_1}{2(1-\lambda_1)}+\cfrac{r_2}{2(1-\lambda_2)}&\cfrac{2}{(1-\lambda_1)}\end{pmatrix}$$

$$\times\begin{pmatrix}\cfrac{a}{(1-\lambda_1)}+\cfrac{C_1}{(1-\lambda_1)}-\cfrac{r_2C_2}{2(1-\lambda_2)}\\\cfrac{b}{(1-\lambda_2)}+\cfrac{C_2}{(1-\lambda_2)}-\cfrac{r_1C_1}{2(1-\lambda_1)}\end{pmatrix}$$

$$（7\text{-}5）$$

同理可以得到运营商 2 的向量反应函数。

令 A 和 B 分别为

$$A=\cfrac{1}{\cfrac{4}{(1-\lambda_1)(1-\lambda_2)}-\left[\cfrac{r_1}{2(1-\lambda_1)}+\cfrac{r_2}{2(1-\lambda_2)}\right]^2}$$

$$\times\begin{pmatrix}\cfrac{2}{(1-\lambda_2)}&\cfrac{r_1}{2(1-\lambda_1)}+\cfrac{r_2}{2(1-\lambda_2)}\\\cfrac{r_1}{2(1-\lambda_1)}+\cfrac{r_2}{2(1-\lambda_2)}&\cfrac{2}{(1-\lambda_1)}\end{pmatrix}\begin{pmatrix}\cfrac{\alpha}{(1-\lambda_1)}&\cfrac{r_1}{2(1-\lambda_1)}\\\cfrac{r_2}{2(1-\lambda_2)}&\cfrac{\beta}{(1-\lambda_2)}\end{pmatrix}$$

$$B=\cfrac{1}{\cfrac{4}{(1-\lambda_1)(1-\lambda_2)}-\left[\cfrac{r_1}{2(1-\lambda_1)}+\cfrac{r_2}{2(1-\lambda_2)}\right]^2}$$

$$\times\begin{pmatrix}\cfrac{2}{(1-\lambda_2)}&\cfrac{r_1}{2(1-\lambda_1)}+\cfrac{r_2}{2(1-\lambda_2)}\\\cfrac{r_1}{2(1-\lambda_1)}+\cfrac{r_2}{2(1-\lambda_2)}&\cfrac{2}{(1-\lambda_1)}\end{pmatrix}\begin{pmatrix}\cfrac{a}{(1-\lambda_1)}+\cfrac{C_1}{(1-\lambda_1)}-\cfrac{r_2C_2}{2(1-\lambda_2)}\\\cfrac{b}{(1-\lambda_2)}+\cfrac{C_2}{(1-\lambda_2)}-\cfrac{r_1C_1}{2(1-\lambda_1)}\end{pmatrix}$$

则可以将反应函数简化为

$$\begin{pmatrix}p_{11}\\p_{12}\end{pmatrix}=A\begin{pmatrix}p_{21}\\p_{22}\end{pmatrix}+B$$

$$\begin{pmatrix}p_{21}\\p_{22}\end{pmatrix}=A\begin{pmatrix}p_{11}\\p_{12}\end{pmatrix}+B$$

联立以上两式后得到（其中 I 表示单位矩阵）

$$\begin{pmatrix}p_{11}\\p_{12}\end{pmatrix}=\begin{pmatrix}p_{21}\\p_{22}\end{pmatrix}=(I-A)^{-1}B \qquad （7\text{-}6）$$

我们不妨通过假设一些参数的特定值来观察网络融合背景下受网络外部性影

响的双寡头竞争的一些特性。

令 $a=10, b=12, \alpha=0.2, \beta=0.4, C_1=2, C_2=1$，分别讨论单独考虑一种产品的博弈和同时考虑两种产品博弈情况下的均衡。

设定（1）：若令 $r_1=r_2=0$，$\lambda_1=\lambda_2=0$，即分别单独考虑一种产品，且产品不具网络外部性时的博弈，将有

$$\begin{pmatrix} p_{11} \\ p_{12} \end{pmatrix} = \begin{pmatrix} p_{21} \\ p_{22} \end{pmatrix} = \begin{pmatrix} 6.67 \\ 8.13 \end{pmatrix}, \quad U_1=U_2=81.11$$

设定（2）：若令 $r_1=r_2=0$，$\lambda_1=0.5$，$\lambda_2=0.2$，即分别单独考虑一种产品，且产品具有网络外部性时的博弈，将有

$$\begin{pmatrix} p_{11} \\ p_{12} \end{pmatrix} = \begin{pmatrix} p_{21} \\ p_{22} \end{pmatrix} = \begin{pmatrix} 6.67 \\ 8.13 \end{pmatrix}, \quad U_1=U_2=81.11$$

设定（3）：若令 $r_1=r_2=0.1$，$\lambda_1=\lambda_2=0$，即同时考虑两种产品博弈，但产品不存在网络外部性时的博弈，将有

$$\begin{pmatrix} p_{11} \\ p_{12} \end{pmatrix} = \begin{pmatrix} p_{21} \\ p_{22} \end{pmatrix} = \begin{pmatrix} 8.16 \\ 8.76 \end{pmatrix}, \quad U_1=U_2=90.106$$

设定（4）：若令 $r_1=r_2=0.1$，$\lambda_1=0.5$，$\lambda_2=0.2$，即同时考虑两种产品博弈，且两种产品存在网络外部性时的博弈，将有

$$\begin{pmatrix} p_{11} \\ p_{12} \end{pmatrix} = \begin{pmatrix} p_{21} \\ p_{22} \end{pmatrix} = \begin{pmatrix} 7.294 \\ 8.845 \end{pmatrix}, \quad U_1=U_2=126.251$$

设定（5）：若令 $r_1=r_2=0.1$，$\lambda_1=0.9$，$\lambda_2=0.95$，即同时考虑两种产品博弈，且两种产品存在较大网络外部性时的博弈，将有

$$\begin{pmatrix} p_{11} \\ p_{12} \end{pmatrix} = \begin{pmatrix} p_{21} \\ p_{22} \end{pmatrix} = \begin{pmatrix} 7.579 \\ 8.710 \end{pmatrix}, \quad U_1=U_2=1429.7$$

7.2.3　命题与讨论

对比设定（1）和设定（3）可以得出命题 7-1。

命题 7-1　如果两种产品之间存在一定的替代性或是存在一定的影响，运营商对所博弈的产品如果不联合考虑其策略进行多维博弈，而是分别考虑每种产品策略进行单独博弈，则在两个 Nash 均衡下各自的总利润小于联合考虑策略进行多维博弈在均衡下的总利润。

这就说明了进行单独博弈所选择的最优策略从总体上看并非最优。

对比设定（2）和设定（4）可以得出命题 7-2。

命题 7-2　当两种产品都具有正网络外部性时，运营商联合考虑其策略进行多维博弈时的利润远远超出单独考虑每种产品博弈时的利润，利润差距高于设定

（1）和设定（3）的无网络外部性时的利润之差。

因此，对于两个运营商（如中国电信和中国移动）而言，产品都具有明显的网络外部性特征，更应当采用联合考虑定价策略。如中国电信和中国移动同时就提供 IPTV 的价格和互联网服务的价格进行博弈，联合考虑两个或多个市场的定价优于单一市场定价。这一点在运营商的实践中得到了验证，如运营商会考虑实行 IPTV 和互联网服务的捆绑销售。这样的分析也可以运用到多个运营商在多市场中的博弈情况 ［如谭德庆（2006）的研究］。

对比设定（4）和设定（5）可以得出命题 7-3。

命题 7-3 网络外部性越强，运营商在联合考虑多产品定价博弈时的利润越大。因此，对于网络融合下的电信产业，产品的网络外部性越强，多产品提供运营商越应该采用联合考虑策略进行多维博弈。

当运营商经营多种产品时，理论上有关的定价方式也可以通过价格上限规制来加以实现。Acton 和 Vogelsang（1989）曾提出多产品市场价格上限规制的主要内涵：在多产品经营的情况下，规制者设定的是价格总水平上限，价格总水平上限采取的是平均价格加权的形式。受规制运营商可以调整价格结构，变化不同产品的价格，只要价格总水平不超过最高限价即可。设运营商面对的平均最高限价为 p，每种服务的权重为 $W_i (i = 1, 2, \cdots, n)$，则 $\sum_{i=1}^{n} W_i P_i \leqslant p$。显然，在最高限价的控制下，运营商可以自由地最大化其利润，即总体价格水平虽然受限，但价格结构不会受到限制。如果权重等于各种服务预期实现的数量，则运营商出于最优化的考虑必然在结构上实施 Ramsey-Boiteux 定价。

从运营商的角度来看，提供 n 种产品的运营商的最大化总销售利润为 $\sum_{i=1}^{n} p_i x_i$，其中 p_i 和 x_i 分别为第 i 种产品的价格和销售量，反需求函数是销售量和广告支出的函数：$p_i = p_i(x_i, a_i)$。运营商必须至少得到竞争性利润，满足以下约束条件：$\sum_{i=1}^{n} p_i x_i - C(x_1, x_2, \cdots, x_n) - \sum_{i=1}^{n} a_i \geqslant \overline{\pi}$。

其中，$\overline{\pi}$ 为对应于竞争性水平下的利润；$C(x_1, x_2, \cdots, x_n)$ 为去除广告后的成本；$\sum_{i=1}^{n} a_i$ 为总广告支出。销售最大化的多产品运营商问题可以用拉格朗日函数表示如下：

$$L(x_1, x_2, \cdots, x_n, a_1, a_2, \cdots, a_n, \lambda) = \sum_{i=1}^{n} p_i x_i + \lambda \left(\sum_{i=1}^{n} p_i x_i - C - \sum_{i=1}^{n} a_i - \overline{\pi} \right)$$

在实行最高限价的情况下，运营商可以对多产品组合内的单个产品的价格进行调整，但是该组合内的实际价格指数必须符合最高限价公式，同时还不能违反单个产品价格的限制。

7.3　多产品的捆绑竞争

在网络型产业融合下的多产品竞争中，会产生一些新的问题。例如，具有网络外部性的某产品的市场均衡的变化将对相关市场产生怎样的影响？如果多产品运营商采取捆绑策略，市场均衡又将发生怎样的变化？在不同的网络外部性市场假定下，多产品运营商的捆绑对运营商间的合谋有何影响？上述问题在没有网络外部性的市场环境下，已经得到了比较充分的研究，但在存在网络外部性的多产品竞争研究中尚不多见，本节将尝试研究网络外部性下多产品竞争的一些特点和规律。[①]

本节将根据网络外部性和运营商捆绑决策的差别，考虑 6 种不同的情形（表 7-2），分析网络外部性下多产品竞争中的运营商产量、利润、社会福利，以及合谋参与条件、背离合谋激励等问题。

表 7-2　网络外部性下多产品竞争的 6 种博弈情形

市场特性	A 单独销售两产品	A 捆绑销售两产品
寡头垄断市场 2 有网络外部性	I	II
完全垄断市场 1 有网络外部性	III	IV
两个市场都有网络外部性	V	VI

表 7-2 中的 6 种情形在我国三网融合的电视竞争市场上都能找到对应的原型。例如，在三网融合初期，案例 7-1 中所述的上海电信与东方有线在宽带市场上的寡头竞争似乎就是情形 II 的原型：东方有线通过宽带 "有线通" 进入了宽带市场。宽带业务具有网络外部性特征，上海电信采取了将固定电话、IPTV 和宽带进行捆绑销售的策略。

与上例相类似，案例 7-1 中所述的上海电信与东方有线在语音业务市场上的竞争似乎就是情形 IV 的原型：东方有线由于缺乏号码频谱资源而无法经营固定电话业务，造成了上海电信在该市场上的完全垄断局面（当然此时我们没有进一步考虑中国移动、中国联通等电信经营商）。语音业务具有明显的网络外部性特征，上海电信利用其在语音市场的完全垄断地位，将其 IPTV 业务与固定电话捆绑销售，顺利进入了电视市场。

又如，三网融合初期的南京宽带市场似乎就是情形 VI 的原型：在有线电视运

[①] 除上述问题外，传统产业组织理论的一些理论、模型和结论也可能并不适用于网络型产业的多市场竞争，如运营商的纵向关系、市场进入和退出等，这些都有待进一步的研究。

营商江苏广电尚未完成网络双向化改造之前，宽带市场被江苏电信完全垄断。江苏电信并不满足于其在宽带市场的垄断地位，而是与有牌照的内容提供商合作，快速进入了 IPTV 市场，并将宽带与 IPTV 进行搭售（多产品运营商的捆绑销售策略）。

另外，在网络融合下的多产品竞争中，多产品运营商可在"单独销售"与"捆绑销售"之间进行选择，故不难在现实中发现Ⅰ、Ⅲ、Ⅴ等情形的原型。

本节的写作结构如下。7.3.1 节建立了通用模型；7.3.2 节、7.3.3 节和 7.3.4 节分别研究了情形Ⅰ、Ⅱ，情形Ⅲ、Ⅳ及情形Ⅴ、Ⅵ，并且在 7.3.2 节和 7.3.3 节中讨论了情形Ⅰ、Ⅱ，以及情形Ⅲ、Ⅳ下的合谋问题[①]。7.3.5 节讨论了有关的结果。

7.3.1　基本模型

我们即将展开的研究工作部分基于 Bulow 等（1985）、Martin（1999）（专题 7-2）及 Spector（2007）的已有成果，而与他们研究工作的区别主要在于有关市场结构的假定。我们的有关分析考虑了网络外部性的影响。在消费者效用函数中，我们考虑了网络效应给消费者带来的福利增加。当某种商品都具有网络效应时，消费者消费这种商品的效用还与这种商品的用户人数有关。

专题 7-2　基于消费者效用的 Martin 社会福利模型

Martin（1999）从如下的社会福利函数出发，研究了捆绑竞争的战略与社会福利效应：$U = m + a(q_1 + q_2) - \dfrac{1}{2}(q_1^2 + 2\theta q_1 q_2 + q_2^2)$。

其中，m 为所有其他产品所带来的效用；a 为参数；q_1 与 q_2 分别为社会对商品 1 与商品 2 的需求。参数 θ 取值为 [-1, 1]，如果 $\theta = 0$，则产品 1 和产品 2 的市场需求为相互独立；如果 $\theta > 0$，则产品 1 和产品 2 互补；当 $\theta = 1$ 时，产品 1 和产品 2 的市场需求为完全替代；如果 $\theta < 0$，则产品 1 和产品 2 互补。

作者发现捆绑具有战略效应，因为捆绑改变了商品之间的替代关系。

Martin（1999）同时还发现，与不捆绑相比较，捆绑会降低社会福利。这一结论与早期的有关研究结论并不一致。之前有关捆绑的研究认为捆绑虽然降低了消费者剩余，但是提高了社会总福利（Adams and Yellen，1976）。

资料来源：Martin S. 1999. Strategic and welfare implications of bundling. Economics Letters，62：371-376

[①] 本节没有讨论情形Ⅴ和Ⅵ的合谋问题，一是结果过于复杂，要么难以得到解析解，要么根据所得到的解析解难以得到有价值的结论；二是前面四种情形的讨论已经部分反映了情形Ⅴ和Ⅵ的合谋问题。

不妨假定市场上有 A 和 B 两家运营商，运营商 A（如中国电信）是产品 1（宽带服务）的垄断供应商，同时也出售产品 2（IPTV 服务）；运营商 B（如有线电视网络运营商）仅仅出售产品 2（有线电视）（三网融合早期，大部分有线电视网络运营商因为没有完成网络双向化改造，尚没有能力提供宽带服务）。假定产品 1 没有网络外部性（如三网融合后有线电视运营商提供的有线数字电视和电信运营商提供的 IPTV），产品 2 具有网络外部性（如宽带网络服务），产品 1 和产品 2 的市场需求可以从社会福利函数式（7-7）中推导得到。

$$U = m + a(Q_1 + Q_2) - \frac{1}{2}(Q_1^2 + 2\theta Q_1 Q_2 + Q_2^2) + \int_0^{Q_2} \alpha Q_2 \mathrm{d}Q_2 \qquad （7\text{-}7）$$

其中，m 为所有其他产品所带来的效用；Q_1 和 Q_2 分别为产品 1 和产品 2 的市场产出。参数 θ 取值范围为 $[-1,1]$，如果 $\theta = 0$，则产品 1 和产品 2 的市场需求为相互独立，如果 $\theta > 0$，则产品 1 和产品 2 为互补，当 $\theta = 1$ 时，产品 1 和产品 2 为完全互补。如果 $\theta < 0$，则产品 1 和产品 2 可相互替代。

式（7-7）最后的积分项反映了产品 2 的网络外部性所带来的效用，α 为网络外部性参数，$\alpha \in (0,1)$，并且暗含了假定由于网络外部性单个消费者所获得的效用增加为 αQ_2，这一假定符合网络外部性的 Metcalfe 准则（网络的价值与用户数量的平方成正比）。由式（7-7）求偏微分，可以得到价格函数如式（7-8）和式（7-9）所示：

$$p_1 = a - (Q_1 + \theta Q_2) \qquad （7\text{-}8）$$
$$p_2 = a - (Q_2 + \theta Q_1) + \alpha Q_2 \qquad （7\text{-}9）$$

网络外部性既可能只存在于完全垄断市场中，也可能仅存在于寡头市场中，还可能两个市场中都存在。同时，对 A 运营商而言，其既可以分别销售产品 1 和产品 2，也可以捆绑销售产品 1 和产品 2。因而，在运营商 A、B 之间就总共会有 6 种博弈情形存在（表 7-2）。假设在所有 6 种情形中，运营商 A 和 B 在产品 1 和产品 2 的市场上的边际成本都为 c，没有固定成本。

下面，我们将计算并比较表 7-2 中 6 种不同情形下的市场均衡。

7.3.2　博弈情形 I 和 II 的比较

在寡头垄断市场 2 具有网络外部性，但是运营商 A 并没有捆绑产品的条件下，假定产品 1 和 2 的需求相互独立（也就是 $\theta = 0$），则式（7-7）可写为

$$U = m + a(b_1 + b_A + b_B) - \frac{1}{2}\left[b_1^2 + (b_A + b_B)^2\right] + \frac{\alpha}{2}(b_A + b_B)^2$$

其中，b_1 为运营商 A 在产品市场 1 的产出；b_A 和 b_B 为运营商 A 和 B 在产品市场 2 的产出。此时有

$$p_1 = a - b_1, \quad p_A = p_B = a + (\alpha - 1)(b_A + b_B)$$

运营商 A 和 B 进行如下古诺产量竞争：

$$\max_{b_1,b_A} \pi_A = (a-b_1-c)b_1 + [a+(\alpha-1)(b_A+b_B)-c]b_A \qquad （7-10）$$

$$\max_{b_B} \pi_B = [a+(\alpha-1)(b_A+b_B)-c]b_B \qquad （7-11）$$

可以得到均衡产出为

$$b_1 = \frac{a-c}{2}$$

$$b_A = b_B = \frac{a-c}{3(1-\alpha)}$$

价格为

$$p_1 = \frac{a+c}{2}$$

$$p_A = p_B = \frac{a+2c}{3}$$

非捆绑情形下 A 运营商的利润为

$$\pi_A = \frac{(a-c)^2(13-9\alpha)}{36(1-\alpha)}$$

B 运营商的利润为

$$\pi_B = \frac{(a-c)^2}{9(1-\alpha)}$$

将产量代入福利函数式（7-7）可以得到社会福利约为

$$\frac{0.375(2.185-\alpha)(1-\alpha)(a-c)^2}{(1-\alpha)^2}$$

情形 Ⅱ 中，运营商 A 将产品 1 和产品 2 捆绑出售，假设捆绑中产品 1 和产品 2 的比例为 k_A。则

$$Q_1 = k_A b_A, \quad Q_2 = b_A + b_B$$

改写式（7-7）、式（7-8）和式（7-9）为如下形式：

$$U = m + a(k_A b_A + b_A + b_B) - \frac{1}{2}\left[(k_A^2 + 2\theta k_A + 1)b_A^2 + 2(\theta k_A + 1)b_A b_B + b_B^2\right] + \frac{\alpha}{2}(b_A + b_B)^2$$

$$（7-12）$$

$$p_A = a(k_A + 1) - \left[(k_A^2 + 2\theta k_A + 1)b_A + (\theta k_A + 1)b_B\right] + \alpha(b_A + b_B) \qquad （7-13）$$

$$p_B = a - \left[(\theta k_A + 1)b_A + b_B\right] + \alpha(b_A + b_B) \qquad （7-14）$$

与情形 Ⅰ 相同，假设两个产品的需求相互独立，即 $\theta=0$。假设 $k_A=1$，可以得到均衡产出为

$$b_A = \frac{3(a-c)}{7-3\alpha}, \quad b_B = \frac{2(a-c)}{(7-3\alpha)(1-\alpha)}$$

均衡价格为

$$p_A = \frac{3a(2-\alpha) + c(8-3\alpha)}{7-3\alpha}$$

$$p_B = \frac{2a + 5c - 3c\alpha}{7-3\alpha}$$

运营商 A 的利润为

$$\pi_A = \left[(2a - 2b_A - b_B - 2c) + \alpha(b_A + b_B)\right]b_A = \frac{9(a-c)^2(2-\alpha)}{(7-3\alpha)^2}$$

运营商 B 的利润为

$$\pi_B = \left[(a - b_A - b_B - c) + \alpha(b_A + b_B)\right]b_B = \frac{4(a-c)^2}{(7-3\alpha)^2(1-\alpha)}$$

社会福利为

$$\frac{13.5(2-\alpha)(1.444-\alpha)(1-\alpha)(a-c)^2}{(7-3\alpha)^2(1-\alpha)^2}$$

情形 I 和情形 II 都是网络外部性存在于寡头垄断市场的情形，比较两者的均衡结果，容易得到命题 7-4、命题 7-5 和命题 7-6。

命题 7-4　当网络外部性存在于寡头垄断市场 2 时，均衡时市场 2 和市场 1 的产出是否增加依赖于网络外部性的强弱。在市场 1 中，$\alpha > \frac{1}{3}$ 时，捆绑增加产出，$\alpha < \frac{1}{3}$ 时，捆绑减少产出。在市场 2 中正好相反，$\alpha < \frac{1}{3}$ 时，捆绑增加产出，$\alpha > \frac{1}{3}$ 时，捆绑减少产出。

命题 7-5　当网络外部性存在于寡头垄断市场 2 时，均衡时运营商在市场 2 和市场 1 的产出依赖于网络外部性的强弱。对运营商 A 而言，在市场 1 中，$\alpha > \frac{1}{3}$ 时，捆绑将增加产出，$\alpha < \frac{1}{3}$ 时，捆绑将减少产出；在市场 2 中，$\alpha > \frac{1}{3}$ 时，捆绑将减少产出，$\alpha < \frac{1}{3}$ 时，捆绑将增加产出。对运营商 B 而言，$\alpha > \frac{1}{3}$ 时，运营商 A 捆绑时，运营商 B 在市场 2 的产出要高，$\alpha < \frac{1}{3}$ 时，运营商 A 不捆绑时，运营商 B 在市场 2 的产出要高。

命题 7-4 说明在寡头垄断市场具有网络外部性时，无论运营商 A 捆绑与否，两个市场的产出不可能同时增加。命题 7-5 进一步解释了命题 7-4。命题 7-5 说明在寡头市场有网络外部性的条件下，多产品运营商不可能通过纯捆绑来同时增加其在两个市场的产出。网络外部性较强时，捆绑能够增加运营商 A 在虽不具有网络外部性但具有垄断势力的市场上的产出，但该运营商在具有网络外部性的寡头竞争市场上的产出反而会下降。当网络外部性较小时，捆绑可以增加市场 2 的总产出，此时捆绑在增加了运营商 A 在市场 2 的产出的同时降低了运营商 B 在市场 2 的产出，但运营商 A 在市场 2 上产出的增加超过了运营商 B 在市场 2 上产出的减少。

命题 7-6 当 $0 < \alpha < \frac{1}{3}$ 时，运营商 A 捆绑的利润大于非捆绑的利润，运营商 B 在运营商 A 捆绑时的利润要小于在运营商 A 非捆绑时的利润；当 $\frac{1}{3} < \alpha < 1$ 时，运营商 A 捆绑的利润小于非捆绑的利润，运营商 B 在运营商 A 捆绑时的利润要大于在运营商 A 非捆绑时的利润；当 $\alpha = \frac{1}{3}$ 时，无论运营商 A 捆绑与否，运营商 A 和 B 的利润都不变。当 $\frac{1}{3} < \alpha < 0.51$ 时，运营商 A 捆绑下的社会福利要大于运营商 A 非捆绑下的社会福利，否则运营商 A 捆绑下的社会福利要小于运营商 A 非捆绑下的社会福利。

从命题 7-6 可以看出，当寡头垄断市场网络外部性较小（$0 < \alpha < \frac{1}{3}$）时，运营商 A 的理性选择是捆绑产品 1 和 2，但此时社会福利最大化要求 A 不进行捆绑，因为 A 不捆绑可以增加在市场 1 的产出，但 A 在市场 2 的产出减少了，但由于运营商 B 在市场 2 的产出增加了，可以弥补 A 在市场 2 产出减少的一部分。当网络外部性中等（$\frac{1}{3} < \alpha < 0.51$）时，运营商 A 的理性选择是不捆绑，但是社会福利最大化要求 A 捆绑，A 捆绑在市场 1 的产出增加，但是其在市场 2 的产出减少了，但运营商 B 在市场 2 产出的增加同样可以弥补 A 在市场 2 产出的部分减少。当网络外部性较大（$0.51 < \alpha < 1$）时，运营商 A 的理性选择是不捆绑，社会福利最大化要求 A 不捆绑。

上面考虑了运营商 A 和运营商 B 单期竞争的均衡，如果竞争的时限是多期的，则运营商 A、B 有合谋的动机。

首先分析情形 I 中两个运营商合谋的条件。如果没有捆绑，则 A 在市场 1 上的表现可以不予考虑 [A 在市场 1 的利润为 $\frac{(a-c)^2}{4}$]。A、B 在市场 2 上合谋的总利润为 $\pi_2 = [a + (\alpha-1)(b_A + b_B) - c](b_A + b_B)$，此时 A、B 两个运营商在市场 2 上的产量决策犹如出自同一个垄断运营商，$\pi_2 = [a + (\alpha-1)b_{AB} - c]b_{AB}$，可以得到在合谋条件下，市场总产量为 $\frac{(a-c)}{2(1-\alpha)}$，总利润为 $\frac{(a-c)^2}{4(1-\alpha)}$，由于 A 和 B 具有相同的经营成本，假设 A 和 B 平分总产量和总利润。则运营商 A、B 在市场 2 不违背合谋的条件为式（7-15），其中 δ 为折现系数。

$$\frac{(a-c)^2}{8(1-\alpha)}\frac{1}{1-\delta} > \frac{(a-c)^2}{4(1-\alpha)} + \frac{(a-c)^2}{9(1-\alpha)}\frac{\delta}{1-\delta} \tag{7-15}$$

化简得 $\delta > 0.9$，即在未来足够重要的情况下，A、B 两个运营商都有足够的激励维持在市场 2 的合谋。

接着考虑运营商 A 捆绑 1、2 两个市场时 A、B 两个运营商合谋的条件。

此时，合谋相当于一家运营商在市场中同时经营两种商品，一种为 1 和 2 捆绑，另一种为单独的 2。该假想运营商的利润函数为

$$\pi_{AB} = [(2a-2b_A-b_B-2c)+\alpha(b_A+b_B)]b_A + [(a-b_A-b_B-c)+\alpha(b_A+b_B)]b_B$$

由一阶条件可以得到该假想运营商的利润最大化产量为 $b_A = \dfrac{a-c}{2}$，

$b_B = \dfrac{(a-c)\alpha}{2(1-\alpha)}$，同时该结果满足极值的二阶条件。运营商 A、B 要参与合谋，则各自的合谋利润要高于不合谋时的利润。对运营商 A 而言：$\dfrac{(a-c)^2}{2} >$

$\dfrac{9(a-c)^2(2-\alpha)}{(7-3\alpha)^2}$，对运营商 B 而言：$\dfrac{\alpha(a-c)^2}{4(1-\alpha)} > \dfrac{4(a-c)^2}{(7-3\alpha)^2(1-\alpha)}$。

可以求得 $\dfrac{11-\sqrt{57}}{6} < \alpha < \dfrac{4-\sqrt{3}}{3}$，约为 $0.575 < \alpha < 0.756$。

因此，在运营商 A 捆绑 1、2 两个市场的条件下，只有当网络外部性参数 α 不大也不小时，这两个运营商才有达成合谋的可能。该算例可以考虑 α 取值 0.6、0.65、0.7、0.75 等时的情形。

下面考虑 α 取值 $\in (0.575, 0.756)$ 时，运营商 A 和 B 不违背合谋的条件。

首先考虑运营商 A 不背离合谋的激励。对于运营商 A 而言，如果背离合谋，其能获得多少利润呢？由于运营商 A 所制定的价格 $a+c$ 要高于运营商 B 所制定的价格 $(a+c)/2$，运营商 A 如果要背离合谋，需要将其价格降低到 $(a+c)/2$ 才可能将运营商 B 驱逐出市场 2，从而独占市场 1 和市场 2。此时 A 的产出为 $\dfrac{3a-c}{2(2-\alpha)}$，利润为 $\dfrac{(a-3c)(3a-c)}{4(2-\alpha)}$。

如果运营商 A 不将运营商 B 驱逐出市场，而是以与 B 的合谋产量为给定（即认为对手会遵守合谋产量约定），选择利润最大化，则运营商 A 的产量为 $\dfrac{(a-c)(4-\alpha)}{4(2-\alpha)}$，利润为 $\dfrac{(a-c)^2(4-\alpha)^2}{16(2-\alpha)}$。

比较这两种情形下的利润可以发现，当 $0 < c < \dfrac{4a + 8a\alpha - a\alpha^2}{8\alpha - 4 + \alpha^2} - 4\sqrt{\dfrac{a^2\alpha(8-\alpha)}{(8\alpha - 4 + \alpha^2)^2}}$

时，将 B 驱逐出市场 2 是运营商 A 背离合谋的最佳选择，当 $\dfrac{4a + 8a\alpha - a\alpha^2}{8\alpha - 4 + \alpha^2} -$

$4\sqrt{\dfrac{a^2\alpha(8-\alpha)}{(8\alpha - 4 + \alpha^2)^2}} < c < \dfrac{a}{3}$ 时，在市场 2 上保留运营商 B 是运营商 A 背离合谋的最佳选择。

需注意的是，此时的结果和运营商 A 不实行捆绑策略时的结果并不一样。当运营商 A 不实行捆绑策略时，运营商 A 可以分别考虑两个市场，将运营商 B 驱逐出市场 2 自然是运营商 A 的最佳选择，因为运营商 A 可以同时垄断两个市场。但是，当运营商 A 实行捆绑策略时，运营商 A 不仅与运营商 B 间存在战略互动，运营商 A 在所涉及的两个市场上也存在关联，在一定的需求和成本条件下，将运营商 B 驱逐出市场 2 将极大地减少运营商 A 在市场 1 的利润，因此，运营商 A 即使背离合谋，也可能与 B 共存。

当运营商 A 选择将运营商 B 驱逐出市场时，运营商 A 不背离合谋的条件由式（7-16）决定：

$$\frac{(a-c)^2}{2}\frac{1}{1-\delta} > \frac{(a-3c)(3a-c)}{4(2-\alpha)} + \frac{9(a-c)^2(2-\alpha)}{(7-3\alpha)^2}\frac{\delta}{1-\delta} \qquad (7\text{-}16)$$

式（7-16）中 δ 的取值范围依赖于 a、c 及 α 的取值，可以求得，当 $\alpha > 0.755$ 时，式（7-16）将不再成立；若 $0.755 > \alpha > 0.720$，则 $1 > \delta > 0.906$ 时，式（7-16）成立；若 $\alpha < 0.720$，$1 > \delta > 0.891$ 时，式（7-16）成立。

当运营商 A 选择保留运营商 B 在市场中时，运营商 A 不背离合谋的条件由式（7-17）决定：

$$\frac{(a-c)^2}{2}\frac{1}{1-\delta} > \frac{(a-c)^2(4-\alpha)^2}{16(2-\alpha)} + \frac{9(a-c)^2(2-\alpha)}{(7-3\alpha)^2}\frac{\delta}{1-\delta} \qquad (7\text{-}17)$$

可以得到，当 $1 > \delta > \dfrac{49\alpha^2 - 42\alpha^3 + 9\alpha^4}{208 - 488\alpha + 385\alpha^2 - 114\alpha^3 + 9\alpha^4}$ 时，式（7-17）成立。

容易证明第二个大于号右边的式子在 $0.575 < \alpha < 0.756$ 时为增函数，可得当 $1 > \delta > 0.271$ 时，式（7-17）成立。

对运营商 B 而言，B 不能将运营商 A 驱逐出市场，因为在 A 实行捆绑策略的条件下，运营商 B 提供的产品 2 无法满足消费者对产品 1 的需求。但是 B 可以背离合谋，以实现利润的最大化，这就如同运营商 A 仍然保留 B 在市场 2 的情形一样。运营商 B 背离合谋后的产量为 $b_B = \dfrac{(a-c)(1+\alpha)}{4(1-\alpha)}$，利润为 $\dfrac{(a-c)^2(1+\alpha)^2}{16(1-\alpha)}$。

运营商 B 不背离合谋的条件由式（7-18）确定：

$$\frac{\alpha(a-c)^2}{4(1-\alpha)}\frac{1}{1-\delta} > \frac{(a-c)^2(1+\alpha)^2}{16(1-\alpha)} + \frac{4(a-c)^2}{(7-3\alpha)^2(1-\alpha)}\frac{\delta}{1-\delta} \qquad (7\text{-}18)$$

可以得到，当 $1 > \delta > 0.264$ 时，式（7-18）成立。

由式（7-17）和式（7-18）的结果，可以得到命题 7-7。

命题 7-7　当网络外部性存在于寡头垄断市场 2 时，若运营商 A 实行捆绑策略，则运营商 A 和运营商 B 维持合谋的激励将不仅取决于折现系数，而且取决于 A 背离合谋时是否将 B 驱逐出市场。如果运营商 A 背离合谋的最佳选择是保留 B 在市场 2 中，则当 $1 > \delta > 0.271$ 时，运营商 A 和 B 有激励维持合谋。若运营商 A 选择不捆绑策略，则当 $1 > \delta > 0.9$ 时，运营商 A 和 B 才有激励维持合谋。

Spector（2007）在没有网络外部性的情形下得到的结论是：运营商实行捆绑策略有利于促进相互间的合谋。原因在于产品 1 的垄断者要求凡是购买了产品 1 的客户都必须从它那里购买产品 2，这样部分需求（同时需要 1 和 2 两种产品的消费者需求）将免于竞争。命题 7-7 指出该结论考虑寡头市场网络外部性时，该结论成立的条件是：运营商 A 仍然将运营商 B 保留在市场 2 里而不是将其驱逐。当运营商 A 选择驱逐运营商 B 时，如果寡头垄断市场的网络外部性足够大，则多产品运营商必将背离合谋。

7.3.3　博弈情形 III 和 IV 的比较

在情形 III 中，完全垄断市场 1 将具有网络外部性，运营商 A 单独出售产品 1 和产品 2，改写式（7-7）、式（7-8）和式（7-9）为如下形式：

$$U = m + a(b_1 + b_A + b_B) - \frac{1}{2}\left[b_1^2 + 2\theta b_1(b_A + b_B) + (b_A + b_B)^2\right] + \frac{\alpha}{2}b_1^2 \qquad (7\text{-}19)$$

$$p_1 = a + (\alpha - 1)b_1 - \theta(b_A + b_B) \qquad (7\text{-}20)$$

$$p_A = p_B = a - (b_A + b_B) - \theta b_1 \qquad (7\text{-}21)$$

容易得到在古诺均衡下，运营商 A 在产品 1 市场的产出为 $b_1 = \dfrac{(a-c)(1-\theta)}{2(1-\alpha-\theta^2)}$，

两个运营商在产品 2 市场的产出为 $b_A = \dfrac{2(a-c)(1-\alpha) - \theta(a-c)(3-\theta)}{6(1-\alpha-\theta^2)}$，

$b_B = \dfrac{(a-c)}{3}$。

假设两种产品的需求相互独立，即 $\theta = 0$，则三个产出为 $b_1 = \dfrac{(a-c)}{2(1-\alpha)}$，

$b_A = b_B = \dfrac{(a-c)}{3}$。此时产品 1 和产品 2 市场的价格为 $p_1 = \dfrac{a+c}{2}$，$p_B = \dfrac{a+2c}{3}$。

两个运营商的利润分别为 $\pi_A = \dfrac{(a-c)^2(13-4\alpha)}{36(1-\alpha)}$，$\pi_B = \dfrac{(a-c)^2}{9}$。

社会福利为 $\dfrac{0.444(1.844-\alpha)(a-c)^2}{1-\alpha}$。

而在情形 IV 中，完全垄断市场 1 将具有网络外部性，运营商 A 捆绑出售产品 1 和产品 2。

假设捆绑出售的产品 1 和产品 2 的比例为 k_A。则 $Q_1=k_A b_A$，$Q_2=b_A+b_B$。

假设 $k_A=1$。改写式（7-7）、式（7-8）和式（7-9）为如下形式：

$$U=m+a(k_A b_A+b_A+b_B)-\frac{1}{2}\left[(k_A^2+2\theta k_A+1)b_A^2+2(\theta k_A+1)b_A b_B+b_B^2\right]+\frac{\alpha}{2}(k_A b_A)^2$$
（7-22）

$$p_A=a(k_A+1)-\left[(k_A^2+2\theta k_A+1)b_A+(\theta k_A+1)b_B\right]+\alpha k_A^2 b_A \qquad （7-23）$$

$$p_B=a-\left[(\theta k_A+1)b_A+b_B\right] \qquad （7-24）$$

容易得到在古诺均衡下市场产出为 $b_A=\dfrac{(3-\theta)(a-c)}{7-4\alpha+6\theta-\theta^2}$，$b_B=\dfrac{2(1+\theta-\alpha)(a-c)}{7-4\alpha+6\theta-\theta^2}$。假设两种产品的需求相互独立，即 $\theta=0$。

可以得到均衡产出为 $b_A=\dfrac{3(a-c)}{7-4\alpha}$，$b_B=\dfrac{2(1-\alpha)(a-c)}{7-4\alpha}$。

产品 1 和产品 2 市场的价格分别为 $p_A=\dfrac{3a(2-\alpha)+c(8-5\alpha)}{7-4\alpha}$，$p_B=\dfrac{2a(1-\alpha)+c(5-2\alpha)}{7-4\alpha}$。

两个运营商的利润分别为 $\pi_A=\dfrac{9(a-c)^2(2-\alpha)}{(7-4\alpha)^2}$，$\pi_B=\dfrac{4(a-c)^2(1-\alpha)^2}{(7-4\alpha)^2}$。

社会福利为 $\dfrac{6(3.25-\alpha)(2-\alpha)(a-c)^2}{(7-4\alpha)^2}$。

情形 III 和情形 IV 都是网络外部性存在完全垄断市场的情形，比较两者的均衡结果，容易得到命题 7-8、命题 7-9 及命题 7-10。

命题 7-8 当网络外部性存在于完全垄断市场 1 时，均衡状态下的捆绑将增加市场 2 的总产出，减少市场 1 的产出。

命题 7-9 当网络外部性存在于完全垄断市场 1 时，对运营商 A 而言，实行捆绑策略将减少其市场 1 上的产出，增加其市场 2 上的产出。对运营商 B 而言，实行捆绑策略将减少其在市场 2 的产出。

命题 7-8 说明在垄断市场具有网络外部性时，无论运营商 A 是否实行捆绑策略，两个市场的产出均不可能同时增加。命题 7-9 则进一步解释了命题 7-8，说明在市场有网络外部性的情形下，多产品运营商不可能通过纯捆绑来同时增加其在两个市场上的产出。实行捆绑策略将减少运营商 A 在垄断市场的产出，同时增加运营商 A 在寡头垄断市场的产出。

注意命题 7-8 和命题 7-9 与命题 7-4 和命题 7-5 的区别：命题 7-8 和命题 7-9 不依赖于网络外部性的强度，而命题 7-4 和命题 7-5 依赖于网络外部性的大小。

命题 7-10　当网络外部性存在于完全垄断市场 1 时，运营商 A 的捆绑将减少运营商 B 的利润并且降低社会福利。当 $1 > \alpha > 0.170$ 时，捆绑将增加运营商 A 的利润，否则捆绑将减少运营商 A 的利润。

从命题 7-10 可以看出，当垄断市场网络外部性较小（$0 < \alpha < 0.170$）时，运营商 A 的理性选择是不对产品 1 和产品 2 实行捆绑销售，此时社会福利最大化也要求运营商 A 不采取捆绑策略，A 的不捆绑策略可以增加其在市场 1 的产出，虽然 A 在市场 2 的产出减少了，但由于运营商 B 在市场 2 的产出增加了，可以弥补运营商 A 在市场 2 上减少的那一部分产出。当网络外部性较大（$0.170 < \alpha < 1$）时，运营商 A 的理性选择将是实行捆绑策略，但社会福利最大化要求则希望运营商 A 不要实行捆绑策略。

在情形 Ⅱ 和情形 Ⅳ 中，当运营商 A 采取捆绑策略时，同时对运营商 A 和运营商 B 的产品有所需求的消费者将不得不购买运营商 A 的产品，从而使运营商 B 处于不利地位。不过，在情形 Ⅱ 中，当市场 2 的网络外部性较大时，运营商 B 可以通过出售更多的产品 2 以给消费者带来更大效用，从而部分抵消了运营商 A 的捆绑带来的不利影响。情形 Ⅳ 则有所不同，市场 1 的网络外部性提高了消费者在市场 1 的效用，即运营商 A 的捆绑所带来的效用进一步恶化运营商 B 的处境。

上面考虑了运营商 A 和运营商 B 单期竞争的均衡，如果竞争的时限是多期的，则运营商 A 和 B 就可能有合谋的动机。

首先分析情形 Ⅲ 中两个运营商合谋的条件。

如果没有捆绑，则运营商 A 在市场 1 的情形可以不予考虑［A 在市场 1 的利润为 $\dfrac{(a-c)^2}{4(1-\alpha)}$］。运营商 A、B 在市场 2 合谋的总利润为 $\pi_2 = [a-(b_A+b_B)-c](b_A+b_B)$，此时 A、B 两个运营商在市场 2 上的产量决策就如同一个垄断运营商。由 $\pi_2 = (a-b_{AB}-c)b_{AB}$，可以得到，在合谋条件下，市场总产量为 $\dfrac{(a-c)}{2}$，总利润为 $\dfrac{(a-c)^2}{4}$，由于运营商 A 和 B 具有相同的经营成本，假设 A 和 B 平分总产量和总利润。则运营商 A 和 B 在市场 2 上不违背合谋的条件为式（7-19），其中 δ 为折现系数。

$$\frac{(a-c)^2}{8}\frac{1}{1-\delta} > \frac{(a-c)^2}{4} + \frac{(a-c)^2}{9}\frac{\delta}{1-\delta} \tag{7-25}$$

化简可得当 $\delta > 0.9$ 时，即在未来足够重要的情况下，A、B 两个运营商都有足够的激励维持在市场 2 的合谋。

接着考虑运营商 A 采取捆绑策略时 A、B 两个运营商合谋的条件。

此时，如果运营商 A 和 B 合谋，就相当于一家运营商在市场中同时经营两种产品，一种为产品 12（指产品 1 和产品 2 的捆绑），另一种为产品 2。该假想运营商的利润函数为

$$\pi_{AB} = \left[(2a - 2b_A - b_B - 2c) + \alpha b_A\right]b_A + (a - b_A - b_B - c)b_B$$

由一阶条件可以得到该假想运营商利润最大化的产量为 $b_A = \dfrac{a-c}{2(1-\alpha)}$，

$b_B = -\dfrac{(a-c)\alpha}{2(1-\alpha)}$，该结果虽然同样满足极值的二阶条件，但运营商 B 的产量为负，故不成立。不过，由条件极值的拉格朗日方法容易求得，当运营商 B 的产量为零时，即市场 1 和市场 2 只有运营商 A 所提供的捆绑产品时，运营商 A 的利润 $\dfrac{(a-c)^2}{2-\alpha}$ 要大于情形Ⅳ中运营商 A 和 B 的利润之和 $\dfrac{9(a-c)^2(2-\alpha)}{(7-4\alpha)^2} + \dfrac{4(a-c)^2(1-\alpha)^2}{(7-4\alpha)^2}$，即两家运营商有激励选择合并。

由此可得命题 7-11。

命题 7-11　当网络外部性存在于完全垄断市场 1 时，如果多产品运营商 A 采取捆绑策略，则运营商 A 和运营商 B 将无法达成合谋，但有合并的激励。

7.3.4 博弈情形 Ⅴ 和 Ⅵ 的比较

由表 7-2 可知，在情形 Ⅴ 中，垄断市场 1 和寡头垄断市场 2 都具有网络外部性，网络外部性分别为 α 和 β，运营商 A 单独出售产品 1 和产品 2，改写式（7-7）、式（7-8）和式（7-9）为如下形式：

$$U = m + a(b_1 + b_A + b_B) - \frac{1}{2}\left[b_1^2 + 2\theta b_1(b_A + b_B) + (b_A + b_B)^2\right] + \frac{\alpha}{2}b_1^2 + \frac{\beta}{2}(b_A + b_B)^2 \tag{7-26}$$

$$p_1 = a + (\alpha - 1)b_1 - \theta(b_A + b_B) \tag{7-27}$$

$$p_A = p_B = a + (\beta - 1)(b_A + b_B) - \theta b_1 \tag{7-28}$$

假设两种产品的需求相互独立，即 $\theta = 0$。容易得到在古诺均衡下的三个产出为

$$b_1 = \frac{a-c}{2(1-\alpha)}$$

$$b_A = b_B = \frac{a-c}{3(1-\beta)}$$

产品 1 和产品 2 市场的价格分别为 $\dfrac{a+c}{2}$ 和 $\dfrac{a+2c}{3}$。两个运营商的利润分别为

$$\pi_A = \frac{(a-c)^2(13 - 4\alpha - 9\beta)}{36(1-\alpha)(1-\beta)}$$

$$\pi_B = \frac{(a-c)^2}{9(1-\beta)}$$

社会福利为

$$\frac{\alpha^2(0.444-0.444\beta)-0.375\alpha(3.370-\beta)(1-\beta)+0.375(2.185-\beta)(1-\beta)}{(1-\alpha)^2(1-\beta)^2}(a-c)^2$$

在情形Ⅵ中，垄断市场 1 和寡头垄断市场 2 都具有网络外部性，网络外部性分别为 α 和 β，运营商 A 捆绑出售产品 1 和产品 2，假设捆绑中产品 1 和产品 2 的比例为 k_A，则 $Q_1 = k_A b_A$，$Q_2 = b_A + b_B$。假设 $k_A = 1$。改写式（7-7）、式（7-8）和式（7-9）为如下形式：

$$U = m + a(k_A b_A + b_A + b_B) - \frac{1}{2}\Big[(k_A^2 + 2\theta k_A + 1)b_A^2 + 2(\theta k_A + 1)b_A b_B + b_B^2\Big]$$
$$+ \frac{\alpha}{2}(k_A b_A)^2 + \frac{\beta}{2}(b_A + b_B)^2 \tag{7-29}$$

$$p_A = a(k_A + 1) - \Big[(k_A^2 + 2\theta k_A + 1)b_A + (\theta k_A + 1)b_B\Big] + \alpha k_A^2 b_A + \beta(b_A + b_B) \tag{7-30}$$

$$p_B = a - \Big[(\theta k_A + 1)b_A + b_B\Big] + \beta(b_A + b_B) \tag{7-31}$$

假设两个产品的需求相互独立，即 $\theta = 0$。容易得到在古诺均衡下，均衡产出为

$$b_A = \frac{3(a-c)}{7-4\alpha-3\beta}$$

$$b_B = \frac{2(a-c)(1-\alpha)}{(1-\beta)(7-4\alpha-3\beta)}$$

产品 1 和产品 2 市场的价格为

$$\frac{3a(2-\alpha-\beta)+c(8-5\alpha-3\beta)}{7-4\alpha-3\beta}$$

$$\frac{2a(1-\alpha)+c(5-2\alpha-3\beta)}{7-4\alpha-3\beta}$$

两个运营商的利润分别为

$$\pi_A = \frac{9(a-c)^2(2-\alpha-\beta)}{(7-4\alpha-3\beta)^2}$$

$$\pi_B = \frac{4(a-c)^2(1-\alpha)^2}{(1-\beta)(7-4\alpha-3\beta)^2}$$

社会福利为

$$\frac{6\alpha^2(1-\beta)+13.5(2-\beta)(1.444-\beta)(1-\beta)-19.5\alpha(1.615-\beta)(1-\beta)}{(1-\beta)^2(7-4\alpha-3\beta)^2}(a-c)^2$$

情形Ⅴ和情形Ⅵ都是网络外部性同时存在于垄断市场和寡头垄断市场时的情形，比较两者的均衡结果，可以得到命题 7-12、命题 7-13 及命题 7-14。

命题 7-12　当网络外部性存在于垄断市场 1 和寡头垄断市场 2 时，市场均衡

下，当 $3\beta > 1 + 2\alpha$ 时，捆绑将增加市场 1 的产出，减少市场 2 的总产出；当 $3\beta < 1 + 2\alpha$ 时，捆绑将减少市场 1 的产出，增加市场 2 的总产出。

命题 7-13 当 $3\beta > 1 + 2\alpha$ 时，对运营商 A 而言，捆绑将增加其在市场 1 的产出，同时减少运营商 A 在市场 2 的产出；对运营商 B 而言，捆绑将增加 B 在市场 2 的产出。当 $3\beta < 1 + 2\alpha$ 时，对运营商 A 而言，捆绑将减少 A 在市场 1 的产出，增加 A 在市场 2 的产出；对运营商 B 而言，捆绑将减少 B 在市场 2 的产出。

命题 7-12 说明在垄断和寡头垄断市场都具有网络外部性时，无论运营商 A 是否实行捆绑策略，两个市场的产出不可能同时增加。命题 7-13 解释了命题 7-12。命题 7-13 说明在两个市场都有网络外部性的条件下，多产品运营商不可能通过纯捆绑来同时增加其在两个市场的产出。请注意命题 7-12、命题 7-13 和命题 7-4、命题 7-5 及命题 7-8、命题 7-10 的区别在于，命题 7-12、命题 7-13 依赖于两个市场中网络外部性的相对大小，命题 7-4、命题 7-5 及命题 7-10 依赖于单个市场中网络外部性的绝对大小，命题 7-8 依赖于网络外部性是否存在于某个市场。

命题 7-14 当网络外部性存在于垄断市场 1 和寡头垄断市场 2 时，市场均衡下，若运营商 A 实行捆绑策略，则运营商 B 只有在市场 2 的网络外部性相对较大，且市场 1 的网络外部性相对较小时，即 $\frac{1}{3} < \beta < 1$ 且 $0 < \alpha < \frac{1}{2}(3\beta - 1)$ 时，捆绑有利于增加 B 的利润。运营商 A 的利润和社会福利的变化取决于 α 和 β 的大小关系。

具体而言，容易求得若运营商 A 实行捆绑策略，则 $0 < \alpha \leqslant 0.170$ 且 $0 < \beta < \frac{1}{3}(1 + 2\alpha)$ 时，或 $0.170 < \alpha < 1$ 且 $\frac{8 + \alpha - \sqrt{97}\sqrt{1 - 2\alpha + \alpha^2}}{9} < \beta < \frac{1}{3}(1 + 2\alpha)$ 时，捆绑有利于增加运营商 A 的利润。

容易证明，无论运营商 A 是否实行捆绑策略，其利润同时是两个市场外部性参数的增函数。其中的理由很明显，运营商 A 是多产品运营商，同时在两个市场出售产品。若运营商 A 实行捆绑策略，则运营商 B 的利润函数是市场 1 网络外部性参数的减函数，是市场 2 网络外部性参数的增函数。增函数的关系很直观，因为运营商 B 在市场 2 出售产品，减函数的关系则是运营商 A 实行捆绑策略的结果。若运营商 A 不实行捆绑策略，则运营商 B 的利润和市场 1 的网络外部性无关，运营商 A 实行捆绑策略后，运营商 B 的利润和市场 1 的网络外部性负相关可以归因为两个效应：数量效应和价格效应。那些同时对产品 1 和产品 2 有所需求的消费者只能购买捆绑产品，从而市场 1 的网络外部性越大，购买捆绑销售产品的消费者越多，运营商 B 失去的消费者就越多，这是捆绑在寡头垄断市场的数量效应。

同时，若运营商 A 实行捆绑策略，则寡头垄断市场 2 的均衡价格将会下降，这是价格效应。因此，通过捆绑，运营商 A 可以将运营商 B 置于不利地位，从而增强自身在寡头市场的竞争力。

运营商 A 是否实行捆绑策略取决于 α 和 β 的相对大小。此时捆绑对运营商 A 自身而言，是一把双刃剑。一方面，根据如上分析，捆绑策略虽然能够帮助运营商 A 在市场 2 中获得战略优势，使得同时对产品 1 和产品 2 的需求免于受到市场竞争；另一方面，那些只对产品 1 有需求的消费者现在被排斥在市场之外。因此，运营商 A 的捆绑策略对自身利润的影响就是不确定的，取决于上述两方面的权衡。我们在现实中几乎看不到多产品运营商使用纯捆绑策略，为了消除捆绑对市场 1 的不利影响，多产品运营商常用的策略是不仅提供捆绑产品，而且提供单产品。

7.4　结果与分析

7.3 节从社会福利函数出发，研究并比较了网络外部性下多产品竞争的六种情形，分析了多产品运营商（即同时存在于垄断市场 1 和寡头垄断市场 2 的运营商）和单产品运营商（只存在于寡头垄断市场 2 的运营商）的产量、利润及社会福利。我们假设网络外部性可能存在于寡头垄断市场、垄断市场或同时存在于两个市场，提供两种产品的运营商可以采用纯捆绑或单独出售的策略。命题 7-4 ～ 命题 7-14 提供了一些有启发意义的结论。

第一，无论网络外部性存在于哪种市场环境下，多产品运营商都不可能通过纯捆绑来同时增加其在两个市场上的产出；同时，两个运营商在两个市场上的总产出也不可能同时增加。纯捆绑可以帮助多产品运营商获得一部分同时对两种产品都有需求的消费者，从而打击单产品运营商，但是多产品运营商也将失去一部分只对垄断产品有需求的消费者。网络外部性的存在将放大这种"获得"和"失去"：如果垄断市场存在网络外部性，多产品运营商在垄断市场的"失去"将得到放大，因此捆绑将减少其在垄断市场的产出（命题 7-9）；如果寡头垄断市场存在网络外部性，多产品运营商和单产品运营商在寡头垄断市场的"获得"将同时放大，当这种网络外部性较大时，消费者通过消费寡头垄断市场的产品可以得到更多福利，捆绑的效用相对下降，因此，多产品运营商的捆绑行为不利于增加其在寡头垄断市场的产出（命题 7-5）。如果两个市场都存在网络外部性，则两个市场网络外部性的相对大小将决定运营商的均衡产出。此时，若寡头垄断市场的网络外部性大于垄断市场的网络外部性，则多产品运营商的捆绑行为将减少其在垄断市场的"失去"，同时，由于寡头垄断市场上的竞争效应，捆绑将降低其在寡头垄断市场上的产出（命题 7-13）。

第二，网络外部性改变了捆绑与合谋之间的关系。当网络外部性存在于寡头垄断市场时，捆绑不一定会促进合谋：当运营商 A 背离合谋时，选择在市场 2 保

留运营商 B 而不是将其驱逐,则捆绑有利于合谋;当运营商 A 选择驱逐运营商 B 时,如果寡头垄断市场的网络外部性足够大,则多产品运营商将背离合谋。当网络外部性存在于垄断市场时,若多产品运营商实行捆绑策略,则两个运营商无法达成合谋,但是有合并的激励。

第三,当网络外部性存在于不同市场时,多产品运营商的捆绑决策对运营商的利润和社会福利的含义相差较大。首先,当网络外部性存在于垄断市场时,多产品运营商具有战略优势,其可以借助捆绑策略充分利用这种网络外部性,此时只要垄断市场的网络外部性不是太小,多产品运营商的捆绑将是其最优选择,但是单产品运营商的利润及社会福利都将下降。其次,当网络外部性存在于寡头垄断市场时,多产品运营商的捆绑决策依赖于网络外部性的大小,当网络外部性较小时,多产品运营商可以借助捆绑增加利润,此时单产品运营商的利润将因捆绑而下降,社会福利也会同期下降;当网络外部性较大时,多产品运营商的最佳决策是单独出售两个产品,此时单产品运营商的利润将因捆绑而上升,社会福利先上升后下降。最后,当网络外部性同时存在于两个市场时,捆绑对多产品运营商的利润和社会福利的影响依赖于两个市场网络外部性的大小。在多产品运营商捆绑的情形下,单产品运营商的利润将随垄断市场网络外部性的增加而减少,此时单产品运营商处于不利地位,只有在寡头垄断市场的网络外部性较大,而且大于垄断市场的网络外部性时,多产品运营商的捆绑策略才能增加单产品运营商的利润。

第8章 网络融合时代不对称规制的复杂性与进入者保护问题

在市场经济环境下，出于活跃市场、引进竞争的需要，规制者对进入者哪怕是暂时的保护都会在市场上导致不对称规制（asymmetric regulation），这一情形在网络融合时代同样继续着。较之以往，网络融合时代的市场进入和退出或许会发生得更为频繁。就泛电视产业领域而言，不仅有线电视网络运营商在继续传播电视节目（内容）的同时可以利用自备网络进入宽带甚至语音通信领域，而且传统的电信运营商也可以用 IPTV 的形式成为电视市场的进入者。

不过，随着网络融合的进程，与先前的市场进入相比，此时会出现一些新的现象，这些现象将导致与以往的电信竞争时代有不尽相同的复杂性：在网络融合的多市场环境下，不对称规制的政策及其结果不再是简单的因果关系，单个市场的不对称规制的结果可能并不总会抑强扶弱。由于多网共生现象（它的另一种表达是融合后网络环境下的多市场共存现象），原先某一个网络的强势在位者未必是另一个新市场的弱势进入者①。因此，出于多网络均衡及融合发展的需要，某个新市场的进入者的强、弱势程度需要规制部门认真进行细致、综合的考量和判断，因为融合后单一网络环境下新产业的弱势进入者或许是依然存在的某些老产业（该产业的网络外部性足以对新产业产生影响）的在位者（甚至强势在位者）。所以，三网融合时代的进入者保护问题反映在不对称规制上就具有以往没有的复杂性。

---

① 在以往的非网络融合时代，一个市场的进入者相对于在位者往往是弱势的，这是因为进入者在新市场中几乎得不到其原先在位市场的关联性支持。但这一情形在网络产业中将会发生变化，因为进入者有可能借助其在原先产业的网络外部性以有益于新市场的进入，当两个网络（市场）——如全国一网的电信网和一地一网的有线电视网——的"规模不相称"时尤其如此。此时，就电视市场而言，某些网络型运营商（如电信运营商）作为新市场（如电视市场）的进入者时，较在位者（如有线电视运营商）而言则不一定是弱者（因为进入者的原有网络规模远大于在位者的原有网络）。出现这种"现象"还可能有其他原因，比如，此时的进入者和在位者可能并非共处同一个市场（例如，在尚未实现实质性网络融合的环境下，有线电视网和电信网上的"电视市场"可能并不是同一个市场，因而有线电视运营商并不必然是 IPTV 市场的事实上的在位者）。

目前我国的三网融合进程尚未进入完全模糊原先的电信、有线电视和互联网的产业边界，形成新的融合后网络的阶段，因此，我们将主要在融合后的单一网络的基础上，不仅讨论主要针对进入者保护的经典不对称规制问题（可形象比喻为"抑强扶弱"），而且讨论在一定程度上反而事实性损害进入者利益的逆向不对称规制效应（可形象比喻为"助强压弱"）。我们将讨论在三网融合的初期，这样的不对称规制（和一定程度的逆向不对称规制）对在有线电视网络运营商、电信运营商和互联网运营商之间展开有效竞争是否具有其阶段必然性。

8.1 节将首先通过一个案例说明三网融合时代不对称规制的存在性，解释不对称规制问题产生的背景。然后，通过回顾先前的学者对不对称规制的论述，解释三网融合后电视竞争市场不对称规制的复杂性，揭示逆向不对称规制现象。8.2 节在梳理实施不对称规制的原因和福利效应的基础上，利用模型分析有线电视网络运营商与电信运营商、互联网运营商间接入价格的不对称规制。8.3 节讨论数字电视竞争中，在位者与进入者基于机顶盒的竞争策略及其相应的不对称规制和逆向不对称规制问题。

8.1　问　题　概　述

不对称规制是规制领域的一个专业术语和经典性操作，意指在从打破垄断到形成充分竞争的过渡时期，为了尽快改变在位者和进入者间的不对等竞争局面，规制者对市场的弱势进入者实行相对强势在位者的优惠待遇，以期能使弱势进入者快速成长，通过"抑强扶弱"增强市场的竞争程度。与此相对应，我们不妨称事实上"助强（在位者）压弱（进入者）"的不对称规制为逆向不对称规制。[①]

在我国电视产业的发展中，相应的规制政策随着时间而变化。不对称规制往往发生在对进入者的保护时期。经典的不对称规制在诸如电信等具有（或部分具有）自然垄断特性的网络型产业中并不鲜见。在网络融合的时代，不对称规制已经从原先主要对同一网络（产业）中的进入者（要么是采用老技术的小规模经营者，要么是采用新技术的产业幼稚者）进行保护，扩展到对几乎一切进入者的"关照"，无论你在其他网络（产业）上是否为在位者，甚至垄断者，也无论你是否在新网络（产业）中使用你在原先经营领域的市场势力。因此，网络融合情况下的不对称规制问题较之以往有更为复杂的情形。

---

① 事实上还会存在另一种逆向不对称规制效应，它是对不对称规制的非预期效果的形象化表述。此时，虽然规制者出于"抑强扶弱"的考虑对市场进行不对称规制，但结果却与愿望相反，事实上只得到某种程度的"助强压弱"（压制弱势进入者）效果。

8.1.1　案例：电信运营商的 IPTV 引发诉讼

网络融合时代对进入者提供一定程度保护的不对称规制似乎具有自身的天然合理性，否则，如果规制机构的作为不到位，企业将寻求其他方式，如法律诉讼的方式寻求市场上的公平待遇。案例 8-1 就是一个例子。

案例 8-1　嘉兴华数和嘉兴电信的知识产权诉讼

2011 年 4 月，有线电视网络运营商嘉兴华数在嘉兴市南湖区法院提起知识产权诉讼，状告嘉兴电信，称嘉兴电信的 IPTV 侵犯了其权益，这是浙江省范围内的首例广播组织权纠纷。官司能打上法庭至少说明两个运营商之间的利益瓜葛未能在规制者那里摆平。当时的控、辩两家分属不同的规制部门：嘉兴华数，为有线电视网络运营商，由国家广播电影电视总局颁发牌照；嘉兴电信，为电信网络运营商和 IPTV 运营商，主管机构为浙江省通信管理局与工信部。

在诉状上，原告嘉兴华数称与黑龙江电视台签订了频道资源合作合同，成为黑龙江卫视频道在嘉兴市区域电视信号接收及传输的唯一合法机构，因此享有独占性的广播组织权。然而，原告发现嘉兴电信未经嘉兴华数许可，也为客户提供了接收黑龙江卫视频道的服务，原告认为这种以营利为目的的行为侵犯了原告的广播组织权。为此，要求被告赔偿经济损失 20 万元，并承担公证费、律师费等 1.7 万元，同时在《嘉兴日报》《南湖晚报》上赔礼道歉。

双方的争执似乎围绕"谁具有广播组织权"，而其实质是"电信运营商是否有资格进入有线电视服务市场"。

2011 年 9 月 6 日上午，案子在法院开庭，庭审持续了整整一个上午。双方的争论焦点主要围绕三点展开：原告是否具备本案的主体资格；广播组织权是否保护互联网领域；被告的宽带电视是否造成了原告的经济损失。

关于第一点"华数不具备广播组织权的主体资格"，被告律师首先质疑了原告的诉讼身份，他指出，根据《中华人民共和国著作权法实施条例》的相关规定，如果没有相关许可，广播组织权的主体仅限于广播电台和电视台。"被告自始至终没有看到嘉兴广电集团给予华数的许可证"。对于被告方的质疑，原告律师一再强调具备资格，"我会在庭后向法庭提供许可证"。

关于广播组织权能否扩大到网络范围，也是双方辩论的重头戏。因为此案涉及的是 IPTV 产业，是一种利用宽带网实现的有线电视内容服务，其与传统广播电视的最大区别就是通过互联网进行传输。"互联网领域的著作权只能通过信息网络传播权予以保护，广播组织权并不享有网络传播权"。被告律师表示，中国目前著作权法并未将信息网络传播权纳入广播组织权的保护范围，这并非立法缺陷，而是利益平衡的考量。"广播组织权利既关系到广播组织利益的保护，也关系到社会公众信息获取权的保护，在扩张广播组织权时必须非常谨慎"。原告律师的观点则截然相反。"如今是数字时代，互联网发展日新月异，法律肯定是有一定的滞后性的。当法律有漏洞时，法官就应该充分行使自由裁量权，通过一个个判例来维护司法公平"。

至于因为被告而发生的经济损失，原告提到了落地费和广告费。"没错，黑龙江卫视在嘉兴区域落地播放要付华数每年10万元的信号传输费。因为每个频道覆盖范围越广，收视率越高，它的广告收益也会越多。其实，华数就是为各个频道在本地做了宣传，付费也是理所应当"。不过，被告并不认可这一指控，认为原告转播电视频道非但不用付费，反而有每年10万元的收入，那20万元的损失根本没有依据。对此，原告也有话要说："被告的IPTV业务必然导致华数电视业务的收视率下降，从而导致广告费的降低。因为我们难以计算这部分的损失，所以在法律规定的50万元内主张赔偿20万元。"

庭审后，原告律师表示，这次他们仅仅选取了一个频道起诉，"如果法院支持我们的诉求，我们会有批量案件陆续起诉"（隐含着对IPTV除黑龙江卫视之外的其他频道的诉讼威胁，因为原告已经对包括黑龙江卫视在内的六十多个频道的播放画面进行了公证）。被告律师则认为，华数诉请制止IPTV的行为，将会严重影响到公众利益，不应保护。"案件的实质是中国三网融合中的利益之争"。被告律师如此表示。

虽然2010年1月21日国务院颁发了《关于印发推进三网融合总体方案的通知》，要求促进电信网、广播电视网和互联网的三网融合，打破电视有线网络条块分割、资源分散、各自为战的局面。不过，由于那时浙江嘉兴市并非榜上有名的三网融合试点城市，从而这一个实质上的"不对称规制问题"还真需要法庭的判决。

说明：本案例由张梦瑶编写。

资料来源：IPTV再起纷争　嘉兴华数起诉嘉兴电信一审败诉，http://www.dffyw.com/fazhixinwen/caijing/201203/28021.html，2020年3月26日

8.1.2　不对称规制的经典定义及其在网络融合时代的演化

本节将在首先介绍拉丰、梯若尔、植草益等著名学者对不对称规制的经典性定义，然后再列举国内外网络融合背景下涵盖电视的泛电信市场上有关不对称规制的现象，以及对有关学者的研究进行文献综述的基础上，对网络融合时代的有关不对称规制问题进行概念定位。

不对称规制并非起源于网络融合时代，拉丰和梯若尔就曾对电信竞争时代，针对进入者的不对称规制的效果做过经典性评价（专题8-1）。

专题 8-1　拉丰和梯若尔关于不对称规制的经典性论述

在谈到不对称规制问题时，《电信竞争》的作者认为，以往的分析往往基于这样的前提：假定竞争者有利可图，因此进入市场也就不会成为问题。但在固定成本非常高的情况下，该假定并不现实，此时面临的挑战就会变成如何提高进入者的利润至盈亏平衡点，而不是追求超额利润。［作者在此处所做脚注的原话是："对无利润进入者进行补偿可能具有社会效益，因为后者没有把它进入的所有社会价值内在化。然而由于各种与信息不完全（获取，无法更正的错误，等等）有关的原因，这种补偿政策可能是危险的。"］

根据"如何提高进入者的利润至盈亏平衡点"的思路，当一次性补贴方案可行时，ECP-m（efficient component pricing-markup）法则依然可行（在对称的情况下），可以把一次性补贴额作为另一种未分配的成本包含在接入赤字的估算中。

如果假定一次性津贴不能转移给进入者，这时就必须用接入资费来补贴进入。相应地可得到一个"低于 ECP-m"的接入价格：

$$a < P_1 - C_1 - m$$

这一政策已被广泛应用于电信业中以鼓励进入者的进入。英国 Mercury 公司过去就曾从宽松的进入条件中获利（它的"接入赤字补偿"经常被免除，因此它就从低于边际成本甚至等于零的接入资费中获利）。同样，与美国的 AT&T 公司相比，同为美国公司的 MCI 和 Sprint 支付的接入资费也未反映其与当地交换公司之间的高连接成本。现在人们经常把这种不对称规制看作是一种危险，因为它有可能导致低效率企业的进入。

资料来源：根据拉丰和泰勒尔（2001）改写

日本学者植草益也认为，在一些具有自然垄断特性的产业中，由于在位企业一般是纵向一体化的多产品企业，而且控制着瓶颈环节和网络基础设施，进入者往往只能进入特定的业务领域参与竞争。在放松规制（deregulation）引入竞争后的最初一段时间，由于在位者还保持着对进入者关于竞争的压倒性优势，单纯从反垄断的角度对在位者的排他性行为进行监督和限制是不够的，还应对在位者实行更严格的规制，而对进入者实行简化的规制（streamlined regulation），这也被称为一类不对称规制。

在网络型产业融合的时代,不对称规制通常被视作有效矫正市场势力的工具,常用于在一定时期内限制在位者利用市场势力、排挤进入者的主要措施。当然，它也是一柄双刃剑，在一定程度上会影响在位者充分发挥其范围经济和规模经济的优势，其动态效率将受到限制（Blackman，1998；Janssen and Mendys-Kamphorst，2008）。并且，由于信息不对称，规制机构在无法成功估计不同运营商的真实效率的前提下，不得不实施"挑选赢家"的战略，这在一定程度上会危害市场的静态（或动态）效率。同时，技术的变化与创新也有可能削弱不对称规制的现实基础。因为技术变化会改变产业的边界，带来新的产品或服务，在传统的信息通信技术部门定位或定义这些产品或服务并不容易。此时，基于传统的产业划分来限制产业进入似乎并不合适。

在美国、英国等先发国家中，虽然具体方式与措施有所不同，但针对电信市场上主导运营商的不对称规制是一种普遍现象。在不少西方国家中，电信产业是包含语音通信、广播电视，甚至部分传媒的"泛通信"产业。1996 年前后，美国、法国和德国的有关机构都对电信法律体系做了重要变革，这些国家在不对称规制方面做了不同的尝试。在美国，出自 FCC 的大量新的规制措施促进了本地电话市场的竞争，根据美国"96《电信法》"的规定，长途运营商（inter-exchange carriers，IXCs）、有线电视运营商（cable television，CATV）都可进入本地语音市场。仔细观察美国的法律和 FCC 对本地市场的干涉，无论是立法部门还是规制机构都致力于保护进入者的利益，实行有利于它们的不对称规制，大量条文被用来保护竞争性本地运营商（competitive local exchange carriers，CLECs），而不利于已在位的本地运营商（incumbent local exchange carriers，ILECs）。

在美国电信历史上，有一个网络融合下不对称规制的著名判例[1]：2005 年 6 月 26 日，美国最高法院裁决，提供宽带互联网连接的有线电视运营商无须向竞争对手开放他们的宽带接入线路。这一裁决推翻了较低一级法院的裁决，肯定了 FCC 对有线电视宽带连接服务的分类。依据 FCC 的规定，电信运营商被归类为电信服务提供商，因此，其阻塞用户线路上的端口是违法行为；而有线电视运营商则被归类为信息服务提供商，故其无须与电信运营商遵守相同的规则。基于这样的分类，被归类于电信服务提供商的电信运营商 Madison River 被 FCC 处以 1.5 万美元的罚款，并被要求停止阻塞 VoIP 流量的行为。而被归类为信息服务提供商的有线电视运营商阻塞用户线路端口的行为则不违法。这一裁决维护了有线电视运营商在网络融合下的新业务市场的利益，对传统电信运营商实施了更为严格的规制。

欧盟的规制机构只对具有市场势力的电信运营商实施透明和非歧视性强制性规制。尽管有线电视运营商不受透明和非歧视性条款的约束，但是竞争法的框架却同样适用于有线电视运营商和电信运营商。因此，欧盟规制机构对有线电视运营商的非歧视性业务具有模棱两可的评价标准：只要没有证据表明有线电视运营商在互联网接入市场具有重要垄断势力，规制机构都无须介入。英国遵循欧盟电信指令区分了市场主导力（dominance）、重要市场势力（significant market power）

---

[1] 正确看待美国宽带业务的管制政策，https://tech.sina.com.cn/t/2005-08-10/1636689379.shtml，2020 年 4 月 10 日。

和市场影响力（market influence）三种不同的概念，明确只要满足了重要市场势力的条件，就应承担额外的法律义务。在其新电信法中，英国采纳了欧盟 2003 年新通过的电信规制框架指令，对于重要市场势力的认定与本国竞争法上的相关概念相联系：规定一般企业在相关市场的份额达到 25% 即可认为满足了重要市场势力条件。当然，英国规制机构 Ofcom 可以在此基础上结合自己独立的市场调查做出灵活变通的认定。

韩国的不对称管制主要体现在以下五个方面：①资费管制不对称。如果移动通信领域的主导运营商 SK 电讯（SK Telecom）[①]的资费、产品等业务相关协议发生变更时，需要得到韩国广播通信委员会（Korea Communications Commission，KCC）有关部门的批准；而如果非移动运营商 KTF（Korea Telecom Freetel）、LGT（LG Telecom）的入网协议发生变更时，却只需要在 KCC 申报备案即可。②互联互通管制不对称。互联互通是直接保护市场进入者最为有利的非对称管制手段之一。KCC 规定了 SK 电讯与 KTF、LGT 之间不同的互通结算费用，帮助市场的进入者获得间接的经济利益。③市场份额的规制。④号码携带的不对称规制。通过号码携带的分阶段实施，要求主导运营商 SK 电讯首先实施机顶盒兼容，其他运营商则推迟实施。因此，运营商 KTF 和 LGT 不但分流了 SK 电讯的用户，而且还吸引了部分优质客户。⑤频率规制。韩国在频率规制中采取的不对称规制手段主要是对主导运营商和进入者收取不同的频率使用费。

8.1.3　我国三网融合初期的逆向不对称规制现象

在我国，研究电视业的不对称规制问题常常涉及对传统通信产业的不对称规制。我国对这两个产业的规制常常属于不同的部门[②]，因此在三网融合的过程中，往往有着更多的不对称规制需求与实践。思考其中一方的不对称规制政策，其产生的背景与缘由都可能涉及另一方的利益诉求。

是否采取不对称规制的政策选择势必涉及对在位企业于三网融合前市场竞争能力的考虑。在三网融合前，我国的电信企业、互联网企业与电视企业经历了不同的发展历程。电信企业虽然是国有企业，但是市场化起步较早，经过多次拆分与合并，目前已经形成了中国移动、中国电信与中国联通三家全国性的全业务公

[①] 韩国 SK 集团是该国第三大跨国企业，主要以能源化工、信息通信为两大支柱产业，2013 年时旗下有两家公司进入全球五百强行列。在该年《财富》杂志的全球 500 强排名榜上，SK 位居第 57 位。SK 集团在 20 世纪 90 年代进军通信信息行业，是电讯领域的领跑者。1996 年，SK 在世界范围内首次成功实现了 CDMA 的商用，并在世界首次推广 2.5 代 CDMA 2000 1X 服务和第 3 代移动通信技术。SK 电讯是韩国最大的移动通信运营商，在韩国的市场占有率达到 50% 以上。SK 电讯拥有多项专利技术，在第三代通信技术 CDMA 2000 和 WCDMA（wideband code division multiple access）领域拥有多项成熟的应用经验与技术。

[②] 至少在 21 世纪初，我国对语音通信市场的规制仍属于通信管理局，而电视事业单位的主管是国家广电总局。

司。互联网服务提供商则主要是民营企业，具有较强的市场导向与市场运作能力，出现了像阿里巴巴、腾讯、淘宝这类在互联网细分产业具有较强市场势力的企业。而电视服务提供商，尤其是有线电视网络运营商则没有那么幸运。

　　我国电视企业的发展路径与电信和互联网服务供应商有较大的差别。多年来，我国曾强调电视业的公益性，强调电视部门的事业性质，但与电信和互联网服务供应商相比，无论是电视台还是有线电视网络运营商，其市场化能力都缺乏足够的锤炼，也相对缺乏市场化经营所需要的资本、人才及资源。在第 3 章中我们曾讨论过，由于较长期地实行"四级办广电"政策，我国的电视业经营区域分散，至今各省级运营商仍没有完全整合市县级有线电视，甚至没有一个真正全国性的有线电视网络公司。尽管 2014 年 5 月成立了中国广播电视网络有限公司，负责全国范围内有线电视网络的相关业务，但目前在业务上还不能管控各省级有线电视网络公司。这种发展路径与市场结构的差别决定了有线电视网络运营商在进入电信产业的时候，尽管是基于设施的竞争，仍然需要不对称规制的支持。

　　我国在 2010 年开始三网融合之初，即对与有线电视相关的混合市场实行以保护进入者利益为目标的"抑强扶弱"性不对称规制。不过，这些不对称规制措施在诸如电视一类的细分市场上倒是较为实在地保护了进入者的利益，而在诸如互联网（宽带）一类的细分市场上有悖于不对称规制的通常原则，造成了"助强压弱"的事实。综合两者来看，就会对一部分进入者（如宽带细分市场上的有线电视运营商）实施一种事实上的逆向不对称规制。也就是说，从整体上看，这些不对称规制政策虽然本意是保护所有的进入者，但实际上并未能对相应的进入者实现有效的保护，反而有利于一些在位企业加强其市场势力，出现了逆向的不对称规制效应。

　　我们可以从我国三网融合初期（特别是 2010 年开展三网融合试点工作的最初几年）跨网络的交叉进入所呈现出的进入渠道的不对称角度来观察这种逆向不对称规制效应：在电视业与电信产业的网络（实际上是市场的）融合过程中，主要涉及数字电视、宽带及语音电话三项业务。在电信网络运营商进入有线电视网络运营商传统的数字电视领域时，电信网络运营商可以与持有 IPTV 牌照的公司合作，给消费者提供 IPTV 形式的数字电视。其内容可以从电视台（由于电视业的网台分离，有线电视网络运营商与电视台是不同的利益主体。电视台作为电视节目的拥有者，出于其自身利益的考虑，有与电信网络运营商合作，为其 IPTV 提供内容的激励）及其他电视内容提供商处获得。因而，虽然有关部门并没有将 IPTV 牌照发给电信系列的企业，但是电信公司作为电视产业的进入者，还是可以获得足够的电视内容，从而能顺利进入电视产业。中国的电信企业虽然是电视市场的进入者，但是其一旦进入数字电视市场，就会显现出比在位者（有线电视网络运营商）更强大的市场竞争力：更丰厚的资金、更丰富的市场运作经验、更广大的回旋空间。这些部分是因为电信企业有固话、宽带及移动等多项业务，IPTV 往往仅占其收入来源的一部分。因此，电信企业普遍采取"订购宽带业务送 IPTV"[①]一类的捆绑营销方式。这就对一些只能提供数字电视业务的有线电视网络运营商构成了挑战。

　　而在有线电视网络运营商试图进入电信网络运营商传统的宽带领域时，就没有那么顺利了。由于其网络的地域性，有线电视网络运营商往往难以迅速进入语音电话业务市场。虽然有线电视运营商的网络完全可以提供本地电话业务，但在 2010 年首批三网融合试点城市的试点方案中，语音电话业务并没有向有线电视运营商开放。综合比较电信运营商与有线电视网络运营商双向进入的可能性就可以发现，在我国三网融合的初期，传统的电信运营商可以同时实现 IPTV、宽带与语音通信三项业务，而有线电视网络运营商只能提供数字电视与受到一定限制的宽带业务，其竞争工具的应用在一定程度上受到了有形与无形的限制。其后果将是有线电视网络运营商的原有电视市场份额的明显减少，而新进入的宽带等市场份额的增长缓慢（顾成彦和胡汉辉，2008）。

　　形成这种逆向不对称规制效应的一个重要原因是目前仍在实行的 2008 年的网间结算制度。我国目前的网间结算制度起始于 2001 年。当时为了打破原中国电信的垄断，原信息产业部在北京、上海、广州建立了国家级信息交换中心，并于 2001 年颁布了《互联网骨干网互联结算办法》。后来该方案经多次修改，2008 年后未做实质性修改。结算费用虽经多次修改下调，但整体制度框架并没有多大改变。总体来说，接入电信和联通骨干网，需要根据双向流量速率最高值（去掉最高的 5%）的平均值计算，并向电信或联通的骨干网缴费。这一方案对其他互联网骨干网形成了不对称规制[②]。

　　有线电视网络运营商在互联网接入服务市场的遭遇是其受到逆向不对称规制伤害的一个明显证据。就互联网接入服务而言，虽然 2010 年的三网融合试点方案规定有线电视网络运营商可以提供互联网接入服务，但是试点方案的内容并不详尽具体，这就给市场在位者以多种手段限制有线电视网络运营商的进入以可乘之机。根据部分城市的三网融合试点方案，有线电视网络运营商既没有国际出口，也没有自己的 IDC。在这种背景下，有线电视网络运营商经营宽带的大量收入会通过网间结算归入电信网络运营商的钱包。也就是说，这样的试点方案虽然赋予有线电视网络运营商名义上的宽带业务市场的进入权，但是实际上还是保护了在

---

　　① 关于这一问题我们已在第 7 章，尤其是 7.3 节中进行了讨论。

　　② 在 2002 年和 2008 年的两次电信体制改革后，我国目前在骨干网市场上批准的骨干网单位有八家，其中经营性骨干网单位只有中国电信、中国联通、中国移动和中国铁通（2008 年 5 月 23 日，中国铁通并入中国移动，成为中国移动的全资子公司）四家。另外四家骨干网单位：教育网、科技网、经贸网和长城网属于非经营性单位，并不对公众开放。中国电信和中国联通的宽带用户数合计占全国总数的 90%，两者信源也占全国的 80% 以上，市场结构基本处于"南电信、北联通"各自拥有市场支配地位的状态（张昕竹和陈剑，2013）。

位者的利益，并不能让有线电视网络运营商获得公平竞争的市场环境。这一实质上的不对称进入并不能有效促进三网融合带来的多市场竞争。

当然，有线电视网络运营商并不总是逆向不对称规制的受害者。在三网融合过程中，被规制者往往在一个市场上为在位的运营商（甚至主导运营商），而在另一个市场上却是进入者，这就加剧了不对称规制的复杂性。例如，有线电视网络运营商有可能在宽带市场是（遭遇了逆向不对称规制的）进入者，但在数字电视市场则是（受到不对称规制效应限制的）在位者。例如，面对诸如机顶盒兼容一类的问题，有线电视网络运营商则普遍处于在位者保护的状态，对机卡分离这一足以发挥规模经济的措施不感兴趣，以致机卡分离无法长期在电视业中得到全面推行。反倒是电信部门更为积极于推行机卡分离，因为机卡分离为电信运营商进入电视产业提供了契机。虽然我国当时的信息产业部在 2007 年就已经推出了两个机卡分离的标准 PCMCIA 和 UTI。然而，这可能带来更多的问题。比如，由于这两个标准并不是强制性标准，有线电视网络运营商就会出于自身利益的考虑，不努力于在现有 CA 系统的基础上花费额外成本来满足这个标准。过去封闭的技术标准造成了路径依赖，有线电视网络运营商就有可能抵制机卡分离的标准。即使在美国，路径依赖也导致了机卡分离标准难以实施。2009 年 12 月 25 日，美国FCC 承认了 CableCARD 机卡分离方案的失败。该方案失败的一个主要原因是运营商们担心出现服务质量的下降、加密系统的安全漏洞，以及机顶盒混乱等后果而抵制机卡分离。又如，这两个标准之间还存在一个兼容性的问题（目前两个标准间并不兼容），这也会影响运营商对机卡分离的态度。网络型产业中大都存在赢家通吃的现象，最后的结果可能是市场上仅存一个标准。因此，运营商们普遍采取了维持现状的观望态度。

8.1.4　文献回顾

就电视竞争而言，不对称规制的实质就是对不同类型的电视运营商实行待遇有所不同的规制，主要是对新进入者实行比原垄断运营商更优惠的待遇，以利于新进入者较快地发展（陈小洪，1999）。因此，在一定意义上可以认为，所谓不对称规制就是给予在位者和主导运营商比新进入者更为苛刻的规制。

网络融合背景下不对称规制的必要性很大程度上是因为网络融合实际上是一柄双刃剑。网络融合一方面给原先垄断的电视产业注入了竞争动力，另一方面也可能带来阻碍竞争的因素。从给电视产业注入竞争动力方面看，有线电视网、电信网，以及互联网等不同的网络之间出现了开展交叉媒介竞争的可能。在网络融合出现之前，各网络运营商独立运作，分属不同的细分市场，提供不同的服务。电信网因为存在大量沉没成本，所以存在大范围的规模经济，是完全垄断的市场结构，相对而言，长途电话网络则具有可竞争性；有线电视网采用完全垄断经营的市场结构；在数据传输业务领域，服务提供商和内容提供商之间则存在一定程度的竞争。在固定电话市场中，技术进步降低了市场的进入壁垒；在移动电话市场中，尽管存在电信频段一类的稀缺资源，但是，随着现有频段的更有效利用及其他频段的放松，也使进入成为可能。因此，网络融合下的在位电视网络运营商将会面临更多的进入威胁，必须和进入者协商互联接入定价。另外，从可能带来阻碍竞争的因素方面看，提供竞争性业务的数个主导企业仍有可能进行合谋或者采取排他性行为，使市场竞争出现恶性化趋势。

总之，虽然网络融合后会出现有线电视网络运营商、电信运营商和互联网运营商相互间的业务进入，但是市场失灵仍会存在，所以，来自政府的规制就不可或缺。在网络融合的背景下，将会面临诸如放松规制、对称还是非对称规制、融合后的行业界限认定、捆绑与非捆绑、基于设施的竞争与重复建设等规制难题。不过，其中的关键之处还应是对称与非对称规制。

一般地，非对称规制可以分为三种不同的情形：对生产者和消费者具有的不对称影响，对在位者和潜在进入者具有的非对称影响，以及对市场的不同运营商具有的不对称影响。本章主要研究后两种情形下的不对称规制。在位者往往因为其某方面的竞争优势而拥有垄断势力，因此，不对称规制的实质就是为了减少市场势力的不对称性。Peitz（2005）曾经论证市场势力的这种不对称至少体现在两个方面：其一，转换成本取决于现有的用户基数，而新进入运营商最初缺乏这样的用户基数；其二，新进入运营商的月租费效用取决于其质量的信誉累计，但进入初期他们缺乏这样的记录。

在有关网络融合背景下电视竞争市场不对称规制的理论研究方面，下述四个方面一直吸引着经济学家的关注：不对称规制的价值，不对称规制的社会福利效应，不对称规制的阶段性特征，以及不对称规制的具体内容。

网络融合后实施不对称规制的价值：其一，在于它能够削弱在位者的竞争优势，有利于市场上有效竞争的展开。原先的在位者长期拥有诸如客户信息、声誉、网络完善性及普及性等方面的优势。在这种情况下，若想引入竞争就必须采取一系列保护进入者的补偿性措施，要么将原先的在位者排除在某些（新兴）服务项目（领域）之外，要么对在位者的行为实施某些约束。总体而言，不对称规制有利于长期经济效率的提高（Kiessling and Blondeel，1999）。其二，不对称规制从长远看将有利于技术进步。竞争机制与技术进步之间具有一定的正相关性。一般而言，在位者鉴于已经采用的技术，难以像进入者那样不顾一切地乐于采纳最新技术并关注新技术的发展（Perrucci and Cimatoribus，1997）。其三，不对称规制有利于提高本国运营商的国际竞争力。进而，利用在位者行为受到约束、公平的竞争环境得以培育之际，进入者可以迅速进入市场，有利于孕育具有竞争力的国内运营商，得以面对越来越激烈的国际竞争。例如，在英国的电信市场上，规制机构针对在位者实施了不对称规制，促进了新进入者的成长，使得基础设施的用户可以在同一种业务上选择多个运营商。如果市场具有垄断性，那么除非政策或技术变革使得潜在市场迅速崛起，否则市场仍然会维持垄断局面。如果市场存在潜在竞争的可能，但是进入者并没有达到临界容量，那时就需要依靠政府的不对称规制政策来形成有效临界容量，参与竞争。

就不对称规制的社会福利效应而言，Carter 和 Wright（2003）建立了考虑运营商拥有规模差别的互联网络时的竞争模型。在二部制收费时，由于不对称性，主导运营商往往倾向于设置基于成本的互惠接入价格。而且，如果网络的不对称性很大的话，规模较小的运营商也会具有同样的倾向性。在自由化的电信市场中，在位者通常比进入者具有优势。Peitz（2005）研究了基于终端的价格歧视（termination-based price discrimination）情形。其研究表明，如果对在位者实行基于成本的接入价格和允许进入者进行接入价格加成，则其结果要优于对在位者和进入者都实行基于成本的接入价格规制时的情形。并且，无论是从长期还是短期看，不对称规制都会促进竞争。Armstrong（2004）讨论了固定电话用户需求异质情况下的网络互联问题，在双向互联情况下，终结费差异的增加将影响竞争的平均强度。如果在位运营商受到规制，同时高端用户和低端用户的数量相等，则相互作用的终结费将会最优。Chou 和 Liu（2006）在分析中国台湾电信市场的不对称规制效应时发现，二元的不对称规制使得竞争性移动运营商快速进入市场，并且大大提高了移动的渗透率。当然，他们同时指出了二元不对称规制的一个自相矛盾的结果：那些受益于不对称规制的进入者会为了说服终止电话传呼业务而进行寻租。因而，他们主张为了发挥不对称规制的最大效用，应该同时阻止不对称规制受益者的寻租行为。

为了适时恢复市场的对称规制，极有必要认识不对称规制的阶段性特征。不对称规制政策是特定市场结构下的阶段性政策，在对有线电视市场和电信市场实行非对称开放时，要尽量避免诱导两者的自我封闭式发展。随着进入者竞争力的提高，规制者要注意将不对称规制及时调整为对称规制。因而，尽管不对称规制有助于消除电信和电视竞争市场现存的市场势力的不平衡，还是要定期对不对称规制的必要性进行重新考察。当市场条件变化、新运营商进入市场、新的竞争性服务项目出现时，原先的市场势力就可能减弱。而当原先的市场势力不再成为问题时，就应该撤销额外的规制要求。三网融合的本质就是通过最初的不对称规制来实现稍后的良性互动和有序竞争。在促进产业发展的同时推动服务资费的降低和服务质量的提高，为消费者提供更高质量的服务。

在网络融合的时代，模式间竞争和交叉媒介竞争极易导致不对称规制问题。Kiessling 和 Blondeel（1999）认为，基于设施的竞争包括模式间竞争和模式内竞争。其中，模式间竞争是指诸如不同传输媒介（如铜线和光纤）之间的竞争；模式内竞争是指拥有相同传输媒介的基础设施运营商之间的竞争。实际上，模式间竞争是交叉媒介竞争的一种特殊形式，因为模式间竞争是基于设施的媒介之间的竞争，但交叉媒介竞争则并不一定都必须基于设施而展开。

对于有线电视运营商而言，只要对网络进行双向化改造，就可以提供语音通信业务。随着业务量和业务范围的增加，作为进入者的有线电视运营商将成为原先在位的电信运营商的主要竞争对手。因此，有线电视产业和电信产业之间的交叉媒介竞争属于模式间竞争的范畴。如图 8-1 所示，在电信主导运营商 A、有线电视主导运营商 B、电信非主导运营商 C 及有线电视非主导运营商 D 之间，存在以图中双向箭头线为代表的六种竞争类型，除了 A 和 C 之间的竞争 2 及 B 和 D 之间的竞争 4 属于模式内竞争外，其他都是模式间竞争。在网络融合之前，不对称规制主要是对模式内竞争中主导运营商的更严格规制，而网络融合之后的不对称规制则主要指保护交叉媒介竞争中的进入者的规制。

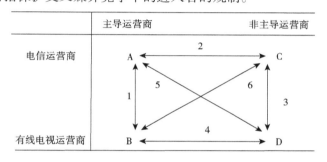

图 8-1　网络融合下的模式间竞争和模式内竞争

克兰德尔（2006）曾指出，在美国，本地语音市场的竞争正慢慢演化为存在于在位者、有线电视公司和无线运营商之间的竞争。一方面，电信运营商正在进入有线电视产业。早在 20 世纪 20 年代，AT&T 就通过其一项关键性专利开始提供广播电视业务。1998 年 6 月，AT&T 与 TCI 合并，此后 AT&T 能够提供语音、有线电视、互动电视及互联网接入等业务，实现了一定意义上的三网业务融合。SBC 公司从 2004 年底开始提供电视服务，并推出包括电信、互联网和视频点播在内的捆绑服务。2005 年下半年起，Verizon 公司在得克萨斯州的一些城镇开始启动商业电视服务，利用其光纤到户的宽带网络资源，提供包含图像、语音和高速互联网等在内的综合业务服务，与有线电视公司展开竞争，使得传统电信运营商的定义发生了改变。电信运营商正在成为泛电信市场的全业务运营商，提供着市话、长话、无线、互联网乃至有线电视的捆绑服务。另一方面，有线电视公司也在进入电信产业领域，其典型事件是 Comcast 公司不仅横向整合了有线电视网、电信网和互联网，还纵向整合了内容生产商。2006 年，Comcast、时代华纳、Cox 通信和 Advance/Newhouse 通信等 4 家主导有线电视的运营商还推出了融合了有线电视和移动电话的新型业务①。

传统的有关电信产业技术创新的文献认为,模式间竞争是最有效的竞争方式,因为就长期而言,替代性技术之间的竞争可以开发大量的新需求、增加潜在的创新。另外,模式内竞争与模式间竞争相比,也能够促进长期效率的增加、带来明显创新,只是程度较弱,而服务提供商之间的模式内竞争通常只是导致价格降低,几乎不会创造新的网络业务。

8.2　宽带市场接入价格的不对称规制问题

分析我国针对宽带接入的不对称规制的具体内容,可以发现《互联网交换中心网间结算办法》第四条的规定②不仅体现了不对称规制,而且体现了对在位者保护的不对称。这会给我国的三网融合带来什么影响呢?

20 世纪 90 年代后半期,学者非常关注相互协商的接入价格可能成为运营商之间合谋的工具。Armstrong(1998)和 Laffont 等(1998a,1998b)给出了电信产业中分析网络竞争和互联互通的基本理论框架,他们最先采用模型方法分析了接入价格对社会福利的影响。LRTa(Laffont et al.,1998a)和 LRTb(Laffont et al.,1998b)模型作为双向互联的标准模型被广泛接受。他们讨论了接入价格协商或受规制情形下,两个电话运营商的非歧视定价策略(LRTa 模型)和价格歧视策略(LRTb 模型),许多后来的文献视之为研究的起点。LRTa 采用了标准的 Hotelling 定位模型,同时假设消费者是同质的,即一个消费者对其他消费者终端网络无差异,且网内和网间通话没有价格歧视。这类研究的主要结论是,为了维持最终产品的高价格,采用线性定价进行竞争的对称网络会设定高于成本价格的互惠接入价格。在线性定价和统一呼叫模式下,削减价格将会导致呼叫的流出,从而向竞争性网络支付过高的接入费用。因而,通过降低零售价格来扩张市场份额的行为对进行价格战的企业来说将代价高昂。我们可以从中看出,接入定价可以被用作企业间合谋的手段,以便削弱零售市场的竞争。事实上,合谋企业可以达到联合利润最大化的结果,这显然并不是社会所希望的,因此需要对接入定价进行规制。LRTb 则放宽了非歧视性定价的假设,允许网络对网内和网间通话收取不同的费

①　参考《美国四巨头共推"有线电视　移动电话"融合业务》,人民邮电报,2005 年 11 月 23 日。

②　《互联网交换中心网间结算办法》第四条规定:中国电信集团公司、中国网络通信集团公司、中国教育和科研计算机网之外的互联单位,在与中国电信集团公司、中国网络通信集团公司进行互联网骨干网网间互联时,应依据网间数据通信速率,按照不高于本办法确定的标准,向中国电信集团公司、中国网络通信集团公司支付结算费用。非经营性互联单位结算费用标准减半。除前款所述情形外,互联双方可自行协商确定结算方式和结算费用。

用。由此产生了相同的服务、不同的价格。价格歧视导致了用户的网络外部性，提高接入价格不一定能提高产业价格和利润，因此并没有提高合谋的能力。歧视定价对社会福利的影响是模糊的，接入定价如果加成不大，反而可能增加社会福利。

Carter 和 Wright（2003）曾分析了当运营商采用二部制收费时，相互作用的接入价格规制对市场竞争及社会福利的影响。Armstrong（2004）则考虑了当在位者的零售价格受到规制时，非相互作用的接入价格对竞争性边缘进入的促进效应。本节将讨论的问题是，如果在对在位者实施基于成本的接入价格规制的同时，对进入者实施接入价格加成，其对消费者效用将产生怎样的影响，以及其对新进入运营商（和在位者）的市场份额和利润的影响。

本节将在 Peitz（2005）模型（专题 8-2）的基础上，讨论在网络融合下的宽带市场上，在位者（主导电信运营商）和进入者（有线电视运营商）基于自备设施[①]的竞争情况，模型的前提与我国目前互联网的网间结算实践基本一致。

专题 8-2　讨论电信接入价格不对称规制的 Peitz 模型

Peitz（2005）研究了电信市场的原在位者和新进入者基于自备设施的竞争情况，建立了接入价格不对称规制下的厂商利润和消费者剩余模型，研究了接入价格不对称规制对原在位者利润、新进入者利润及消费者福利的影响。

假设允许基于终端的价格歧视，即对原在位运营商实行基于成本的接入价格规制，而新进入运营商可以接入价格加成（高于成本 $a_2 > a_1 = c_3$）。新进入运营商的每分钟价格等于边际成本 c_1。此处 a_1 和 a_2 分别为两家运营商的接入价格，c_1 为运营商网内呼叫的成本，c_3 为运营商来话呼叫的成本。

Peitz 模型的博弈过程如下。

阶段 1：规制者设定接入价格 a_1 和 a_2。

阶段 2：两个运营商同时独立制定每分钟价格和月租费：(p_1, m_1) 和 (p_2, m_2)。

阶段 3：用户选择运营商，并决定通话时长。

阶段 3 结束时，运营商的总利润为

$$\prod_i (p_1, p_2, m_1, m_2) = n\alpha_i\alpha_i q(p_i)(p_i - c_1) + n\alpha_i\alpha_j q(p_i)(p_i - c_2 - a_j)$$
$$+ n\alpha_j\alpha_i q(p_j)(a_i - c_3) + n\alpha_i(m_i - f_i)$$

生产者剩余 PS 为

$$PS = \prod_1 (p_1, p_2, m_1, m_2) + \prod_2 (p_1, p_2, m_1, m_2)$$

消费者剩余 CS 为

---

① 根据第 7 章的说明，此时两个相互竞争的运营商都拥有一个长途骨干网、本地接入网和交换局组成的全覆盖的网络。

$$\mathrm{CS} = n\left\{\alpha_1 v_1(p_1, m_1) + \alpha_2 v_2(p_2, m_2) - \frac{\left[v_1(p_1, m_1) - v_2(p_2, m_2)\right]^2}{2Z}\right\}$$

社会福利为

$$W = \mathrm{PS} + \mathrm{CS}$$

其中，p_i 为每分钟通话费；m_i 为月租费；运营商 i 的市场份额为 α_i；a_i 为接入价格；Z 为产品的差异程度；c_1 为运营商网内呼叫的成本；c_2 为运营商网间呼叫的成本；c_3 为运营商来话呼叫的成本；v 为用户净效用；f 为运营商每次接入的固定成本，且假定 $f_1 = f_2 = f$。

Peitz 发现，当存在消费者转换成本时，对原在位者实施基于成本的接入价格规制、新进入者的接入价格加成，增加了新进入者的利润和消费者福利，降低了原在位者的利润。

资料来源：Peitz M. 2005. Asymmetric regulation of access and price discrimination in telecommunications. Journal of Regulatory Economics，28（3）：327-343

8.2.1 模型假设与变量定义

在专题 8-2 的 Peitz 模型的基础上，我们不妨假设原始市场份额是各自的网内用户数，电信运营商和有线运营商最初各自在宽带市场上的份额分别为 α_1^0 和 α_2^0，且 $\alpha_1^0 > \alpha_2^0$，即在最初的宽带市场上，电信运营商的市场份额大于有线运营商。在宽带市场上，每个运营商都对客户的带宽进行收费，带宽费用为 p_i。市场份额是 p_i 的函数。尽管在现实中带宽并非流量的等价物，但是作为用户，无论是二级批发商、内容商或者个人消费者，对带宽的选择基本上与其流量的使用相对应。高带宽用户使用的流量一般较大。而且，从理性假设出发，也会根据价格选择相应带宽。电信运营商的市场份额为 $\alpha_1(p_1, p_2)$，有线运营商的市场份额为 $\alpha_2(p_1, p_2)$，且 $\alpha_1 + \alpha_2 = 1$。

如本节前述，规制部门对网络运营商之间的接入价格制定了最高接入定价。因此，此处的基本假设是对接入价格实行不对称规制。为一般化模型起见，假设 $a_i \geq c_3$，即任何一家运营商的接入价格高于运营商来话呼叫的成本（参数 c_3 的含义同专题 8-2，是运营商来话呼叫的成本）。

此时的博弈过程如下。阶段 1：规制者设定接入价格 a_1 和 a_2。阶段 2：两个运营商同时独立制定带宽的价格 p_1 和 p_2。阶段 3：用户选择运营商，并决定租用带宽。

给定带宽价格 p_i，每个用户对带宽（Mbps）的独立需求为 $q(p_i)$，用户从带宽 q 中获得的效用为 $u(q)$，由此，用户对运营商 i 的独立需求可以通过效用最大化得到，为

$$q(p_i) = \arg\max_q \big[u(q) - qp_i\big]$$

运营商 i 的每个用户从互联网服务中得到的固定效用为 u_i^0，不受带宽的影响。用户通过选择带宽（大小），使得自身净效用最大化，在此条件下，用户净效用可表示为

$$v_i(p_i) = u_i^0 + u\big[q(p_i)\big] - p_i q(p_i) \tag{8-1}$$

引入常数 $Z > 0$，设消费者总数为 n；最初选择网络 i 的消费者均匀分布于 $[0, Z\alpha_i^0]$ 之间，Z 为产品的差异程度，是衡量市场黏滞度的指标，用于标识产品差异如何影响竞争行为。则 $\int_0^{Z\alpha_1^0} \frac{n}{Z}\mathrm{d}z + \int_0^{Z\alpha_2^0} \frac{n}{Z}\mathrm{d}z = n$。以 $Z\alpha_i^0$ 表示分布的上限，可以表明其转换成本与市场规模成比例。

若一个原在位者的用户的转换成本为 z_0，当满足式 $v_2(p_2) - z_0 = v_1(p_1)$ 时，用户是继续留在运营商 1 处还是新进入到运营商 2 那里将无区别。将 z_0 视为临界转换成本。若要某用户离开原在位者，转入新进入者，转换成本为 z，则需要：$v_2(p_2) - z > v_1(p_1)$。

由此可见，当 $z \in [0, z_0]$ 时，用户从原在位者那里转移到运营商 2 的网络中；当 $z \in [z_0, Z\alpha_1^0]$，用户选择留在原在位者那里。此时，从原在位者那里转入进入者网络中的用户数占原在位运营商用户总数的比例为 $\frac{z_0}{Z\alpha_1^0} = \frac{v_2(p_2) - v_1(p_1)}{Z\alpha_1^0}$；还留在原在位运营商那里的用户数比例为

$$\frac{Z\alpha_1^0 - \big[v_2(p_2) - v_1(p_1)\big]}{Z\alpha_1^0} \tag{8-2}$$

运营商 i 的实际市场份额为

$$\alpha_i(p_1, p_2) = \alpha_i^0 + \frac{v_i(p_i) - v_j(p_j)}{Z} \tag{8-3}$$

可见，Z 越大，新进入者越难获得市场份额。

对原在位运营商而言：网内流量产生的收益为 $n\alpha_1\alpha_1 q(p_1)(p_1 - c_1)$；而出网流量产生的收益为 $n\alpha_1\alpha_2 q(p_1)(p_1 - c_2 - a_2)$；入网流量产生的净收益为 $n\alpha_2\alpha_1 q(p_2)(a_1 - c_3)$。其中，$c_1$ 为运营商提供网内流量的成本；c_2 为运营商提供出网流量时的成本；c_3 为运营商处理入网流量的成本[①]。

假定处理网内流量的成本等于网间流量成本加上入网流量成本，即 $c_1 = c_2 + c_3$，则对新进入运营商而言：网内流量收益为 $n\alpha_2\alpha_2 q(p_2)(p_2 - c_1)$；出

---

① 这三种成本与专题 8-2 中电话市场的三种成本逻辑上是相似的，因此沿用了相同的符号，是对原模型的扩展。

网流量收益为 $n\alpha_1\alpha_2 q(p_2)(p_2 - c_2 - a_1)$；入网流量净收益为 $n\alpha_1\alpha_2 q(p_1)(a_2 - c_3)$。为用户提供宽带服务的费用为 f_i。

运营商总利润为

$$\Pi_i(p_1, p_2) = n\alpha_i\alpha_i q(p_i)(p_i - c_1) + n\alpha_i\alpha_j q(p_i)(p_i - c_2 - a_j) \\ + n\alpha_j\alpha_i q(p_j)(a_i - c_3) - n\alpha_i f_i \tag{8-4}$$

生产者剩余为

$$\text{PS} = \Pi_1(p_1, p_2) + \Pi_2(p_1, p_2) \tag{8-5}$$

消费者剩余为

$$\text{CS} = n\left\{ \alpha_1 v_1(p_1) + \alpha_2 v_2(p_2) - \frac{[v_1(p_1) - v_2(p_2)]^2}{2Z} \right\} \tag{8-6}$$

此时，社会福利为

$$W = \text{PS} + \text{CS} \tag{8-7}$$

8.2.2 模型的数值模拟与分析

虽然在网络融合过程中，有线电视网络运营商利用其已有的网络基础，在互联网接入市场上成为主要的进入者，是此阶段最主要的竞争性进入者，然而，在宽带市场上，占据主导地位的电信运营商早就凭借其用户基础、用户对品牌的偏好、业务捆绑等因素，具备了更多的竞争优势。因此，规制者应当削弱在位者的先行优势，打破垄断市场结构，实行保护进入者的不对称规制，对接入价格的不对称规制就是其常见的手段之一。

由于利润函数（8-4）较为复杂，难以求出其解析解，故利用数值算例来分析各种规制政策下的生产者剩余、消费者剩余和社会福利。

假设效用函数为二次函数形式，即 $u(q) = aq - \dfrac{1}{2}bq^2$，因此，根据效用最大化消费者对带宽的需求函数为线性需求函数：$q = \dfrac{a-p}{b}$。基于模型的设定，算例的基本参数如表 8-1 所示。

表 8-1　算例参数的设定

种类	参数	数值
需求	a	40
	b	0.02
	Z	8 000
	u_i^0	7 000
	n	100 000 000

续表

种类	参数	数值
成本	c_1	8
	c_2	6
	c_3	2
	f	4 000
接入费用	a_1	c_3
	a_2	0~最大有解值

随着新进入运营商的接入价格 a_2 的变化，两个运营商对宽带费的定价变化如图 8-2 所示。从图 8-2 可以看出，当在位者的接入价格不变（本算例设定为入网流量成本）时，进入者的接入价格越高，运营商从消费者处征收的宽带流量费就越低。原因在于接入价格越高，进入者参与市场竞争的激励就更大：通过设定更低的宽带价格来吸引更多的消费者。同时，虽然宽带的价格降低了，但由于市场份额的扩大，还是可以从竞争对手那里获得更多的接入费。允许进入者设定较高的接入费将有利于增加新进入运营商的竞争动力。同时，进入者在宽带方面的降价，也会导致在位电信运营商降低宽带的费用。

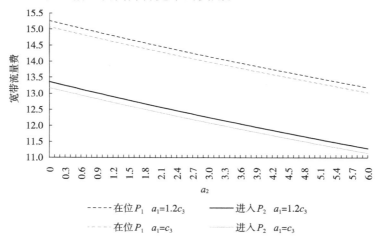

图 8-2　基于进入者接入价格改变的宽带流量费变化

如果在位者的接入价格高于入网流量成本（本算例取 1.2 倍的入网流量成本），则在位和新进入运营商的宽带定价均会增加。这是因为较高的接入价格缓和了宽带市场的竞争压力，使得双方都抬高了宽带流量费。

我国对网间的接入价格实行事实上"助强压弱"的逆向不对称规制，实际上是允许在位者收取流量的接入费，而不允许进入者收取接入费，即所处位置位于图 8-2 中 $a_2=0$ 的位置，导致新进入者竞争动力不足，二者在市场上的宽带定价都偏高。因此有如下命题。

命题 8-1　现存的逆向不对称规制抑制了网络运营商的竞争动力，激励双方制定较高的宽带流量费；若不对称规制允许进入者设定较高的接入价格，则进入者和在位者将均有降低宽带市场定价的激励。

接入价格对双方利润的影响如图 8-3 所示，市场份额的变化如图 8-4 所示。可以看出当在位者的接入价格不变时，随着进入者接入价格的提高，在位者的市场份额将会下降，利润减少；而进入者的市场份额会上升，利润增加。尽管宽带的流量费下降，但随着进入者接入价格的升高，在位者的部分利润将转移给进入者，同时市场份额的扩大也会引起部分利润的增加。因此，尽管宽带流量费的下降会降低利润，但总体上进入者的利润会有所上升。

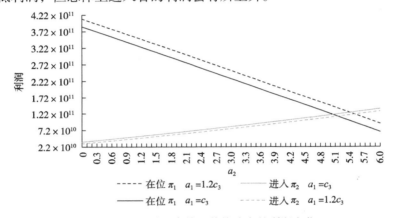

图 8-3　基于进入者接入价格改变的利润变化

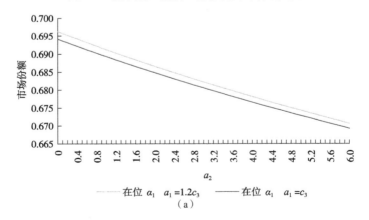

（a）

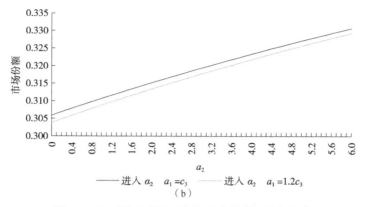

图 8-4　基于进入者接入价格改变的市场份额变化

　　注意到随着允许在位者设定更高的接入价格，在位者的市场份额将上升，利润增加，而进入者的利润会下降。其原因与前述相类似：在位者通过较高的接入定价从网间互联中获得的利润分成越多，双方在宽带市场的竞争就越小；价格相应太高，导致市场份额保有量较高，因而总体获利较大。

　　同样地，在我国网间接入价格的逆向不对称规制下，在位者相应的利润更高，但进入者的利润与市场份额都较低。

　　总结上述分析，我们有如下命题。

　　命题 8-2　现行的逆向不对称规制保护了在位者的利润和市场份额；不对称规制若允许进入者设定较高的接入价格，则能够提高进入者的利润和市场份额。

　　接入价格对生产者和消费者剩余的影响见图 8-5（a）和图 8-5（b），对社会福利的影响见图 8-6。

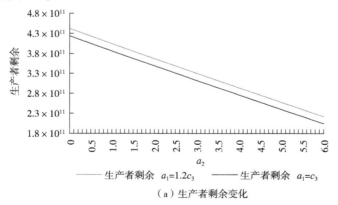

（a）生产者剩余变化

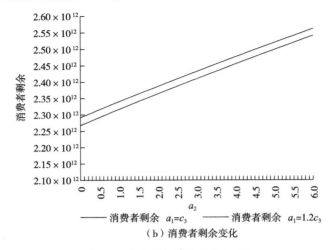

（b）消费者剩余变化

图 8-5　生产者与消费者剩余变化

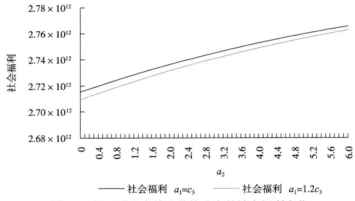

图 8-6　基于进入者接入价格改变的社会福利变化

从图 8-6 中可知，随着进入者接入价格的增加，消费者剩余和社会福利都会有所增加，而生产者剩余却在减少。在考虑转换成本的一般情形下，竞争引起的转换很可能会增加消费者剩余，但同时却可能降低社会福利。不过，如果考虑到运营商的降价所带来的消费量增加，这样的转换虽然损失了一定的转换成本，但降价所引起的消费者剩余的增加会超过转换成本和厂商利润的减少所带来的损失，总体上仍然增加了社会福利。

与之相反的情况是，随着在位者接入价格的增加，消费者剩余和社会福利都会有所减少，而生产者剩余则会有所增加。原因在于增加在位者的接入价格会产生"肥猫效应"，导致消费市场上宽带流量费的增加，从而降低了市场竞争的强度，最终减少了消费者剩余和社会福利。而增加进入者的接入价格会降低消费市场的流量费，增加市场竞争强度，最终会提高社会福利。因而可得如下命题。

命题 8-3　网间结算的影响会因作用方向的差异而有所不同，增加在位者的接入价格会降低消费者剩余和社会福利，但会增加生产者剩余；增加进入者的接入价格反而会增加消费者剩余和社会福利，但同时也将降低生产者剩余。现行的逆向不对称规制整体上降低了社会福利水平。

8.3　机顶盒兼容与进入者保护问题

三网融合市场上规制问题复杂性的来源之一是在位者与进入者事实上的角色互换。被规制者可能在一个细分市场上为在位的运营商，而在另一个细分市场上却是进入者。在数字电视机的机顶盒市场上，有线电视网络运营商就是这样的一位在位者，电信运营商则属于进入者。在三网融合的初期，机顶盒的机卡分离使得同一机顶盒能够使用（也就是兼容）不同的运营商所发放的用户卡，从而有利于保护有线电视市场的进入者——电信运营商的利益。消费者在从有线电视网络运营商提供的数字电视信号切换到电信运营商的 IPTV 服务时，如果机顶盒兼容，则理论上消费者切换运营商的转换成本将明显降低。

机顶盒通常是消费者观看数字电视时需要增加的一个设备，用以接收和转换有线电视节目的信号。作为一个家电产品，机顶盒本应具有良好的互操作性，消费者更换不同的运营商应该无须更换机顶盒，就像手机用户在自己的手机上插上不同的手机卡就可以连通不同的无线通信运营商一样。但是，我国数字电视市场的现状似乎一直是，消费者如果要更换电视运营商（如从有线电视更换为 IPTV），则其原先已经拥有的机顶盒将不再能被使用，而是要重新购买一个机顶盒（虽然有时可以低价甚至免费得到），才能享受新接入的运营商所提供的电视内容服务。机顶盒的不兼容既给观众带来了原本不需要支付的转换成本，同时增加了其他运营商进入本地有线电视市场的难度，无法实现规制者的进入者保护意图。从技术上讲，机顶盒对不同有线电视信号传输系统的兼容性不仅在有线电视系统内比较容易实现，即使囊括 IPTV，也是可以做到的事情。但是在现实中，作为电视产业的进入者，电信运营商推广兼容机顶盒的积极性与电视业的有线电视网络运营商形成了鲜明的对比。本节将通过一个模型来具体分析这一现象。

8.3.1　模型与变量定义

假设存在一个长度为 1 的"线性城市"，消费者沿城市均匀分布，城市两端各有一家电视运营商。运营商 A（有线电视运营商）位于原点（$x = 0$）处，运营商 B（IPTV 运营商）位于 $x=1$ 处，且运营商 A 是在位者，运营商 B 为进入者，

消费者位于 x 处（ $0 \leqslant x \leqslant 1$ ）。

在未实施机顶盒兼容标准时，消费者从运营商 A 处转至运营商 B 处时要面临转换成本 $s \geqslant 0$ 。进一步假设消费者的收入为 y ，当他选择运营商 A 时获得的效用为 U_A ，选择运营商 B 时获得的效用为 U_B 。将有

$$U_A = y + v_0 - \tau x + u(q)$$
$$U_B = y + v_0 - s - \tau(1-x) + u(q) \tag{8-8}$$

其中， v_0 为当消费者选择某一运营商时的内在价值； τ 为运营商 A 和 B 提供电视服务的差异化程度，并假设 $\tau > \dfrac{1}{3}s$ ；消费者从使用电视中获得的效用为 $u(q)$ ；消费者的使用时长为 q 。如果电视接入价格为 p ，那么消费者在收视过程中获得的间接效用为 $v(p) \equiv \max_q [u(q) - pq]$ 。

为简化起见，假设两个运营商提供电视服务的边际成本恒定且均可以忽略不计（这一假设显然并不影响随后的分析结果）。

根据以上假设，运营商 A 的市场份额为 $x_A = \dfrac{p_B - p_A + s}{2\tau} + \dfrac{1}{2}$ 。其中，消费者内在价值 v_0 足够大以至于能够完全覆盖市场，即 $x_A + x_B = 1$ 。因此：

$$x_B = \frac{1}{2} - \frac{p_B - p_A + s}{2\tau}$$

我们首先讨论机顶盒不兼容时的竞争情形。

在未实施机顶盒兼容的情况下，在位者 A 拥有竞争优势，因为当运营商 A 的用户想转至运营商 B 时将发生转换成本 $s \geqslant 0$ 。假设两运营商的固定成本分别为 F_A 与 F_B 。此时运营商 A 与运营商 B 的目标函数如下：

$$\max_{p_A} p_A \left(\frac{p_B - p_A + s}{2\tau} + \frac{1}{2} \right) - F_A$$
$$\max_{p_B} p_B \left(\frac{1}{2} - \frac{p_B - p_A + s}{2\tau} \right) - F_B \tag{8-9}$$

容易得到均衡时 $p_A = \tau + \dfrac{1}{3}s$ ， $p_B = \tau - \dfrac{1}{3}s$ 。

此时运营商 A 、 B 的市场份额分别为 $\dfrac{s}{6\tau} + \dfrac{1}{2}$ 和 $\dfrac{1}{2} - \dfrac{s}{6\tau}$ 。

而两个运营商各自的利润为 $\pi_A = \dfrac{\tau}{2} + \dfrac{1}{3}s + \dfrac{s^2}{18\tau} - F_A$ 和 $\pi_B = \dfrac{\tau}{2} - \dfrac{1}{3}s + \dfrac{s^2}{18\tau} - F_B$ 。

此时，选择运营商 A 的消费者效用为 $\int_0^{x_A} (v_0 - p_A - \tau x)\mathrm{d}x$ ，而选择运营商 B 的消费者效用为 $\int_{x_A}^1 [v_0 - s - p_B - \tau(1-x)]\mathrm{d}x$ 。

假设选择运营商 A 或 B 无差异的消费获得的总效用为零，可以得到

$$v_0 = \frac{3}{2}\tau + \frac{s}{2} \, .$$

因此，消费者的总福利为 $\frac{\tau}{4} + \frac{s^2}{36\tau}$。

我们接着讨论机顶盒兼容后的竞争情形。

在实施机顶盒兼容的情形下，用户的转换成本将消失（即 $s=0$）。

以往的文献认为，实施机顶盒兼容对用户有利，因为机顶盒兼容降低了用户的转换成本，因而增强了市场竞争。此时，式（8-8）变为式（8-10）：

$$U_A = y + v_0 - \tau x + u(q)$$
$$U_B = y + v_0 - \tau(1-x) + u(q) \qquad (8\text{-}10)$$

此时，运营商 A 的市场份额为 $x_A = \frac{p_B - p_A}{2\tau} + \frac{1}{2}$。其中，消费者内在价值 v_0 足够大以至于能够完全覆盖市场，即 $x_A + x_B = 1$。

因此，$x_B = \frac{1}{2} - \frac{p_B - p_A}{2\tau}$。

此时，运营商 A 与 B 的目标函数如下：

$$\max_{p_A} p_A \left(\frac{p_B - p_A}{2\tau} + \frac{1}{2} \right) - F_A$$
$$\max_{p_B} p_B \left(\frac{1}{2} - \frac{p_B - p_A}{2\tau} \right) - F_B \qquad (8\text{-}11)$$

容易得到均衡时 $p_A = \tau$，$p_B = \tau$。运营商 A 和 B 各自的市场份额分别为 $\frac{1}{2}$。

两个运营商的利润分别为 $\pi_A = \frac{\tau}{2} - F_A$，$\pi_B = \frac{\tau}{2} - F_B$。

此时，选择运营商 A 的消费者的效用为 $\int_0^{x_A} (v_0 - p_A - \tau x)\mathrm{d}x$，而选择运营商 B 的消费者的效用为 $\int_{x_A}^1 [v_0 - p_B - \tau(1-x)]\mathrm{d}x$。

可以得到此时消费者的总福利为 $\frac{\tau}{4} + \frac{s}{2}$。

8.3.2　关于模型的讨论

由于 $\tau > \frac{1}{3}s$，机顶盒兼容后的消费者总福利增加了 $\Delta W_c = \frac{s}{2} - \frac{s^2}{36\tau}$（下标 c 为消费者），容易得到当 $\tau > \frac{1}{3}s$ 时，$\frac{\partial(\Delta W_c)}{\partial s} > 0$，即随着转换成本的增加，消费者的福利损失将随之增加。在位运营商的利润减少了 $\frac{1}{3}s + \frac{s^2}{18\tau}$，进入者利润增加

了 $\dfrac{1}{3}s - \dfrac{s^2}{18\tau}$。

同时，可以得到在机顶盒兼容后，两个运营商的总利润共减少了 $\Delta\pi = \dfrac{s^2}{9\tau}$，以及当 $\tau > \dfrac{1}{3}s$ 时，$\dfrac{\partial(\Delta\pi)}{\partial s} > 0$，即随着转换成本的增加，运营商的利润总和将随之增加。

当机顶盒兼容后，社会总福利的变化为 $\Delta W = \dfrac{s}{2} - \dfrac{5s^2}{36\tau}$。容易得到，当 $\tau > \dfrac{1}{3}s$ 时，$\Delta W > 0$，即社会总福利增加。因此，可以得到命题 8-4。

命题 8-4　机顶盒兼容有利于提高社会总福利和消费者剩余，以及导致在位者利润的减少和进入者利润的增加，但运营商的总利润将有所下降。

对两个运营商的利润进行静态比较分析可以发现：在机顶盒从不兼容变为兼容的过程中，虽然在位运营商的利润下降了，但进入者的利润却上升了。因此，在位运营商将有偏好不兼容的激励，希望设置非兼容的标准，增加消费者的转换成本，维持自身的垄断利润；但进入者将有偏好兼容的激励，希望通过兼容用较高的价格吸引到更多的用户。

比较手机与机顶盒的兼容性可知，作为移动通信终端的手机得以市场化是因为实行了有效的机卡分离。运营商只负责发卡，通用的手机可以由各个手机生产厂商进行大批量生产，消费者更换通信服务商只要更换 SIM（subscriber identity module）卡就可以了，原有的手机照样可以使用。手机的机卡分离促进了移动通信的迅速普及。

机顶盒与手机的情形相类似，也可以被分为机器与智能卡两个部分。从社会整体福利的角度看，如果机顶盒和手机一样有统一的制造标准，可以实现机卡分离，则厂家就可以不再针对特定的电视运营商进行生产，从而实现更大程度的规模经济。

但是，由于我国数字电视特殊的制度背景与市场环境，现实状况是各个电视运营商之间的机顶盒并不兼容，消费者并不能通过机卡分离来轻松地转换运营商。从我国数字电视的转换过程看，为了提高模数整体转换的速度，许多地方的运营商采用了赠送机顶盒的方式，只要消费者同意签订若干时间的数字电视使用协议，就可以免费得到运营商提供的机顶盒。在位运营商在提供机顶盒时往往采用定制的方式。此时，由于国家关于机顶盒机卡分离的标准尚没有建立（或没有唯一建立），机顶盒通用部件与该运营商的专用部件之间尚不能被有效地加以区分。用户在未来更换运营商时，该机顶盒将不能发挥作用，需要获取新的机顶盒。这样，新进入者在进入数字电视市场时，由于机顶盒的不兼容，消费者将面临更高的转换成本。这无疑将加大新进入者进入数字电视市场的成本。

从市场环境看，在位者普遍有机卡合一的激励。虽然我国的有线电视运营商大都是本地有线电视网络的垄断者，但是随着 IPTV 的发展及有线电视运营商的跨区域经营，这种本地网络的垄断地位并不牢固。有线电视运营商为了应对潜在的市场竞争或被并购的风险，纷纷采取机顶盒不兼容策略，以维护自己的本地垄断地位，试图增加其在未来并购谈判中的筹码。面对这种效率损失的情形，政府部门需要大力推行与机顶盒相关的技术标准，特别是机卡分离的标准，实现机顶盒的兼容化。

同时，在网络融合的过程中，机卡分离这类有利于进入者的标准化规制政策不应只局限于电视一个产业，而应该尽可能覆盖所有可能（或"可"）融合的产业。具体而言，在有线电视运营商和电信运营商的多市场竞争中，机卡分离的机顶盒可以保护进入者——电信运营商在数字电视市场的利益；对等地，规制机构应该在宽带等三网融合后的泛电视市场推行类似的规制政策，以保护进入者——有线电视运营商的利益。现实中，信息产业部于 2006 年公布了机卡分离的标准，虽然是两个可供选择的非强制性标准，但毕竟在有利于机顶盒兼容的路上迈了一步，有助于电信运营商进入数字电视市场。然而，有线电视运营商在宽带市场却没有得到类似的进入者保护政策，反而面临电信在国际宽带出口和互联网接口等方面的限制，这就增加了有线电视运营商进入和发展宽带业务的难度。虽然在单个市场中，实施保护进入者的不对称规制的目的在于扶持弱者、促进竞争，但这一愿景的落实在网络融合的多市场环境下则要更加审慎。

总之，在网络融合的多市场环境下，实施进入者保护的不对称规制的难度明显加大。比如，如何确定需要实施进入者保护的多市场？如何协调多市场的进入者保护？如何确保多市场的进入者保护以达到对等的程度？等等，这些都是需要我们关注和关心的问题。

8.4　结果与分析

本章首先讨论了我国电信、电视市场上不对称规制的相异性及需求背景，简单介绍了美国、日本、韩国的一些较为典型的不对称规制措施；接着重点分析了在有线电视网络运营商作为进入者的宽带市场上，现行的网间结算的因不对称规制而起的逆向不对称规制效应和社会福利效应。有线电视网络经过升级改造并数字化后，能够发展成为提供公众数字通信和存储业务的传输工具。由于其高带宽的资源优势，有线电视网除了用于提供有线电视服务外，还可以开展交互娱乐、互联网接入等业务。由此，在网络融合过程中，有线电视网与传统电信网将有可能针对相同的市场，在交叉重叠的业务区域（市场）内展开竞争。当然，有线电视网络运营商在已有用户基数、品牌效应、多业务捆绑运营等方面都无法与主导全国—网市场多年的电信运营商进行直接竞争。

因此，规制者在三网融合的初期应该保护和扶持进入者，促进电视、宽带等融合后的相邻市场展开有效竞争，通过实行不对称规制给进入者以发展壮大的政策空间。然而，在我国现阶段的宽带市场上实行的却是事实上的逆向不对称规制：宽带的网间结算政策需要进入者向在位者缴纳足以打击进入者的接入费用。本章的研究发现，首先，允许进入者实施接入价格加成将降低宽带费用，增加进入者的利润和消费者剩余，增加社会福利。其次，进入者的接入价格加成对原在位者的市场份额和利润都有负面影响。最后，在位者的接入价格加成将增加宽带费用，降低进入者利润和社会福利。也就是说，如果规制的目标是促使进入者更快地进行市场渗透，不对称的接入价格规制将卓有成效，但逆向不对称（接入价格）规制则会严重阻碍市场的竞争。

当新的运营商进入电视市场后，机顶盒的兼容性也可以作为不对称规制的重要方式之一。本章通过建立电视运营商之间的 Hotelling 模型，分析了转换成本变化时，实施机顶盒兼容策略后，我国电视市场的分配效应和福利变化。本章还考察了我国电视业出现机顶盒兼容问题的制度背景与市场环境，为电视产业的改革和规制政策的制定提供了理论依据。研究结果表明，实施机顶盒兼容策略将使得转换成本减少和消费者剩余增加，机顶盒兼容的引入将改变电视市场原有的竞争格局，在传统在位运营商和新进入运营商之间建立有效的竞争环境，弱化在位运营商的竞争优势地位，促进融合后网络下的全业务和交叉媒体竞争。

第 9 章　网络视频的内容竞争与自我规制问题

　　在网络融合尤其是三网融合的背景下，电视（台）发生了一系列变化：从网台分营的有线电视，到电信运营商的 IPTV，再到互联网上的电视台——OTT TV、芒果 TV 等。总之，它已不再是以往的概念。人们已不再把互联网上——然后势必也是融合后网络上的——让人眼花缭乱的网络视频①（虽然其中不少只有十几秒甚至几秒的时间）看作只有电视台才有资格广播的节目，发布它们的是各种各样的视频网站，甚至只是个体的自媒体人。

　　虽然网络上的视频具有与传统的电视节目类似的内容属性，不过这些内容并非完全由"正规的"网络视频运营商所提供。此时，网络视频运营商大都扮演着（向内容提供商，甚至无数自媒体工作者开放的）平台经营者的角色。显然，这些通过网络广泛传播的内容的广为传播的效果常常并不亚于传统的电视节目。考虑到电视竞争区别于电信竞争的一个显著特点就是"关于内容的竞争"，我们没有理由将包含丰富内容的网络视频排斥在网络电视市场之外。

　　一个有趣的现象是，一方面，许许多多网络视频的发布者（其中有不少达到一定"V"级的自媒体人）并不按照电视节目的格式和时段要求发言；另一方面，几乎所有的网络电视台（从 OTT TV②到芒果 TV）都同时拥有相当影响力的网络

---

　　① 较电视节目拍摄的组织性与电视节目放映的计划性而言，互联网上流传的视频不少具有"非组织性"或"自主性"特点。如何定义这些视频目前并未形成共识，政府及有关监管部门亦暂未对网络视频的相关内容做出明确的法律界定。有些学者认为，网络视频是指内容格式以 WMV、RM、RMVB、FLV 及 MOV 等类型为主，可以在线通过 Realplayer、Windows Media、Flash、Quick Time 及 DIVX 等主流播放器播放的文件内容（虞卓，2006）。也有学者认为，网络视频就是指在网上传播的视频资源，狭义的指网络电影、电视剧、新闻、综艺节目、广告等视频节目；广义的还包括自拍 DV 短片、视频聊天、视频游戏等行为（王润，2009）。本章所称的网络视频指由网络视频服务商提供（甚至个人发布）的、以流媒体为播放格式的、可以在线直播或点播的声像文件；强调其"可视"性质。

　　② OTT TV 就是互联网电视（over-the-top TV）。2012 年，中国联通与中央人民广播电台、爱奇艺、华为合作，率先推出 OTT TV 业务，用户可通过"宽带+电视机机顶盒+电视机"的方式观看电视。

视频网站。因此，我们有理由认为，网络视频市场——而不仅仅是网络电视市场
——的规制问题更具有网络融合后市场的电视竞争与规制的代表性。

严格地说，网络视频市场有狭义和广义之分。狭义的网络视频市场仅指互联
网上由非经典有线电视运营商和非传统电信运营商经营的、具有类似于传统电视
编排格式和发布时段要求的"网络电视节目"（如由 OTT TV 一类专业性文化公
司制作的电视节目）市场。而广义的网络视频是随着数字化和网络化的蓬勃发展，
传统电视与互联网两大传播媒介的深度交融，以及网络运营商和内容运营商的携
手合作，在互联网上形成的视频。因此，广义的网络视频市场包括网络电视节目
市场[①]。

电视业的规制不仅涉及（针对网络的）经济规制，而且涉及（针对内容的）
社会规制，因此，我们有理由猜想，对网络视频市场的规制也将包括经济规制和
社会规制等内涵，而针对其内容的规制也将主要以自我规制为着力点。我们将以
"归纳网络视频的由来、发展和演变，采用集中规制和分散规制相结合的方式，
通过构建融合背景下网络视频内容的自我规制体系，实现有效的网络视频市场治
理"为主题，在理论分析和实践对比的基础上，讨论网络融合下我国网络视频及
其内容规制的未来走向。

本章将首先分析我国三网融合背景下网络视频的由来、演变与发展情况；其
次阐述网络视频内容规制的相关内容和有关特征；最后结合一定的模型分析比较
政府规制和自我规制形态的社会福利状况。

9.1　问 题 概 述

随着互联网和信息技术的蓬勃发展，我们已经可以将传统电视的形象直观与
互联网特有的信息交互相结合，创新一些新媒体形式。人们在享受电视服务方面
也就有了越来越多的选择：究竟是观看中国电信的 IPTV，还是欣赏本地有线电视
网络公司推送的节目？或许还可去互联网上看 OTT TV，甚至搜索网络上的电影和
个体直播的视频。因为现在的观众已经不再仅仅挑剔于谁家的电视可"看"的频道
多、画面清晰——这些要求随着电视信号的模数转换已一再淡化，而是看哪一个网
络能包含更多自己需要的高质量信息，能把电视机"用"出更多的花样来。

9.1.1　案例：网络视频平台的自我规制

在 IPTV、OTT TV、网络视频等共存的环境里，虽然 IPTV 和 OTT TV 更接

---

① 本章及随后的网络视频及网络视频市场均具有广义性。

近于我们传统概念上的网络电视，但网络视频，往往还是短视频的异军突起是我们无法忽视的现象。而且，与 IPTV 和 OTT TV 不同的是，短视频这一细分市场更难以规制。因而，作为提供短视频播放服务的平台企业，就自然含有某种自我规制的责任，案例 9-1 就是一个例子。

案例 9-1　"抖音"的作为

抖音是一个 15 秒的音乐短视频社区软件，用户可以通过软件提供的开拍功能拍摄自己的短视频，配以动感的背景音乐后上传平台；其他用户则可以观看、点赞、评论和转发平台上的视频；为了吸引用户，软件也会用算法推荐用户可能喜欢的短视频。作为网络视频平台的代表，抖音近年来似乎一直风光无限，活跃在平台用户生活的每一个角落：每日的活跃用户突破 2.5 亿人，国内总用户突破 5 亿人，2018 年 10 月美国月度下载量最高软件……

以抖音为代表的短视频平台包括快手、陌陌、探探、美拍、小咖秀等，其大多起源于 2016 年。抖音于那年 9 月上线后，很快成为"今日头条"的战略级产品；2017 年下半年开始迎来爆发式增长，单在 2018 年春节期间就增长了近 3000 万人日活跃用户；2019 年 4 月份的平均日活跃用户达到了 9500 多万人。

作为娱乐 APP，抖音传播的大多为娱乐化内容，自然而然吸引了众多有娱乐消费需求的用户，15 秒律动感强烈的旋律能够很快抓住大众的听觉神经。不过，要从千千万万抖音用户中让自己的短视频脱颖而出并非易事。因此，难免会有一些视频博主为了标新立异而拍摄一些低俗、恶搞、猎奇的内容。而一旦用户将这些不健康、不严肃或不正确的短视频在抖音平台上公开发布，就有可能影响有机会浏览到该视频的其他抖音用户。此时，如果某些抖音用户不加分析地信以为真，甚至不加思考地加以模仿，就可能发生悲剧性的事件。例如，2019 年 8 月枣庄市梁辛庄村，两名未成年人模仿抖音短视频"用易拉罐自制爆米花"。在易拉罐中倒入高浓度酒精并点燃，结果致爆炸并起火，其中一人烧伤面积达 96%，最终抢救无效身亡。又如，湖南长沙的 19 岁女孩因为挑战抖音"四人转圈带你飞"的高难度动作，不慎被"甩飞"摔伤，最终导致右踝关节骨折。再如，一位爸爸在挑战抖音上的"与孩子互动翻跟头"的视频时，操作过程中出现失误，导致孩子头部着地，最终造成脊髓严重受损。显然，为了避免这类恶性事件的发生，抖音作为网络视频发表平台的运营商，就需要一方面对利用平台发布视频的使用者的行为进行一定的监督，判断其发布的内容对其他使用者的非预期影响，另一方面对可能接触到这些视频的观看者发出相应的警示劝告。这些都应是抖音需要履行的自我规制义务。

显然，抖音传播的短视频会造成一定程度的传播、模仿、宣传等社会效应，因此，抖音对于用户上传视频的内容进行一定程度的自我规制具有必要性。同时，作为网络视频发布平台的经营者，抖音在对平台这一自媒体聚集地的有关视频实施自我规制时，还必须意识到在"流量为王"的时代，不可为了单纯追求视频内容的娱乐刺激性，人为降低推荐门槛以加速自己的传播。因为对于内容平台来说，流量虽然是其发展的生命线，但社会责任无疑是其运营的底线，必须在内容安全和社会责任之间保持一定的平衡。

在抖音的自我规制实践中，政府规制并没有缺位，两者之间是相辅相成的关系。例如，2018 年 6 月，当抖音在搜狗搜索引擎上投放了不合适的广告后，北京市互联网信息办公室和市工商局依法联合约谈抖音和搜狗，责令网站进行严肃整改。此后，抖音加大了对有关视频内容进行自我规制的力度：对于不合适的视频内容进行删除；每过一段时间集中对个人作风不良、视频内容在违法边缘线上的上传者进行集体封禁；努力将公众的关注重点向时事民生、民族文化、攻坚脱贫等积极向上的主题上引导。抖音 2018 年度报告显示，书画、传统工艺和戏曲成为抖音播放量最高的传统文化前三类别；黄梅戏、豫剧、秦腔也成为地方传统文化播放量最高的前三位。截至 2018 年底，共有 5724 个政务号和 1334 个媒体号入驻，抖音成为政务和媒体信息传播的新平台。其中，"四平警事"的抖音粉丝数超 1000 万人，位列政务号粉丝量第一名，收获超 5400 万次点赞；"人民日报"粉丝量 793 万人，位列媒体号粉丝量第一名，2018 年收获超 1.7 亿次点赞。抖音也不断与多个城市达成合作，帮助贫困县脱贫致富，也让更多年轻人重拾传统文化，吸引政务号媒体号用短视频的方式记录时代故事。

2019 年 11 月 20 日，抖音发布了新一期《抖音对作弊、违规账号及内容的处罚通告》，通告显示，2019 年 10 月 1 日至 10 月 31 日期间，抖音平台累计清理 74 096 条视频、39 192 个音频、1176 个挑战，永久封禁 25 804 个账号。其中，在核实清理诈骗账号专项行动中，抖音核实诈骗情况永久封禁诈骗账号累计 2076 个。

抖音在自我规制的路上越走越稳。

说明：本案例由杨晓蕾编写。

资料来源：李幸幸. 2019. 抖音涉及的法律问题研究. 齐齐哈尔大学学报（哲学社会科学版），（3）：85-88

魏夏琳. 2019. 新媒体时代短视频 APP 的传播特点——以"抖音 APP"为例. 西部广播电视，（8）：22-23

抖音 2018 年度数据报告，https://36kr.com/p/5175123，2020 年 9 月 20 日

抖音建立用户回访制度深入打击网络诈骗，http://finance.ynet.com/2019/11/25/2225350t632.html，2020 年 9 月 20 日

机构数据显示：TikTok 成为美国下载量最高应用，https://baijiahao.baidu.com/s?id=1616368507526339238&wfr=spider&for=pc，2020 年 9 月 20 日

枣庄女孩因模仿短视频　用易拉罐自制爆米花引起爆炸而意外身亡，http://www.lynow.cn/linyi/2019/0911/276014.html，2020 年 9 月 20 日

与抖音相比，同属网络视频范畴的芒果 TV 和光线传媒则更多地提供自制及自营着内容产品与服务，似乎更为接近传统的电视节目。

芒果 TV 是湖南广播电视台旗下的互联网视频供应平台，由湖南快乐阳光互动娱乐传媒有限公司负责具体运营，目前的经营领域主要包括互联网电视、互联网视频、湖南 IPTV、移动增值等多项视频业务。它是以视听互动为核心，融网络特色与电视特色于一体，面向电脑、手机、平板、电视机，实现"多屏合一"的独播、跨屏、自制的新媒体视听综合传播服务平台。[1]2017 年，芒果 TV 扭亏为盈，率先实现中国视频行业盈利 4.89 亿元。2018 年 6 月，快乐购（300413.SZ）重大资产重组正式获批，芒果 TV 作为湖南广电"双核驱动"战略主体之一，与芒果互娱、天娱传媒、芒果影视、芒果娱乐五家公司整体打包注入快乐购，正式成为国内 A 股首家国有控股的视频平台，同年 7 月，快乐购正式更名为芒果超媒[2]。

光线传媒是目前在传媒领域发展较为突出的一个，曾是我国最大的民营娱乐传媒集团之一：每日以 6 小时的节目产量，在全国超过 1100 个台次播出；每年组织上百场娱乐活动，举办"娱乐大典""音乐风云榜颁奖盛典""国剧盛典"等一系列业界公认的、颇具影响力的年度点评活动；每年发行 10 部以上的商业电影，建立了国内首个三级矩阵的全国性电影发行网络，以 200% 的年增长率一度成为中国排名前三的民营电影公司。光线传媒与中国颇具影响力的门户网站新浪达成的战略合作协议，使其多档节目能在网络上同步播出，开放了互动模式。光线传媒和新浪娱乐联手创建的新频道"光线娱乐频道"在原创的精彩内容上拥有其他视频网站无可企及的优势[3]。

纵观抖音、芒果 TV 及光线传媒等网络视频运营商的行为，可以发现网络视频通常具备以下几个特点。

第一，网络视频实现了由线性传播到交互式传播的转变。它是一种以受众为中心的广播形式，在信息传递的过程中，它改变了传统电视节目以传播者为中心、受众处于被动地位的形式，传、受双方可以进行角色互换。在传统的电视节目中，电视台将确定的电视节目单向、线性地传播给受众。而在网络视频的模式下，任何一个受众都可以在网络视频平台上发布自己的视频信息，每个用户既是受众，又可以成为传播者，从而实现了信息的双向交互。

---

　① 资料来源：http://corp.mgtv.com/about/，2020 年 9 月 20 日。

　② 资料来源：http://corp.mgtv.com/about/#1st，2020 年 9 月 20 日。

　③ 新浪与光线传媒达成战略合作　共建光线娱乐频道，http://ent.sina.com.cn/v/m/2010-12-20/15153182423.shtml，2020 年 9 月 20 日。

第二，网络视频实现了由大众化传播到个性化传播的转变。当今社会是强调个性发展的时代，受众的需求日益多元和具体，网络视频的发展适应了这一需求。出于规模经济的考虑，传统电视节目着眼于大众基本需求，难以提供个性化服务。而随着越来越多的受众成为传播者，网络上的视频来源更为广泛和个性化，互联网强大的搜索功能进一步促进了网络视频的传播更有针对性。

第三，网络视频实现了从寡头垄断到自由竞争的转变。在传统电视媒体阶段，我国电视媒体依靠垄断性传播地位和传播媒介，成为拥有高度垄断的厂商主体，消费者几乎完全不能左右电视节目的播出内容和播出时间。但是，随着网络视频等新媒体的出现，传统电视的媒介话语权逐步削弱，网络视频降低了电视媒介传播的进入门槛，淡化了专业与业余的区别，也随之降低了传统电视业的垄断程度。

第四，网络视频实现了从集中规制到自我规制的转变。网络视频的受众人数众多、传播速度较快、内容更新及时，体现出较强的自主性，是一种自媒体的运营模式。任何机构、个人均可在平台上广播内容自由的音视频信息，而与此同时，受众可以通过弹幕、跟帖及论坛等方式，随时随地畅所欲言。因此，对传统电视行业的集中规制将受到明显阻碍，对网络视频的规制应更多偏重内容规制和自我规制。

9.1.2　我国网络视频发展与规制的背景与特征

学者一般认为我国网络视频的发展比国外迟 5~6 年。2000 年左右，国外便零星出现了一些个人性质的、喜欢在网络上撰写博文的博客（而后是"加上声音"的播客）网站①，2005 年成立的 YouTube（一个国外视频网站）标志着国外的网络视频产业已成为一个较为成熟的媒介形态。2006 年以后，我国的网络视频这一新兴的自媒体取得了长足发展，2010 年 4 月发布的《2009 年中国网民网络视频应用研究报告》显示，截至 2009 年底，我国网络视频用户达 2.4 亿户，用户覆盖率达 78.5%。2008 年北京奥运会赛事直播权分发给 PPLive、酷 6 等多家网络视频平台，同年，我国主流视频平台通过与版权供应商合作增加了正版视频比例（如优酷的"合计划"、土豆的"黑豆"等），此后，更是添加了旅游、资讯、新闻、财经等更为亲民的视频频道，形成了自己的产业模式。2010 年优酷、土豆在海外上市，成为网络视频行业的领导者，进而转型成为"平台供应商+内容出品方"的商业模式。2013 年 5 月 7 日，百度以 3.7 亿美元收购了国内一家网络电视软件公司 PPS，并将其视频业务并入爱奇艺②；同年 10 月 29 日，苏宁、弘毅以 4.2 亿

---

① 大约 2005 年前后，越来越多的中国博客纷纷升级为播客，享受展示自己与欣赏他人生活的乐趣。之前通过文字分享观点的博客主加入了新的展示形式——"声音"。目前，中国的播客站点主要有四家：播客天下、土豆播客、中国播客网和博客中国-动听播客。

② 爱奇艺 PPS 合并细节：将发力 UGC PPS 股东退出，https://tech.qq.com/a/20130508/000011.htm，2020 年 9 月 20 日。

美元收购了另一家中国网络电视软件公司 PPTV[①]。

根据中国互联网络信息中心第 44 次《中国互联网发展状况统计报告》，截至 2019 年 6 月，我国网络视频用户规模达到 7.59 亿人，占网民整体的 88.8%；其中短视频用户规模为 6.48 亿人，占网民整体的 75.8%。[②]

时至今日，网络视频平台如雨后春笋，表现出了蓬勃的生命力。诸如爱奇艺、搜狐视频、优酷土豆、腾讯视频、PPTV、迅雷看看、56 网、芒果 TV、风行、华数 TV 等网络平台，正在网络视频这一方新的天地里书写着它们各自的传奇。

在我国网络视频的发展过程中，政府之手一直在发挥着推动作用。例如，国务院 2012 年 7 月 9 日印发的《"十二五"国家战略性新兴产业发展规划》就正式提出了"宽带中国"工程并开始实施，要求到 2015 年城市和农村家庭分别实现平均 20 兆和 4 兆以上宽带的接入能力。2016 年 11 月 29 日印发的《"十二五"国家战略性新兴产业发展规划》进一步明确了"十三五"期间城市和农村家庭的宽带接入目标：大中城市家庭用户实现带宽 100Mbps 宽带接入，半数以上农村家庭用户实现带宽 50Mbps 宽带接入。在这种利好下，互联网企业纷纷利用三网融合契机谋求发展，典型策略就是实现网络和内容经营的融合，推行网络视频服务。据艾瑞资讯的统计数据，2008 年中国互联网视频服务业的广告收入约为 7.4 亿元，但到 2011 年这个数据就上升到 42.5 亿元左右，年均增长率近 85%[③]；而到 2017 年，此数据进一步上升到 463 亿元[④]。

相比传统的电视产业，网络视频产业是一个朝阳产业。自 2013 年以来，中国电视业的广告收入呈现逐年下降趋势，从 2013 年的 1119 亿元下降到 2018 年的 990 亿元。[⑤]网络视频产业的广告收入则逐年递增，2011 年整个网络视频产业的广告收入仅为 45 亿元，但是，2018 年爱奇艺一家的广告收入就达到了 93 亿元。同时，视频网站不仅依赖广告收入，会员费也已经成为视频网站的重要收入来源，而且有超过广告费收入的趋势。根据爱奇艺的招股书，公司的会员费收入从 2015 年的 9.97 亿元猛增到 2017 年的 65.36 亿元，短短两年时间增长了五倍。除了会员费和广告费收入外，网络视频公司还从视频的知识产权中获益，包括自制视频的出售，以及外购视频的分销。

---

① 苏宁和弘毅投资 4.2 亿美控股 IPTV，http://tech.163.com13/1028/17/9C9P410200094O75.html，2020 年 9 月 20 日。

② 资料来源：http://www.cnnic.cn/hlwfzyj/hlwxzbg/hlwtjbg/201908/P020190830356787490958.pdf，2020 年 9 月 21 日。

③ 资料来源：中国网络视频行业发展报告，http://www.docin.com/p-37710235.html，2020 年 10 月 5 日。艾瑞：2011 国内在线视频市场规模达 63 亿元，https://tech.qq.com/a/20120111/000316.htm，2020 年 10 月 5 日。

④ 资料来源：https://www.qianzhan.com/analyst/detail/220/180607-1e5bfce6.html，2020 年 9 月 20 日。

⑤ 资料来源：2018 年中国网络视频行业发展现状分析广告营销仍是主力，用户付费走向规模化（组图），http://www.chyxx.com/industry/201801/601702.html，2020 年 9 月 20 日。

　　纵观我国成长中的网络视频运营商，其中不少实际上发挥着平台（企业）的作用。

　　从平台一端的需求侧看，我国网络视频用户规模一直维持着稳定扩大的态势。根据中国互联网络信息中心发布的数据，截至 2019 年 6 月，中国网民数量达到 8.54 亿人，互联网普及率为 61.2%；中国网民人均每周上网时长由 2011 年下半年的 18.7 小时增至 27.9 小时；我国网络视频用户规模庞大，成为仅次于即时通信的中国第二大互联网应用。[①]随着互联网在中国的普及，包括网络视频在内的互联网应用不断发展。越来越多的消费者，特别是年轻消费者逐渐习惯于通过互联网观看各类视频节目。宽带的提速与互联网视频内容的丰富推动着网络视频产业的发展。

　　根据《2019 中国网络视听发展研究报告》，2018 年 12 月，中国手机网民平均每天上网时长达 341.2 分钟，与 2017 年同时期比，短视频贡献了增量的 33.1%，综合视频仅贡献了增量的 3.1%，短视频的增长速度较快。[②]

　　从平台另一端的供给侧看，我国的网络视频产业呈现出以下特点。

　　其一，企业兼并加速了市场整合进程。网络视频产业具有内容使用的规模经济，因此扩大用户规模一直是网络视频市场竞争的焦点，企业兼并无疑是快速提高用户规模的有效手段。2010 年前后我国网络视频产业发生的典型兼并有：2009 年盛大网络通过华友世纪与酷 6 网的合并，2009 年体育垂直门户网站新华悦动（纳斯达克上市企业）收购宽频网站新传在线，2012 年优酷与土豆的合并，2013 年爱奇艺并购了 PPS。拥有资金渠道的网络视频上市公司借助自己的资本实力进行的业内整合提高了行业的集中度。

　　其二，传统媒体企业纷纷推出视频门户，提高了行业吸引力。在网络视频服务行业发展的早期，其经营主体以市场化程度较高、经营较活跃的民营单位为主。随着一些事业单位的企业化转型，拥有较多内容资源的国有大型媒体经营单位逐步参与到网络视频行业的竞争与合作中，如中央电视台创办了中国网络电视台、湖南卫视推出了金鹰网、中影集团开发了中国电影网等。2011 年 8 月，由全国 14 家地方电视台和 5 家平面媒体组成的联盟——城市联合网络电视台（China United Television，CUTV）正式开播。到 2012 年 5 月底，城市联合网络电视台及与其紧密合作的媒体已达 65 家，覆盖全国 26 个省（自治区、直辖市）。截至 2019 年，CUTV 已拥有股东 36 个，经总局批准的 CUTV 成员台 24 个，业务合作台 52 个[③]。

---

　　① 资料来源：第 44 次中国互联网络发展状况统计报告，http://www.cnnic.cn/hlwfzyj/hlwxzbg/hlwtjbg/201908/P020190830356787490958.pdf，2020 年 9 月 20 日。

　　② 资料来源：中国人平均每天用手机上网 341.2 分钟！短视频用时排首位，https://baijiahao.baidu.com/s?id=1634676771757413906&wfr=spider&for=pc，2020 年 9 月 20 日。

　　③ 资料来源：http://www.cutv.com/about_new/main/jianjie.shtml，2020 年 9 月 20 日。

传统媒体的进入丰富了网络视频的内容，通过为用户提供更为优质的网络视频服务提升行业的整体服务水平。在网络视频产业中，有线电视网络、传统媒体与经营网络视频的新媒体不仅是竞争关系，两者间也有广阔的合作空间。有线电视和传统媒体虽然拥有丰富的内容资源，但这些内容并不一定适合新媒体的业务需要。因此，需要把来自有线电视和传统媒体的内容资源进行一定意义上的重构。这就需要通过引进市场机制，加强与有线电视运营商及新媒体企业的合作，为其提供具有版权的内容资源，共同开发新的市场需求，推广新的业务。

其三，网络视频服务商的收费模式以广告收入为主导，辅以用户收费、再加上延伸产业收益、版权收费、移动终端收费等其他方式。2009 年以来，当时国内最大的免费视频网站之一优酷网开始尝试付费服务模式；颇有影响的 P2P 网络视频在线及下载服务商迅雷公司也推出了"红宝石影院"计划，以其高清视频播放服务向用户收费；56 网、PPS、激动网等视频网站也曾进行过收费服务的试点。但是，这类有偿的视频欣赏能否被网络观众广泛接受还不会单方面取决于视频内容提供者的良好愿望。视频网站的收费方式依然混杂难分、界限不清，盈利模式成为各大视频网站亟须解决的问题。

从案例 9-1 中，我们已经看到规制（或自我规制）网络视频市场的重要性和必要性。那么，针对网络视频市场的规制有哪些主要内容呢？追溯有关网络视频规制政策的脉络，有助于我们分析当下网络视频规制的主要方向。

由于电视市场的规制通常涉及（主要针对内容的）社会规制和（主要针对网络的）经济规制，我们不妨从这两个方向去追本溯源。就社会规制而言，可首推对市场的进入和传播的内容均做出了明确规定的国家广播电影电视总局 2003 年 15 号令①。国家广播电影电视总局不仅通过许可证审批的形式规制网络视频市场的准入，而且还对传播内容的来源也进行了规制：广播电台、电视台等以外的进入者如果办理网络娱乐类、专业类节目，一般只能转播电台、电视台等制作的节目或素材。这些措施可以被视为体现了集中规制的要求。

就经济规制而言，在互联网上的传播离不开电信部门的网络接入，因此，先是在 2005 年，当时的信息产业部与国家版权局联合发布了《互联网著作权行政保护法》，使电信管理机构对互联网信息服务提供商漠视版权人要求的行为有一定的处罚权。随后，2007 年信息产业部与国家广播电影电视总局联合发布《互联网视听节目服务管理规定》。从"国家广播电影电视总局监管互联网视听节目的市场准入和内容，信息产业部监管电信业务经营许可"的角度看，这些措施可以被视为体现了多部门分散规制的要求。

此后，国家互联网信息办公室（简称网信办，2012 年隶属于国务院新闻办公室）与国家广播电影电视总局联合发布《关于进一步加强网络剧、微电影等网络视听节

---

① 当时的国家广播电影电视总局发布的《互联网等信息网络传播视听节目管理办法》。

目管理的通知》，不仅使得规制机构的数量进一步增加，而且进一步强调了网络视频类节目的自我规制，要求节目供应商负责对传播的网络视频等节目进行审查。

作为对国家网信办和国家广播电影电视总局联合要求加强对网络视听业的自我规制的回应，中国网络视听节目服务协会 2017 年发布了《网络视听节目内容审核通则》，2019 年进一步发布了《网络短视频内容审核标准细则》和《网络短视频平台管理规范》。行业协会的加入意味着网络视频平台自我规制的比例逐渐加大。

9.1.3　文献综述

从避免规制冲突的角度看，目前我国网络视频市场面临的规制冲突主要表现为来自不同政府部门，例如，文化宣传部门（主要针对内容正确性的社会规制）和产业部门（主要针对网络进入合规性的经济规制等）的双重乃至多重规制。这些双重（乃至多重）的规制冲突实质上反映为委托代理理论的共同代理问题，即"多个委托人共同委托同一个代理人"（简称"多委托–代理"）。在这个过程中，不合作的委托人（在我们随后的分析中将是"不同的规制部门"）之间的不同选择会使得代理人（在我们随后的分析中将主要是网络视频平台运营商）无所适从，从而影响代理人的行为。

共同代理问题最早由 Bernheim 和 Whinston 于 20 世纪 80 年代中期提出，后逐渐向三个主要方向发展（Mallard，2014）：静态模型，委托人同时向代理人施加影响（Martimort and Stole，2009；Dur and Roelfsema，2009）；序列模型，委托人按不同次序向代理人施加影响，但只施加一次性影响（Mukherjee，2008；Pavan and Calzolari，2009）；动态模型，委托人与代理人在相互多次施加影响（Paloni and Zanardi，2006；Boyce，2010）。

在与集中、分散规制密切相关的研究方面，首先 Caillaud 等（1996）关注欧洲的产业政策的分权化问题，他们建立了契约关系的层级模型，用以分析分散规制与集中规制之间的关系，建立了反映规制者与生产商（公司）之间关系的纳什讨价还价模型，结果表明，如果某些变量可观测，则分散规制比集中规制更具有优势。

Laffont 和 Pouyet（2004）则分析了一个公司为两个地区提供服务的情况，比较了集中规制与分散规制的效果。结果表明，分散规制下的激励会面临两个扭曲效应：规制者之间的竞争效应会导致过高强度的契约，而消费者的所有权分散会导致过低强度的契约。如果两项活动充分可替代，则分权化会导致过高激励的固定价格合同，公司将获得全部信息租金，但是需付出最大的努力水平。后继的 Estache 和 Wren-Lewis（2009）则延续了 Laffont 和 Pouyet 的模型，重点分析了发展中国家背景下的共同代理问题，其关注点在于发展中国家的规制机构会有更多的弱点，这与传统模型的分析结果并不一致。

Olsen 和 Osmundsen（2011）则假设一个公司可以同时向两个国家投资，但有第三个国家作为备选。这种情况下可以出现双赢的局面：公司和当前投资的国家都可以增加收益，原因是增加的第三个国家的可选性降低了共同代理中税收竞争的低效率特征。

在国内学者的研究方面，骆品亮和陆毅（2006）则比较了共同代理和独家代理两种代理模式的激励效率，研究了任务相关性对共同代理与独家代理选择的影响。他们发现相对容易完成的任务激励效率较高；而相对难以完成的任务的委托人更偏向于选择共同代理；相对容易完成的任务的委托人对代理模式的选择取决于多个任务（分析中常见于两个任务）的互补程度。

王丽霞（2010）则把共同代理理论应用于侨务管理工作中，将共同代理模型用来解决海内外不同华侨华人团体等多个委托人所造成的缔约外部性问题，揭示了委托人由一个结果依赖型报酬机制组成的战略，以及侨务管理人员采取行动所决定的委托人收益的概率分布。依据侨务管理人员的共同代理激励模型能促进多委托人之间的合作。

上述有关共同代理文献的基本思路都是代理人为多个委托人从事多个代理活动，不同的活动可以被区分［可称之为"多任务多维（规制）激励"］。然而，现行关于网络视频运营商的规制则与上述活动有所不同。这里的网络视频运营商虽然只从事一项活动，即文化产品的生产（或传播），但文化产品本身具有两种属性（社会属性和产业属性），在国内往往同时受到两个规制者（委托人）的规制激励，可称之为"单任务多维（规制）激励"。在这种情形下，单任务的不可分性将导致信息不对称的升级：不仅代理人（网络视频运营商）的类型是私人信息，难以观察，而且代理人对成本的分摊也成为不对称信息的来源。

9.2　网络视频的集中规制和分散规制

如何对蓬勃发展的网络视频市场进行有效的规制是三网融合中的一个重要政策和实践问题。与传统的产业规制（如针对有线电视运营商的有组织规制）相比，针对网络视频市场的规制更具有多样性。例如，如果在网络视频发展的初期将其视为一个幼稚产业，则需要对其进行以"鼓励形成竞争性市场"为目标的不对称规制①。不过，即使应用不对称工具对其进行适当的保护，也始终不可能对其放

---

① 例如，虽然网络视频在 2008～2011 年以近 100%的年均增长率发展，但 2011 年其广告收入仍仅为传统电视业的 1/18 左右。我国网络视频的发展很大程度上受制于电信业与广电业原有业务的划分问题，解决的办法无非是进行业务合作或者自行业务开拓，但毫无疑问这个过程不可避免会产生业务重新划分、利益再次分配等博弈问题。2009 年 8 月 11 日公布的《广电总局关于加强以电视机为接收终端的互联网视听节目服务管理有关问题的通知》曾对许多网络融合和交互经营的模式进行了分割，直接反映了三网融合背景下电视业尖锐的博弈问题。

松内容规制的要求。

新生事物通常都有一个发展的过程，除了技术创新的原有基础外，网络视频作为一种新兴的传媒形式，对其发展过程中的政策约束和扶持时常伴随一定的界限不清、定位模糊等问题，许多规制模式也常常处在试行的阶段。是否能建设较为合理的网络视频发展环境，特别是构筑针对形式多样、内容自由、更新迅速的网络小视频的规制/自我规制体系，或许是网络视频发展的重要制度瓶颈。

本节将首先讨论网络视频发展中内容规制的必要性问题，然后通过"多委托-代理"理论讨论涉及分散或集中进行经济规制和社会规制[1]时的规制问题。

9.2.1　网络视频发展中内容规制的必要性

对经网络扩散的内容（的正确性或合规性等）进行必要的规制已逐渐成为各国的共识。例如，不久前新加坡就曾首次援引《防止网络虚假信息和网络操纵法案》[2]要求政治人物布拉德·鲍耶（Brad Bowyer）更正其在社交媒体上发布的一条贴文[3]。

一般而言，同一时段可达十万人以上受众的传媒形式可称之为广播。从受众角度来看，网络视频属于广播形式。与主要采用基于电视台（频道）推播的广播形式的有线电视、IPTV 相比，网络视频具有形式多样、内容自由、更新迅速的特点。它既无完整的节目分类，也无特定的运营机构，是一种自媒体的运营模式。任何机构、个人均可在平台上广播内容自由的音视频信息，因此，对网络视频的规制就必不可少，而且应更多偏重内容规制。

我们曾在 3.4.1 节中说明电视产业的社会规制主要是针对内容进行的规制，这一情形对网络视频同样存在。之所以关注内容对观众的影响是为了尽可能地扩大内容的正能量，降低其负面影响。网络融合带来了业务融合、终端融合与产业融合。这种融合并不是简单地将原来基于某种网络的业务、应用与内容不加改变的照搬到新网络上，有关业务、应用与内容在移植过程中将基于新网络的技术要求与经济特点发生相应的变异。另外，因为政府及各级监管部门对网络视频的相关

---

① 也就是"单任务多维（规制）激励"问题。

② 新加坡国会于 2019 年 5 月 8 日通过了该法案（《防止网络虚假信息和网络操纵法案》，Protection from Online Falsehoods and Manipulation Act，缩写 POFMA），法案旨在保护公众利益，适用于对事实的虚假陈述，并且不会对个人观点表达造成影响。法案最初通过更正通知（correction notices）实施，其可以纠正虚假信息，并且不会使当事人承担刑事责任，即 POFMA 的通过并不会使得民众出于善意（in good faith）分享虚假信息而受到刑事处罚。POFMA 的框架主要包括三个部分：行政手段（executive action），用以消除网络虚假信息的影响；刑事处罚（criminal offences），用以惩罚和阻止故意行为；对互联网中介机构的规制（regulation of internet intermediaries），以降低滥用的风险。对于三类不同的情况，POFMA 列出了不同的处置措施。关于该案的更多信息请参考 https://app.mlaw.gov.sg/files/news/others/POFMABrochure.pdf，2020 年 9 月 20 日。

③ Correetion and Clarifications regarding falsehoods posted by Mr Brad Bowyer，www.gov.sg/factually/content/clarifications-on-falsehoods-posted-by-mr-brad-bowyer，2020 年 9 月 20 日。

内容暂无明确的法律界定和管理规定，这也无疑加大了内容规制的难度。

具体而言，网络视频对内容规制的挑战主要表现在两个方面。其一，网络视频时代使用户产生内容（也就是自媒体）成为可能，进而使得消费者与生产者的身份识别变得模糊。互联网中消费者成为生产者的案例很多，维基百科与YouTube，以及案例 9-1 所述的抖音等，都是这方面的典型案例。维基百科超过一百多万条的词条①（中文网站主页显示）就基本上是由志愿者无偿贡献的，并且这些词条还不断得到志愿者的免费维护；而抖音的海量视频节目大都由消费者自己拍摄并上传到网站。消费者与生产者概念的模糊使得传统规制的基本对象变得不确定。在传统规制的状态下，由于消费者与生产者的身份固定不变，规制机构可以很容易地识别和定位生产者，并加以规制。但是在互联网世界中，用户产生内容带来了规制对象的不确定性。网络融合使得这种不确定性延伸到更多的业务（如微博）及更多的市场（如移动互联网市场）。其二，在网络融合背景下，网络视频在应用过程中具有事前与事中的不确定性，这给事前监管带来了巨大的挑战。传统媒体的内容监管模式中重要的一环是事前监管，事前的内容审查可以有效地控制进入传媒的内容，将非法或具有负面影响的内容排斥在外。网络视频的形式与特点给经典的事前监管带来了挑战。网络视频的内容实时性强，一般的内容审查程序难以照搬至新媒体；同时，在内容发布之前，很难判断内容发布之后的受众数量。如果受众范围有限，网络视频的内容则不一定需要规制；若网络视频的受众达到广播级别，则需要对其内容加以规制。但我们在事前很难判断网络视频发布的内容是否会达到广播级别，同时网络视频的内容在传播过程中也存在事中的不确定性。这种不确定性主要表现在两个方面：一方面，信息传播的速率不确定；另一方面，信息内容的失真与扭曲程度也不确定。这些不确定性同样考验着规制机构的智慧。

9.2.2　集中规制与分散规制适宜性的模型假设

9.1.3 节中有关共同代理文献的基本思路都是一个代理人为多个委托人从事多个代理活动，不同的活动可以被明确区分［可称"多任务多维（规制）激励"］。然而，现行关于网络视频运营商的理想化规制则与上述活动有所不同。这里的网络视频提供商（或网络视频平台运营商）虽然只从事一项活动：网络视频产品的生产（或传播）②，但视频产品是内容产品（更广义地说是文化产品，而文化产品本身具有社会和产业两种属性），目前在国内受到两个（甚至更多）规制者（委

---

① 维基百科中文主页上显示的词条数：1 065 646 篇条目。

② 虽然在各自所需承担的自律和自我规制的内容及责任的程度方面有所不同，但为了讨论的方便，我们以后将不再区分网络视频提供商和网络视频（平台）运营商，而统称它们为网络视频运营商，请读者注意加以区别。

托人）①的规制激励，可以称为单任务多维（规制）激励。在这种情形下，单任务的不可分性将导致信息不对称的升级：不仅代理人（网络视频运营商）的类型是私人信息，难以观察，而且代理人对成本的分摊也成为不对称信息的来源。

本书参照 Laffont 和 Pouyet（2004）的术语，将"规制者多于一个"的情形称之为分散规制（decentralization regulation），与之相对应，将规制融合后的情形称之为集中规制（centralization regulation）。在完全信息、集中规制的情形下，不需要成本分摊。但在分散规制的情形下，规制者各自对成本分摊的压力不同和企业的成本分摊比例不同，将会导致企业努力水平的扭曲。本节基于 Laffont 和 Pouyet（2004）的共同代理模型（专题 9-1）分析分散规制下，单任务多维（规制）激励引起的努力水平变化，从而为网络视频产业的规制体系在网络融合背景下的重建提供理论分析。

专题 9-1 Laffont 和 Pouyet 关于规制自主权的表达

Laffont 和 Pouyet（2004）考察了规制中的集中与分权问题，讨论聚焦于一个公司为两个地区服务，分别为两个地区提供两种不同的公共服务。重点关注不完全信息下，两个地区不同分配权下的激励效果。

在 Laffont 和 Pouyet（2004）中，基本的假设为（为了方便阅读，不妨统一改为本章的符号）：j 公司为一个地区提供公共服务的成本为 $C_i = \beta_i - e_i$，其中 β_i 为效率参数，存在概率 $F(\beta)$。e_i 为努力带来的效率改进，努力本身带来负效用，两个公共服务的努力带来负效用 $g(e_1, e_2)$，假设负效应为 $g(e_1, e_2) = \dfrac{1}{2}(e_1^2 + e_2^2)$ $+ \gamma e_1 e_2$，$\gamma > 0$，表示对两种任务付出的努力，产生的负效用具有替代性。在这个背景下，Laffont 和 Pouyet（2004）分析了完全信息下的集中规制和分散规制，以及不完全信息下的集中规制和分散规制，得到了一些有益的结论。例如，就完全信息下集中规制的情形而言，努力程度对称，意味着激励强度对称，努力水平为常数 $\dfrac{1}{1+\gamma}$，与两地区服务任务的替代程度相关。完全信息下的分散规制等价于集中规制。

就不完全信息下集中规制的情形而言，努力程度虽也对称，但向下扭曲，只有效率参数最好的公司的努力水平与完全信息下一致。努力水平为

$$\frac{1}{1+\gamma}\left[1 - (1+\gamma)\frac{\lambda}{1+\lambda}\frac{F(\beta)}{f(\beta)}\right]。$$ 其中 $f(\beta)$ 是效率参数 β 的概率密度函数。

不完全信息下的分散规制则形成了共同代理模式，由于其努力水平过于复杂，Laffont 和 Pouyet 仅讨论了对称均衡解的情况：当努力负效用为强替代性时，

---

① 如网信办、广电部门、工信部等。

分散规制的努力水平较高，租金较高；当努力负效用为弱替代性时，集中规制的努力水平较高，租金较高。此时的对努力水平对称均衡解为一个常微分方程：

$$\frac{1}{1+\gamma}\left[1-(1+\gamma)\frac{\frac{1}{2}+\lambda}{1+\lambda}\frac{F(\beta)}{f(\beta)}\frac{1-\gamma+2\gamma e'(\beta)}{1+\gamma e'(\beta)}\right]$$

资料来源：Laffont 和 Pouyet（2004）

专题 9-1 中 Laffont 和 Pouyet（2004）的讨论与我们将要进行的有关三网融合时代下的网络视频规制面临的问题既有联系又有区别，针对网络视频产业的规制是对同一个公共服务的两种属性（经济属性和社会属性）所进行的规制（经济规制和社会规制）。我们不妨称 Laffont 和 Pouyet 讨论的情形为两任务两维努力的规制，而称我们将要讨论的情形为单任务两维努力的规制。

因为网络视频规制是单任务两维度规制，在完全信息下，由于成本分摊，分散规制下努力水平已经呈现不对称的现象。在不完全信息下，分散规制与集中规制的努力程度更为复杂，即使替代性相同，努力水平也会因为公司效率参数不同而有差别。从而有下面的模型假设。

假设网络视频运营商设计安排电视节目的播出。运营商的类型为 x，表示运营商的内部效率参数，该效率参数在区间 $[\underline{x},\overline{x}]$ 分布，概率密度为 $f(x)$，累计概率分布为 $F(x)$。假设单调风险率成立，即 $\dfrac{\mathrm{d}[F(x)/f(x)]}{\mathrm{d}x}\geqslant 0$，这一假设符合多数概率分布的情况（拉丰和梯若尔，2004）。运营商在提供文化产品的同时付出努力程度 e，如尽量使用新技术来降低该项目的成本 C。网络视频运营商作为平台运营商，有义务对节目的质量做出一定程度的核查。如果在其电视平台上播出的产品不符合公序良俗，或者违反文化规制方面的规定，就会受到罚款、重新修改甚至停止传播等处罚，这种惩罚同样增加了网络视频运营商的成本。因此网络视频运营商作为各类节目的播出平台，在选择节目播出时，需要尽量努力达到社会性规制的要求。这种努力降低了相关视频等文化产品在发行制作过程中产生的风险成本。以 s 表达为符合社会规制的要求而付出的努力，则为完成一项视频播出付出的总成本为 $C=x-s-e$。网络视频运营商在降低成本的过程中将获得相应的负效应。这两种降低成本的努力对网络视频运营商产生的负效用是相互替代的。

不妨遵循共同代理模型将网络视频运营商的负效用假设为

$$g(s,e)=\frac{1}{2}(s^2+e^2)+\gamma se \qquad (9\text{-}1)$$

其中，$\gamma>0$ 表明从网络视频运营商角度看，符合社会规制标准和降低成本之间是一种替代关系。本章采用激励理论中常用的标准会计惯例（Laffont and Pouyet，

2004），即规制者获得网络视频运营商的收入，同时补偿其可观察到的成本 C，则网络视频运营商的效用为

$$U = t - g(s, e) \qquad (9\text{-}2)$$

其中，t 为规制者给予的净转移支付。那么规制者要实现该节目的播出，需要用公共基金支付，则公共基金产生的税收扭曲为 $\lambda > 0$。该项目的实施产生的社会福利为

$$W = S - (1 + \lambda)(t + C) + U \qquad (9\text{-}3)$$

其中，S 为消费者总剩余。

9.2.3 完全信息与不完全信息下的情形

在完全信息情形下，有线电视网络运营商的效率是公共知识。因此，网络视频运营商的努力程度可观察。在集中规制和分散规制的不同背景下，电视节目播出的努力程度（通常与提高社会质量和降低成本有关）将会有所不同。

在集中规制的情形下，规制者将最大化整体的社会福利，同时确保网络视频运营商愿意参与该节目的播出。因此规制者将解决如下规划问题：

$$\max_{t, e, s} \quad W = S - (1 + \lambda)(t + C) + U$$
$$\text{s.t.} \quad U = t - g(e, s) \geqq 0, \ \forall \ x \in [\underline{x}, \overline{x}] \qquad (9\text{-}4)$$

租金具有社会成本，因此完全信息下的规制设定 $U = 0$，通过求解一阶条件可得 $s_*(x) = e_*(x) = \dfrac{1}{1 + \gamma}$。下标*为最优规制结果，作为其他情形的比较基准。根据二阶条件有 $0 < \gamma < 1$，在后面的分析中为了使各情形下的比较有意义，保持该假设。

在分散规制的情形下，上述结果将会有所不同。如果网络视频运营商分别受到两个不同部门（如广电部门和信息产业部）的分别规制，这种情形下的网络视频运营商在向不同规制部门申报成本时，就需要进行成本分摊。这种分摊受到规制部门的影响，如果某个规制机构对网络视频运营商的成本压力较大，运营商的相应调整成本分摊比例就比较小。因此成本分摊系数反映了分散规制下规制机构对运营商的规制压力和规制权力。

当规制机构对运营商的成本压力较大时，相应的成本分摊比例就小。此时有 $C_1 = b_1 x - s$ 和 $C_2 = b_2 x - e$，同时 $b_1 + b_2 = 1$。网络视频运营商降低成本的努力将导致公司的负效用，依据相应的成本 C_i，网络视频运营商对努力的负效用也进行相应的分摊，为 $b_i g(s, e)$。不同规制部门根据 C_i 给出相应的净转移支付 t_i。消费者总剩余（即消费者对电视节目的效用）部分来自对其社会质量的追求，部分来自

对文化产品本身的消费[①]。不妨假设其分摊是任意的，因此消费者总剩余 $S = a_1 S + a_2 S$。分散规制下网络视频运营商的效用为

$$U_i = t_i - b_i g(s,e) \tag{9-5}$$

分散规制下的社会福利分别为

$$W_i = a_i S - (1+\lambda)(t_i + C_i) + U_i, \quad i = 1,2 \tag{9-6}$$

在分散规制的情形下，两个规制者将分别解决如下规划问题：

$$\begin{cases} \max\limits_{t,s,e} \quad W_i = a_i S - (1+\lambda)(t_i + C_i) + U_i, \quad i = 1,2 \\ \text{s.t.} \quad U_i = t_i - b_i g(e,s) \geqslant 0, \ \forall \ x \in [\underline{x}, \overline{x}] \end{cases} \tag{9-7}$$

求解可得

$$s_d = \frac{b_2 - b_1 \gamma}{b_1 b_2 (1 - \gamma^2)}, e_d = \frac{b_1 - b_2 \gamma}{b_1 b_2 (1 - \gamma^2)} \tag{9-8}$$

下标 d 表示分散规制。在专题 9-1 中，Laffont 和 Pouyet（2004）得到完全信息下的分散规制与集中规制的激励强度相等。但本节与其不同，其原因在于，本节讨论的分散规制是单任务两维努力，网络视频运营商针对同一个电视节目的两种属性调整努力水平，同样，两个规制机构基于同一个节目的两种属性进行规制。规制压力的不同将导致运营商对成本和负效用的分摊比例不一致，相应地，规制机构对网络视频运营商提出的激励水平也不同。如果社会规制压力较大，则运营商相应的在 s 纬度上的成本分摊的比例就较小，即 $b_1 < b_2$，此时则有如下结果：

$$s_d - e_d = \frac{b_2 - b_1}{b_1 b_2 (1 - \gamma)} > 0 \tag{9-9}$$

而对经济规制压力较大的部门而言，运营商在相应产品属性上的努力水平会较大，这与一般的经济直觉是一致的。原因在于：当规制压力大时，网络视频运营商上报的成本就较小，从单个规制部门看，运营商成本小，意味着转移支付的社会成本相应较小，从而有更大空间实施高强度的激励方案。

因此，有如下命题。

命题 9-1　在完全信息下，分散规制部门不同的规制压力将导致不同的努力水平；规制压力越大，相应维度的努力水平将越大。

针对命题 9-1，很自然的疑问在于，当每个部门都追求较高的规制压力时，是否会导致对运营商的过度激励？

计算总的激励强度差可得

$$s_d + e_d - s_* - e_* = \frac{2b_2^2 - 2b_2 + 1}{b_2 (1 - b_2)(1 + \gamma)} > 0 \tag{9-10}$$

[①] 在激励规制的文献中，讨论消费者总剩余与质量和数量的关系时，常常假设为可分散的情形，如拉丰和梯若尔（2004）的可分性。

在分散规制的情形下，规制者只关注部分社会福利，其规制的竞争效应将导致总体上过高的激励强度（Laffont and Pouyet，2004）。但文献（Laffont and Pouyet，2004）所分析的是不同地区的分散规制，面临的是两任务两维努力。在那种情况下，只有在不完全信息中才会产生竞争效应，从而抬高激励强度，在完全信息下将没有抬高激励强度的现象。但在本节分析的单任务多维努力背景中，分散规制造成的成本分摊，将导致即使在完全信息情况下，仍然会形成竞争效应，从而导致过高的激励强度。

因此，有如下命题。

命题 9-2 在完全信息状态下，如果对同一项目的不同属性实行分散规制，竞争效应将会导致过度的激励强度。

不完全信息的情形下，仍然会因集中规制与分散规制的不同而有所差别。

假设网络视频运营商知道自己的类型，规制者不了解这一信息，但网络视频运营商类型的概率分布是共同知识。在集中规制下，这一问题转化为传统的不对称信息下的委托代理模型。这种情况下不存在转移支付分配权的问题，因此企业对租金不必在两个项目上进行相应的配置。对这种情况下，根据激励理论传统分析框架，对于类型为 x 的网络视频运营商，对外显示为 $\tilde{x}$ 类型，满足下式将显示其私人信息：

$$x \in \arg\max_{\tilde{x}} \quad U(\tilde{x},x) = t(\tilde{x}) - \frac{1}{2}\{[s(\tilde{x},x)]^2 + [e(\tilde{x},x)]^2\} - \gamma s(\tilde{x},x)e(\tilde{x},x) \quad （9\text{-}11）$$

$$s(\tilde{x},x) = b_1 x - C_1(\tilde{x}), \quad e(\tilde{x},x) = b_2 x - C_1(\tilde{x})$$

可得局部激励相容条件：

$$\begin{cases} \dot{U}(x) = -s(b_1 + \gamma b_2) - e(b_2 + \gamma b_1) \\ \dot{s}(b_1 + \gamma b_2) + \dot{e}(b_2 + \gamma b_1) \leqslant b_1(b_1 + \gamma b_2) + b_2(b_2 + \gamma b_1) \end{cases} \quad （9\text{-}12）$$

则规制者在不对称信息下的规划问题如下：

$$\begin{cases} \max_{U(x),s(x),e(x)} \int_{\underline{x}}^{\overline{x}} \{S - (1+\lambda)[x - s(x) - e(x) + g(s,e)] - \lambda U(x)\} f(x)\mathrm{d}x \\ \dot{U}(x) = -s(b_1 + \gamma b_2) - e(b_2 + \gamma b_1) \\ \dot{s}(b_1 + \gamma b_2) + \dot{e}(b_2 + \gamma b_1) \leqslant b_1(b_1 + \gamma b_2) + b_2(b_2 + \gamma b_1) \\ U(x) \geqslant 0 \end{cases} \quad （9\text{-}13）$$

因为租金在效率参数上是严格递减而且有社会成本，因此参与约束等价于 $U(\overline{x}) = 0$，则最优控制问题的汉密尔顿函数（Hamiltonian）为

$$H = f(x)\{S - (1+\lambda)[x - s(x) - e(x) + g(s,e)] - \lambda U(x)\} + \mu(x)\dot{U}(x) \quad （9\text{-}14）$$

其中，$\mu(x)$ 是共状态变量（co-state variable）。根据最优化原理，得 $\dot{\mu}(x) = \lambda f(x)$。在 $\underline{x}$ 处租金值不受限制，根据横截条件有 $\mu(\underline{x}) = 0$，得到 $\mu(x) = \lambda F(x)$。分别对 s

和 e 求偏导可得最优化的努力程度。

$$s_{\text{ac}}(x) = \frac{1}{1+\gamma}\left[1 - b_1(1+\gamma)\frac{\lambda}{1+\lambda}\frac{F(x)}{f(x)}\right]$$

$$e_{\text{ac}}(x) = \frac{1}{1+\gamma}\left[1 - b_2(1+\gamma)\frac{\lambda}{1+\lambda}\frac{F(x)}{f(x)}\right]$$

（9-15）

下标 ac 为不对称信息下的集中规制结果。在单调风险率假设下，有 $s_{\text{ac}} \leqslant s_*$ 和 $e_{\text{ac}} \leqslant e_*$。只有当网络视频运营商属于最好类型情况下，激励强度与对称信息下相同。激励强度的大小与成本分配比例反向变化，而且与两任务两维努力下的激励水平（Laffont and Pouyet，2004）相比，这里有成本分摊比例，因此激励强度较大。我们有如下命题。

命题 9-3 就不对称信息的集中规制而言，其激励强度低于完全信息下的强度；激励强度的相对大小与网络视频运营商成本分配比例负相关，单任务两维激励比两任务两维激励的强度较大。

网络视频运营商对成本参数（类型参数）x 在项目不同属性上的分配，导致规制者对激励结构做相应的调整。这一结果与两任务两维努力下的集中规制（Laffont and Pouyet，2004）不同。两任务情况下没有涉及网络视频运营商对成本的分配问题，成本分配的信息是对称的，因此集中规制下的激励结构是对等的。但在单任务两维努力激励情况下，运营商成本的分摊实际上也成为不对称信息的一部分，这增加了规制激励的难度。运营商成本分摊成为规制者需要考虑的问题之一。成本分摊比例越大，赋予的激励强度应该越小。这是因为分摊的成本较高，再给予高强度激励，导致运营商相应租金提高过多。而租金是有社会成本的，为了抵消这一负面影响，需要调整激励结构，降低相应维度的激励强度。

共同代理由于牵涉到多个委托人（我们稍后的分析就涉及电视内容的社会规制者和电视市场结构的经济规制者），不能直接应用委托代理模型的显示机制。

9.2.4 社会规制者和经济规制者的选择

我们不妨首先讨论社会规制者的选择。

在同时存在社会规制者和经济规制者的情形下，按照共同代理的分析范式，我们不妨首先刻画其中一个委托人的最优反应，如社会规制者的最优反应。假设此时经济规制者根据网络视频运营商上报的生产成本 $C_2 = b_2 x - e$ 来确定相应的转移支付方案 $t_2(C_2)$。类似的定义社会规制者根据运营商报告的成本 $C_1 = b_1 x - s$ 确定转移支付 $t_1(C_1)$。给定以上情况，社会规制者制定最优规划。然后网络视频运营商面对经济规制者提供的合同契约，会制定租金最大化的最优规划，因此网络视频运营商的间接效用如下：

$$\hat{U}^1(C_1,x) = \max_{C_2}\left\{t_2(C_2) - \frac{1}{2}\Big[(b_1x-C_1)^2+(b_2x-C_2)^2\Big] - \gamma(b_1x-C_1)(b_2x-C_2)\right\} \quad （9\text{-}16）$$

令 $C_2^*(C_1,x)$ 表示式（9-16）最大化的解，则上式的一阶条件可表示为

$$t'\Big[C_2^*(C_1,x)\Big] + \Big[b_2x-C_2^*(C_1,x)\Big] + \gamma\big(b_1x-C_1\big) = 0 \quad （9\text{-}17）$$

给定经济规制者提供的契约，对于社会规制者就能应用显示机制来确定最优契约。对于类型为 x 的网络视频运营商，满足下式它将显示其私人信息：

$$x \in \arg\max_{\tilde{x}} \ U(\tilde{x},x) = t_1(\tilde{x}) + \hat{U}^1\big[C_1(\tilde{x}),x\big] \quad （9\text{-}18）$$

由式（9-18）可得局部激励相容条件为

$$\begin{cases}\dot{U}(x) = \hat{U}_x^1\big[C_1(x),x\big] \\ \dot{C}_1(x)\hat{U}_{C_1,x}^1\big[C_1(x),x\big] \geqslant 0\end{cases} \quad （9\text{-}19）$$

其中，$\hat{U}_{C_1,x}^1$ 的下标表示 $\hat{U}^1$ 对 C_1 和 x 求二阶混合偏导。因此社会规制者的规划问题如下：

$$\begin{cases}\displaystyle\max_{U(\cdot),C_1(\cdot)} \int_{\underline{x}}^{\overline{x}}\Big\{a_1S-(1+\lambda)\big\{C_1(x)+U(x)-\hat{U}^1\big[C_1(x),x\big]\big\}+U_1(x)\Big\}f(x)\mathrm{d}x \\ \dot{U}(x) = \hat{U}_x^1\big[C_1(x),x\big] \\ \dot{C}_1(x)\hat{U}_{C_1,x}^1\big[C_1(x),x\big] \geqslant 0 \\ U(x)\geqslant 0, \quad U_1(x)=t_1-b_1g(s,e)\end{cases} \quad （9\text{-}20）$$

对 $\hat{U}^1(C_1,x)$，利用包络定理，可求得如下偏导：

$$\begin{cases}\hat{U}_{C_1}^1 = (b_1x-C_1)+\gamma[b_2x-C_2^*(C_1,x)] \\ \hat{U}_x^1 = -(b_1x-C_1)(b_1+b_2\gamma)-(b_2x-C_2^*)(b_2+b_1\gamma) \\ \hat{U}_{x,C_1}^1 = (b_1+b_2\gamma)+(b_2+b_1\gamma)\dfrac{\partial C_2^*(C_1,x)}{\partial C_1}\end{cases} \quad （9\text{-}21）$$

式（9-17）对 C_1 求导可得：

$$\left\{t''\Big[C_2^*(C_1,x)\Big]-1\right\}\frac{\partial C_2^*(C_1,x)}{\partial C_1} = \gamma \quad （9\text{-}22）$$

在均衡解中，$C_2^*\big[C_1(x),x\big]=C_2(x)$。将该结果代入式（9-17）后对 x 求导可得

$$\left\{t''\Big[C_2(x)\Big]-1\right\}C_2'(x) = -b_2-\gamma\big[b_1-C_1'(x)\big] \quad （9\text{-}23）$$

式（9-22）和式（9-23）代入式（9-21）可得

$$\hat{U}_{x,C_1}^1 = b_1+b_2\gamma-(b_2+b_1\gamma)\frac{\gamma C_2'(x)}{b_2+\gamma[b_1-C_1'(x)]} \quad （9\text{-}24）$$

我们接着讨论经济规制者的选择。

另一个规制者（经济规制者）面临的问题与前一个规制者（社会规制者）的情况类似，其问题的分析是类似的，利用相似的符号可以建立经济规制者的最优规划为

$$
\begin{cases}
\max\limits_{U(\cdot),C_2(\cdot)} \displaystyle\int_{\underline{x}}^{\bar{x}} \left\{ a_2 S - (1+\lambda)\left\{ C_2(x) + U(x) - \hat{U}^2[C_2(x),x] \right\} + U_2(x) \right\} f(x)\mathrm{d}x \\
\dot{U}(x) = \hat{U}_x^2[C_2(x),x] \\
\dot{C}_2(x)\hat{U}_{C_2,x}^2[C_2(x),x] \geqslant 0 \\
U(x) \geqslant 0, \qquad U_2(x) = t_2 - b_2 g(s,e)
\end{cases}
\tag{9-25}
$$

类似可求得

$$
\begin{cases}
\hat{U}_{C_2}^2 = b_2 x - C_2 + \gamma[b_1 x - C_1^*(C_1,x)] \\
\hat{U}_x^2 = -(b_2 x - C_2)(b_2 + b_1\gamma) - (b_1 x - C_1^*)(b_1 + b_2\gamma) \\
\hat{U}_{x,C_2}^2 = (b_2 + b_1\gamma) + (b_1 + b_2\gamma)\dfrac{\partial C_1^*(C_2,x)}{\partial C_2} \\
\hat{U}_{x,C_2}^2 = b_2 + b_1\gamma - (b_1 + b_2\gamma)\dfrac{\gamma C_1'(x)}{b_1 + \gamma[b_2 - C_2'(x)]}
\end{cases}
\tag{9-26}
$$

努力的负效用可以表示为

$$
g(s,e) = U - t_1 - t_2 = U - [U - \hat{U}^1(C_1,x)] - [U - \hat{U}^2(C_2,x)]
\tag{9-27}
$$

依据式（9-20）、式（9-26）、式（9-27）就能建立哈密尔顿方程组：

$$
\begin{aligned}
H_1 ={}& f(x)\left\{ a_1 S - (1+\lambda)C_1(x) + (\lambda - b_1)\hat{U}^1[C_1(x),x] - b_1\hat{U}^2[C_2(x),x] - (\lambda - b_1)U(x) \right\} \\
&+ \mu_1(x)\hat{U}_x^1[C_1(x),x] \\
H_2 ={}& f(x)\left\{ a_2 S - (1+\lambda)C_2(x) + (\lambda - b_2)\hat{U}^2[C_2(x),x] - b_2\hat{U}^1[C_1(x),x] - (\lambda - b_2)U(x) \right\} \\
&+ \mu_2(x)\hat{U}_x^2[C_2(x),x]
\end{aligned}
\tag{9-28}
$$

根据横截条件和最大值原理，可得 $\mu_1(x) = (\lambda - b_1)F(x)$，$\mu_2(x) = (\lambda - b_2)F(x)$。式（9-28）分别对 C_1 和 C_2 求导，解联立方程组即可得均衡解：

$$
\begin{aligned}
s_{\text{ad}} ={}& \frac{(1+\lambda)\left[b_1\gamma - b_2 + \lambda(1-\gamma)\right]}{(1-\gamma^2)(b_1 - \lambda)(b_2 - \lambda)} \\
&- \frac{F(x)}{f(x)}\frac{\left[b_1 b_2(\gamma^2 - 1) - \gamma(b_1\gamma + b_2)e'(x) - \gamma(b_1 + b_2\gamma)s'(x)\right]\left\{b_1 - b_2\gamma + \gamma\left[e'(x) - \gamma s'(x)\right]\right\}}{(\gamma^2 - 1)[b_1 + \gamma e'(x)][b_2 + \gamma s'(x)]}
\end{aligned}
$$

$$e_{ad} = \frac{(1+\lambda)\left[b_2\gamma - b_1 + \lambda(1-\gamma)\right]}{(1-\gamma^2)(b_2-\lambda)(b_1-\lambda)}$$
$$- \frac{F(x)}{f(x)} \frac{\left[b_1 b_2(\gamma^2-1) - \gamma(b_1\gamma + b_2)e'(x) - \gamma(b_1 + b_2\gamma)s'(x)\right]\left\{b_2 - b_1\gamma + \left[s'(x) - \gamma e'(x)\right]\right\}}{(\gamma^2-1)\left[b_1 + \gamma e'(x)\right]\left[b_2 + \gamma s'(x)\right]}$$

（9-29）

下标 ad 表示在不对称信息下的分散规制结果。通过解偏微分方程组可以进一步得到相关的显性解析解，不过结果将过于复杂。好在式（9-29）说明规制压力下的成本分摊会导致努力水平的不对称。为了简单起见，式（9-30）给出了一个对称均衡解。

$$s_{ad} = e_{ad} = \frac{2(1+\lambda)}{(1+\gamma)(2\lambda-1)} - \frac{F(x)}{f(x)} \frac{\left[1-\gamma+4\gamma s'(x)\right]}{2\left[1+2\gamma s'(x)\right]}$$

（9-30）

假设类型参数的分布为均匀分布，图 9-1 给出了一个数值模拟结果，其中 $b_1 = 0.45$，均匀分布区间为 $[1,1.5]$。可以发现，与集中规制相比，对于高效率运营商而言，分散规制给予其过高的激励，导致高效率运营商的过度努力，甚至有些该类型运营商的努力水平超过了完全信息下的规制。但是，对于低效率运营商而言，分散规制所给予的激励水平要低于集中规制时的情形。

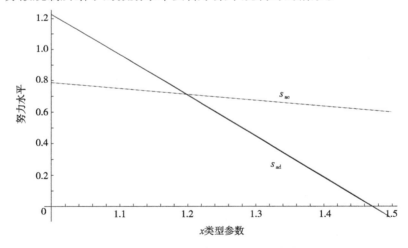

图 9-1　两维努力水平随网络视频运营商类型变化

在不确定信息下，这一结果与 Laffont 和 Pouyet（2004）的对称均衡解有所不同。在两任务两维激励中，努力水平都是向下扭曲，只有效率最高的运营商能达到完全信息下的努力水平，但在单任务两维激励下，却可能导致高效率运营商过度的努力水平。这一结果可以部分解释我国网络视频运营商的运营现状。

由于网络视频运营商目前基本处于单任务多维规制模式下，可以发现（各）网络视频运营商们在应对网络视频快速发展和内容竞争的挑战时，表现出的努力程度差别较大。一些高效率网络视频运营商会付出较大的努力，积极应对内容竞争；也会凭借自己丰富的内容、敏捷的交互能力及快捷分享等，进行供给侧改革，给用户提供极致的观看体验，从而迅速成为（中国）行业领先的网络视频运营商，如爱奇艺、腾讯视频等。而效率较低的网络视频运营商的内容竞争之路并不顺畅，如快播就因传播低俗内容和盗版等问题而惨遭淘汰。

基于上述模型分析，可有如下命题。

命题 9-4　在不完全信息的情形下，分散规制对于单任务两维激励而言，高效率网络视频运营商的努力水平将向上扭曲，而低效率网络视频运营商（企业）的努力水平将向下扭曲。

在三网融合背景下，对于网络视频产业的规制而言，将面临"社会规制中有经济属性，经济规制中含社会属性"的复杂状况，从而形成单任务多维规制激励问题，进而使集中规制还是分散规制成为一个更复杂的问题。本节主要关注了单任务下因成本分摊而引起的努力水平扭曲问题。就完全信息下的集中规制而言，因为不存在规制者对成本结构的规制压力，所以将没有复杂的成本分摊问题，从而多维规制激励亦没有结构方面的扭曲。

一般而言，当分散规制时，不同规制者对网络视频运营商的规制取向和规制压力的不同，会导致运营商在单任务情况下对多维努力的成本的分摊比例进行结构上的调整。因此，即使是完全信息，成本分摊也将导致不对称的多维努力水平。规制压力越大，成本分摊越小，相应的努力水平也会越大。分散规制者也存在竞争效用，进而造成总的激励强度超过了集中规制下的水平，提高了总的努力水平，但从社会福利角度看，此时总的努力水平将会过高。

在不完全信息的情形下，当集中规制时，网络视频运营商（企业）将获得额外的信息租金，此时不仅是成本分摊，租金和网络视频运营商（企业）多维努力的负效用分摊效果也将开始显现。因此，即使是集中规制，分摊比例也能影响到激励机构，进而扭曲多维努力水平。与集中规制下的多任务多维规制激励相比（此时没有成本分摊和租金分摊的难题），努力水平较高，但各维度的努力水平不等，需要规制者在关注总激励的情况下，进一步关注激励结构问题。

在不完全信息的情形下，分散规制则形成了共同代理问题，单任务多维规制激励下的成本与租金的分摊所起的作用更为复杂。不同维度上的努力水平将进一步呈现不对称现象，与多任务多维度规制激励的关系也会变得模糊。高效率网络视频运营商（企业）的努力水平可能向上扭曲。

本节只是分析了单任务多维规制激励的共同代理问题，没有考虑分散规制下对规制合谋的影响，如果考虑规制合谋的因素，集中规制的一些优势就可能让位于分散规制。本节也没有考虑网络视频等内容产品在制作转播过程中的高风险和规制激励问题，因为如果那样做将要分析收益风险与规制激励的影响。另外，网络视频产业的规制不仅仅是规制者的决策问题，还将受到社会第三方机构或人员的监督。例如，儿童作品如果不能达到更高的社会要求，虽然可能会吸引未成年者的关注，但可能会受到民间机构的抵制和家长的反对，从而影响其经济收益。网络融合的复杂性增加了政府直接规制的难度，引入运营商，尤其是平台型运营商的自律与自我规制（当然，此时平台型运营商将担负比非平台型运营商更大的自律与自我规制责任，因为它将不仅自律，还要规制它所经营的平台上的其他成员）会给规制重构带来什么新的启迪，将是下一节讨论的主题。

9.3　网络视频平台自我规制的"福利"问题[①]

我们已知自我规制（责任）的落实是网络视频平台区别于传统电视运营商的一个重要特征[②]，本节将首先介绍自我规制的有关特征，然后利用数理模型比较政府规制和自我规制实施后的社会福利状况，并对有关模型的分析结果做出解释。

9.3.1　自我规制的内涵与分类

自我规制作为一种涉及正式或非正式规则（标准）与规制过程的制度安排，其规则（标准）与规制过程由部分成员所制定与实施。自我规制旨在通过市场化的约束方式来规范组织成员的行为。尽管自我规制是自愿实施的行为，但与其相关的规则却得到（包括企业间书面协议在内的）正式或非正式实施机制的支撑。自我规制作为政府下放部分市场治理权至市场的结果，既是全球治理的潜在来源，亦是国家治理的重要组成部分。这种机制既可以在政府参与的情况下发挥作用，也可以在没有政府参与的情况下实际运作。自我规制的规则通常由组织或协会制定，其实施（及调控）反映的是社群（如我们正讨论的网络视频平台）和个体之间的一种互动形式。因为自我规制的规则由企业自行设计并实施，所以它是一种不同于市场或者政府的自治型制度安排。

类似于政府规制的有关分类方式，自我规制也可以被分为不同的种类，如经济性自我规制和社会性自我规制等。经济性自我规制主要关心市场的进入、产品的定价或者经济周期的调整等；社会性自我规制主要保护人或者环境免受增长的危害及不良文化的侵蚀、国家的安全等。对于成熟的市场制度而言，自我规制常

---

① 此节由李鹏提供。
② 虽然传统的电视运营商和现代网络视频平台运营商都需要接受有关部门的内容规制，对自己（或经过自己的平台）广播的内容负责，但与传统的电视运营商不同的是，网络视频平台运营商的责任将不仅要保证自身的正确性，而且要监督所有使用其平台发布视频的用户不犯错误。

见于社会性自我规制。社会性自我规制通常包含这样的机制，即由企业或者协会、平台一类的组织在商业活动中承担一定的责任：采取有效的措施以避免发生不能被环境、劳动力、消费者、顾客等所接受的行为。新闻媒体、内容制作者的自我规制都属于社会性自我规制的范畴。

自我规制除了可被分为社会性规制和经济性规制两类外，Black（1996）还依据"政府干预规制政策的制定及实施过程"的程度，将自我规制又分为四种类型。

（1）委托性自我规制（mandated self-regulation）。这类规制的特点是通常以一定的团体或行业协会为代表，根据政府的要求或者授权去规划、制定自我规制政策，或者干脆直接执行政府的有关规定。

（2）批准性自我规制（sanctioned self-regulation）。这类规制的特点是规制政策通常由有关的团体在政府批准下加以制定并实施。

（3）强制性自我规制（coerced self-regulation）。这类规制的特点是规制政策虽然主要由行业自己制定并实施，但是要对政府的威胁做出响应，即使政府没有威胁也可能为法律所强加。

（4）自愿性自我规制（voluntary self-regulation）。这类规制的特点是规制政策的制定和实施几乎不会受到来自政府的任何直接或间接的干预。

现实经济社会中的社会经济组织可以通过政府组织、产业自组织，以及市场化组织三种方式来参与治理和管理产业参与者的行为。因此，在现代政治和社会结构中，自我规制作为中介联结着社会的不同群体，扮演着重要的角色。后面我们会进一步说明，在网络视频市场上尤其如此。

当然，在现实社会中，规制责任究竟由规制者（政府）承担，还是由自我规制的主体来承担，两者之间并没有明显的界线，因为规制措施既可以由政府来实施，也可以是自我规制主体的行为。政府规制通常具有"正式性"，如果被规制对象不遵守就会受到惩罚，属于命令或者强制性规制；市场化组织的自我规制的正式性则要弱很多，并且通常为自愿遵守。政府规制往往是第三方运用政府权力确保一系列活动的正常运行；而自我规制则包括谈判、合同、产品代码、认证等一系列方式。自我规制往往是私人部门承担的、阻止入侵行为的一系列活动，它之所以能够被实行是因为此时政府规制的成本高昂。从这层意义上讲，自我规制可以被解释为共同经济决策，融合了利润最大化和公共利益诉求。

为了判断政府规制与自我规制的效果有何区别，可以考察这两种规制行为的社会福利特点，它是我们进一步讨论其特性和如何实施的前提。专题 9-2 给出了 Grajzl 和 Murrell（2007）从福利经济学的角度对政府规制收益所做的分析，它是我们随后讨论政府规制和自我规制福利差异的出发点和基本分析工具。

专题 9-2   Grajzl 和 Murrell 对政府规制收益的分析

Grajzl 和 Murrell（2007）从福利经济学的角度比较了政府规制和自我规制的福利效应，探究了在什么条件下自我规制的社会福利要优于政府规制，以及哪些因素影响着政府在集权式规制还是分权式自我规制之间的选择。

Grajzl 和 Murrell 的比较是这样进行的：首先将规制过程"拆分"为"规制权力分配"、"政府通过赋权法"、"政府和被规制者之间的博弈致使规则调整"及"收益实现"等四个阶段（实际上代表了从规制立法、执法、修正到平稳运行的全过程）。规制过程中的实施效果通过变量 L 来体现，执法过程中产生的不确定性为随机变量 ε，法律的变化及修正为 ΔL，法律实施造成的总成本为 L^2（通常约定利用法律实施效果的平方来表示成本）。$p>0$ 和 $c>0$ 为在没有法律规则调整时，被规制的生产者和消费者对于 L 的偏好。$(p-c)^2$ 为被规制的生产者提供的产品和消费者偏好的不一致程度。

如果假定被规制的生产者和消费者的收益分别为 pL 和 cL，则法律得到修正并执行后（也就是 $L=L^*+\varepsilon+\Delta L$ 时），消费者和被规制者的净收益将分别为

$$pL-\frac{1}{2}\big[L^2+\gamma_R(\Delta L)^2\big], \quad cL-\frac{1}{2}\big[L^2+\gamma_R(\Delta L)^2\big]$$

其中 R 为政府规制，γ_R 为法律调整成本系数，政府的收益是被规制者和消费者收益的加权平均，即

$$\alpha\left\{cL-\frac{1}{2}\big[L^2+\gamma_R(\Delta L)^2\big]\right\}+(1-\alpha)\left\{pL-\frac{1}{2}\big[L^2+\gamma_R(\Delta L)^2\big]\right\}=AL-\frac{1}{2}\big[L^2+\gamma_R(\Delta L)^2\big]$$

其中，$A\equiv\alpha c+(1-\alpha)p$。如果被规制的生产者俘获了政府，那么权重 α 的数值接近于 0，即 A 接近于 p；如果政府的决策偏向消费者，那么权重 α 的数值接近于 1，即 A 接近于 c。政府收益的特殊性暗含了政府规制当局的偏好与法律法规是一致的。

资料来源：Grajzl 和 Murrell（2007）

9.3.2   政府规制与自我规制对福利效应的影响

一般地，自我规制并不是政府规制的替代品，而是企业（特别是产业中的主导性企业）自愿实施的一种激励约束机制，是政府规制的一种技术形式。网络视频市场也是如此，它是网络视频产业的从业者，尤其是产业中的主导性运营商和视频网站（平台）自愿实施的一种激励约束机制，是政府规制的必要补充，与政府规制相辅相成。政府规制相较于自我规制属于命令或者控制性规制，而自我规制的标准通常更弱，并且其惩罚力度也相对较轻。自我规制对视频（产品）质量或者服务的控制通常以声誉为基础，网络视频的提供者或运营商通常都希望得到

网友的好评、转发甚至打赏，而不希望被差评或拉黑（并常存在于"信任品"产业中）。自我规制的实施可以确保网络视频产业的产品和服务更加实用、安全、可靠，可以为消费者提供更多的关于网络视频（产品）或者服务质量的信息，促使网络视频（产品）需求的不断增长。自我规制通常具有实施快、弹性大，并且对抗性小的特点，因此与政府规制相比，自我规制的负担小，有利于推动网络视频的创新和效率的提高，有利于稀缺的政府资源用于其更擅长的领域。因为对于电视业，尤其是电视业中的内容产业而言，产业发展需要的不仅是经济效益，还有社会福利。

对网络视频市场分别实施自我规制和政府规制将会对社会福利产生怎样的影响呢？

我国对于产业，尤其是网络产业的规制政策不同于发达国家的法律导向型规制策略，通常采用"摸着石头过河"俗称"走着瞧"的策略，即并不急于对网络电视（视频）产业制定全方位的规制政策，而是根据其发展情况的需要分阶段、渐进式地制定相应的"游戏规则"。在此不妨假定我国对于网络视频产业的规制需要经历一个试错的过程，然后逐渐地形成合理的、全面的法律政策。

我们可以采用专题 9-2 中给出的 Grajzl 和 Murrell（2007）的基础模型分析我国三网融合过程中网络视频市场上的有关自我规制问题。

我国网络视频市场的规制，不同于 Grajzl 和 Murrell 划分的规制过程，一般先要经历自由发展阶段，即法律先行是缺失的，只是在问题逐渐积累并产生大的影响时，再进行"头疼医头、脚疼医脚"的干预（此时往往出现多头规制现象），进而产生管理过严则市场发展缓慢，放松规制则市场比较混乱的现象。因此，分析我国网络视频市场的规制要考虑产业自由发展阶段，即法律缺失阶段，此阶段产业发展的状况直接影响后续的规制过程和成本，理应将其作为规制过程的一部分，而后才是立法、执法、修正和平稳实施阶段。基于此，不妨将网络视频产业的规制分为五个阶段，如图 9-2 所示。

图 9-2　规制过程时序图

$t=0$ 时，网络视频市场自由发展，基本上不受国家约束。$t=1$ 时，也就是经过一段时间的发展，网络视频市场的发育进入正轨，但是其发展中暴露的问题日渐突出，为了维护产业的健康有序发展，政府开始根据社会需要，由立法机构制定相关法律，并交由执行机构实施。$t=2$ 时，即在法律实施一段时间后，政府机构对法律的实施效果做出评估并修正不合时宜的法律条款，如果法律实施的结果基本符合预期，法律维持原态。$t=3$ 时，随着技术的进步，网络视频市场的创新速度加快，法律要针对其发展做出调整，即政府机关要对法律进行完善和补充。$t=4$ 时，网络视频市场在完善的法律保障下健康发展。

设定规制过程中法律的实施效果通过变量 L 来体现，在 $t=2$ 时刻，如果政府权力机构没有对网络视频市场的规制过程做出调整，那么 $L=L^*+\varepsilon$，随机变量 ε 为法律执行过程中产生的不确定性，$\varepsilon \sim (0,\sigma^2)$。在 $t=1$ 时刻，ε 是未知的，$t \geqslant 2$ 时刻以后变为已知。方差 σ^2 是模型的核心参数，衡量的是法律执行过程中不确定性效应的程度。如果一个国家的法律机构变化频繁或者法律制定是分权化的，那么不确定性程度很高。在 $t=3$ 时刻，政府权力机构会对法律的实施过程做出评估以修正法律实施过程中带来的不良影响，规制者通过补充性的法律规则来缓解不确定性造成的影响。为了简化模型，用 ΔL 表示补充性的法律法规，在 $t=3$ 时刻，被执行后变为 $L=L^*+\varepsilon+\Delta L$。管制立法、管制执法及修订法律均需要付出成本，我们用 L^2 表示管制的立法成本，这种成本不仅发生在政府立法过程，还包括利益集团为了促使政府颁布对其有利的法规，对立法者进行游说或者行贿发生的成本，这也构成由相关利益集团承担的立法成本。王俊豪（2003）认为规制的总成本不仅包括立法成本，还应包括执法成本，而且执法成本在规制的总成本结构中占比最大。因此，在 Grajzl 和 Murrell（2007）的成本结构中纳入执法成本，才能够真实地反映我国网络视频市场规制中的成本情况。$C(q)$ 为执法成本，其中 q 为不符合法规要求的视频内容的数量，数量越多成本将越高，即满足 $C(0)=C'(0)=0$，并且 C、C'、$C''>0$（Fleckinger and Glachant，2011）。法律规则由 $L^*+\varepsilon$ 调整到 $L^*+\varepsilon+\Delta L$ 的法律成本为 $\gamma(\Delta L)^2$，$\gamma>0$ 为成本的调整系数，主要用来区分不同规制体系下成本的差异程度。$L^*+\varepsilon+\Delta L$ 的总法律成本是 $L^2+\gamma(\Delta L)^2$。

网络视频市场的规制涉及多个利益主体，主要有运营商、消费者、政府等，而社会利益主体的利益永远不可能完全一致，存在差异性是必然的（范如国，2014）。同样，网络视频市场中运营商和消费者对于法律的偏好也是不一致的，这种差异用群体获得的总收益表示，但是总收益与法律的执行过程中产生的成本没有关联。假定网络视频运营商和消费者的收益分别为 pL 和 cL，法律得到修正（$L^*+\varepsilon+\Delta L$）并执行后，消费者和运营商的净收益分别为 $pL-\frac{1}{2}\times$ $\left[L^2+\gamma_R(\Delta L)^2+C_R(q)\right]$ 和 $cL-\frac{1}{2}\left[L^2+\gamma_R(\Delta L)^2+C_R(q)\right]$，其中 $p>0$、$c>0$ 为没有法律规则调整时，运营商和消费者对于 L 的偏好。运营商提供的内容产品和消费者偏好的不一致程度为 $(p-c)^2$。

政府在对网络视频市场的规制中得到的收益是运营商和消费者收益的加权平

均，即

$$\alpha\left\{cL-\frac{1}{2}\left[L^2+\gamma_R(\Delta L)^2+C_R(q)\right]\right\}+(1-\alpha)\left\{pL-\frac{1}{2}\left[L^2+\gamma_R(\Delta L)^2+C_R(q)\right]\right\}$$

$$=AL-\frac{1}{2}\left[L^2+\gamma_R(\Delta L)^2+C_R(q)\right]$$

（9-31）

其中，$A\equiv\alpha c+(1-\alpha)p$。如果运营商俘获了政府，那么权重 α 的数值接近于 0，即 A 接近于 p；如果政府的决策偏向消费者，那么权重 α 的数值接近于 1，即 A 接近于 c。政府收益的特殊性暗含了政府规制当局的偏好与法律法规是一致的。

在 $t=3$ 时刻，政府机构对于法律的修正完善势必会影响到运营商的利益，此时政府与运营商之间会针对 ΔL 进行谈判，政府和运营商之间的谈判是普遍存在的。虽然政府和运营商之间的谈判没有消费者参与，但是消费者会通过政治代表来施压政府，以谋求更多的利益，消费者对谈判的影响程度通过权重值 α 来体现。不仅消费者和运营商之间的偏好存在差异，运营商和政府对于 L 的偏好也不一致，政府和运营商之间博弈的结果是纳什均衡解。对于政府和运营商来说，ΔL 实施后，政府和运营商都是受益的，因为每一方除了得到固有收益外，还可以额外获得 ΔL 实施后带来的总收益的一半。为了模型的简单，假定政府和产业之间权利对等。

政府和运营商之间的博弈，期间必定存在利益转移，但是一方的收益必定是另一方的损失，两者数额是等同的，也就是说转移支付不会影响总福利水平，也不会导致资源的错误配置。该过程中的总福利水平为

$$W_R=(p+c)L_R-\left[L_R^2+\gamma_R(\Delta L_R)^2+C_R(q)\right]$$

（9-32）

在 $t=3$ 时刻，政府和运营商针对 ΔL 重新谈判并执行后，运营商和政府的收益分别为

$$p\left(L_R^*+\varepsilon+\Delta L_{R,b}\right)-\frac{1}{2}\left[\left(L_R^*+\varepsilon+\Delta L_{R,b}\right)^2+\gamma_R\left(\Delta L_{R,b}\right)^2+C_R(q)\right]$$

（9-33）

$$A\left(L_R^*+\varepsilon+\Delta L_{R,b}\right)-\frac{1}{2}\left[\left(L_R^*+\varepsilon+\Delta L_{R,b}\right)^2+\gamma_R\left(\Delta L_{R,b}\right)^2+C_R(q)\right]$$

（9-34）

满足利益最大化的 ΔL 为

$$\Delta L_{R,b}=\arg\max_{\Delta L_R}\left\{(A+p)\left(L_R^*+\varepsilon+\Delta L_R\right)-\left(L_R^*+\varepsilon+\Delta L_R\right)^2-\gamma_R\left(\Delta L_R\right)^2-C_R(q)\right\}$$

（9-35）

整理后得

$$\Delta L=\frac{\dfrac{A+p}{2}-\left(L^*+\varepsilon\right)}{1+\gamma}$$

（9-36）

随着网络视频市场的平台化发展模式凸显，运营商作为产业生态系统的核心也具备了作为"公共利益"规制者的前提，而且运营商对接入平台的相关方实施自我规制更加有效、及时。

9.3.3 网络视频市场自我规制的适宜性

我们已经说明，在一定的前提下，运营商对接入平台的相关方实施自我规制将会更加有效且及时。那么，现实情况是否如此呢，政府规制和自我规制哪一个更加适合网络视频市场规制呢？我们可以从社会福利的角度给出进一步解释。

借助前面的分析，我们可以得到政府规制（以 R 代表）体系和自我规制体系（以 SR 代表）下的社会福利水平，分别为

$$W_{\mathrm{R}} = E\left\{ (p+c)\left(L_{\mathrm{R}}^* + \varepsilon + \Delta L_{\mathrm{R}}\right) - \left(L_{\mathrm{R}}^* + \varepsilon + \Delta L_{\mathrm{R}}\right)^2 - \gamma\left(\Delta L_{\mathrm{R}}\right)^2 - C_{\mathrm{R}}(q) \right\} \quad (9\text{-}37)$$

$$W_{\mathrm{SR}} = A(p+c-A) - \frac{\gamma_{\mathrm{SR}}}{1+\gamma_{\mathrm{SR}}}\sigma^2 + \frac{1}{1+\gamma_{\mathrm{SR}}}\frac{1}{4}\alpha(3\alpha-2)(p-c)^2 - C_{\mathrm{SR}}(q) \quad (9\text{-}38)$$

网络视频作为具有社会性和经济性双重特征的产业，选择以哪一种方式为主的规制体系需要通过福利水平的比较和分析。究竟是自我规制为主、政府规制为辅更适合呢，还是反之？

自我规制相对于政府规制具有成本优势，因此我们假设 $0 < \gamma_{\mathrm{SR}} < \gamma_{\mathrm{R}}$，$0 < C_{\mathrm{SR}}(q) < C_{\mathrm{R}}(q)$，得到以下命题。

命题 9-5 若自我规制体系下，社会总福利水平大于政府规制体系下的总福利水平，即 $W_{\mathrm{SR}} > W_{\mathrm{R}}$，则需要满足 $\sigma^2/(p-c)^2 + \frac{3}{4}\alpha^2 - \frac{1}{2}\alpha > \kappa$；反之，则相反。其中，$\kappa = \left[C_{\mathrm{SR}}(q) - C_{\mathrm{R}}(q)\right](1+\gamma_{\mathrm{SR}})(1+\gamma_{\mathrm{R}})/(\gamma_{\mathrm{R}} - \gamma_{\mathrm{SR}})(p-c)^2$，$\kappa < 0$。

从命题 9-5 中可以看出，当法律的不确定性很高时，自我规制体系下的社会总福利水平要高于政府规制体系下的总福利水平，即自我规制（为主的规制体系）将优于政府规制（为主的规制体系）。如果自我规制与政府规制的法律执行成本相差越大，则自我规制越容易实现。在其他因素相同的情况下，如果运营商提供的内容产品与消费者的偏好越接近，则社会的总福利水平越高。如果仅仅考虑消费者对于政府机构的影响程度时，是自我规制优于政府规制，还是相反呢？此时需要考虑消费者对政府的影响程度（用 α 表示），当 $\alpha \in [0, 1/3]$ 时，α 越大，自我规制体系下的总社会福利水平与政府规制下的总社会福利水平差距越小；当 $\alpha \in [1/3, 1]$ 时，α 越大，自我规制体系下的社会总福利水平比政府规制体系下的总福利水平越高。也就是说消费者对政府的影响程度越大，自我规制的优势就越凸显。

命题 9-6 若自我规制体系下的政府收益大于政府规制体系下的政府收益，

即 $V_{SR} > V_R$，那么需要满足 $\sigma^2/(p-c)^2 - \dfrac{1}{4}\dfrac{1}{\gamma_R - \gamma_{SR}}\left[(4+3\gamma_R + \gamma_{SR})\right]\alpha^2 > \eta$，反之则反。

其中，$\eta = 2\left[C_{SR}(q) - C_R(q)\right](1+\gamma_R)(1+\gamma_{SR})/(\gamma_R - \gamma_{SR})(p-c)^2$，$\eta < 0$。网络视频产业作为文化产业的一部分，既有社会属性又有经济属性，这就使得对网络视频产业的规制陷入"两难困境"，如果任由其发展，则可能会使部分消费者不能消费到所期望的内容产品，不利于其社会属性的发挥，如果加以限制，则又可能阻碍其发展，不利于增强产业的竞争力。因此，对于网络视频市场来讲，政府选择的规制方式必须是社会福利最大化规制体制，这就需要政府在做出选择时，充分考虑相关参数指标。

从命题 9-6 可以得知，当法律的不确定性越大时，相比于政府规制，自我规制为主的体系下政府收益较大；如政府的决策偏向消费者时，决策对消费者越有利，政府的收益也将越小，因为此时政府不能从运营商那里得到补偿，而是直接将运营商的一部分利益转移给了消费者。当运营商提供的内容产品与消费者对内容产品的偏好之间的差距越小时，政府的收益将越大；当法律的调整成本越大时，政府的收益将越小；当自我规制与政府规制的法律执行成本差距越大时，自我规制将越优于政府规制，并且自我规制体系下政府收益高于政府规制体系下政府收益的条件将越容易得到满足。

9.4　结果与分析

互联网技术的不断发展，推动网络视频（电视）新业态、新运营模式不断涌现，巨量的消费者在消费内容的同时也是内容提供者，如果不能对传播的内容进行及时、有效地监管，或将带来很多潜在的风险，大量不合规内容藏匿其中，影响观看者的价值观和行为。正如 9.2 节和 9.3 节所讨论的，网络视频产业兼具经济属性和社会属性，因此我们需要权衡集中监管和分散监管，以及政府监管和自我监管间的协同性。监管太过严厉会抑制产业的发展，监管不到位又会损害其社会价值。

那么，到底是自我规制为主的规制体系还是单一的政府规制更适合对网络视频市场进行治理呢？这就需要考虑几个参数，也就是目前网络视频发展和监管的状态。

目前，我国虽然出台了《中华人民共和国网络安全法》，对网络空间的规制有了依据，但是对于网络视频的规制而言，还不够细致，不能够进行行之有效的监管。如果要制定一部专门针对网络视频市场的法律，目前来说难度很大，因为网络视频内容多元多样，现在立法很难覆盖全面；同时该市场处于高速发展期，法条容易滞后，进而影响行业发展，所以总体上立法成本较高。因此目前仍然处于多部门共同监管的传统模式。多部门共同监管，虽有利于降低被运营商俘获的风险，但是容易产生职能交叉或者管理的错位、越位等问题，而且部门之间的协调又会增加成本。法律的不明确、行政法规及部门规章的灵活多变和多部门共同管理等致使法律的不确定性增加、法律的调整范围增加、总成本增加不可避免，政策的短期效应还会造成公众对政策多变、政策不稳定的社会心态，这都将损害运营商和消费者的净收益，进而降低社会总福利水平，政府的收益也会减少。多部门共同管理的模式使得部门之间职能交叉，行政法规的多样化也会导致执行复杂化、重复化，致使法律或者行政部门规章的不确定性增加，政府规制的实施不利于社会福利的增加。而且现在消费者对运营商的影响程度不断增加，是因为运营商为了更好地占据市场，会不断地采纳消费者建议，对内容进行调整，意味着网络视频运营商的内容产品会越来越符合消费者偏好，从而也提高了消费者的福利水平。网络视频产业平台化后，虽然对政府的监管提出了挑战，但是消费者对平台的监督增加，消费者的议价能力增强，进而对政府的影响程度增加。综上，我们可以得出，对于网络视频市场的管理，自我规制优于政府规制。

当然，平台的自我规制也有其局限的地方。第一，平台没有执法权力。平台虽然拥有信息、技术及经济等手段进行自我规制，但是终极手段是删除内容、封闭账户或商户。平台无权将违法个人或企业绳之以法，惩罚力度有限。第二，平台自我规制的范围有限。平台的自我规制只能局限于该平台自身。由于个人或企业的平台多归属行为，其违法或违规行为可能出现在多个平台上，一个平台无法对个人或企业在其他平台上的违法或违规行为进行规制。第三，平台公司内部的腐败行为将影响平台的自我规制。作为一家企业，平台公司的内部治理行为将影响平台自我规制的效果。在平台自我规制中，作为委托人的平台公司（董事会），与作为代理人的平台公司的管理层或员工是否利益一致？平台公司的管理层或员工是否会认真执行平台公司自我规制的决定？平台公司内部腐败的频繁曝光表明平台公司的内部治理绝非易事。

更进一步看，无论是网络视频的发展特征及趋势，还是规制的需要，都迫切需要自我规制与政府规制协同，这就需要对我国的网络视频（电视）的规制机构进行整合，并依据发展特征制定专业的法律法规。然后构建"平台-政府"的双元管理模式，即政府依靠社会契约建立法律制度规范市场行为，平台依靠合同契约建立平台规则约束市场行为，法律制度与平台规则相互配合，共同促进网络视频产业的有序发展。

第 10 章　移动互联时代的电视竞争与规制体系重构问题[①]

　　我们已经用 9 章的篇幅讨论了一些与三网融合背景下的电视竞争相关的问题，试图回答什么是电视竞争，网络融合尤其是三网融合背景下的电视竞争有何变化，以及如何规制和治理这一演化过程中的电视竞争市场。贯穿这三个问题的主线则是如何认识与推动我国电视业的发展、改革与创新。

　　进入 21 世纪以来，随着网络融合的深入发展，以及网络技术本身的突飞猛进（如借助于 5G 乃至多 G 技术的移动互联网[②]的实用化），电视竞争出现了"泛化"（如"媒体竞争"）的新趋势。对电视市场的有效规制将不再仅是制定有关的政策那么简单，而是需要重新设定规制目标和重新调整规制机构，这些新时期的新任务成为有效规制能否顺利实施和成功的决定因素。

　　本章将在前续章节（如第 8 章考察网络融合初期新市场环境下的市场进入和不对称规制问题；第 9 章讨论针对电视，尤其是网络视频的分散规制、集中规制及自我规制问题等）的基础上，进一步讨论后网络融合时代的电视竞争的变化和规制体系重构问题。我们需要更多地考虑两个新变化——中国电视产业的国际化及移动互联网的迅猛发展——的影响，思考我国规制机构演化与规制体系重构的基本原则及理论模式，为开放、互联时代的电视产业发展探索科学的规制分析基础。我们还将展望"开放–互联"的移动互联网时代（不妨简称"移动互联时代"）电视竞争的发展及可能出现的问题，预判相关的规制前景，期望通过这些预测与展望，为移动互联时代的电视竞争的未来研究提供一些方向性建议。

---

　　① 本章由中国药科大学的朱依曦提供。

　　② 移动互联网是将移动通信和互联网二者相结合的产物，通常指互联网的技术、平台、商业模式和应用与移动通信技术结合并实践的活动的总称。它同时继承了移动的随时、随地、随身和互联网的开放、分享、互动的优势，是可同时提供话音、传真、数据、图像、多媒体等高品质电信服务的新一代开放的电信基础网络。（王江汉，2018）

10.1　移动互联时代电视产业的变化

进入 21 世纪以来，电视竞争进入了网络的后融合时代①。在网络融合比较充分的后工业化国家中，电视巨头大都通过各种方式成为泛媒体企业，或者被媒体大亨收购、控制。对我国而言，电视竞争的后融合时代则和移动互联网的兴起不期而遇。特别在 5G 技术进入全球应用的背景下，电视产业在国际、国内均已发生，并将继续导致一系列的产业变化。因此，本节将首先通过一个美国公司的案例描述网络融合后期一个代表性泛电视企业（以往我们似乎更多地称其为"媒体企业"）的发展及对移动互联时代泛电视产业发展的带动和影响，然后介绍移动互联时代我国电视市场的变化，进而对整个电视市场的结构与竞争状况的演变做一个阐述。

10.1.1　案例：国际流媒体奈飞

自美国"96《电信法》"颁布、三网融合时代正式开启以来，美国流媒体②行业就随着时代的脚步悄然发展。继 2005 年美国各大电信运营商纷纷推出自己的 IPTV 服务后，2007 年奈飞将所有线下的影碟资源内容上传线上平台，正式开启了流媒体转型之路；2011 年奈飞将其 DVD（digital versatile disc）服务与流媒体视频服务分离，开始大力发展独立的 OTT 订阅业务；2019 年迪士尼进入流媒体领域推出 Disney+，华纳公司也于第四季度上线流媒体服务。此外，苹果、亚马逊也表示将加大在流媒体领域的投资。案例 10-1 描述了网络融合后期，美国流媒体的代表性企业奈飞公司在移动互联时代商业模式的创新及其经营的特点。

案例 10-1　移动互联时代的美国流媒体奈飞

类似于我国互联网界的三大巨头百度（Baidu）、阿里巴巴（Alibaba）、腾讯（Tencent）常被业界并称为"BAT"一样，美国流媒体巨头 Facebook（脸书）、Amazon（亚马逊）、Netflix（奈飞）、Google（谷歌）一起被并称为"FANG"，主要给美国、加拿大提供互联网随选流媒体播放、定额制 DVD、蓝光光碟在线出

---

① 其现期标志为移动互联时代。

② 流媒体（streaming media）是指将一连串的媒体数据压缩后，经过网上分段发送数据，在网上即时传输影音以供观赏的一种技术与过程，此技术使得数据包得以像流水一样发送；如果不使用此技术，就必须在使用前下载整个媒体文件。流式传输可传送现场影音或预存于服务器上的影片，当观看者在收看这些影音文件时，影音数据在送达观看者的计算机后立即由特定播放软件播放（来源于百度百科）。

租业务，被认为是美国科技股中极具成长空间的代表。2018 年 5 月，奈飞的市值超过了美国传统媒体巨头迪士尼，成为全球上市公司中市值最高的媒体公司。数据显示，奈飞的营收近年来每年都以不低于 30% 的增速增长，并在 2018 年达到了 160 亿美元，而其老对手 HBO 公司 2018 年全年的营收只有 36 亿美元。当视频网站的其他一些巨头还在为如何实现盈亏平衡而苦恼时，奈飞已经实现盈利并飞速增长。

支撑奈飞快速发展的神秘武器首推"用户至上"和"精品原创"。

就"用户至上"而言，奈飞的撒手锏有三个。第一，海量客户、低价竞争和用户驱动。首先依靠优质独家内容获取大量用户，获取规模效应。奈飞明白，根据阈值理论及边际产出效应，当内容库的丰富程度达到一定阈值以后，内容投入的边际成本的增速将放缓，而来自用户的收入却可以维持更高的增速，从而使公司盈利状况进入边际改善的拐点。奈飞的这一拐点开始出现在 2017 年，其流媒体业务当每个付费用户分摊的（内容）现金支出为 80 美元时，增速降至 4.2%；而当同期付费用户的平均付费值（average revenue per paying user，ARPPU）为 102 美元时，增速上升至 9.2%。第二，低价策略，奈飞的会员有三种价位，基础会员、标准会员和优选会员，而优选会员仅需支付 13.99 美元一个月，便可在四个屏幕上观看 4K 视频。第三，基于订阅的（无广告）商业模式帮助公司留住了忠实用户。奈飞只靠会员费创收，无广告投放与植入，真正做到了用户驱动。

就"精品原创"而言，奈飞在内容方面的投入力度远超其竞争对手：2017 年奈飞在内容方面的实际投入为 89.1 亿美元，而 HBO 的投入只是其 1/4（22.6 亿美元）。从产出看，奈飞创作并推出大量精品剧集，包括《纸牌屋》、《女子监狱》和《怪奇物语》等。2018 年时，奈飞获艾美奖的提名数更是超过了所有对手，并终结了传统巨头 HBO 长达 17 年的霸主地位。为了巩固自己的内容优势、保持用户的规模效应，奈飞还做了其他尝试，如与《这个杀手不太冷》的制片人吕克·贝松等（众多）制片人签署了长达数年的独家合约，让他们专为奈飞打造原创影视剧；又如利用大数据实现用户挖掘，多算法定义推荐系统，建立用户定制化内容库等。

毫无疑问，好节目往往意味着高投入。奈飞能保持其行业龙头地位的关键在于其对优质内容和资金压力之间复杂相关性的巧妙驾驭。优质内容是获取用户的前提，用户的规模效应能保证内容投入的效果。同时，内容制作的成本势必增大奈飞的资金压力，而会员费则能驱动奈飞的营收增长。奈飞在内容上的优势虽然主要在于精品原创，然而其原创剧却高度依赖第三方制作，如《纸牌屋》由 MRC（Media Rights Capital）等制作，《女子监狱》由狮门电影公司制作。在奈飞 2017 年的内容资产中，第三方授权内容资产（包括原创内容和非原创内容）占比达 80.2%，奈飞自己制作的内容资产占比不到 20%。并且近年来奈飞原创剧集的采购价格不断上涨，从 2013 年 4000 万美元一季的《铁杉树丛》到 2016 年 1.3 亿美元一季的《王冠》。随着奈飞原创内容的采购价格的不断上涨，其内容成本也不断增加。奈飞在通过其更加优质和丰富的原创内容库吸引了大批付费用户的同时，也进一步扩大了自己的现金流缺口。

奈飞在某种程度上颠覆了传统的有线电视业。在传统有线电视情境下，观众只能被动接受电视业的高月费和固定场景观看等，而奈飞利用互联网打破了传统有线电视的传播边界，它利用大数据等技术取代传统的电视收视率调查、用户喜好分析和剧情创作，并据此给予观众不一样的选择，使个性化内容、智能化推荐、场景多样化等成为竞争的新维度。

奈飞的迅猛势头使其他媒体巨头开始恐惧，随之引起了一波波兼并的浪潮。例如，AT&T 于 2016 年 10 月以 850 亿美元的价格收购了时代华纳；迪士尼于 2019 年 3 月打败 Comcast 完成了对福克斯的收购；而维亚康姆和 CBS 则于 2019 年 8 月以诉讼的方式结束了彼此之间的漫长合作后，开始各自寻找新的合作伙伴。

在这一系列并购中，迪士尼对 20 世纪福克斯的收购似乎更具经典性。此前，迪士尼就先后于 2006 年收购了皮克斯动画工作室、2009 年收购了漫威漫画公司、2012 年收购了卢卡斯影业等，旗下坐拥无数 IP。福克斯此前的超级英雄 IP 也于北京时间 2019 年 3 月 20 日起，随着收购的正式生效而被迪士尼纳入麾下。

迪士尼经过长达 15 个月的谈判，克服重重困难完成了对 20 世纪福克斯的收购（这是好莱坞有史以来最大的并购之一），其目标也是针对着奈飞。迪士尼 2017 年 12 月提出以 524 亿美元收购 21 世纪福克斯部分资产，但美国通信和传媒业巨头 Comcast 于 2018 年 6 月"半路杀出"，迫使迪士尼提高收购价。2018 年 6 月，美国司法部有条件批准迪士尼以 713 亿美元收购 21 世纪福克斯公司的交易，同时要求迪士尼出售 21 世纪福克斯旗下 22 家地区体育电视网络，以符合相关反垄断规定。

迪士尼通过收购福克斯，掌握了后者手上的电视业务，包括 20 世纪福克斯电视台、FX 有线电视台、国家地理频道，以及其拥有的流媒体网站 Hulu 的 30% 的股权，从而与奈飞相抗衡。但这场收购不仅对用户体验不利（如迪士尼为打造自己直接面向用户的平台，在奈飞平台上删除了自己先前投放的内容），而且对社会福利也颇有影响。迪士尼首席执行官鲍勃·伊格曾向股东承诺，这项并购将节约 20 亿美元成本。但据美国《洛杉矶时报》报道，为达到这一目的，迪士尼将会裁减 3000 名员工。

说明：本案例由缪超男编写。

资料来源：奈飞不是你想学就能学的：中美网络视频平台商业模式对比分析，http://www.myzaker.com/article/5b649fed77ac645e0e602432/，2020 年 9 月 17 日

案例 10-1 告诉我们，用户对多样内容的需求趋势，使得消费者越来越愿意为多元化内容付费，只要能提供优质的内容，即使是新进入者也能成为电视服务市场的从业者。

与案例 10-1 中描述的奈飞一开始就由互联网出发不同，另一家流媒体代表企业 Hulu 则带有传统电视台的背景，其平台内容除包含 Hulu 原创内容、授权播放内容、福克斯内容补充等之外，还可选择包含传统电视直播内容。在内容丰富度方面，Hulu 平台拥有 85 000 个剧集，包括 TV、电影、运动和新闻等，拥有了比所有其他美国流媒体平台更为丰富的剧集资源——不仅拥有《良医》《杀死伊芙》《奥维尔号》等最新剧集，还独家播放了《急诊室的故事》《迷失》《恶搞之家》等热门剧集。在自制剧方面，Hulu 自制剧虽然兴起较晚，相比其他平台，自制内容较少，但内容精良。2019 年，随着迪士尼与 Comcast 就 Hulu 管理与所有权宣布正式达成协议，迪士尼将拥有 Hulu 的全面运营管理权，迪士尼①的流媒体平台或将成为奈飞的最大竞争对手。

由此可见，目前美国的电视市场上，以奈飞、YouTube 等互联网系和 HBO、Fox 等传统系为代表的内容制造商，制作精品优质的影视内容，通过自建或者与第三方合作的内容集成与服务平台，经过网络运营商所提供的高速公共互联网对接收终端进行传播。在整个产业链中，互联网公司、电信运营商、有线电视商及硬件厂商都参与其中一个或多个环节，竞争异常激烈。

因此，在移动互联时代，传统电视产业的经营模式将可能被颠覆，电视竞争将会出现过去市场上从未出现、我们也未曾预料的新情形。例如，泛电视市场的反垄断就是这类新问题之一。

10.1.2　移动互联时代我国电视产业的变化

案例 10-1 体现出在移动互联时代，随着流媒体业务的发展，国际媒体呈现出从有线电视到 IPTV 再到 OTT TV 的发展趋势。国内同样如此，移动互联时代我国的电视产业也将会呈现从有线电视到 IPTV，再到 OTT TV 的态势。

OTT 产业链主要由内容提供商、内容服务牌照方、集成服务牌照方、网络运营商、终端设备运营商五个部分构成。与海外产业格局不同，我国 OTT TV 有明确的牌照制度。目前我国互联网电视牌照主要分两种：互联网电视集成服务牌照和互联网电视内容服务牌照。其中，内容服务平台负责审查节目，承担播出主体责任；集成服务平台负责审查内容服务平台是否合法。互联网电视终端产品需与集成服务平台合作，只能嵌入一个互联网电视集成平台的地址，终端产品与平台

---

①目前，迪士尼主打三大流媒体平台，包括以合家欢为主的 Disney+、面向成年人群体的 Hulu 及体育频道 ESPN+。

之间是完全绑定的关系，集成平台对终端产品的控制和管理具有唯一性。截至2019 年，国家广电总局已发放 16 张互联网电视内容服务牌照和 7 张互联网电视集成服务牌照，其中互联网电视内容服务牌照主要由中国网络电视台、国家广电总局、中央人民广播电台及部分省属广电系获得；7 张互联网电视集成服务牌照则由中国网络电视台、上海广播电视台、浙江电视台和杭州广播电视台、广东广播电视台、湖南广播电视台、中国国际广播电台及中央人民广播电台获得。

对比美国 OTT 产业的发展历程及发展现状，目前我国 OTT 产业链主要分为三个类别。

第一类是以内容为主的供应商与内容服务平台，其主要包括拥有丰富优质的内容、叠加品质服务的互联网和广电系传统内容方，互联网内容和服务公司以"爱优腾"（爱奇艺、优酷、腾讯视频）和芒果 TV 为代表，广电系传统内容方则以中央电视台、湖南电视台、江苏电视台、东方电视台等为代表。对于广电系内容方来说，从目前的频道化的消费模式来看，电视剧、电视节目、新闻是广电系的主要内容，同时综艺节目由于投入较大，目前其市场份额主要集中在湖南卫视、浙江卫视等几大卫视。从总体来看，广电系除了在综艺节目和新闻两块具有核心制作能力外，其他方面并不突出。而不同于传统有线电视按照播放列表直播节目内容，以及 IPTV 的直播+点播+嫁接互联网的形式，OTT 作为新的拓展方式，主要为用户提供个性化推荐优质内容，同时反哺自身内容制作。目前对于"爱优腾"等互联网内容方来说，在版权保护和优质内容的加码下，用户付费行为逐渐养成，但用户忠诚度尚不理想，QuestMobile 发布的《中国移动互联网 2018 半年大报告》显示，"爱优腾"三家的用户增长点和热门 IP 的播出时间完全对应，但热门节目一旦完结，明显会出现用户流失的情况。并且，在现阶段，内容中最有力的竞争筹码"独播内容"在几个主要的流媒体平台之间流转，没有哪一家有绝对的竞争优势。因此在移动互联时代，内容提供商的核心吸引力将是原创+网生内容的打造。如何能够让用户可以随时收看他们想要的内容至关重要，自由选择内容和时间是对用户的最大吸引力。由此可见，在整个 OTT 产业链中，上游大量内容提供商之间存在着完全竞争，但是对于广电系内容提供商来说，牌照制度构成的行政壁垒使得广电系牌照方在产业链中拥有竞争优势。并且，国内牌照的稀缺性决定了内容提供商必须通过与广电系牌照方合作才能向消费者分发内容，另外，广电系牌照方也能通过自制优质内容向上游渗透。代表企业是芒果 TV，近年来，芒果 TV 凭借自制 IP 综艺系列化、重点独播影视剧等优质内容的持续输出，逐渐在内容行业的竞争接近"爱优腾"，同时与"爱优腾"不同，湖南广电自身拥有互联网电视集成服务牌照和互联网电视内容服务牌照，使得芒果 TV 既作为牌照方通过自制优质内容向上渗透，也通过与终端设备提供商进行深度合作，构建完整OTT 产业链，其在竞争中占据独特地位。

　　第二类是传统有线电视运营商、网络运营商及集成服务平台，以三大电信运营商，以及传统有线运营商（包括河南有线、歌华有线、JNDTV）为代表。目前运营商大多通过加码内容+自身渠道实现视频业务转型。其中电信运营商以 IPTV 为其主要发展方向。但与美国流媒体产业的迅速崛起、美国 IPTV 的迅速衰落不同，目前我国的 IPTV 仍存在较大的发展空间与渗透率。相比有线电视和 OTT，IPTV 具有价格优势、带宽优势和用户基数优势，同时电信运营商拥有庞大的通信、宽带用户，可以为 IPTV 带来质优价低的用户资源。但是需要指出的是，目前电信 IPTV 运营商由于牌照壁垒无法转向 OTT TV，介入 OTT 渠道。而对于有线电视运营商来说，虽然有线网用户覆盖率趋于饱和，但随着广电加强对 OTT 的监管（牌照制度），以及推动传统媒体和新型媒体融合发展的指导意见，加上 NGB（Next Generation Broadcasting Network）的加速推动，为有线电视运营商提供了 2～3 年的转型期。因此，短期内 IPTV 将持续渗透，保持领先优势。但从长期来看，随着技术和政策的成熟，OTT 将沿袭美国的发展道路占据主流。

　　第三类是从硬件系统的角度切入的终端设备供应商，主要以互联网电视一体机制造商乐视、小米，互联网机顶盒生产商乐视、华为和小米等企业为代表。由于下游终端方存在大量传统电视厂商且互联网品牌厂商也逐渐增多，下游终端方也呈现出完全竞争的态势，如果想在竞争中脱颖而出，终端设备提供商需要寻求与广电系牌照方的合作，并随着智能电视渗透率的递增，反向刺激 OTT 内容需求，扩大整个联盟的市场份额，保证其优势竞争地位。目前，在软硬结合的趋势下，互联网公司纷纷进入终端制造领域与终端形成紧密合作，以求将自身的操作系统、服务平台内置到终端，更快地推送给用户。目前，乐视、小米已经进入了终端市场，百度也推出了电视棒，百度爱奇艺与 TCL 合作推出了爱奇艺电视，阿里巴巴与创维合作推出了阿里云电视等。

　　OTT 在美国的迅速发展，得益于产业链各环节企业的联合推动、宽松的政策环境、完备的基础设施建设和良好的用户付费基础。由此可见，我国 OTT 产业的增长，在用户需求端将主要依赖于用户付费意识的养成，在供给端则依赖于优质内容的输出和良好的观感体验，在政策方面则需要依赖于政策指向的明确和版权保护体系的完善。目前海外流媒体主要靠付费订阅驱动。因此，参考目前中国视频网站的发展路径，根据艺恩咨询的数据，截至 2018 年 12 月底，中国视频会员超 2.4 亿人，2016~2018 年复合增长率达 119%，对于用户来说，基于已有的有线电视基础设备和较低的大屏会员边际收费，从视频付费会员转化为大屏付费会员的边际效用较高，加上随着 IPTV 的发展对用户大屏娱乐的消费习惯的培养，视频付费习惯的养成有助于提升 OTT 服务的订阅量。未来我国 OTT 的商业模式将主要为广告+付费+订阅模式（不同点在于：付费的形式主要为会员付费和针对已有内容的内容付费；订阅属于预购，当感兴趣的内容或者题材上线之后，订阅用户可以立即观看）。

10.1.3 移动互联时代我国电视市场的结构演变

在移动互联时代，我国电视市场的结构将主要发生以下几个层面的变革。

（1）内容制作层面：由于内容制作市场结构属于完全竞争，因此，广电集团、互联网视频网站、内容制作公司及个人都可以是内容制作市场的参与者。目前对于广电系统来说，围绕电视屏的内容主要为电影、电视剧、综艺节目、新闻和动漫。对于电视台来说，资源利用率最高的就是电视剧、新闻和综艺节目，但是由于电视剧制作行业较为分散，民营、电视集团下属国营皆有，虽然自 2013 年在资本力量推动下出现了行业整合，但是整体而言，还是属于群雄争霸的状态。另外，综艺节目市场较为集中，但是由于投入日益增大，湖南卫视等几大卫视集成了综艺节目主要的制作能力，一线广电集团的制作团队具备较强的制作能力，而动漫由于制作能力偏弱，且偏幼龄化，受众较小；电影的主要消费渠道则以影院、在线视频点播和下载观看为主。以"爱优腾"为代表的互联网视频网站的制作能力日益增强，目前"爱优腾"都发力自制节目，包括网络微电影、网络电视剧和网络综艺节目。随着竞争加剧，未来视频网站布局专业影视公司将成为趋势。除此之外，互联网直播作为新兴的高互动性视频娱乐，也逐渐成为主要的内容提供方。目前的直播内容分为三大类，包括秀场直播（主要是唱歌、跳舞等直播内容）、游戏直播（主要是主播玩游戏的直播内容）和泛娱乐直播（包括演唱会直播、户外直播、科技直播、财经直播等）。直播内容以其互动性、真实性和及时性，越来越受到年轻人的喜爱。

（2）平台渠道层面：随着 OTT 产业的迅速发展，"181 号文"[①]的提出为广电集团的发展提供了有力的保障。"181 号文"核心的要求主要是两点：①通道的唯一性，即集成牌照方选择合作的 OTT 终端产品只能唯一链接牌照方集成平台，终端不得有其他访问互联网的通道，不得连接网络运营企业。同时，终端只能对应一个集成平台，集成平台对终端产品的控制和管理具有唯一性。②内容的合规性，即内容方可以与内容牌照方合作开展影视剧的点播服务，内容必须有电视播出版权且经过牌照方审核，不允许绕过牌照方自建内容平台。广电对于 OTT 产业的严格监管及牌照制度的壁垒，在一定程度上抑制了互联网视频公司推广 OTT 的动力。

（3）网络设施层面：随着中国广播电视网络有限公司的成立，加上省网的加速整合，有线电视网将打破"一省一网"的地域限制，逐渐整合统一为全国广电

---

① 2011 年 10 月 28 日，国家广播电影电视总局办公厅发布"广办发网字〔2011〕181 号"文，印发了《持有互联网电视牌照机构运营管理要求》。

有线网络，解决各省网之间的互联互通，从而大幅降低有线网的网间流量成本。同时，NGB 的建设，以及双向网络化改造将为有线网未来的发展奠定基础。借助互联网思维，有线网公司将区别于电信和互联网，成为唯一同时具备用户、终端、专属网络和后端云平台等资源的"云管端"播放生态，成为独立于互联网、电视台、影院之外新的分发渠道，实现生态系统的基础架构，成为平台公司。通过面向第三方开放平台，以优势资源换取海量丰富的服务应用。在增加用户黏性的同时，通过分成方式提高平台和第三方收入，建设成集电视游戏、视频、电商、物联网、智慧城市于一体的用户入口。

（4）营销层面：移动互联时代传统广告运营模式将受到数字广告的冲击，广告自营与广告代理模式或将并存，数字广告进入加速发展阶段，营收快速提升，基于 OTT 产业的发展，广告投放将实现用户精准定位，最终有可能形成围绕传统媒体的数字广告商业生态。另外，随着电视游戏、互动点播、TV 电商等模式的出现，有线运营商可以向第三方开放平台，形成新的商业生态网络。此外，多元化产业的拓展也将进一步促进广电系走向大型多媒体集团。

10.2　我国电视市场规制体系的重构问题

我们在 10.1 节中对移动互联时代电视产业的变化所进行的描述，是出于"中国电视市场规制体系的重构处于移动互联网的国际互联"时代的考虑。也就是说，由于互联网，尤其是移动互联网的国际开放性，我们不可能关起门来设计一个只作用于封闭市场的电视产业规制体系。不过，针对电视市场的规制具有包含社会规制和经济规制的多方面内容，而处于不同（社会）制度环境的运营商（等市场主体）对社会规制（特别是内容规制）具有不同的理解，因此，系统和全面地讨论我国电视市场的规制体系重构问题并不是本书的目标，我们将主要关注移动互联时代，针对中国泛电视企业的境内运营的规制问题。即使这样，这一问题仍然复杂和内涵丰富。

案例 10-1 的奈飞公司处于美国有关机构（如 FCC）的规制之下，虽然美国有关电视市场规制体系的变化对我国的规制体系重构具有一定的参考意义，但是那已经超出了本书的研究范围，此处将不再赘述。①

10.2.1　重构的背景

在我国三网融合的进程中，如何通过规制机构的调整和规制体系的重构促进

---

① 感兴趣的读者可以进一步参阅本书的附录。

电视产业,以及多产业的技术发展、业务发展和服务发展,是一个有意义的问题。自从 1990 年有线电视归口广播电影电视部以后,关于电视网络的规制改革及其相应的规制机构重构就处于不断的探索之中。早在 2008 年,《关于鼓励数字电视产业发展的若干政策》①就表明了政府鼓励和推动电信运营商和广电运营商相互进入的态度,更是为网络融合下,乃至移动互联时代的规制机构改革创造了条件。

　　讨论我国电视业规制体系的重构问题,首先需要弄明白电视产业发展的环境到底发生了怎样的变化,哪些因素的出现导致了人们对现有规制制度的关注和质疑。需要指出的是,对网络型产业的传统规制是建立在这样一个基础之上——在一个明确界定的地理区域内,对于由一个明确表示的运营商(或群体)所提供的一个明确定义的业务集合实行的规制(拉丰和泰勒尔,2001)。然而,网络融合的出现或将突破这些范畴,一些新的因素(或旧因素的新含义)得以显现,举例如下。

　　(1)创新:随着移动互联时代的到来,电视产业已经不单单只是提供视音频服务,而是成为能够提供交互视频、智能缴费、亲人关怀、智能家居等服务的信息中心。无论是过去的规制方式还是规制机构,都无法对移动互联时代下的运营商或者服务与内容进行完善、具体的监管与规制。

　　(2)融合:随着电信、广播电视和计算机网络的融合,移动互联时代将走向涉及多网乃至全网融合的时代。融合意味着新的参与者从截然不同的行业进入另一个行业。这些新的参与者既可能来自非规制行业,也可能来自受其他规制体系约束的行业。这一现象的出现导致了多个新的问题——诸如标准、运营商的运作领域、规制方式的实施及规制机构的融合等。

　　(3)多元化:进入移动互联时代后,内容与服务的提供商将来自各行各业,电视产业中的运营商涉及多个产业的跨产业运营。类似于自媒体的兴起,在网络融合的全网时代,运营商群体将不仅包括企业,还包括个人、其他组织甚至国家。这些变化都将导致运营商呈现出多样化的特点。

　　(4)全球化:传统的电视规制具有地理边界,更进一步,对于电视内容的规制也具有"政治边界"。移动互联时代的到来将使得业务合作的地理边界逐渐消失;对于内容来说,世界范围内的传播与交易使得政治边界也会越来越模糊。况且,难以存在世界范围的规制,特别是内容规制机构。业务覆盖的地理区域和规制者权力的地理空间之间的不完全重叠极可能导致规制的外部性及规制间的套利

---

　　① 关于这一文件目前可见两个不同的发布时间。一是国务院办公厅于 2008 年 1 月 1 日发布的(国办发〔2008〕1 号)文(《国务院办公厅转发发展改革委等部门关于鼓励数字电视产业发展若干政策的通知》):发展改革委、科技部、财政部、信息产业部、税务总局、广电总局的《关于鼓励数字电视产业发展的若干政策》"已经国务院同意,现转发给你们,请认真贯彻执行"。二是由国家广播电影电视总局和中国广播电视年鉴编辑委员会编撰、中国广播电视年鉴社出版的《中国广播电视年鉴 2009》记载,同年 1 月"22 日,国务院通过了由改革委、科技部、财政部、信息产业部、税务总局、国家广电总局六部委联合发布的《关于鼓励数字电视产业发展的若干政策》"。

行为。

后网络融合时代的电视规制体系的重构除了规制内容的调整（例如，模式间竞争的交叉进入规制、同时提供多个替代性产品的运营商的多产品定价规制、具有过渡性质的扶持新进入者的不对称规制等）外，规制机构的调整也是规制体系重构的一项重要任务，需要从根本上解决诸如机构重叠、多头规制，以及网络融合背景下规制的"真空区域"等问题。在技术融合的基础上，网络融合的程度将进一步深化，一些产业的边界将开始模糊甚至消失，市场上会出现许多跨越产业边界的新服务和新产业，原先基于不同产业的、各自独立的传统规制框架已不适应电视业发展的要求。

网络融合对电视规制体系的重构将至少存在两点影响：首先，产业边界的模糊会导致规制内容的变化，而以往对这些产业的监管分别属于不同的部门，规制内容的重叠将限制这些产业之间的信息交流。其次，网络的融合将导致规制权利的融合。政府规制机制的调整从本质上看将是"多委托人多代理人"和"单委托人多代理人"模式之间的选择。

从对电视产业规制的有关研究中可以发现，我国三网融合后的电视市场规制呈现出社会规制与经济规制相结合的（如内容规制与经济规制相结合的）综合规制特性，从而会产生一些以前未曾碰到的问题与矛盾。其主要原因是：从规制内容看，有线电视在无线电视缺失的情况下有其自然垄断特征，需要进行经济规制；电视内容与民族文化、社会舆论等有着非同寻常的联系，而电视观众更是多种多样的，需要有社会规制的手段。而经济规制与社会规制的目标并不一定在所有时刻都完全一致，这就引发了综合规制下的权衡问题。从规制理论看，电视规制需要满足公共利益，但就我国的现状，电视规制面临部门利益的竞争，而电信企业以 IPTV 的方式、互联网企业以网络电视（视频）的方式进入电视产业，则加剧了规制框架下的电视竞争，因而对规制手段提出更高要求。从规制发展的路径看，电视规制正处于放松规制的时间节点上，同时平台企业的兴起促进了自我规制的发展，增加了规制选择的困难程度。

随着我国在不长的时间内发展成为电视大国，电视业的规制体系也在改革进程中不断完善。1999 年以前，我国电视产业由原广播电影电视部统一管理，基本上实行政企合一的规制体制，行业的管理几乎完全是政府行为，管理方式主要是贯彻中央和有关主管部门的政策、规定、条例等行政命令。随着 1998 年信息产业部的成立，有线电视网络行业的管理归口于信息产业部，广播电视的内容管理仍归广电部门，电视业开始逐步实行政企分开的规制体制。

改革开放 40 多年来，伴随着我国从"计划经济"向"中国特色社会主义市场经济"的逐步转型，电视及相关媒体业也由小到大、由大到强逐渐演进。不过，由于我国广播电视产业长期的政企合一的体制，在三网融合的时代背景下，产业发展中仍然有许多亟待解决的规制问题。这些问题包括：纵向规制（因为中央政府与地方政府有一定的规制期望差别）与横向规制（因为不同的政府部门有各自的规制重点）的分合问题；电信和电视双向进入时的不对称规制问题，以及经济规制和社会规制的融合问题等。这些问题中有些我们已在前面的章节中有所讨论，有些则基本尚未涉及。

10.2.2　重构中的规制分合问题

虽然我们已经在 8.2 节较详细地讨论了集中规制和分散规制的福利权衡，但仍有必要再仔细观察相关规制功能和机构的分合与规制体系的重构问题。

正如本书 3.4 节对规制现状的总结，我国尚未从法律层面形成专门的电视规制体系，有关的规制政策措施大都散见于国务院的文件和有关部门的规章中，这将无法满足网络融合，更不用说移动互联时代的电视市场规制需求。在实际操作中，中央一级涉及网络融合的重大规制政策及政策调整，主要以国务院、国家广电总局、工信部和国家发改委（单独或联合）文件的形式出台。不少文件常常重在指导原则，较少有具体的激励和约束方案，且往往难以执行到位。

虽然在其他国家电视规制体系的发育过程中，法律制度的建设也时常落后于技术变化和产品（或服务的）创新。不过，这一特点在我国（由于行政部门的职能分割）显得更为突出。虽然早在 1980 年全国人大就已启动《电信法》的起草（胡雅清和颜萍，2007），但由于该法律将牵涉众多部门的职责及各大运营商的利益，迄今为止仍然未能出台①。早有专家指出，为了理解法律制定缓慢的原因，应该考虑国内改革的宏观背景（Gao and Lyytinen，2000）。为了建设与完善中国特色社会主义市场经济体系、实现中华民族伟大复兴，政府往往采取试错的方法。因此，在没有进行整体性体制改革的前提下，通常只能在较小的范围或领域中开展尝试性改革。这种方法虽然已被改革与发展的实践证明适合某些领域，但并不一定适用于电信、电视，甚至媒体这一类日益融合化发展的复杂领域。电视领域的技术、需求及商业模式的变化是如此之快，以至于某种尝试刚刚成功，其所依赖的背景环境就已经发生了较大改变，原来的改革尝试已经跟不上相关技术的发展和商业模式的创新。

从纵向上看，中央和地方的双重规制使得电视产业在三网融合中较易陷入地方保护的泥潭。由于基层电视业的所有权往往由当地政府所控制，地方政府对

---

① 虽然 2000 年 9 月 20 日国务院就颁布了《中华人民共和国电信条例》（简称《电信条例》），依法监管电信业的发展，为电信产业的发展保驾护航，但《电信法》却酝酿多年仍未出台。核心原因之一或许在于网络融合后通信业的变化及产业边界划分的困难。不过，此方面的努力仍在进行之中，例如，根据工信部政策法规司的信息公告，2019 年 1 月 24 日，《电信法》立法专家组第一次研讨会在北京召开。电信法已列入十三届全国人大常委会立法规划。

电视业的监管方式常常具有较大差别，而且往往倾向于保护地方垄断。如上海文广取得 IPTV 牌照后，虽然在上海和哈尔滨都能顺利开展该项业务，但是在浙江的宁波①和福建的泉州②则曾被当地的广电部门叫停。在中央和地方的双重规制下，各个地方不同的电视市场进入规制方案为三网融合的发展增加了更多的不确定因素。

其实，中央和地方政府对电视业的双重管制现象并非中国独有。美国的有线电视业同样受到联邦和地方政府的双重规制。地方政府的规制权力源自有线电视系统必须使用地方政府的街道及其路权，因此有线电视系统的设立必须得到地方政府的特许。在美国，地方政府与有线电视运营商之间并没有资产的关联性，因而其规制措施在不同的有线电视公司之间，以及有线电视公司与电信公司之间的差别并不大。但在我国，政府对电视业的规制与对电信产业的规制则有所不同：有线电视网络公司的"出生"多为地方政府所投资，因而规制政策的地方特色更为明显。与此不同的是，在电信领域实行中央集中统一的垂直领导，电信具有全程全网的特点，各省（自治区、直辖市）的电信管理机构必须在国务院信息产业主管部门的领导下，依照《电信条例》的规定对本行政区域内的电信业实施监督管理。

从横向上看，与发达国家不同的是，我国不仅缺少独立的规制机构来统一规制包括电信和电视业在内的整个泛通信产业③，而且规制权力过于分散在各个政府部门中。我国 2018 年的规制机构仍然按照传统的产业进行分类。工信部负责规制电信产业和宽带产业，国家广播电视总局负责监管电视业，网信办等机构则负责规制网络视频内容产业。这就有可能使各个行业的经营商都无法充分利用各自的技术优势和现有网络提供高质量的语音、数据及视频"三位一体"的服务。尽管在网络融合的时代，国家鼓励电信和电视企业相互间的行业进入，然而现实中进入障碍仍然存在。比如，截至 2018 年初④，国家新闻出版广电总局总共颁发了12 张 IPTV 牌照，其中绝大部分都给了广电系统内的企业⑤，而有线电视运营商却因为没有国家级有线电视网络公司，也得不到互联网的国际出口牌照，所以需要向电信运营商租用有关网络和国际出口。

与工信部和国家广播电视总局的有关规制不同的是，国家发改委负责行业的

---

① 浙江广电全面叫停 IPTV　利益矛盾成推广障碍，http://tech.sina.com.cn/it/2006-01-11/0959816844.shtml.，2020 年 4 月 10 日。

② IPTV 首遭地方广电叫停　上海文广推广遇阻，http://www.dahe.cn/xwzx/it/t20060105_376353.htm，2020 年 9 月 16 日。

③ 2013 年 3 月，改革开放以来第七次政府机构调整中组建了国家新闻出版广电总局，仍然维持了广电和电信分开规制的局面。

④ 其中，中国电信和中国联通拿到了 IPTV 传输牌照，中国移动尚未拿到。

⑤ 2018 年 6 月，中国移动拿到 IPTV 牌照。

投资审批和价格监督；国有资产监督和管理委员会负责国有资产的监督；商务部负责外资进入的审批。其实，分散的规制权力是一把双刃剑：一方面能增加规制俘获的成本；另一方面，将导致规制冲突及混乱，增加协调成本。

10.2.3　重构中的平台规制问题

在网络融合的背景下，蓬勃发展的互动电视是传统电视与计算机的结合体，它能互不干扰地同步实现电视观看、信息浏览、网上聊天等功能，成为新的平台式终端。进而有线电视网络运营商的平台角色越发突出，平台规制成了一个新的问题。

在网络融合，尤其是移动互联的背景下，平台竞争往往日趋激烈，平台企业有可能为了自身的商业利益而不顾其客户借助其平台发布的内容的质量。例如，客户提供的内容与应用可能违法。平台企业作为平台规则的制定者，对平台上的多边用户具有较强的控制力（它是自我规制的基础）。不过，平台在实施这种控制力的时候，其导向往往首先是为了自身的商业利益，而不是社会福利的最大化。这种控制力实施准则使得平台企业可能会默然，甚至纵容其客户有损社会福利的行为。如2010年时，全球最大的搜索引擎平台谷歌就宁愿退出中国市场也不愿意就谷歌中国搜索到的内容继续接受审查。事实上，谷歌上供人们搜索的某些内容并不一定合法，或虽不违法但并不合情、合理或合规，有些内容很可能涉及侵犯版权，违反公序良俗，甚至威胁与实际危害国家的信息主权。搜索引擎这一类新媒体通常拥有海量用户，其上的违法或不健康内容极易为消费者所接触，而且，消费者在引用、转载这些内容时又可能进一步传播这类违法信息，从而不断扩大其对社会的负面影响。因此，尽管搜索引擎所展现的内容来自第三方，但这类平台企业的违法内容还是需要受到社会性规制的约束。

在网络时代，不仅平台上的内容要受到内容规制，而且平台运营商的一些行为也需要受到经济规制的约束。在平台的商业模式中，平台利用内容吸引用户并赚取这些用户的商业价值。内容对消费者往往是免费的，按照我们在第4章中讨论的双边市场理论，这种免费模式并不构成不正当竞争，反而能够有效协调价格结构，将网络的交叉外部性内部化。但是，如果内容侵犯了第三方的经济权利或其他权益，则这种交叉外部性就为相关的侵权提供了便利。比如，如果通过搜索引擎可以获得盗版内容，就会侵犯版权持有人的利益。因此，搜索引擎的平台商业模式虽然可以有效协调平台两边，但有可能有损与平台业务有关的第三方的利益，带来一种负的社会外部性。此时，需要规制机构对平台施加相应的经济规制，纠正这种负的外部性。

平台企业对平台内容或业务管理权的可能滥用也会导致经济规制，从而对社会福利产生负面影响。当平台企业对平台内容或业务具有较强的管理权时，常常会主动对相关内容或业务进行干预，这种干预可能带来商业利益与社会福利的冲突。例如，有线电视网络运营商有权决定落地电视频道的播放顺序，那些排在前面的频道更可能获得较高的收视率。有线电视网络运营商还可以干预互动电视的搜索排序，这不仅影响消费者的判断，而且将影响相应电视内容的商业价值。互联网产业中类似的例子是百度曾经广受关注的竞价排名事件①。百度作为全球最大的中文搜索引擎，在某种程度上已经成为中文信息世界的基础设施。百度的搜索结果对用户具有较大的价值，因为用户相信百度的算法科学且公正。不过，竞价排名制度如果应用不当，就有可能将排名建立在利益相关方的竞标基础之上，而不是科学与公正的算法基础之上。此时，消费者通过搜索引擎可能不仅得不到充分的有用信息，而且可能得到虚假的信息，而一些具有社会价值的信息因为没有参与竞价排名，可能在搜索结果中排名靠后。

平台企业对接入平台内容的管理是一种产业组织行为。在对频道内容播放的选择及竞价排名的例子中，都可以显示出平台企业有能力妨碍具有社会价值的第三方接入者，这就构成了经济规制范围内的纵向排斥。平台作为底层基础设施，应该公正地对待上游的内容供给方。

在网络融合背景下的电视竞争中，针对平台企业的规制的复杂性还在于进入平台的内容不仅需要经济规制，还极可能同时触发社会规制问题。如果平台管理权被滥用，则可能明显提高用户接触虚假信息的概率，当用户使用这些虚假信息时，消费者利益就可能受损。因此，平台企业的内容管理行为也应受到内容规制。此时，平台企业的行为将可能同时受到内容规制与经济规制。总之，对平台企业的规制需要关注内容规制与经济规制相结合的综合规制效应，因而更需要内容规制机构与经济规制机构的密切合作。

10.2.4　重构的特色

1999 年，国务院八十二号文件（国办发〔1999〕82 号）曾明确规定禁止电视与电信两大行业的相互渗透，并且两行业分别由国家广电总局和信息产业部管辖，即若电信企业想进入电视领域，就必须获得国家广电总局的批准，反之则需要信息产业部（目前是工信部）的审批。2008 年国务院一号文件（国办发〔2008〕1 号）要求加强宽带通信网、数字电视网和下一代互联网等信息基础设施建设，推进三网融合②。在这种变化的背景下，为了给实现推进三网融合的国家目标创

---

① 例如，独家：百度就虚假医药信息问题致歉，http://tech.sina.com.cn/i/2008-11-17/22162584794.shtml，2020 年 9 月 16 日。那是一次曾经引起较多关注的"网民求医效果非预期"事件。

② 文件规定："鼓励广播电视机构利用国家公用通信网和广播电视网等信息网络提供数字电视服务和增值电信业务。在符合国有有关投融资政策的前提下，支持包括国有电信企业在内的国有资本参与数字电视接入网络建设和电视接收端数字化改造"，此文意味着广电和电信可以相互进入对方业务领域，而 1999 年发布的以禁止广电、电信相互准入为核心的 82 号文也正式终结。

造有利条件，我国的电视和电信规制机构的调整也势在必行。可以展望未来我国电视市场规制体系的重构将具有如下特色。

1. 规制依据：立法先行

显然，市场失灵虽是政府规制产生的必要条件，但并非充分条件，仅根据市场失灵并不足以证明规制的正当性。从其他国家有关电视和电信规制发展的历史看，一般都是先立法，然后以法律为基础进行相应的体制改革①。与规制有关的法规是政府机构对运营商的市场行为实施规制的基本依据。

在我国，虽然规制立法与规制实施之间的先后关系与西方发达国家有所不同，但多年来也积累了一些涉及规制的相关法规。这些法规主要有三类：第一类是正式法律，由国家最高权力机关全国人民代表大会及其常务委员会制定和颁布；第二类是行政规章，既包括国务院制定和颁布的行政法规，如条例、规定、办法等，也包括国务院各部委根据法律法规在本部门权限内制定和颁布的实施细则、命令、指示、通知等；第三类是地方性法规和地方政府规章（王俊豪，2007）。

不过，我国目前尚没有一部融合电视业和电信产业规制的法律。电信与电视业运营与发展的法律依据仍然主要是部门条例，包括《中华人民共和国电信条例》与《广播电视管理条例》。条例类型的法律与全国人大及其常委会通过的法律相比，其法律效力有限，属于下位法。因此，尽早建立符合三网融合要求的、统一规制电信和电视等行业的综合性通信法，对于我国的泛通信产业发展具有重要意义：首先，法律具有规范性、权威性、稳定性等特点，电信法能为我国电视电信业的融合性规制提供权威的依据，避免因网络融合而使相应的规制受到地方与部门的过度影响；其次，通过法律可以确立具体的规制架构，确定规制机构的权力范围、规制机构与政府立法和行政部门的关系等；最后，在网络融合时代，通过立法明确规制机构及相关部门的权责界限和职能分工能避免规制重叠和规制空白。

因此，对于我国网络融合的发展，应当通过专门的法律来明确规制机构的职责权限，详细规定规制机构的权利和责任、具体化规制方式及其实施程序，使规制行为本身规范化和权威化。

2. 规制特征：独立作为

目前国际上主要存在两种对规制独立性概念和有关做法的不同理解。一是规制机构只独立于被规制企业，而不独立于政府。二是规制机构既独立于被规制企业，又独立于政府（即不直接对政府负责，具有准司法和准立法职能）。显然后者的独立性更强，一定程度上可免受政府更迭和政府短期政策的干扰。英国和美

---

① 有兴趣的读者可参阅附录3~7的有关内容。

国是这一做法的典型代表，受英美法系影响较深的部分国家也采取这一做法。就发展趋势看，将来或许有更多的国家会采用这一模式，不过，就目前而言，在世界范围内，大多数规制机构并未独立于政府。就我国而言，从某种程度上看，目前电视产业政策制定者和执行者是合二为一的体制，这种制度安排并不一定有利于部门之间的相互监督和制约。

规制机构的独立性是现代规制制度的基本特征之一，也是经济性规制机构的发展趋势。就我国电视产业而言，作为规制者的行业主管部门与企业之间较长时间以来政企难分（甚至政企合一），主管部门既是规制政策的制定者与监督执行者，又是企业的所有者和经营者[①]。如果规制机构与被规制企业之间存在关联性，或许难以保证规制的公正性。例如，曾经的国家广电总局（广电部门的规制者）就与中央电视台（代表国家的内容提供商）具有多方面的联系。中央电视台的台长兼任国家广电总局的副局长，中央电视台的上缴收益是国家广电总局收入来源的重要组成部分。这种情形在外界看来似乎难以保证国家广电总局规制政策的制定与执行的公正。因此，似有变由现有的部（委）充当规制者，重新组建一个新的独立规制机构的必要。根据国际惯例，有关电信（电视）的规制机构将主要负责对产业发展的研究、规划，负责重大事件的指挥和调度、技术创新的组织和标准统一、国际电视（电信）服务贸易的协调管理、电视（电信）网络安全和信息安全的规制，以及电视（电信）市场的规范和协调等。

3. 规制目标："横""纵"统一

移动互联时代的电视市场规制目标将会指向寻求"横向融合"与"纵向集中"的统一。从国际上看，伴随着网络融合的步伐，设立独立规制机构的国家越来越多，规制机构本身也出现了融合的趋势。新型规制机构的规制范围大多已包括泛信息通信领域，包括广播电视传输网、电信网及互联网等。美国等发达国家已经（或基本）完成了电视规制体制的变革，成立了融合型的规制机构。在我国，虽然当年信息产业部的成立初步体现了有线和无线电信市场规制融合的趋势[②]，但尚没能实现规制机构的完全融合。我国作为电视和信息通信大国，进一步建立融合型的规制机构，已经成为推进技术应用和可持续发展过程中的一个无法回避的问题。

从实践上看，部门分割的体制往往不利于形成能够协调电信和电视业的规制政策，机构融合则成为推进数字融合的重要前提。在机构分立的传统体制下，内

[①] 例如，曾经的通信管理局就是工信部领导下的行业管理部门。

[②] 忻展红（2008）指出，信息产业部是在原邮电部、电子部的基础上成立的，并融合了国家无线电管理委员会、国家信息化领导小组，以及原属广电部的广播电视网与信息管理的政府职能。国务院颁布的《中华人民共和国电信条例》中规定："公用电信网、专用电信网、广播电视传输网的建设应当接受国务院信息主管部门的统筹规划和行业管理。"

容层上电视与电信的区别极易传导到网络层和应用层，阻碍网络开放和交叉竞争。如果通过机构融合，将网络层、业务层和内容层都纳入统一的纲领性法律和统一的规制机构，将有利于形成统一的规制目标和协调的规制政策。当然，我国有自己的国情条件，不能完全照抄国外的模式。机构融合需要慎重设计，融合的条件、可能造成的影响及化解措施等都需要科学论证。不过，以机构融合为突破口推进数字融合，或许是现阶段协调政策和行动的重要前提（汪向东，2006）。

从理论上看，王俊豪（2008）提出了规制机构融合的范围经济特征。假设某一家规制机构具有 K 种密切相关的规制职能，它提供这 K 种规制职能的总成本为 $\mathrm{TC}(G_1, G_2, \cdots, G_K)$。如果此处 K 种规制职能分别由另外 K 家规制机构（包括政府机构）来承担，那么这 K 家规制机构都有自己的规制职能，只是与这 K 种规制职能没有多大的关联度，那么，这 K 家规制机构提供这 K 种规制职能的边际成本分别为 $C(G_1), C(G_2), \cdots, C(G_K)$。则当下式

$$\mathrm{TC}(G_1, G_2, \cdots, G_K) \leqslant C(G_1) + C(G_2) + \cdots + C(G_K)$$

成立时，这家规制机构就存在范围经济。也就是说，从经济合理的角度看，应当由这家规制机构承担这 K 种规制职能。而且，范围经济性越强，就越有必要将综合性规制职能授予这一家规制机构，反之亦反。

随着电视、电信及互联网的不断融合和多 G 技术在我国的发展，电视规制已经不再仅仅是电视规制机构的任务，电信规制亦然。在我国，所谓网络融合，目前主要表现在有线电视网络、电信网络和互联网的融合，相对应的规制机构——前国家广播电视总局与原信息产业部之间的协调问题日益彰显。而许多互联网企业则依靠电信网络运营视听业务，电信部门则推出 IPTV 业务，广电网则推出互动电视业务和互联网业务。上述业务的发展导致各部门之间的界限日益模糊，因此，跨产业的规制是网络融合下规制的必由之路。

可见，在网络融合的环境下，应设立一个跨产业的、融合的规制机构，尽量避免规制职能的重叠、冲突及规制"真空"等问题。但是，目前我国仍然存在不同规制机构分别对电信、电视等产业进行规制，在一个融合的规制机构建立之前，可以采用过渡性质的"合作规制"模式，即在规制机构之间建立一种合作规制机制，促进规制机构之间的沟通与合作。d'Udekem-Gevers 和 Poullet（2001）曾探讨互联网内容规制的合意方式究竟是自我规制（self-regulation or private regulation）还是传统的公共规制（public regulation）。1999 年 10 月，OECD 在渥太华举行了部长会议，提出了第三种规制方式——合作规制（cooperative regulation or joint regulation）或者是"自我规制与公共干涉有效结合"（effective mix of public & private regulations）。通过定期和不定期的沟通协调，不仅有助于不同规制机构的合作，而且能促进不同地区规制机构的合作，有助于促进网络融合下整个电视产业和通信产业的发展。

就中央和地方规制机构的关系而言，鉴于中国各地区之间在资源禀赋和经济发展方面的非均衡性，同时为了避免地方保护主义的干扰，在更大范围内优化资源配置，原则上应采取纵向集中的管理模式，在中央一级设立全国统一的规制机构，地方上只设立相应的派出机构和分支机构。但是考虑到我国幅员辽阔的特点，在中央和地方之间合理划分规制职责，赋予地方以较大的自主权（如资费制定权）也具有必要性。这将既有利于充分调动地方规制机构的积极性，同时也有利于在地方规制机构之间形成一种标尺竞争（yardstick competition）。

10.3　移动互联时代电视规制的变化

与展望移动互联时代的电视竞争市场相比，我们更感兴趣的是对移动互联时代的电视市场规制的展望。这或许是因为移动互联时代的电视竞争市场与先前的电视竞争市场的发育与演化一样具有许多技术创新和大众创业导致的市场不确定性，对这些不确定的未来我们只能保有客观的观察和等待；而移动互联时代的电视市场规制则主要是一个"社会-技术-当事行为人"的人造市场，值得我们花点工夫把它设计好和运行好。

我们在本章开篇就提出，目前的电视规制模式面临着改革的迫切要求，首先是出于我们"网络融合背景下的电视产业不大可能逐步演化为完全竞争的市场，因而仍需规制机制存在"的判断。不过现有的规制机构将无法采用以往的方式对网络融合后的电视产业继续进行传统意义上的监管。而在移动互联时代，该如何对电视产业，甚至整个网络型产业进行有效的监管将是一个重要的课题。

从广义上看，移动互联时代可以看作信息空间与物理空间的融合，是将一切事物数字化、网络化，在物品之间、物品与人之间、人与现实环境之间实现高效信息交互方式，并通过新的服务模式使各种信息技术融入的社会行为，是信息化和网络融合在人类社会综合应用达到的最高境界。在此背景下，传统的规制政策的有效性将受到前所未有的挑战。①

基于前述的分析，随着移动互联时代的到来，平台开放性、技术标准化和产品（服务）的系统化都将得以提升，而网络效应和范围经济也将更为普遍。这些因素的改变使得电视产业乃至整个网络型产业面临新的契机和挑战，如市场主体的重新定位、竞合关系的改变及商业模式的创新等。这些改变将会对新时代电视产业的规制提出新的命题，促进学界的理论思考和规制机构的实践探索。

---

① 我们只在本节对移动互联时代的规制制度做一般性而非系统性的分析。

10.3.1 规制对象的变化

网络融合为各类厂商提供了众多商机，因此，竞争参与者将更加多样化，各主体的竞争行为也将更加复杂化。仅仅对网络运营商进行规制已经不能满足网络融合后的发展需求，需要学术界和规制机构关注更多的、其他类型的运营商，利用产业重组和范围经济的影响，应对市场竞争可能造成的扭曲。

基于前述对未来网络的分析，在移动互联时代，就具有一定自然垄断性的网络型产业而言，规制的对象将包括对网络平台的规制、对技术标准化的规制，以及对内容/服务提供商的规制等方面。

就针对网络平台的规制而言，未来网络的发展目前尚处于初级阶段（物联阶段），其具体表现在物与物之间、物与人之间的通信。随着 5G 技术的应用，未来网络会迎来一个大发展的时代，将成为通信网、互联网、物联网的高度协同和融合的泛在网络。这种网络将真正实现跨网络、跨行业、跨应用、异构多技术的融合和协同。由于这种泛在网络是对现有网络的分层融合与架构，因此要实现各种终端（物、人）之间的通信，以基础网络设施为业务支撑的网络架构必不可少。基础设施是提供未来网络服务的支撑，也是各运营商开展竞争的基础。未来网络下的平台所提供的将不再仅仅局限于互联网，电信网、广播电视网，以及无数的行业专网都将成为提供服务的未来网络平台。为了保证未来网络平台的开放性，需要对网络运营商进行网络中性规制。

就针对技术标准化的规制而言，由于未来网络技术涉及多个领域，这些技术在不同的行业往往具有不同的应用需求和技术形态。对未来网络的技术体系进行分析可以发现，就目前的网络发展而言，主要技术体系构成包括感知与标识技术、网络与通信技术、计算与服务技术及管理与支撑技术四大体系，涉及传感器、计算机、通信设备、管理设备等多个设备制造商。正是由于这些技术体系的支撑，各种不同的数据源及各种不同的设备之间能够进行互联互通。而未来的网络将可以实现千差万别的系统之间的高级别互操作性。由于这种对技术的高级别要求，某些技术持有者建立了自己的技术标准，从而达到垄断和设置进入壁垒的目的。但是这种技术壁垒导致的垄断利润也包含了部分高技术投资的风险回报。如果缺少这种利润回报，未来网络技术的创新将失去动力。这就需要规制机构确定技术标准化的界限，以实现技术创新和设备标准化共赢的局面。这样，既能促进未来网络终端市场的有效竞争，又能推动未来网络产业的分工合作，还能提高未来网络产业的效率，最终真正实现人与物、人与人、物与物之间真正的互联互通。

就针对内容和服务提供商的规制而言，网络融合的深入发展预示着内容产业甚至整个文化产业市场的非垄断性。在移动互联时代，任何个人、企业、非营利组织或者国家都可能成为内容和服务的提供者。内容市场进入门槛的降低使得内容的提供数量也将呈井喷式增长，这些都对规制提出了新的挑战。以"字幕组现象"为例，字幕组是一群语言爱好者组织起来的非营利团体，他们通过对国外视频进行翻译并附字幕的方式，将国外的影视剧上传到相关网站供其他用户收看，作为内容提供商，他们提供的内容是免费的，主要的盈利方式是网站的广告收入。虽然字幕组的出现一定程度上促进了内容市场的繁荣，但是字幕组提供的内容常常涉及版权等问题，这些都对规制提出了新的挑战与要求。另外，曾一度沸沸扬扬的小米盒子的内容侵权行为（导致优酷和迅雷起诉小米盒子内容侵权）同样也是曾经内容管制的空白。这些游走在法律边缘的产品，不仅存在随时被叫停的风险，也对文化市场的开放存在冲击。因此，规制机构如何在保证内容市场完全开放的情况下对内容本身进行监管与规制，将成为规制发展的重要课题。

10.3.2　规制机构的变化

传统的规制政策大多建立于"分业规制"的基础之上。基于分业的规制政策有利于政府机构掌握较为充分的、规制需要的专门信息。但在移动互联时代，全业务数字化内容运营商的出现，使得人们必须审视基于细分"市场"的规制政策是否会对经济效率造成损害。网络融合的发展对规制机构重建至少存在两点影响：一是产业边界的模糊导致监管内容的变化，而多数国家对这些产业的规制分别属于不同的部门。例如，当智能电视成为网络的重要终端时，网络运营商与内容商的纵向融合就可能利用该终端限制其他内容商的服务，而对此的规制将跨越广电部门和电信部门。二是网络的融合客观上将导致监管权力的融合（胡汉辉和沈华，2007）。然而，以往的规制实践也表明，"规制俘获"一直困扰着规制制度的发展，而分立的规制机构的设置有利于相互间的制衡，可以降低规制机构被利益集团收买的风险。同时，多个规制机构并存有利于确定政策基准，形成规制机构的标杆竞争。

虽然网络融合的发展尚处于探索阶段，不过以三网融合时代的规制发展为基础，还是可以一窥移动互联时代产业规制机构的发展趋势。从国外规制机构改革的实践来看，三网融合下的规制机构建设，无论是机构融合还是分立，均应该尽量保持规制机构的独立性，由具有行业专业知识的专家担任负责人，并切实做到政企分开。这样的设定将在很大程度上保证规制机构不受政治环境变化的影响，有利于打破行业垄断和部门分割的利益格局，通过超越本部门的协调机构平衡各利益集团之间的利益，从制度上降低由于垄断而形成的进入门槛，最大限度地保障信息时代网络产业的发展。

更进一步地看，在移动互联时代，地域界线被不断打破，文化融合使得文化界限不断模糊，未来将无法存在一个在某个地域界线内的权威规制机构。也许未来规制机构将发展成为一个国际化的合作组织，通过跨国合作、融合与协调的方式对移动互联时代下的平台与内容进行监管与规制。

10.3.3　规制准则的变化

对于移动互联时代的电视产业的规制已经不仅是单方面基于法律的经济规制，很可能是一个以政府规制为主，辅以行业自律、自我规制与道德规制相结合的多重规制体系。具体的表现形式为：政府以法律为基础进行规制，行业以协会形式进行自律，平台以可持续为共识进行自我规制，民众以道德为标准进行舆论监督[①]。

第一，对于移动互联时代下的电视产业的规制政策的设计与执行必须在一个法律环境成熟、法律框架完善的前提下进行。2000 年 9 月《中华人民共和国电信条例》（尚未经立法机构批准）的颁布，揭开了电信市场在规范的市场秩序下运营的序幕。随着三网融合的不断深入，融合性业务越来越多，"互联网+"、5G 垂直业务等纷纷出现，如何应对这些行业变化，寻求多方平衡，对新形势下的立法要求越来越迫切。2019 年 1 月 24 日，电信法立法专家组第一次研讨会在北京召开，这预示着我国电信法的立法工作将会迎来变革性的进展。

第二，建立电视产业的行业协会，通过行业自律的模式来规范企业的行为。行业协会引导企业自律的行为主要有如下几种：①建议性行业指引，这种方式主要为企业提供一个广为接受的范本，但范本本身不具有强制性，也不监督协会成员的遵守情况。②建立认证体系，这种方式通过对愿意进行行为规范的企业进行认证，从而获得消费者和其他企业的较高信任。通过行业协会来进行行业自律不仅可以防止政府的过度干预，也能填补因为技术发展过快而导致的立法暂时缺失的空白。此外，这种行政指导下的行业自律并不具备强制性和监督性，因此，政府还应在保证行业自律监督独立性的基础上成立监管机构，监督电视产业中的企业的行为及法律实施。

第三，构建以平台企业为核心的自我规制体系。移动互联时代的新型媒体的变革不仅体现在产品升级上，更体现在经营模式、消费模式和商业模式上。由于打破了原有的产业界限，移动互联时代的内容消费更加注重消费的个性化，需求趋势促使平台企业有动力提供多样化的消费产品，这种互动性、实时性对以事前规制为主要方式的传统的政府规制提出了挑战，而自我规制具有的专业技术知识能够快捷、有效地弥补政府规制的乏力甚至无效，以解决市场失灵的问题。同时，平台的自我规制也将在一定程度上承担平台自身审核内容产品的合法性或者合规性的社会责任，这在一定程度上弥补了政府规制的不足。

第四，构建新型的道德引导机制，通过社会大众进行舆论监督。为了解决公民的道德问题，更好地进行舆论监督，需要从以下几个方面进行。①强化社会舆论的道德评价，充分发挥道德评价的他律作用，加强相互监督的作用。②健全相

---

① 关于与此有关的"自我规制"问题请参阅 9.3 节的有关讨论。

关的道德规范和道德原则。通过企业、学校、社会团体加强道德研究，完善理论体系，并在此基础上，制定具有一定约束力的道德规范。③注重对个人的道德教育。通过道德自律，加强对公民的道德教育和培养，并在教育的各个环节中渗透道德教育。④国家和社会也要进一步加强道德规范的宣传，为公民道德教育营造良好的外部环境。⑤鉴于电视内容产业的全球化趋势，道德建设还必须达成全球共识。

10.3.4　竞争与规制关系的转换

自 1990 年以来，电视业与其他网络型产业（电信、电力网络）一样，都经历着从最初一定程度的自然垄断，到规制下垄断，再到规制下竞争的市场模式的转变。电视业本身也从垄断下的视频传输网络转变为能够提供多种数字化服务的全业务运营商，并面临着诸如传统电信运营商等越来越多的竞争者。这些变化都标志着与以往相比，不论是社会环境、制度还是市场，电视产业都已经进入了一个"新规则"的时代。

正如对电信市场的市场治理政策由干预向竞争转变一样，鉴于在规制新的电视市场时所遇到的各种难题，人们理所当然会考虑是否应该用竞争政策来替代规制。对比欧美等发达国家的电视市场规制也可以发现，许多欧美国家采用过竞争或者放松规制的政策来应对新的电视竞争市场，特别是随着信息技术的飞速发展，以及网络融合深度与广度的不断拓展，一个没有任何规制机构的全球性市场已经不可避免地会建立起来。但是必须提到的是，仅仅倡导竞争并不一定能为一个产业带来积极的改变。虽然相较于垄断，竞争会使得价格出现明显的下降，但是对于电视业来说，以美国为例，就曾出现了竞争导致的大规模的兼并和并购，造成市场更为集中，一方面使得价格反而更高，另一方面，服务质量却不断下降。不过，这一现象并未在中国出现（虽然我国的有线电视网络运营商一直在本地市场中处于一定的垄断地位）。由此说明政府干预在一定程度上反而能够引导市场更快地达到较优的状态。

此外，单纯在平台间引入竞争或许还不够，为了得到更高的覆盖率和更低的价格，提高消费者福利，竞争需要在不同层次的市场内存在。因此，一些国家不仅放开了电视市场的门槛，允许新的竞争者进入，还允许电视运营商进入电信产业，开拓新的市场。但是需要指出的是，在我国，在不同的市场内，电视运营商和电信运营商无法在相同的条件下运营，并且受到不同的规制限制，因此，中国的电视和电信运营商在不同市场内的竞争似乎并未开展起来。因此，只有当规制政策在市场内对不同的竞争者一视同仁的时候，竞争者们才能以更低的价格为市场提供更好的产品。

因此，在移动互联时代，由于市场、环境及相关因素的变化，对电视产业究竟是采取竞争还是规制的政策，或许只是方式与效果的时效性之间的差别。随着规制的对象、机构和准则的改变，规制体系的重建或许已经无法仅仅依靠政府机构来完成。正如第 9 章已经分析的那样，对于新的电视市场的规制来说，全网络与全内容的竞争模式、多平台的竞争市场，将使得自我规制成为规制体系中的重要组成部分。

10.4　结　语

随着 5G 商用时代的来临，电视产业将进行一场重大变革，OTT TV 可联网、可交互的特征将人们从 PC、手机和 Pad 端又慢慢拉回至电视机前，人们观看习惯的变化及付费习惯的养成将推动电视进入互动 2.0 的时代，数字电视（广电系）、IPTV（电信运营商），以及 OTT（互联网电视和 OTT 盒子）三大业态的竞争与合作，将会带来整个价值生态链的重构，也将对未来产业的定位、商业模式及规制与监管提出更新的要求。

另外，随着网络直播业态在市场的快速普及，越来越多的文化活动，特别是传统文化活动将嫁接直播平台，开启"内容+渠道"的合作模式，借助平台优势，聚焦年轻用户，让传统文化在数字时代中传承与创新，这将不仅提升整个产业的文化素养，也将通过更多的优质内容创新坚定大众的文化自信。可以预见，随着移动互联时代内容的广泛传播，更多的精品内容将被"生产"出来，而观众也会随之建立新的交流圈，最终形成一个能够良性循环的文化生态圈，并成为坚定文化自信的新阵地，助力中华民族伟大复兴。

而当无所不能的互联网（当然包括移动互联网）以颠覆者的姿态冲击了现代社会的产业结构之后，在后互联网时代和物联网时代的未来，谁将取代互联网？或许下一个时代，将是智能化的智能网时代。互联网本质上改变了人与人之间的信息交互方式与传递速度，消除了信息的不对称，但是"对事物本身施加影响"并非其初衷，而智能化将会通过对产品和服务全程的帮助和干预来改变这一切。谷歌近年来力推的各种项目，如无人驾驶汽车、谷歌眼镜等，似乎和目前最火热的互联网领域、移动互联网并非同一个范畴，但是随着谷歌收购 Nest，随着"无人驾驶——谷歌眼镜——Nest 被智能化——……"串联之后，随着物联网（借助于 5G 乃至多 G 技术）的广泛应用，基于云计算和大数据的软件智能化时代的电视市场将会发生怎样的变革（毕竟在当前的工业设计和制造条件下，硬件的设计和制造难度都已不大，相比而言，软件智能化将是个更难以解答的命题），以及面向未来的规制机构、规制内容及规制体系的重构，或许是我们接下来需要思考的命题。

参 考 文 献

毕逢. 2004. 十年历程：中国互联网的昨天、今天和明天.互联网天地，（9）：22-24.

伯吉斯 G H. 2003. 管制和反垄断经济学. 冯金华，译. 上海：上海财经大学出版社.

布朗 C V，杰克逊 P M. 2000. 公共部门经济学. 4 版. 张馨，译. 北京：中国人民大学出版社.

曹俊浩，陈宏民，孙武军. 2010. 多平台接入对 B2B 平台竞争策略的影响——基于双边市场视角. 财经研究，36（9）：91-99.

陈宏民，胥莉. 2007. 双边市场：企业竞争环境的新视角. 上海：上海人民出版社.

陈小洪. 1999. 中国电信业：政策、产业组织的变化及若干建议. 管理世界，（1）：126-138.

丁守谦. 2010. TD-SCDMA 在我国电信发展史中的突破——兼谈我与 TD 的不解缘//高旭东. 中国 3G TD-SCDMA，一个大型高科技产业崛起的历程. 北京：知识产权出版社：62-76.

董维刚，张昕竹. 2007. 银行卡产业特征与反垄断难题. 数量经济技术经济研究，（6）：111-119，128.

董伟. 2006. "超女" 贡献社会经济至少数十亿. http://zqb.cyol.com/content/2006-01/12/content_1231000.htm[2020-09-13].

范如国. 2014. 复杂网络结构范型下的社会治理协同创新.中国社会科学，（4）：98-120.

范小军，陈宏民. 2009. 产品和零售商品牌差异条件下的渠道价格策略. 管理科学学报，12（6）：12-22.

高昊. 2009. 日本广播电视行业自律机制概览.视听界，（6）：81-84.

格里菲斯 A. 2006. 数字电视战略：商业挑战与机遇. 罗伟兰，译. 北京：中国传媒大学出版社.

顾成彦，胡汉辉. 2008. 网络型产业的渗透与融合问题研究——以上海市三网融合为例.产业经济研究，（3）：13-19.

顾颖莹，陈玉珑. 2012. 三网融合背景下媒介业务融合研究——以淘宝网与传统媒体的合作为例. 中国-东盟博览，（4）：102-103.

韩雪莹. 2016. 英国广播电视内容规制的模式. 青年记者，（3）：90-91.

韩永军. 2005-08-10. 正确看待美国宽带业务的管制政策. 人民邮电报，4.

胡汉辉，沈华. 2007. 对网络融合的认识及其对商业模式的影响. 东南大学学报（哲学社会科学版），9（6）：42-46，127.

胡汉辉，沈华. 2008. 网络的融合及电信管制的动态性.产业经济研究，（1）：37-42.

胡汉辉，万兴，周慧.2010. 网络融合下中国数字电视业的规制与发展. 产业经济研究，（4）：1-8.

胡汉辉，邢华. 2003. 产业融合理论以及对我国发展信息产业的启示. 中国工业经济，（2）：23-29.

胡雅清，颜萍. 2007. 27 年，《电信法》难产记. IT 时代周刊，（17）：36-42.

嵇波，徐春成. 2005. Internet 背景下电视媒体的出路. 中国现代教育装备，（12）：96-97.

纪汉霖，管锡展. 2007. 服务质量差异化条件下的双边市场定价策略研究. 产业经济研究，（1）：11-18.

江耀国. 2006. 有线电视市场与法律. 北京：北京大学出版社.

克兰德尔 R W. 2006. 竞争与混沌——1996 年电信法出台以来的美国电信业. 匡斌译. 北京：北京邮电大学出版社.

拉丰 J，泰勒尔 J. 2001. 电信竞争. 胡汉辉，刘怀德，罗亮，译. 北京：人民邮电出版社.

拉丰 J，梯若尔 J. 2004. 政府采购与规制中的激励理论. 石磊，王永钦，译. 上海：上海三联书店、上海人民出版社.

李明志，谭丝竹，刘启. 2010. 视频游戏产业中垄断平台定价策略. 清华大学学报（自然科学版），（6）：957-960.

李明志，谭丝竹，刘启. 2012. 视频游戏产业中竞争平台定价策略. 清华大学学报（自然科学版），（6）：859-863.

李鹏. 2016. 中国数字内容产业的发展与平台生态自我规制研究. 东南大学博士学位论文.

李幸幸. 2019. 抖音涉及的法律问题研究. 齐齐哈尔大学学报（哲学社会科学版），（3）：80-83.

刘孔中，王红霞. 2009. 电信监管机构建制的类型化研究——兼论中国电信监管机构改革的理想与路径. 经济法论丛，（2）：1-21.

刘玉芹，胡汉辉. 2011. 电信产业链网状化与电信市场竞争. 中国工业经济，（10）：130-140.

卢远瞩，张旭. 2015. 电视平台竞争：从免费模式到付费模式. 经济学（季刊），14（2）：731-756.

骆品亮，陆毅. 2006. 共同代理与独家代理的激励效率比较研究. 管理科学学报，（1）：47-53.

骆品亮，殷华祥. 2009. 支付卡网络跨行交换费的利益博弈与规制研究. 管理科学学报，（4）：23-34.

马庆平. 2001. 整合是有线电视网发展的必经之路. 广播电视信息，（9）：11，10.

曼昆 N G. 2009. 经济学原理（微观经济学分册）. 5 版. 梁小民，梁砾，译. 北京：北京大学出版社.

潘小军，陈宏民. 2002. 产品差异化与序贯推出的策略选择. 系统工程理论与实践，（8）：61-67.

潘小军，陈宏民，侯和银. 2006. 网络外部性与产品垄断定价策略研究. 管理工程学报，（1）：67-71.

钱俊. 2012. 三网融合背景下有线电视网络的业务竞争定价研究. 东南大学硕士学位论文.

人民出版社编写组. 2007. 中国共产党第十七次全国代表大会文件汇编. 北京：人民出版社.

人民出版社编写组. 2012. 中国共产党第十八次全国代表大会文件汇编. 北京：人民出版社.

人民出版社编写组. 2017. 中国共产党第十九次全国代表大会文件汇编. 北京：人民出版社.

任晓丽，刘鲁，吕成功. 2013. C2C 环境下卖家差异化策略对销量的影响——基于两阶段决策的买家购物决策分析. 管理评论，25（2）：88-97.

沈华，胡汉辉. 2007. 网络融合环境下政府监管机构的设置. 经济纵横，（8）：19-21.

石奇，岳中刚. 2008. 大型零售商的双边市场特征及其政策含义. 财贸经济，（2）：105-111.

谭德庆，刘光中. 2004. 不完全信息多维 Bertrand 模型及其分析. 中国管理科学，12（1）：85-88.

谭德庆，刘光中. 2006. 不完全信息多维 Cournot 模型及其分析（英文）. 运筹学学报，（1）：73-80.

万兴，高觉民. 2013. 纵向差异化双边市场中平台策略. 系统工程理论与实践，33（4）：934-941.

万兴，胡汉辉，徐敏. 2010. 一种间接网络效应下网络运营商价格竞争研究——基于数字电视和 IPTV 竞争的分析. 管理科学学报，13（6）：23-32.

万兴，吴崇，胡汉辉. 2009. 中国数字电视整体转换的经济学分析. 中国软科学，（10）：48-54.

汪向东. 2006. 以机构融合促数字融合. 电信软科学研究，000（12）：22-28.

王江汉. 2018. 移动互联网概论. 成都：电子科技大学出版社.

王俊豪. 2007. 管制经济学学科建设的若干理论问题——对这一新兴学科的基本诠释. 中国行政管理，（8）：86-90.

王俊豪. 2008. 垄断性产业管制机构的几个理论问题. 经济理论与经济管理，（5）：14-20.

王俊豪. 2013.《推进电力市场改革的体制与政策研究》评介. 中国工业经济，（10）：160.

王俊豪，等. 2003. 美国联邦通信委员会及其运行机制. 北京：经济管理出版社.

王兰柱. 2008. 中国电视收视年鉴 2008. 北京：中国传媒大学出版社.

王兰柱. 2010. 中国电视收视年鉴. 北京：中国传媒大学出版社.

王丽霞. 2010. 基于共同代理的侨务管理人员激励模型. 中国行政管理，（4）：96-99.

王麟，王义林. 2009. CMMB 系统搭建及覆盖效果分析. 中国数字电视，（1）：50-51，53.

王润. 2009. 论媒介文化视野下"不差钱"搞笑视频热背后的传播现象. 科技促进发展，（9）：313-314.

王润珏. 2011. 日本的三网融合之路及其对中国的启示. 新闻界，（6）：89-92.

魏夏琳. 2019. 新媒体时代短视频 APP 的传播特点——以"抖音 APP"为例. 西部广播电视，（8）：22-23.

吴玉玲. 2013. 北京有线数字电视市场拓展问题与策略. 当代传播，（1）：78-80.

吴玉玲，鲍立. 2010. 数字电视节目收视偏好与付费意愿分析——基于北京地区数字电视收视情况的调研报告. 当代传播，（4）：78-80，88.

肖皖龙，俞传锋，宋中东，等. 2010. 提升有线数字电视 ARPU 值的分析. 有线电视技术，（6）：75-77，81.

忻展红. 2008. 现代信息经济与产业规制. 北京：北京邮电大学出版社.

薛留忠. 2009. 市场化转型和服务创新：中国广电业的发展与实践. 南京：东南大学出版社.

杨龙. 2008. 宁波"封杀"湖南卫视始末. 中国新闻周刊，（4）：48-49.

易绍华. 2009. 数字化背景下中国电视媒体的网络化生存研究. 武汉大学博士学位论文.

英国贸易工业部，英国文化媒介体育部. 2000. 英国政府通信白皮书. 顾芳，等，译. 北京：中国法制出版社.

于秀娟. 2010. 中国省级卫视覆盖传播力调研报告. 北京：MAI-中广媒体调查研究中心.

虞卓. 2006. 消费主义背景下的青年价值观建设——以美国消费主义时期为例. 理论界，（10）：122-124.

曾勇. 2007. 信息产业融合与电信企业成长行为的研究. 北京邮电大学博士学位论文.

张辰，王姝，惠静. 2007. 落地费狂掀广告价格 联合谈判或可解忧. 广告主（市场观察），（7）：34-37.

张凯，李向阳. 2010. 部分重叠业务的双边平台企业竞争模型. 系统工程理论与实践，（6）：

961-970.

张万书. 2006. 回忆我国第一个北京饭店共用天线电视系统. 广播电视信息，（8）：70.

张昕竹，陈剑. 2013. 互联网骨干网互联与结算治理模式比较研究及其启示. 经济社会体制比较，（3）：179-188.

张洋. 2014. 日本广播电视行业自律组织研究——以 BPO 广电伦理检查委员会为例. 电视研究，（9）：79-80.

赵建军. 2001. 从英国政府拟组建的传播办公室（OFCOM）看广播电视与电信的不同政府规制. 2001 国际有线电视技术研讨会论文集.

植草益. 1992. 微观规制经济学. 朱绍文，等，译. 北京：中国发展出版社.

中国广播电视年鉴编辑部. 2018. 中国广播电视年鉴. 北京：中国广播电视年鉴社.

中国广播电视年鉴编辑委员会. 1986. 中国广播电视年鉴. 北京：中国广播电视出版社.

中国广播电视年鉴编辑委员会. 2007. 中国广播电视年鉴. 北京：中国广播电视年鉴社.

中国广播电视年鉴编辑委员会. 2011. 中国广播电视年鉴. 北京：中国广播电视年鉴社.

中国互联网络信息中心. 2011. 第 27 次中国互联网络发展状况统计报告. http://www.cac.gov.cn/2014-05/26/c_126548718.htm[2020-09-30].

朱凯. 2013. 中国好声音背后的产业蓝图. 经理人，（1）：80-82.

朱振中，吕廷杰. 2007. 具有负的双边网络外部性的媒体市场竞争研究. 管理科学学报，（6）：13-23.

奥村信幸. 2010. BPO （放送倫理・番組向上機構） の機能と社会的意義——放送倫理検証委員会の取り組みを中心に. 立命館産業社会論集，45（4）：1-29.

村上聖一. 2015. 戦後日本における放送規制の展開：規制手法の変容と放送メディアへの影響. NHK 放送文化研究所年報，59：49-127.

大森幸男. 1981. 放送行政と行政指導 （問われる行政指導）. ジュリスト，（741）：64-68.

清水直樹. 2007. 放送番組の規制の在り方. 調査と情報，（597）：1-11.

清水直樹. 2008. 情報通信法構想と放送規制をめぐる論議. レファレンス，（11）：3-15.

Abel J R, Clements M E. 2001. Entry under asymmetric regulation. Review of Industrial Organization, 19: 227-242.

Acton J, Vogelsang I. 1989. Introduction to the symposium on price cap regulation. Rand Journal of Economics, 20（3）: 369-372.

Adams W J, Yellen J L, 1976. Commodity bundling and the burden of monopoly. The Quarterly Journal of Economics, 90（3）: 475-498.

Adda J, Ottaviani M. 2005. The transition to digital television. Economic Policy, 20（41）: 160-209.

Amelio A, Jullien B. 2012. Tying and freebies in two-sided markets. International Journal of Industrial Organization, 30（5）: 436-446.

Anderson S P, Coate S. 2005. Market provision of broadcasting: a welfare analysis. The Review of Economic Studies, 72（4）: 947-972.

Anderson E G, Parker G G, Tan B. 2013. Platform performance investment in the presence of network externalities. Information Systems Research, 25（1）: 152-172.

Armstrong M. 1998. Network interconnection in telecommunications. The Economic Journal, 108: 545-564.

Armstrong M. 2004. Network interconnection with asymmetric networks and heterogeneous calling patterns. Information Economics and Policy, 16: 375-390.

Armstrong M. 2006. Competition in two-sided markets. The RAND Journal of Economics, 37 (3): 668-691.

Armstrong M, Weeds H. 2007. Public service broadcasting in the digital world. UCL Working Paper.

Arthur W B. 1990. Positive feedbacks in the economy. Scientific American, 262 (2): 92-99.

Atkin D J, Lau T Y, Lin C A. 2006. Still on hold? a retrospective analysis of competitive implications of the Telecommunication Act of 1996, on its 10th year anniversary. Telecommunications Policy, 30 (2): 80-95.

Baumol W J, Panzar J C, Willig R D. 1982. Contestable Markets and the Theory of Industry Structure. New York: Harcourt-Brace-Jovanovich.

Beard T R, Ekelund R B, Ford G S, et al. 2001. Price-quality tradeoffs and welfare effects in cable television markets. Journal of Regulatory Economics, 20 (2): 107-123.

Beard T R, Ford G S, Koutsky T M. 2006. A La Carte and "Family Tiers" as a response to a market defect in the multichannel video programming market. CommLaw Conspectus, 15 (1): 31-52.

Bernheim B D, Whinston M D. 1986. Menu auctions, resource allocation, and economic influence. The Quarterly Journal of Economics, 101 (1): 1-31.

Bhargava H K, Choudhary V. 2004. Economics of an information intermediary with aggregation benefits. Information Systems Research, 15 (1): 22-36.

Black J.1996. Constitutionalising self-regulation. The Modern Law Review, 59 (1): 24-55.

Blackman C R. 1998. Convergence between telecommunications and other media. Telecommunications Policy, 22 (3): 163-170.

Borés C, Saurina C, Torres R. 2003. Technological convergence: a strategic perspective. Technovation, 23 (1): 1-13.

Boyce J R. 2010. Putting foxes in charge of the hen-house: the political economy of harvest quota regulations. Environmental and Resource Economics, 46 (4): 475-493.

Bulow J I, Geanakoplos J D, Klemperer P D. 1985. Multimarket oligopoly: strategic substitutes and complements. Journal of Political Economy, 93 (3): 488-511.

Caillaud B, Jullien B. 2003. Chicken & egg: competition among intermediation service providers. The RAND Journal of Economics, 34 (2): 309-328.

Caillaud B, Jullien B, Picard P. 1996. National vs European incentive policies: bargaining, information and coordination. European Economic Review, 40 (1): 91-111.

Carter M, Wright J. 2003. Asymmetric network interconnection. Review of Industrial Organization, 22: 27-46.

Cave M. 1997. Regulating digital television in a convergent world. Telecommunications Policy, 21 (7): 575-596.

Chakravorti S. 2003. Theory of credit card networks: a survey of the literature. Review of Network Economics, 2 (2): 50-68.

Chakravorti S, Roson R. 2006. Platform competition in two-sided markets: the case of payment networks. Review of Network Economics, 5 (1): 118-143.

Chang C W, Lin Y S, Ohta H. 2013. Optimal location in two-sided markets. Economic Modelling, 35: 743-750.

Chen M H, Rennhoff A D, Serfes K. 2016. Bundling, à la carte pricing and vertical bargaining in a two-sided model. Information Economics and Policy, 35: 30-44.

Chou Y, Liu K C. 2006. Paradoxical impact of asymmetric regulation in Taiwan's telecommunications industry: restriction and rent seeking. Telecommunications Policy, 30: 171-182.

Clements B. 1998. The impact of convergence on regulatory policy in Europe. Telecommunications Policy, 22 (3): 197-205.

Cortade T. 2006. A strategic guide on two-sided markets applied to the ISP market. Communications & Strategies, (61): 17-35.

d'Udekem-Gevers M, Poullet Y. 2001. Internet content regulation: concerns from a European user empowerment perspective about internet content regulation: an analysis of some recent statements—Part I. Computer Law & Security Review, 17 (6): 371-378.

Doraszelski U, Draganska M. 2006. Market segmentation strategies of multiproduct firms. The Journal of Industrial Economics, 54 (1): 125-149.

Drake W J. 1995. The New Information Infrastructure Strategies for U.S. Policy. Washington: Brookings Inst Press.

Dur R, Roelfsema H. 2009. Social exchange and common agency in organizations. Journal of Socio-Economics, (1): 55-63.

Economides N. 1989. Desirability of compatibility in the absence of network externalities. The American Economic Review, 79 (5): 1165-1181.

Economides N. 1996. The economics of networks. International Journal of Industrial Organization, 14: 673-699.

Economides N, Tåg J. 2012. Network neutrality on the Internet: a two-sided market analysis. Information Economics and Policy, 24 (2): 91-104.

Eisenmann T R, Parker G G, van Alstyne M. 2006. Strategies for two-sided markets. Harvard Business Review, 84 (10): 92-101.

Eisenmann T, Parker G, van Alstyne M. 2011. Platform envelopment.Strategic Management Journal, 32 (12): 1270-1285.

Ellickson B. 1979. Hedonic theory and the demand for cable television. The American Economic Review, 69 (1): 183-189.

Estache A, Wren-Lewis L. 2009. Toward a theory of regulation for developing countries: following Jean-Jacques Laffont's lead. Journal of Economic Literature, 47 (3): 729-770.

Evans D S. 2002. The antitrust economics of two-sided markets. SSRN ID 332022Working Paper.

Evans D S. 2003. The antitrust economics of multi-sided platform markets. Yale Journal on Regulation, 20: 325-381.

Evans D S, Hagiu A, Schmalensee R. 2006. Invisible Engines: How Software Platforms Drive Innovation and Transform Industries. Cambridge: MIT Press.

Farber D, Baran P. 1977. The convergence of computing and telecommunications systems. Science,

195（4283）：1166-1170.

Farrell J，Monroe H K，Saloner G. 1998. The vertical organization of industry：systems competition versus component competition. Journal of Economics & Management Strategy，7（2）：143-182.

Feng C G C，Lau T Y，Atkin D J，et al. 2009. Exploring the evolution of digital television in China：an interplay between economic and political interests. Telematics and Informatics，26（4）：333-342.

Fidler R. 1997. Mediamorphosis：Understanding New Media. Thousand Oaks：Pine Forge Press.

Fleckinger P，Glachant M. 2011. Negotiating a voluntary agreement when firms self-regulate. Journal of Environmental Economics and Management，62（1）：41-52.

Gabszewicz J J，Wauthy X Y. 2004. Two-sided markets and price competition with multi-homing. CORE Discussion Paper.

Gabszewicz J J，Wauthy X Y. 2014. Vertical product differentiation and two-sided markets. Economics Letters，123（1）：58-61.

Gallaugher J M，Wang Y M. 2002. Understanding network effects in software markets：evidence from web server pricing. MIS Quarterly，26（4）：303-327.

Gal-Or E，Geylani T，Yildirim T P. 2012. The impact of advertising on media bias. Journal of Marketing Research，49（1）：92-99.

Galperin H. 2002. Can the US transition to digital TV be fixed? some lessons from two European Union cases. Telecommunications Policy，26：3-15.

Gao P，Lyytinen K. 2000. Transformation of China's telecommunications sector：a macro perspective. Telecommunications Policy，24：719-730.

Garcia-Murillo M A，Macinnes I. 2001. FCC organizational structure and regulatory convergence. Telecommunications Policy，25（6）：431-452.

Gaunt C，Black T. 1996. The economic cost of taxicab regulation：the case of Brisbane. Economic Analysis and Policy，26（1）：45-58.

Geroski P A. 1995. What do we know about entry?. International Journal of Industrial Organization，13：421-440.

Grajzl P，Murrell P. 2007. Allocating lawmaking powers：self-regulation vs government regulation. Journal of Comparative Economics，35（3）：520-545.

Hacklin F. 2008. Management of Convergence in Innovation. Heidelberg：Physica-Verlag.

Hagiu A. 2004. Platforms，Pricing，Commitment and Variety in Two-Sided Markets. Princeton：Princeton University.

Hausman J A. 2012. Two-sided markets with substitution：mobile termination revisited// Faulhaber G R，Madden G，Petchey J. Regulation and Performance of Communication and Information Networks. Northampton：Edward Elgar Publishing：284-314.

Hendel I，Nevo A，Ortalo-Magné F. 2009. The relative performance of real estate marketing platforms：MLS versus FSBOMadison. com. American Economic Review，99（5）：1878-1898.

Henten A，Falch M，Tadayoni R. 2002. Some implications for regulation of ICT and media convergence. World Dialogue on Regulation for Network Economies，Discussion Paper.

Hermalin B E，Katz M L. 2007. The economics of product-line restrictions with an application to the network neutrality debate. Information Economics and Policy，19：215-248.

Hyun D，Kim K. 2010. A study on the evolution of the content regulation system in the media convergence era，Telecommunications Review，20（2）：277-292.

Janssen M C W，Mendys-Kamphorst E. 2008. Triple play：how do we secure future benefits?. Telecommunications Policy，32（11）：735-743.

Jullien B. 2005. Two-sided markets and electronic intermediaries. CESifo Economic Studies，51（2/3）：233-260.

Kahn A E. 1971. The Economics of Regulation：Principles and Institutions. New York：John Wiley and Sons.

Katz M L，Shapiro C.1985. Network externalities，competition and compatibility. The American Economic Review，75（3）：424-440.

Kiessling T，Blondeel Y. 1999. The impact of regulation on facility-based competition in telecommunications：a comparative analysis of recent developments in North America and the European Union . Communications & Strategies，34：19-44.

Laffont J J，Pouyet J. 2004. The subsidiarity bias in regulation. Journal of Public Economics，88：255-283.

Laffont J J，Rey P，Tirole J. 1998a. Network competition：Ⅰ. overview and nondiscriminatory pricing. The RAND Journal of Economics，29（1）：1-37.

Laffont J J，Rey P，Tirole J. 1998b. Network competition：Ⅱ. price discrimination. The RAND Journal of Economics，29（1）：38-56.

Li C C. 2001. A longitudinal and comparative study of merger and acquisition patterns of cable and telephone companies in the multimedia context 1984-1999. Department of Philosophy in University of Florida.

Lind J. 2005. Ubiquitous convergence：market redefinitions generated by technological change and the industry life cycle. Proceedings of the DRUID Academy Winter Conference，Skørping，Denmark.

Mallard G. 2014. Static common agency and political influence：an evaluative survey. Journal of Economic Surveys，28 （1）：17-35.

Mantovani A. 2013. The strategic effect of bundling：a new perspective. Review of Industrial Organization，42（1）：25-43.

Martimort D，Stole L. 2009. Market participation in delegated and intrinsic common-agency games. The RAND Journal of Economics，40（1）：78-102.

Martin S. 1999. Strategic and welfare implications of bundling. Economics Letters，62：371-376.

Maruyama M，Zennyo Y. 2015. Application compatibility and affiliation in two-sided markets. Economics Letters，130：39-42.

Mayo J W. 1984. Multiproduct monopoly，regulation，and firm costs. Southern Economic Journal，51：208-218.

Mayo J W，Otsuka Y. 1991. Demand，pricing，and regulation：evidence from the cable TV industry. The RAND Journal of Economics，22（3）：396-410.

Michael E，Porter. 1990.The Competitive Advantage of Nations . New York：The Free Press.

Morrison S A, Winston C. 2007. Another look at airport congestion pricing. The American Economic Review, 97（5）: 1970-1977.

Mukherjee A. 2008. Career concerns, matching, and optimal disclosure policy. International Economic Review, 49（4）: 1211-1250.

Noam E. 2009. TV or not TV: where video is going//Gerbarg D. Television Goes Digital. New York: Springer: 7-10.

Ofcom. 2011. International Communications Market Report 2011. https://www.ofcom.org.uk/__data/assets/pdf_file/0017/26324/icmr2011.pdf[2020-09-30].

Olsen T E, Osmundsen P. 2011. Multinationals, tax competition and outside options. Journal of Public Economics, 95: 1579-1588.

Ono R, Aoki K. 1998. Convergence and new regulatory frameworks. Telecommunications Policy, 22（10）: 817-838.

Otsuka Y. 1997. A welfare analysis of local franchise and other types of regulation: evidence from the cable TV industry. Journal of Regulatory Economics, 11（2）: 157-180.

Paloni A, Zanardi M. 2006. Development policy lending, conditionality, and ownership: a dynamic agency model perspective. Review of Development Economics, 10（2）: 253-266.

Pavan A, Calzolari G. 2009. Sequential contracting with multiple principals. Journal of Economic Theory, 144（2）: 503-531.

Peitz M. 2005. Asymmetric regulation of access and price discrimination in telecommunications. Journal of Regulatory Economics, 28（3）: 327-343.

Perrucci A, Cimatoribus M. 1997. Competition, convergence and asymmetry in telecommunications regulation . Telecommunications Policy, 21（6）: 493-512.

Reinartz W, Ulaga W. 2008. How to sell services more profitably. Harvard Business Review, 86（5）: 90-96.

Reisinger M. 2012. Platform competition for advertisers and users in media markets. International Journal of Industrial Organization, 30（2）: 243-252.

Rochet J C, Tirole J. 2003. Platform competition in two-sided markets. Journal of the European Economic Association, 1（4）: 990-1029.

Rochet J C, Tirole J. 2006. Two-sided markets: a progress report. The RAND Journal of Economics, 37（3）: 645-667.

Rochet J C, Tirole J. 2008. Tying in two-sided markets and the honor all cards rule. International Journal of Industrial Organization, 26（6）: 1333-1347.

Rodini M, Ward M R , Woroch G A . 2003. Going mobile: substitutability between fixed and mobile access. Telecommunications Policy, 27（5/6）: 457-476.

Rosenberg N. 1963. Technological change in the machine tool industry, 1840—1910. The Journal of Economic History, 23（4）: 414-443.

Roson R. 2005. Auctions in a two-sided network: the market for meal voucher services. Networks and Spatial Economics, 5（4）: 339-350.

Rubinovitz R N. 1993. Market power and price increases for basic cable service since deregulation. The RAND Journal of Economics, 24（1）: 1-18.

Salim C. 2009. Platform standards, collusion and quality incentives. Free University Berlin working papers.

Salomon E. 2009. The role of broadcasting regulation in media literacy. Comunicar, 16（32）: 147-156.

Shapiro C, Varian H R. 1999. Information Rules: A Strategic Guide to the Network Economy. Boston: Harvard Business School Press.

Shy O. 2001. The Economics of Network Industries. Cambridge: Cambridge University Press.

Spector D. 2007. Bundling, tying, and collusion. International Journal of Industrial Organization, 25: 575-581.

Sridhar S, Mantrala M K, Naik P A, et al. 2011. Dynamic marketing budgeting for platform firms: theory, evidence, and application. Journal of Marketing Research, 48（6）: 929-943.

Viecens M F. 2006. Two-sided platforms with endogenous quality differentiation. UC3M Working Paper.

Wan X, Hu H H. 2008. IPTV versus cable DTV in China: which will win out?. The Proceedings of 4th IEEE International Conference on Management of Innovation and Technology.

Wan X, Hu H H, Wu C. 2009. A theoretical and empirical study on China's transition to digital TV. Telecommunications Policy, 33（10/11）: 653-663.

Waterman D, Weiss A. 1997. Vertical Integration in Cable Television. Cambridge: MIT Press.

Weber I. 2005. Digitizing the dragon: challenges facing China's broadcasting industry. New Media & Society, 7（6）: 791-809.

Wright J. 2004. One-sided logic in two-sided markets. Review of Network Economics, 3（1）: 44-64.

Yoffie D B. 1996. Competing in the age of digital convergence. California Management Review, 38（4）: 31-53.

Zhu F, Iansiti M. 2012. Entry into platform-based markets. Strategic Management Journal, 33（1）: 88-106.

附　　录

附录1　电信竞争的基本问题与主要研究结论

为了理解和分析网络融合，尤其是三网融合背景下的电视竞争问题，有必要简略梳理电信竞争的基本问题、回顾相关的主要研究结论。这不仅因为现代电视产生于音频技术（经典的电信技术）和视频技术的结合，而且在于有线电视网络某种程度上又部分复原，甚至发展了电信竞争阶段人们曾力图努力克服的固定电话网络一定程度上的"自然垄断特性"。

学界公认拉丰和梯若尔合著的《电信竞争》（*Competition in Telecommunication*）具有世界范围的影响，该书2000年由美国麻省理工学院出版社出版，其中译版（第1版）于2001年由人民邮电出版社出版。它是分析电信竞争问题的公认的经典性著作，代表了经济学界关于电信竞争问题研究的方向。下面是该书（中文版）"前言"（第1~3页）部分有关内容的摘录。

1. 关于研究电信竞争问题的意义

"电信理论和政策是竖立于规制（regulation）和竞争的交叉路口的指示牌，然而这方面的……许多已经实施或正在酝酿中的重要的政策与决策一直是在缺乏清晰的经济理论指导下进行着。……经验证明，政策选择的效果往往能通过遵守从理论导出的某些简单原则而得到改善。"《电信竞争》一书"将为我们思考新的竞争环境下的关键问题提供概念性工具，它将使用经济学家们有关产业组织的最新理论知识来研究电信理论和政策这一广泛的领域。

"我们的任务将包括两个方面。一是综合和描述20世纪90年代为促进电信业的竞争健康发展的环境所进行的框架性工作的政策意义；第二个同样重要的任务是在几个相关的方向上做进一步的研究，对经济学家而言，这些方向依然具有挑战性。"

2. 关于电信竞争研究的基本问题

《电信竞争》一书的"结构如下：第一章为不熟悉电信领域的读者提供了电信业的有关技术和步履难跚的规制的背景知识。

"随后，本书引进了近期放松规制运动的四个核心话题。第二章讨论**激励性规制**[1]的引入。首先回顾在设计基于业绩的规制时主要考虑的问题：激励性租金提取与否的权衡、质量的提供、规制承诺的颁行和有效零售价格的构造；接着解释了最高限价的基本原理，并详细讨论了其缺点。

"本书的第二个核心话题是**单向接入**，它是指本地网为其他补充业务，例如长途业务和信息业务提供的接入。第三章分析了确定接入费用的经济学含义。第四章深入讨论了四种可能的接入政策及其变型：沉没成本、前瞻性成本、有效成份定价规则（ECPR）和总量最高限价，重点是应用第三章形成的理论和原则分析规制政策。

"随着市话业务竞争的出现，以及移动电话和固定网电话的并存，**双向互连**问题也随之产生，第五章将讲述……当多个网络并存时（与此相反，原先只有独一无二的网络为补充业务提供接入），网络运营商必须设定接入价格以结算相互之间的话费。第五章（与 Patrick Rey 合作）分析了相互竞争的网络运营商之间的合作问题。

"近期改革运动的第四个核心话题是**普遍服务**。普遍服务原来由在位的垄断经营者通过交叉补贴所提供。随着新的规制模式的出现，特别是由于竞争的原因，已经不可能再按这种方式提供普遍服务了。第六章首先回顾了普遍服务的基本内容，然后详细地研究了两种具有"中性竞争特性"的普遍服务的主导性意见：使用工程模型来计算补贴和采用拍卖方式确定普遍服务的运营商。

"最后，第七章讨论因特网和规制制度。"

3. 关于电信竞争研究的有关结论

《电信竞争》一书的"分析所得出的主要观点如下。

"1. **一定程度的价格差别的适宜性**[2]。在电信业对所有的业务都实行边际成本定价方法是不可能的（至少对一些存在大量联合和公共成本的业务是如此），所以，有关的基准价要求存在一定的加成，允许一定范围内的价格歧视能够减少定价行为的扭曲。同时，价格歧视也是一些投资可行性的先决条件。

"2. **接入价格的影响**。因为批发价格（接入费用）指导零售价格，因此，我们没有必要对零售价格的价格歧视将会转变为批发价格的价格歧视而大惊小怪。从近期有关政策讨论所列举的例子中可以看到，相似的接入价格反而会在很大程

---

① 此处及随后共 4 处加粗之处系摘抄者为醒目而加，非《电信竞争》原作者拉丰和梯若尔所为。

② 此处及随后共 6 处的字体变化及加粗是原作者所为。

度上扭曲竞争，从而减少福利。

"**3. 不对称规制的问题**。对于一个基础设施业主的接入业务和零售业务的不同的规制待遇（对接入与网络的规制要比零售严格得多）将激励对接入的竞争者采取歧视，而比较对称的规制会引导企业把竞争者看作客户或转包商。

"**4. 最高限价规制的缺陷**。对最高限价不应抱以过高的期望，但也不能忽视由灵活定价带来的好处。

"**5. 双向接入行业中竞争的特殊性质**。随着本地接入竞争的出现（例如本地环路的分项租用，支持无线、电缆或电力线的多种接入方式）以及商用因特网服务的迅速发展，网络运营商必须相互提供终端传输。"双向"接入政策的制定限制了零售层面上的竞争，我们将确认有效的互联安排，并解释为什么一些看起来合理的东西不能实行下去。例如，一份有关互联价格的协议并不能使最终价格上涨，因为企业的动机是扩大市场份额以最小化它们支付的终接费。

"**6. 有收益地提供普遍服务（而不是白给）**：我们为提供商确认了一些同样能得到经济收益的非过度竞争的经营方法：为得到特许经营权而竞争，而不是在市场上拼杀；即寻求最适宜的经营范围。"

附录2　我国电视技术和制度发展情况（代检索表）[①]

1958 年 3 月 17 日，我国第一台电视机（"北京牌" 14 英寸黑白电视机）在天津 712 厂诞生。（《新中国第一台国产电视机诞生记："北京牌"黑白电视机》，https://www.sohu.com/a/380693385_166075，2020 年 4 月 20 日）

1958 年 5 月 1 日，北京电视台开始试验播出。（《1958 年 5 月 1 日中央电视台开播，全北京仅有 50 台电视机！》，https://www.sohu.com/a/299098155_120027093，2020 年 4 月 20 日）

1958 年 9 月 2 日，北京电视台转为正式播出，每周播出 4 次，每次 2 至 3 小时。（《1958 年 9 月 2 日，中央电视台正式开播》，http://history.sina.com.cn/today/2011-08-31/1648290510.shtml，2020 年 4 月 20 日）

1960 年 5 月 1 日，北京电视台彩色电视试验播出成功。（《【致敬 70 周年】广电行业崛起之 1957—1960 年大事记》，https://www.sohu.com/a/319840580_451230，2020 年 4 月 20 日）

1964 年 9 月 15 日，北京电视台第一次正式通过微波线路向天津电视台传送

---

① 本附录由李慧聪、于可熠、陈思宇等根据历年《中国广播电视年鉴》等资料编写。感谢东南大学图书馆崔立群、谭瑛和曲阜师范大学图书馆王乃兵等给予的帮助。

节目。(《【致敬 70 周年】广电行业崛起之 1961—1965 年大事记》，https://www.tvoao.com/preview/198187.aspx，2020 年 4 月 20 日）

1966 年 1 月初，北京电视台首次使用电视录像设备。(《【致敬 70 周年】广电行业崛起之 1966—1972 年大事记》，https://www.sohu.com/a/322278428_451230，2020 年 4 月 20 日）

1968 年 1 月，北京电视台月坛发射台建成，发射功率 10 千瓦，有效发射半径约 60~80 公里。(《【致敬 70 周年】广电行业崛起之 1966—1972 年大事记》，https://www.sohu.com/a/322278428_451230，2020 年 4 月 20 日）

1968 年 12 月 26 日，北京电视台第一次通过微波从天津回传新闻。(《【致敬 70 周年】广电行业崛起之 1966—1972 年大事记》，https://www.sohu.com/a/322278428_451230，2020 年 4 月 20 日）

1970 年 10 月 1 日，新疆、青海、宁夏、甘肃、广西和福建 6 个省区新建的电视台(实验台)开始播出节目。北京电视台的节目传送范围从 1969 年前的天津、河北、山西、陕西，扩大到湖北、辽宁、河南、山东、湖南、安徽、浙江、江苏、四川、江西、广东 15 个省市。(《中国电视大事记（1958—2012 年）》，https://wenku.baidu.com/view/ac61eec28bd63186bcebbca9.html，2020 年 4 月 22 日）

1970 年 12 月 26 日，我国第一台彩色电视机在天津 712 厂诞生。(《第一台电视机竟然长这样》，https://www.sohu.com/a/307059706_775082，2020 年 4 月 20 日）

1973 年 1 月 10~15 日，我国首次使用自己的卫星地面站和电视设备，由自己的技术人员通过卫星传送电视节目。(《【致敬 70 周年】广电行业崛起之 1973—1975 年大事记》，https://www.sohu.com/a/328177975_754289，2020 年 4 月 20 日）

1973 年 5 月 1 日北京电视台开始彩色电视试播，每周播出 4 次。8 月 7 日起，每周二在京津、京沪微波线路上传送北京电视台彩色电视节目。10 月 1 日，北京电视台彩色电视节目转入正式播出，上海、天津、南京、武汉、杭州等地试转了彩色电视节目。(《【致敬 70 周年】广电行业崛起之 1973—1975 年大事记》，https://www.sohu.com/a/328177975_754289，2020 年 4 月 20 日）

1974 年 1 月，我国自行设计、生产制造、安装调试的第一套 "共用天线电视系统"（连接 139 台电视机）样机在武汉进行系统联试，1976 年 7 月完成了二期工程（连接 650 台彩电终端，主要是北京牌电视机），1977 年 5 月，在北京饭店进行测试并正式投入试用，1978 年 7 月通过产品定型鉴定。(张万书，2006)

1975 年 1 月，北京电视台由黑白、彩色交叉向全国各地传送节目改为全部传送彩色节目。(《【致敬 70 周年】广电行业崛起之 1973—1975 年大事记》，https://www.sohu.com/a/328177975_754289，2020 年 4 月 20 日）

1975 年，全国使用微波线路收转北京电视台节目，可向北京回传部分节目的省区市达 26 个（除西藏、新疆、内蒙古外），初步形成了全国电视广播网。(《【致敬 70 周年】广电行业崛起之 1973—1975 年大事记》，https://www.sohu.com/a/328177975_754289，2020 年 4 月 20 日）

1978 年 6 月 25 日，中央电视台通过国际卫星，从阿根廷向国内转播世界杯比赛实况。(《【致敬 70 周年】广电行业崛起之 1976—1978 大事记》，https://www.sohu.com/a/325226916_451230，2020 年 4 月 20 日）

1978 年 7 月 1 日，国家标准计量局发布《黑白电视广播标准》。(《【致敬 70 周年】广电行业崛起之 1976—1978 大事记》，https://www.sohu.com/a/32522691 6_451230，2020 年 4 月 20 日）

1979 年 5 月 18 日，北京电视台（北京市）正式试播，全国 29 个省区市都建立了电视台。(《【致敬 70 周年】广电行业崛起之 1979—1980 大事记》，https://www.tvoao.com/preview/198425.aspx，2020 年 4 月 20 日）

1981 年 6 月 1 日，江苏电视台首次使用光缆传输系统传送电视节目，该套设备由南京邮电学院通信研究所研制。(《【致敬 70 周年】广电行业崛起之 1981—1982 大事记（2）》，http://www.ttacc.net/a/news/2019/0719/57628_2.html，2020 年 6 月 21 日）

1981 年 12 月，中央广播事业局在北京召开广播电视系统技术标准化会议，首次制定广播电视系统标准体系表。(《【致敬 70 周年】广电行业崛起之 1981—1982 大事记（4）》，http://www.ttacc.net/a/news/2019/0719/57628_4.html，2020 年 6 月 21 日）

1982 年 8 月，国家标准局发布了由广播电视部制定的《彩色电视广播标准》，1983 年 5 月 1 日起实施，国家标准号为 GB3174-82。它正式确定我国彩色电视制式采用逐行倒相正交平衡调制（PAL/D）方式。(《中国广播电视年鉴 1986》，第 1078 页）

1982 年 9 月 17 日，我国第一家独立于电视台之外的电视制片厂——北京电视制片厂在京成立。(《1982 年 9 月 17 日 北京电视制片厂在北京成立》，http://www.stl56.com/today/id_0oRploR8dx5y.html，2020 年 4 月 22 日）

1983 年 10 月 26 日，中共中央发布《关于批转广播电视部党组〈关于广播电视工作的汇报提纲〉的通知》，确立"四级办节目、四级混合覆盖"的方针。(《中国改革开放新时期年鉴 1983》，第 934～935 页）

1983 年 12 月 21 日，中国广播卫星公司成立。(《【致敬 70 周年】广电行业崛起之 1983—1984 大事记》，https://m.sohu.com/a/328054265_451230，2020 年 4 月 20 日）

1984 年 4 月 20 日，我国 4 月 8 日发射的试验通信卫星于 16 日定点，20 日起进行 15 路广播和 1 路彩色电视的传输试验。(《【致敬 70 周年】广电行业崛起之

1983—1984 大事记》，https://m.sohu.com/a/328054265_451230，2020 年 4 月 20 日）

1984 年 12 月，吉林省广播电视研究所和电子工业部 23 所共同研制了一套广播电视光缆传输系统，可以双向传送彩色电视和立体声广播。（《【致敬 70 周年】广电行业崛起之 1983—1984 大事记》，https://m.sohu.com/a/328054265_451230，2020 年 4 月 20 日）

1987 年 4 月 24 日国务院发布《广播电视设施保护条例》。（《中国广播电视年鉴 1988》，第 529 页）

1987 年 5 月 21 日，北京市人民政府批准转发了《北京市郊区电视转播台管理暂行规定》。（《中国广播电视年鉴 1988》，第 529 页）

1987 年 9 月 14 日，北京计算机应用技术研究所发出了中国第一份电子邮件"穿越长城，走向世界"（Across the Great Wall we can reach every corner in the world）。（《详细解读中国发出的第一封电子邮件历史》，http://www.chinaemail.com.cn/blog/content/2437/，2020 年 6 月 22 日）

1989 年 8 月 1 日，国家教育委员会下发《地方教育电视台站设置管理规定》，规定地方以上教育行政部门可以申请设立教育电视台。（《地方教育电视台站设置管理规定》，http://www.gov.cn/bumenfuwu/2012-11/15/content_2600439.htm，2020 年 4 月 20 日）

1989 年 12 月 8 日湖北沙市设立有线广播电视台。（《沙市有限广播电视台》，http://xuewen.cnki.net/CJFD-GBXX199402003.html，2020 年 4 月 20 日）

1990 年 11 月 2 日，国务院批准《有线电视管理暂行办法》，广播电影电视部于同年 11 月 16 日颁布。允许机关、企事业单位、社会团体依法申办有线电视。（《有线电视管理暂行办法》，http://www.pkulaw.cn/fulltext_form.aspx?Gid=ef16571a2defacefbdfb&keyword=&Search_Mode=like&Search_IsTitle=0，2020 年 4 月 20 日）

1991 年 3 月 15 日，湖南有线电视台试播。（《中国广播电视年鉴 1992—1993》，第 621 页）

1991 年 4 月 20 日，广播电影电视部颁布《〈有线电视管理暂行办法〉实施细则》。（《国家广播电影电视总局令第 58 号》，http://www.gov.cn/gongbao/content/2009/content_1356204.htm，2020 年 4 月 20 日）（《中国广播电视年鉴 1992—1993》，第 622 页）

1992 年 6 月 16 日，中共中央、国务院发布《关于加快发展第三产业的决定》，将广播电视划入第三产业的范畴。（《1992 年 6 月 16 日 中共中央、国务院作出〈关于加快发展第三产业的决定〉》，http://www.scio.gov.cn/zhzc/6/2/Document/1003563/1003563.htm，2020 年 4 月 20 日）

1993 年，中央电视台通过太平洋国际中转卫星开始向北美传送中国电视节

目，每天传送 1 小时新闻、经济和文体节目。（《中国广播电视年鉴 1994》，第 572 页）

1993 年 10 月 5 日，国务院发布《卫星电视广播地面接收设施管理规定》。（《中国广播电视年鉴 1994》，第 223 页）

1994 年，中关村地区教育与科研示范网络工程进入互联网，实现了和 Internet 的 TCP/IP 连接，开通 Internet 全功能服务。

1994 年 7 月 19 日，中国联通成立。2009 年 1 月 6 日，原中国网通和原中国联通合并，重组中国联合网络通信集团有限公司。（《中国联合网络通信集团有限公司》，http://www.chinaunicom.com.cn/about/about.html，2020 年 6 月 20 日）

1995 年，亚马逊公司成立。（《科技界纪念万维网诞生 30 周年 亚马逊展示 1995 年首页》，https://new.qq.com/cmsn/20190313/20190313007615.html，2020 年 6 月 22 日）

1995 年 11 月 30 日，中央电视台加密卫星电视开始试播。加密的体育、电影、文艺三个频道和少儿、农业、科技、军事综合频道同时播出。（《中国广播电视年鉴 1996》，第 595 页）

1995 年 4 月 27 日，"中国邮电电信总局"（Directorate General of Telecommunications，P&T，China）完成法人登记，简称"中国电信"（CHINA TELE-COM）。（《邮电部关于电信总局对内对外称谓及"中国电信"企业标识使用有关问题的通知》，https://wenku.baidu.com/view/7adef23d87c24028915fc367.htm，2020 年 10 月 12 日）

1996 年，中央电视台国际互联网站成立。（《中央电视台国际互联网网站概况》，http://www.cctv.com/service/helps/about.html，2020 年 6 月 22 日）

1996 年 12 月 14 日，中共中央办公厅、国务院办公厅下发《关于加强新闻出版广播电视业管理的通知》。（《中共中央办公厅、国务院办公厅关于加强新闻出版广播电视业管理的通知》，http://www.chinalawedu.com/falvfagui/fg22598/11032.shtml?from=singlemessage，2020 年 4 月 20 日）

1997 年 11 月，中国互联网络信息中心开始发布第一期《中国互联网络发展状况统计报告》。（《第 1 次中国互联网络发展状况统计报告》，http://www.cac.gov.cn/2014-05/26/c_126547412.htm，2020 年 6 月 22 日）

1998 年 6 月，国务院印发通知将广播电影电视部改组为国家广播电影电视总局，由国务院直属；有线电视网络的管理归口新成立的信息产业部。（《国务院办公厅关于印发国家广播电影电视总局职能配置内设机构和人员编制规定的通知》，http://www.gov.cn/zhengce/content/2010-11/18/content_7733.htm，2020 年 4 月 20 日）

1998 年 11 月，腾讯成立。（https://baike.so.com/doc/1038695-1098608.html，

2020 年 10 月 6 日）

1998 年 12 月 18 日，北京地区开通国内第一个采用 DVB-T 标准的数字电视地面广播开路系统。(《中国广播电视年鉴 1999》，第 161 页)

1998 年 12 月，新浪成立。(《利方掀起新浪，全球最大华人网站横空出世》，https://www.sina.com.cn/corp/intr-intro.html，2020 年 6 月 22 日)

1999 年，阿里巴巴网络技术有限公司（简称阿里巴巴集团）在杭州成立。(https://www.alibabagroup.com/cn/about/overview，2020 年 6 月 22 日)

1999 年 6 月，北京电视台开通了我国第一个网络频道 http://www.btv-5.com。(《中国广播电视年鉴 2000》，第 188 页)

1999 年 9 月 17 日，国务院转发信息产业部、国家广播电影电视总局《关于加强广播电视有线网络建设管理的意见》。(《国务院办公厅转发信息产业部国家广播电影电视总局关于加强广播电视有线网络建设管理意见的通知》，http://www.hainan.gov.cn/data/zfgb/2019/10/6029/，2020 年 4 月 20 日)

1999 年 11 月，当当网正式开通。(http://static.dangdang.com/topic/2227/176801.shtml，2020 年 6 月 22 日)

2000 年 4 月 20 日，中国移动通信集团有限公司成立。(https://baike.so.com/doc/5336487-5571926.html，2020 年 10 月 6 日)

2000 年 5 月 17 日，中国电信集团公司挂牌。(《【2000 年】中国电信集团公司挂牌成立》，http://www.sasac.gov.cn/n2588025/n2649281/ n10784966/c11261660/content.html，2020 年 6 月 22 日)

2000 年 9 月 25 日国务院发布《中华人民共和国电信条例》。(《中华人民共和国国务院令第 291 号》，http://www.gov.cn/gongbao/content/2000/content_60507.htm，2020 年 6 月 22 日)

2001 年 3 月 16 日，在美国加利福尼亚州举行的 3GPP TSG RAN 第 11 次全会上，由大唐电信科技股份有限公司研发的 TD-SCDMA 标准被国际电联正式接纳为第三代移动通信国际标准之一。(《TD-SCDMA 正传》，http://zhuanti.cww.net.cn/zhuanti/td_scdma/default.html，2020 年 6 月 22 日)

2001 年 5 月，拉丰、泰勒尔合著的《电信竞争（中文版）》由人民邮电出版社出版。

2001 年 12 月 18 日，"中广影视传输网络有限公司"成立〔2005 年 1 月 19 日，经国务院批准，国家工商总局正式将其更名为"中国有线电视网络有限公司"，简称"中国有线（CCN）"〕。(《中国广播电视年鉴 2002》，第 316 页；《中国广播电视年鉴 2006》，第 466 页)

2001 年 12 月 19 日，中共中央办公厅、国务院办公厅发布《关于转发〈中央宣传部、国家广电总局、新闻出版总署关于深化新闻出版广播影视业改革的若干意见〉的通知》（《国家广播电影电视总局关于深化广播影视企事业单位人事制度改革的实施细则〈试行〉》，http://www.chinalawedu.com/falvfagui/fg22598/16185.shtml?from=singlemessage，2020 年 4 月 20 日）

2001 年 12 月 31 日，中国联合网络通信股份有限公司成立。（http://www.chinaunicom-a.com/wcm/aboutUs/company，2020 年 6 月 22 日）

2003 年 6 月，国家广电总局发布《我国有线电视向数字化过渡时间表》。（《中国广播电视年鉴 2004》，第 134 页）

2003 年 7 月 31 日，北京搜狐互联网信息服务有限公司成立。（https://xin.baidu.com/company_detail_29606772664849?rq=ef&pd=ee&from=ps，2020 年 6 月 22 日）

2003 年 10 月 21 日起，青岛有线电视全面启动数字化整体转化。（《中国广播电视年鉴 2004》，第 135 页）

2004 年 1 月，京东开辟电子商务领域创业实验田，京东多媒体网正式开通，启用新域名。（https://baike.baidu.com/item/%E4%BA%AC%E4%B8%9C/210931?fr=aladdin，2020 年 10 月 10 日）

2004 年 5 月 6 日，湖南卫视和天娱传媒合作播出《超级女声》第一期。（http://ent.sina.com.cn/v/2004-05-08/1614384129.html，2020 年 10 月 10 日）

2004 年 7 月 19 日，国家广播电影电视总局发布《广播电视节目制作经营管理规定》，国家对从事电视制作经营业务实行许可制度。（《中国广播电视年鉴 2005》，第 502 页）

2004 年 8 月 18 日，国家广播电影电视总局发布《广播电视台审批管理办法》（《广播电台电视台审批管理办法》，http://www.cctv.com/cctvsurvey/special/01/20100820/103487.shtml，2020 年 4 月 20 日）

2005 年 3 月，广电总局给上海广播电视台发放首张 IPTV 集成播控运营牌照。（《中国 IPTV13 年简史！全国 31 省市发展情况汇总（完整版）》，http://www.dvbcn.com/p/18450.html，2020 年 9 月 17 日）

2005 年 4 月 15 日，土豆网正式上线（2014 年 1 月，"土豆网"正式更名为"土豆"）。（https://baike.baidu.com/item/土豆网/10880550?fr=aladdin，2020 年 9 月 17 日）

2005 年 5 月 10 日，上海文广新闻传媒集团（现上海东方传媒集团有限公司）下属上海电视台获得第一张 IPTV 牌照。（佚名：《上海电视台收获开办 IP 电视、手机电视拍照》，《中国有线电视》，2005 年第 12 期，第 1142 页）

2005 年 7 月 11 日，国家广电总局印发《国家广电总局关于推进试点单位有线电视数字化整体转换的若干意见（试行）》。（《推进试点单位有线电视数字化整体转换的若干意见（试行）》，http://www.china.com.cn/policy/txt/2005-07-24/content_5923112.htm，2020 年 6 月 22 日）

2005 年 10 月 15 日，国家广播电影电视总局在青岛举行青岛有线电视数字化整体转换竣工仪式，并授予青岛为"全国有线数字电视示范城市"牌。标志着青岛成为全国第一个有线数字化整体转换的城市。（青岛率先完成有线电视数字化整体转换，http://news.sohu.com/20051016/n227214485.shtml，2020 年 10 月 11 日）

2006 年 1 月 1 日，全国第一个数字高清频道：中央电视台"高清影视频道"正式播出。（《央视高清影视频道已在 43 个城市推广》，http://www.gov.cn/gov web/fwxx/wy/2006-01/04/content_146422.htm，2020 年 4 月 20 日）

2006 年 2 月，AVS 视频编码成为国家标准，标准号为 GB/T20090.2-2006，于 2006 年 3 月 1 日起实施。（http://openstd.samr.gov.cn/bzgk/gb/newGbInfo?hcno=2F FDF32F034F24B66CDD29A7A7A63E1A，2020 年 10 月 10 日）

2006 年 4 月 27 日，中央电视台经国家广电总局批准，获得以计算机、电视机、手机为终端开办信息网络传播视听节目业务的许可，同年 12 月 1 日开始试播手机电视。（《中国广播电视年鉴 2007》，第 512 页）

2006 年 6 月 21 日，优酷成立，并于 12 月 21 日正式上线。（https://baike.bai du.com/item/优酷网/10727008?fr=aladdin，2020 年 9 月 17 日）

2006 年 8 月 24 日，国家标准化委员会正式发布地面数字电视传输标准——《数字电视地面广播传输系统帧结构、信道编码和调制》。至此，我国的卫星、有线、地面数字电视标准全部颁布。（《我国数字电视地面传输标准正式发布》，http://qikan.cqvip.com/Qikan/Article/Detail?id=22817648，2020 年 4 月 20 日）

2007 年 3 月 27 日，北京爱奇艺科技有限公司（简称爱奇艺）成立。

2007 年 7 月 31 日，全国 35 个卫星地球站顺利完成了全部卫星节目的上行调整任务。8 月 7 日，完成中华人民共和国成立以来第一次大规模广播电视卫星传输和地面接收设施调整。（《中国广播电视年鉴 2008》，第 37 页）

2007 年 10 月，国家广电总局开始在全国范围内建设移动多媒体广播（CMMB）覆盖网。（佚名：《科技成果应用与技术革新一等奖 全国 37 城市移动多媒体广播覆盖网络效果测试及优化》，《广播电视技术》，2010 年第 37 卷第 5 期，第 5~22 页）

2007 年 12 月，国家广电总局发布《互联网视听节目服务管理规定》。（《国家广播电影电视总局 中华人民共和国信息产业部令第 56 号》，http://www.gov.c n/ziliao/flfg/2007-12/29/content_847230.htm，2020 年 6 月 22 日）

2008 年 1 月 1 日，国务院办公厅发布《国务院办公厅转发发展改革委等部门关于鼓励数字电视产业发展若干政策的通知》。（《国务院办公厅转发发展改革委等部门关于鼓励数字电视产业发展若干政策的通知》，http://guoqing.china.com. cn/gbbg/2011-10/28/content_23753714.htm，2020 年 6 月 22 日）

2008 年北京奥运期间，移动多媒体广播（CMMB）信号在全国 37 个主要城市实现开播，在北京组建了单频网，实现所有奥运场馆和五环内覆盖。CMMB 提供 7 套视频节目、多路数字音频广播和数据业务的实时播出。（王麟和王义林，2009）

2009 年 6 月 26 日，隶属于上海宽娱数码科技有限公司的哔哩哔哩网站成立。（http://www.yh596.com/index/summary/10837，2020 年 9 月 17 日）

2009 年 7 月，国家广电总局制定了广播电影电视行业技术规定：GD/JN01-2009《先进广播系统-卫星传播系统帧结构、信道编码及调制：安全模式》。（《广电总局科技司关于对直播卫星信道解调芯片和机顶盒进行检查的通知》，https://code.fabao365.com/law_473357.html，2020 年 4 月 20 日）

2009 年 10 月，国家广电总局构建了直播卫星安全模式广播系统，并正式开始向全国提供直播卫星广播业务。（《中国广播电视卫星直播应用技术研究》，http://www.doc88.com/p-3095347768628.html，2020 年 4 月 20 日）

2010 年 1 月，国务院常务会议决定实质性推进"三网融合"试点工作（同年 7 月国务院公布第一批 12 个三网融合试点城市名单）。（《国内外"三网融合"十五年同期不同步》，http://cabling.qianjia.com/html/2011-11/23587.html，2020 年 4 月 20 日）

2010 年 1 月 15 日，江苏卫视播出"非诚勿扰"第一期。（https://baike.baidu.com/item/%E9%9D%9E%E8%AF%9A%E5%8B%BF%E6%89%B0/157#9，2020 年 6 月 22 日）

2010 年 2 月，广电总局提出四个转变，确定 2010 年为一省一网的最后期限。（《广电总局提出四种转变完成三网融合》，http://news.idcquan.com/tx/731778.html，2020 年 9 月 17 日；《广电"一省一网"一省一网整合最新进展及各省网用户数统计》，https://wenku.baidu.com/view/4a7ca9573c1ec5da50e2707d.html，2020 年 4 月 20 日）

2010 年 5 月 31 日，北京北广传媒集团、北京人民广播电台、北京电视台整合组建为北京广播电视台。（https://baike.baidu.com/item/北京广播电视台/3168100?fr=aladdin，2020 年 4 月 20 日）

2010 年 7 月 8 日，广电总局科技司下发了《广电总局科技司关于成立中国下一代广播电视网（NGB）工作组的通知》，加速推进中国下一代广播电视网（NGB）相关工作。（《广电总局科技司关于成立中国下一代广播电视网（NGB）工作组的通知》，http://www.nrta.gov.cn/art/2010/7/8/art_113_5376.html，2020 年 4 月 20 日）

2009 年 8 月 14 日，新浪微博 https://weibo.com/开始内测。（https://baike.baidu.com/item/新浪微博/9854094?fr=aladdin，2020 年 4 月 20 日）

2011 年 10 月 18 日，中国共产党第十七届中央委员会第六次全体会议通过《中共中央关于深化文化体制改革　推动社会主义文化大发展大繁荣若干重大问题的决定》。(《中央关于深化文化体制改革若干重大问题的决定》，http://www.gov.cn/jrzg/2011-10/25/content_1978202.htm，2020 年 6 月 22 日)

2011 年 10 月 28 日，国家广播电影电视总局办公厅印发《持有互联网电视牌照机构运营管理要求》。(《广电总局办公厅关于印发〈持有互联网电视牌照机构运营管理要求〉的通知》，https://www.pkulaw.com/chl/511009496ee572ef.html，2020 年 6 月 22 日)

2012 年，中国联通与中央人民广播电台、爱奇艺、华为达成合作意向，采用"IPTV+OTT"的双模架构试水 OTT TV（Over The Top TV）业务。(《联通华为央广爱奇艺抱团进军互联网电视》，http://tech.163.com/12/0905/02/8AJS55ED000915BE.html，2020 年 4 月 27 日)

2012 年 1 月 1 日，我国首个 3D 电视试验频道正式开播。(佚名：《我国首个 3D 电视实验频道开播》，《现代电视技术》，2012 年第 1 期，第 30 页)

2012 年 1 月 17 日，湖南广播电视台芒果 TV 手机电视正式接入中国移动视讯基地。(《中国广播电视年鉴 2013》，第 79 页)

2012 年 2 月 1 日，中国网络电视台与上海广播电视台签署协议，建设和完善 IPTV 中央集成播控总平台。双方同时宣布成立合资公司，负责 IPTV 中央集成播控总平台的可经营性业务。(《中国广播电视年鉴 2013》，第 79 页)

2012 年 5 月下旬，江苏省广播电视总台 IPTV 正式上线。(《中国广播电视年鉴 2013》，第 85 页)

2012 年 6 月，国务院办公厅发布《国务院关于大力推进信息化发展和切实保障信息安全的若干意见》，提出"在确保信息和文化安全的前提下，大力推进三网融合，推动广电、电信业务双向进入"。(《国务院关于大力推进信息化发展和切实保障信息安全的若干意见》，http://www.cac.gov.cn/2012-06/29/c_133353263.htm，2020 年 6 月 22 日)

2012 年 7 月 6 日，北京电视台与中国网络电视台、北京联通公司正式签署 IPTV 业务合作协议。北京 IPTV 业务随即正式展开。(《中国广播电视年鉴 2013》，第 87 页)

2012 年 7 月 9 日，国务院印发《"十二五"国家战略性新兴产业发展规划》，提出并开始实施"宽带中国"工程，要求到 2015 年城市和农村家庭分别实现平均 20 兆和 4 兆以上宽带的接入能力。(《国务院关于印发"十二五"国家战略性新兴产业发展规划的通知》，http://www.gov.cn/zwgk/2012-07/20/content_2187770.htm，2020 年 9 月 19 日)

2012 年 7 月 13 日，浙江卫视播出《中国好声音》第一季，由浙江卫视和星空传媒集团旗下的灿星公司（2006 年 3 月 24 日成立）所打造。(朱凯，2013)

2012 年 9 月 21 日，《中国好声音巡回演唱会》在澳门开唱。(https://baike.

baidu.com/item/%E4%B8%AD%E5%9B%BD%E5%A5%BD%E5%A3%B0%E9%9
F%B3%E5%B7%A1%E5%9B%9E%E6%BC%94%E5%94%B1%E4%BC%9A/5333
003?fr=，aladdin，2020 年 4 月 20 日）

2012 年 9 月底，全国各省区市基本完成有线电视网络整合，各省区市基本实现全省"一张网"。（《中国广播电视年鉴 2013》，第 92 页）

2012 年 10 月 31 日，国务院下发《关于组建中国广播电视网络有限公司有关问题的批复》，正式批复同意中国广播电视网络有限公司组建方案和公司章程。（《中国广播电视年鉴 2013》，第 93 页）

2012 年 11 月 11 日，天猫等网站开启高强度促销的"光棍节"模式。

2012 年 12 月 1 日起，开始实行《广播电视广告播出管理办法》。（《关于贯彻执行〈《广播电视广告播出管理办法》的补充规定〉的通知》，http://www.nrta.gov.cn/art/2011/11/28/art_69_830.html，2020 年 6 月 22 日）

2012 年 1 月 8 日，中国网络电视台自主研发的 3D 网络视频播放器开发完成。（《中国广播电视年鉴 2013》，第 78 页）

2013 年 1 月 16 日，江苏广电总台建设的 IPTV 集成播控平台通过了国家广电总局验收。（《中国广播电视年鉴 2014》，第 74 页）

2013 年 1 月 28 日，中国网络电视台与北京小米科技公司签约，将小米科技推出的高清互联网电视机顶盒小米盒子绑定在中国互联网电视集成播控平台上。（《中国广播电视年鉴 2014》，第 75 页）

2013 年 8 月，国务院发布《国务院关于促进信息消费扩大内需的若干意见》，提出"全面推进三网融合。加快电信和广电业务双向进入，在试点基础上于 2013 年下半年逐步向全国推广。"（《国务院关于促进信息消费扩大内需的若干意见》，http://www.gov.cn/zwgk/2013-08/14/content_2466856.htm，2020 年 9 月 19 日）

2013 年 10 月 8 日，湖南卫视高清频道信号送上了中星 6A 卫星 1A 转发器。成为全国第一家实现本地上星的省级卫视频道。（《中国广播电视年鉴 2014》，第 84 页）

2014 年 7 月，国家新闻出版广电总局印发《关于加快推动下一代广播电视网标准应用的通知》。（《关于加快推动下一代广播电视网标准应用的通知》，http://www.cac.gov.cn/2014-07/09/c_1111532937.htm，2020 年 9 月 19 日）

2014 年 7 月 4 日，芒果互联网电视正式实现了 H265 在线直播编解码技术，成为在该项技术领域实现突破创新的 OTT 平台。（《中国广播电视年鉴 2015》，第 95 页）

2014 年 10 月，《电信竞争》合著者之一梯若尔获诺贝尔经济学奖。

2014 年 11 月 19~21 日，第一届"世界互联网"大会在浙江嘉兴乌镇召开。（https://baike.baidu.com/item/第一届世界互联网大会/15983248?fr=aladdin，2020

年 4 月 20 日）

2014 年 11 月 21 日，百视通和东方明珠双双发布公告，宣布将通过百视通吸收合并东方明珠的方式，实现两家上市公司合并。合并后的上市公司将成为中国 A 股文化传媒行业第一家市值千亿元的上市企业。（《中国广播电视年鉴 2015》，第 102 页）

2015 年 3 月 5 日，国务院总理李克强在第十二届全国人大第三次会议上所作的《政府工作报告》中首次正式使用"互联网+"一词。（《政府工作报告——2015 年 3 月 5 日在第十二届全国人民代表大会第三次会议上》，http://nx.people.com.cn/n/2015/0317/c192469-24177819.html，2020 年 6 月 22 日）

2015 年 4 月 18 日，芒果 TV 互联网电视与杜比公司跨界合作，运用杜比 5.1 环绕声技术直播"女神来了"演唱会。（《中国广播电视年鉴 2016》，第 85 页）

2015 年 8 月 25 日，国务院办公厅印发《三网融合推广方案》。（《中国广播电视年鉴 2016》，第 92 页）

2016 年 2 月 1 日，2016 年 CCTV 网络春晚在中央电视台综艺频道和央视网同步播出，采用互联网视频云技术创新打造"实时欢唱"互动环节。（《中国广播电视年鉴 2017》，第 82 页）

2016 年 5 月 5 日，中国广播电视网络有限公司获得工业和信息化部颁发的《基础电信业务经营许可证》，获准在全国范围内经营互联网国内数据传送业务、国内通信设施服务业务。（《中国广播电视年鉴 2017》，第 85 页）

2016 年 6 月 30 日，海南完成中央和省广播电视节目无线数字化覆盖工程建设并试播，成为全国首个完成建设任务并通过验收的省份。（《中国广播电视年鉴 2017》，第 87 页）

2016 年 11 月 25 日，中共中央宣传部、财政部、国家新闻出版广电总局联合印发《关于加快推进全国有线电视网络整合发展的意见》，明确到"十三五"末期基本完成全国有线电视网络整合。（《中国广播电视年鉴 2017》，第 95 页）

2016 年 12 月 9 日，福建省广播影视集团与福建福信富通网络科技股份有限公司共同研发的智能车联网产品——"广电车盒子"在北京上市发布。（《中国广播电视年鉴 2017》，第 95 页）

2016 年 12 月 10 日，中国有线电视网络有限公司与中国科学技术大学合作的量子保密通信"京沪干线"全线贯通。（《中国广播电视年鉴 2017》，第 95 页）

2017 年 3 月 31 日，中国国际广播电台开发的"ChinaNews、ChinaRadio、ChinaTV"三款多语种聚合型移动客户端在苹果应用商店、各大安卓应用市场发布上线。（《中国国际广播电台"China"系列多语种移动端上线》，m.haiwainet.cn/middle/3541086/2017/0331/content_30831169_1.html，2020 年 4 月 20 日）

2017 年 6 月 12 日，北京歌华有线电视网络股份有限公司高清交互数字电视平台"增强电视"应用上线，覆盖使用 HMT2200 高清交互机顶盒的 300 余万用户。（《北京信息化年鉴 2018》，第 23 页）

2017 年 11 月 9 日，国家新闻出版广电总局发布《国家新闻出版广电总局关于规范和促进 4K 超高清电视发展的通知》。（《国家新闻出版广电总局　关于规范和促进 4K 超高清电视发展的通知》，http://www.nrta.gov.cn/art/2018/1/12/art_113_34830.html，2020 年 9 月 19 日）

附录3　美国电视产业的规制及机构演变[①]

美国是世界上最早从立法、司法、规制机构等方面全面推进电信业和广播电视业网络融合的国家。FCC 是一个既规制电信产业，也规制电视网络产业的专门性规制机构，是网络融合政策的主要执行机构。FCC 直接向美国国会负责，具有相对独立性。FCC 享有准立法和准司法权，拥有广泛的规制权力，涉及跨州及国际的电信和电视活动。

美国的电信与电视监管机构分为联邦与地方两个层面。在联邦层面，FCC 是对商业电视、电信进行监管的独立机构，内部按照不同网络和服务分别设立监管部门。设立 FCC 的一个重要目的就是要改变电视、电信等细分产业可能政出多门、相互分割的状况，对电信、电视和互联网进行统一规制。现行 FCC 的规制范围主要包括公共电信、专用电信、广播电视及无线频率[②]。

FCC 根据 20 世纪末美国电信网、有线电视网和互联网加速融合，以及电信运营商、有线电视运营商、互联网服务商和一些电子化媒体运营商大规模兼并的现实，对"34《通信法》"做了大量调整，实施 1996 年版的新《电信法》（"96《电信法》"），废除了以往电信法中关于电话、有线电视、卫星、互联网开放竞争的限制性条款，逐步完善融合的产业规制框架。

FCC 除颁布了"96《电信法》"外，还分别在 2003 年和 2005 年对有关规制机构作了两次较大的调整。其中在 2003 年，美国 FCC 成立互联网政策工作小组（Internet Protocol Working Group，IPWG），将互联网 VoIP 运营纳入监管与调查范围[③]。

---

① 本附录由罗亮编写。

② 美国联邦通信委员会简介：https://www.mtsu.edu/first-amendment/article/804/federal-communications-commission，2020 年 4 月 14 日。

③ 美国联邦通信委员会历史：https://www.mitel.com/articles/history-federal-communications-commission-fcc，2020 年 4 月 14 日。

2005 年，FCC 由原来的 7 个局 11 个办公室调整为 6 个局和 11 个办公室。FCC 调整后的 6 个（管理）局分别是：固定业务竞争管理局（Wireline Competition Bureau）、执行局、无线业务管理局（Wireless Telecommunications Bureau）、大众媒体管理局（Mass Media Bureau）、消费与政府事务管理局和国际业务管理局。其中，固定业务竞争管理局由原有线电视管理局（Cable Service Bureau）与公众电信运营管理局（Common Carrier Bureau）合并而成。涉及产业融合的主要是三个业务管理局：固定业务竞争管理局、无线业务管理局和大众媒体管理局。FCC 的 11 个（职能）办公室为：总检查办公室、工程与技术办公室、法律办公室、管理办公室、对外关系办公室、FCC 主席办公室、计划政策办公室、行政诉讼办公室、通信业务机会办公室、人力资源办公室、立法与政府关系办公室。①

调整后的大众媒体管理局负责与利用有线电视网络、卫星、广播电视网络传输影视节目、提供媒体服务有关的政策制定、牌照发放和市场规制；固定业务竞争管理局负责与有线电信运营商有关的政策制定、牌照发放和市场规制；无线业务管理局负责与无线电信运营商有关的政策制定、牌照发放和市场规制。电信业和电视业之间的协调机构是通信业务机会办公室。而利用互联网传输影视节目则需要对其进行究竟是有线电视业务还是信息服务业务的界定，如属于有线电视业务，则属大众媒体管理局的规制范围，如属于信息服务，则是 FCC 放松规制的范畴。

在地方层面，州公共事业委员会（Public Utilities Commission，PUC）负责处理州内的电信业务，电视业务经营则需要得到州和地方政府许可，FCC 在监管有线电视业务时需要与州和地方政府协调。

附图 3-1 中，美国对电视产业的规制与通信产业相类似，其政策的制定、监督、执行与协调体现了美国传统的"三权分立"特征，联邦级的信息产业政策与法律制定由总统与国会负责，洲际信息产业的行政事务和州内的行政事务则分别由 FCC 和 PUC 负责执行，但 FCC 是有关电视监管问题的最后决定者。在出现争议时，联邦司法部、联邦上诉法院与州法院会介入，并对电视企业的反

---

① 截至 2020 年 9 月 30 日，FCC 共下辖 7 个运行局（Operating Burea）和 9 个办公室（Office），分别为：消费者与政府事务局（Consumer & Government Affairs）、执行局（Enforcement）、国际局（International）、媒体局（Media）、无线通信局（Wireless Telecommunications）、有线竞争局（Wireline Competition）和公众安全与国土安全局（Public Safety & Homeland Security），以及行政法司法办公室（Administrative Law judges）、通信业务机会办公室（Communications Business Opportunities）、工程与技术办公室（Engineering & Technology）、总监办公室（Inspector General）、管理主任办公室（Managing Director）、法律顾问办公室（General Counsel）、媒体关系办公室（Media Relations）、经济学与分析办公室（Economics and Analytics）和工作场所多样性办公室（Workship Diversity）。见 FCC 的组织机构图：Organizational Charts of the FCC, https://www.fcc.gov，2020 年 9 月 30 日。

垄断市场行为、市场争议行为等进行司法调查与诉讼，必要时会提请国会修改有关法律。

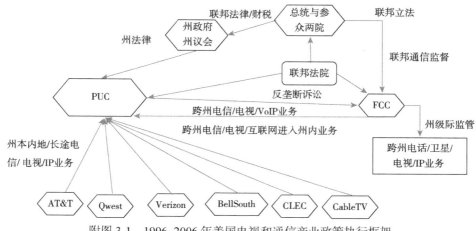

附图 3-1　1996~2006 年美国电视和通信产业政策执行框架

资料来源：钱俊. 2012. 三网融合背景下有线电视网络的业务竞争定价研究. 东南大学硕士学位论文

FCC 在自身组织改革上主张突破以产业类别为主的组织架构，条件成熟时将逐步撤销有线电视管理局、公众电信运营管理局、大众媒体管理局、无线通信管理局等部门，从功能上而不是从业务上来重构 FCC 的规制框架。2005 年，FCC 首先撤销了有线电视管理局，将其与公众电信运营管理局合并为固定业务竞争管理局。FCC 的这一组织机构调整反映了其鼓励网络融合、推动产业间竞争的努力，后来 FCC 规制架构的调整也是朝向更加开放，更加适应网络融合下整个电视和通信产业发展的方向。

美国自 20 世纪 90 年代以来，其电视和电信产业通过政策、法律、规制机构等方面的变革，共同推动着网络融合的发展。

（1）1993 年 12 月，时任美国副总统戈尔发布 NII 计划。该计划所提出的"美国信息高速公路"将融合已有的互联网业务、电话和有线电视的功能，连接美国几乎所有的家庭、教育、卫生、娱乐、商业、金融、科研机构和企业。"美国信息高速公路"建成之时，所有的数据、文字、声音、图像和电视节目等信息都能够通过电信网络、有线电视网络或无线电话网络发送和接收。

（2）为实施 NII 计划，时任克林顿政府开始大范围修订"34《通信法》"，推出了"96《电信法》"。"96《电信法》"废除了以往电信法中关于电话、有线电视、卫星、互联网开放竞争的限制性条款，逐步完善融合的产业规制框架。目的是为了减少市话、长话、有线电视、移动电话、广播电视和有线服务提供商之间的人为差别，加速各种产业之间的相互竞争和渗透，保护并促进网络融合下

各类企业之间的竞争。^①

（3）2005年，撤销了FCC的有线电视管理局；同时，将公众电信运营管理局更名为固定业务竞争管理局，有线电视业务并入固定业务竞争管理局。撤销前的有线电视管理局成立于1993年，负责处理与有线电视产业，以及多频道电视节目供应相关的事务。而新的固定业务竞争管理局的职能在于促进大众获得有线电视节目，鼓励有线电视市场竞争，确保有线电视产业的成长与发展。同年，国会通过了《广播电视反低俗内容强制法》（Broadcast Decency Enforcement Act），该法使得FCC可以将不雅节目的罚款提高至十倍。该法同时允许FCC对广播委员会认为不雅的网络内容处以325 000美元的罚款。

（4）2006年，美国国会审议了允许电话公司提供有线宽带服务并限制或取消本地特许经营的立法，FCC一直处于互联网中立性和放松管制环境中的公共利益义务性质的争议之中。

（5）2010年3月，FCC向美国国会提交了国家宽带普及计划，声称：我们可以用高速公路与普通公路的对比来理解宽带（信息高速公路）与窄带的差异，但却不能将高速公路网与宽带互联网相提并论，毕竟信息基础设施对人类社会影响之深刻是其他基础设施望尘莫及的。^②

（6）2015年，奥巴马政府通过一项关于网络中立性的提案，要求网络运营商和政府提供公平的网络服务，促进互联网平台的透明、公开、反歧视和反垄断，不对网络数据传输进行分类、过滤或阻拦。

（7）2017年，FCC取消了禁止同时拥有全功率广播电台和报纸的规定。如果电台的覆盖范围（按电台类型有单独定义）完全涵盖了报纸的出版城市，则电台和报纸的所有者允许一致。同时，FCC取消了交叉所有权规则，该规则限制了位于同一市场的广播电台和电视台的共同所有权。考虑到现代市场中本地新闻和信息来源的数量和种类的增长，报纸广播交叉所有权规则和广播电视交叉所有权规则限制被取消。^③

---

① 美国联邦通信委员会所有权秩序探究，https://www.broadcastlawblog.com/2017/12/articles/a-deeper-dive-on-the-fccs-ownership-order/，2020年4月14日。

② A Deeper Dive on The FCC's Ownership Order，https://www.broadcastlawblog.com/2017/12/articles/a-deeper-dive-on-the-fccs-ownership-order/，2020年4月14日。

③ 资料来源：https://www.fcc.gov/consumers/guides/fccs-review-broadcast-ownership-rules，2020年4月14日。

附录4　英国电视产业的规制及机构演变①

21 世纪以来，英国 Ofcom 一直是英国电视现行的主要规制机构，其地位由 2003 年英国通过的新《通信法》（Communication Act）所保证。Ofcom 同时监管电信、有线电视、邮政等多个领域，以确保人们从宽带、固定电话和移动服务中获得最大收益，对于邮政寄送合理收费，维护包括手机、对讲机等无线设备使用的电波，从而在适当的情况下通过促进竞争，在通信方面保护公民的利益，并在相关市场中提升消费者的利益②。因此，英国目前对广播电视内容的规制是以 Ofcom 为主体进行具体的广播电视节目的内容规制，目的是保护公民自身利益，以及满足青少年、老年人等特殊关怀对象的需求，完善广播电视行业的投诉机制、信息公开机制和监管机制。这种成熟的服务型监管体制使得 Ofcom 自成立以来，其对广播电视产业监管的基本理念体现了对公民幸福感、使用体验及待遇的公平程度的关心（韩雪莹，2016）。

英国的有线电视网整合始于 1982 年，是一个连续的过程。早在 1982 年，英国政府就根据信息技术顾问小组（Information Technology Advisory Panel，ITAP）的建议，决定抓住机遇发展宽带有线电视网络，形成全程全网。1983 年，英国政府开始给有线电视系统颁发有线电视特许经营执照。1984 年，英国政府制定了《有线和广播法》，建立了有线电视管理局，允许有线电视运营商经营电信业务。到 1999 年 7 月，在英国的 1950 万户家庭中，有 1200 万户家庭被有线电视网覆盖（马庆平，2001），其中，430 万户家庭与线缆电话连接，提供电话服务的有线电视宽带特许经营商共有 134 个，容量达 460 万线（英国贸易工业部和英国文化媒介体育部，2000）。

英国对于电视行业的早期规制起源于 1988 年执政的保守党政府发表的《90 年代广播电视：竞争、机遇和质量》白皮书，以及英国《1990 广播法》（Broadcasting Act 1990），当时已接近撒切尔（Margaret Thatcher：玛格丽特·撒切尔夫人）11 年执政的晚期（其 1979～1990 年任英国首相）。随着保守党大规模私有化政策的出台和新一轮科技革命浪潮的出现，这些措施在英国国内掀起了空前的信息化建设浪潮。英国广播电视、电信产业得到了迅猛发展。

《1990 广播法》出台后，私人电视和广播分别由独立电视委员会（Independent Television Commission，ITC）和无线电管理局（Radio Authority，RA）监管，这

---

① 本附录由杨晓蕾负责编写。

② 资料来源：https://www.ofcom.org.uk/about-ofcom/annual-reports-and-plans，2020 年 4 月 14 日。

两个机构负责广播公司执照码的授权，以及通过暂停或撤销许可证的方式来制裁违反许可证规定的广播公司。ITC 只有在极端情况下才会采取强制行动。例如，1996 年，地中海电视台因其新闻报道的政治立场受到正式警告，1998 年 1 月被罚款 9 万英镑。1998 年 11 月，ITC 下发通知，警示该电视台如在其后 6 个月内未能遵守牌照条款（包括节目守则），该局的牌照将会被撤销。1999 年 3 月，在土耳其逮捕了库尔德工人党总书记阿卜杜拉·奥贾兰（Abdullah Ocalan）之后，ITC 发现该电视台的 4 次广播中含有煽动性言论，鼓励在土耳其和其他地方进行暴力活动，遂于同年 4 月撤销其牌照。

作为公共服务广播公司的英国广播公司（British Broadcasting Corporation，BBC）不受 ITC 的规制，而是通过内部建立的投诉处理系统进行监管。1999 年 10 ~ 12 月，BBC 投诉组处理了 163 宗涉及 143 项广播节目的投诉，其中 15 宗获得了支持和批复。22% 的投诉与偏见不公平有关，18% 与低级趣味有关，6.5% 与性暴力有关，4.5% 与一般暴力有关。对于不合规的节目，BBC 会写信予以警示并要求节目不再播出。

所有广播电视机构，包括公营、私营的电台及电视台，均受广播（电视）标准委员会（Broadcasting Standards Commission，BSC）的监管，BSC 的工作范围主要包括三个方面：第一，制定广播电视标准；第二，对英国广播行业进行监测、研究并编写报告；第三，接受公众的投诉。BSC 主要是一个标准制定机构，它的主要作用是在整个英国广播行业建立一致的标准。BBC、ITC 和 RA 在制定或修订自身的行为准则时，必须考虑 BSC 的准则。1997 ~ 1998 年，BSC 总共收到了 3559 起投诉，其中绝大多数与广播电视节目内容有关，如低级趣味、语言不恰当、种族主义、死亡和滥用毒品等。19% 与节目内容标准有关的投诉得到了支持，45% 与公平性有关的投诉得到了支持[①]。

有线电视对电信业务的融合，促发了对新监管体制的需求。2000 年 12 月，英国文化媒介体育部大臣史密斯爵士在下院公布了《英国政府通信白皮书》。该白皮书向人们勾画了未来十年信息化社会的蓝图，以及一个新的监管体系。2002 年，英国颁布《Ofcom 组织法》，整合了英国原电信管理局（Oftel）、无线电通信管理局、独立电视委员会、无线电管理局、广播标准委员会五个机构的职能，成立 Ofcom，监管范围涵盖电信、无线通信、电视和广播等所有通信传播领域（刘孔中和王红霞，2009），建立了如附图 3-2 所示的（现行）电视产业监管体系。

---

① 资料来源：https://www.article19.org/data/files/pdfs/publications/uk-media-regulation.pdf，2020 年 4 月 14 日。

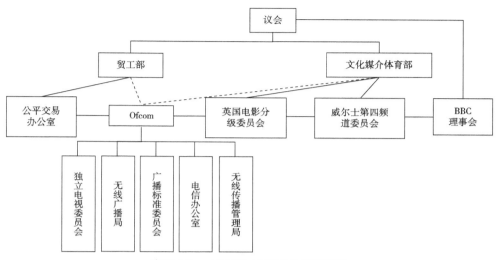

附图 3-2　（现行）电视产业监管体系

资料来源：赵建军. 2001. 从英国政府拟组建的传播办公室（OFCOM）看广播电视与电信的不同政府规划.
2001 国际有线电视技术研讨会论文集
虚线代表协调权利

　　近年来，随着脱欧进程的深入，Ofcom 在 2018～2019 年报中指出，作为监管机构需要时刻注意脱欧可能对行业监管带来的影响，包括就政府各部门的优先事项向政府提供独立建议，为政府制定脱欧后将要建立的法律框架提供信息。同时，Ofcom 表示，英国脱欧后，被监管的许多广播电视公司的框架将基本保持不变，但是还是会产生一些变化，以便监管机制能够更好地适应脱欧后的新环境，使消费者遵守英国离开欧盟后的新法规。Ofcom 还发布了针对行业的建议，例如，针对英国脱欧后政府的新立法将如何影响广播公司的《广播机构指南》[①]。

　　伴随着 5G 时代的到来，Ofcom 还在推动社会技术创新、改善电信和电视基础设施方面发挥着积极的作用。根据其 2019 年 10 月 8 日发布的公告，Ofcom 已获得英国商务、能源与产业战略部提供的 70 万英镑经费，以探索区块链技术。该经费的使用据称可以帮助 Ofcom 研究如何利用区块链改善英国的电信和电视网络系统。

　　另外，根据 2020 年 1 月 10 日讯石光通讯的报道，Ofcom 还宣布了几项新的提案，该机构希望翻新英国境内的宽带基础设施，在升级到纯光纤的同时，淘汰旧有的铜缆网络（即"光进铜退"政策）。目前该计划仍处于咨询阶段，最终决定将于 2021 年初发布。为了推动光纤网络的普及，英国政府将结合 Ofcom 的地区扶持政策，为农村地区提供 50 亿英镑的投资。

[①] 资料来源：英国通信管理局官网，https://www.ofcom.org.uk/，2020 年 4 月 14 日。

　　为此，监管机构提出了四项建议，以支持为光纤网络引入竞争性投资：①设置英国网络基础设施公司（Openreach）的批发价格，鼓励来自新网络的竞争，并改善相关业务案例。②确保人们仍可以使用负担得起的宽带，防止 Openreach 扼杀竞争，以维护客户权益。③支持 Openreach 在特定地区的投资，让农村奔上快速发展的通道。④转向纯光纤网络后，铜网可彻底关闭，因此 Openreach 无须担负不必要的成本。Ofcom 表示，新计划将消除企业在投资和竞争方面的其余障碍，有助于英国全面转向光纤网络。无论是企业还是个人，都将受益于快速、可靠的互联网连接[①]。

　　资料来源：
　　韩雪莹. 2016. 英国广播电视内容规制的模式. 青年记者，（3）：90-91
　　金雪涛. 2004. 英国广播电视业规制之借鉴. 华东经济管理，（2）：87-90
　　刘孔中，王红霞. 2009. 电信监管机构建制的类型化研究——兼论中国电信监管机构改革的理想与路径. 经济法论丛，（2）：1-21
　　马庆平. 2001. 整合是有线电视网发展的必经之路. 广播电视信息，（9）：11，10
　　英国贸易工业部，英国文化媒介体育部. 2000. 英国政府通信白皮书. 顾芳，李澎，王宇丽，等，译. 北京：中国法制出版社
　　英国通信管理局希望推动快速可靠的光纤宽带网络的建设，http://www.iccsz.com/site/cn/news/2020/01/10/20200110014359682267.htm，2020 年 4 月 14 日
　　赵建军. 2001. 从英国政府拟组建的传播办公室（OFCOM）看广播电视与电信的不同政府规制. 2001 国际有线电视技术研讨会论文集

附录 5　日本电视产业的规制及机构演变[②]

　　日本广播电视体制最突出的特征之一，就是以日本放送协会（Nippon Hoso Kyokai, NHK）[③]为代表的公共广播电视和以日本民间放送联盟（Japan Commercial

---

　　① 西湾区块链：英国通信管理局将利用区块链改善电话号码管理，https://www.sohu.com/a/258345783_100250315，2020 年 4 月 14 日。
　　② 本附录由刘斐然编写。
　　③ 日本的公共广播电视机构 NHK 是日本广播电视事业的主体，不以营利为目的，不播出广告，财源是受众缴纳的收视费；商业广播电视播出广告，财源是广告费和一些衍生的营利性经营活动。

Broadcasting Association，JAB）①为代表的商业广播电视的并存体制。日本的规制理论认为，广播电视媒体产业属于网络型产业，具有自然垄断性、外部性和信息不对称性，很难通过市场机制下的自发效率实现最优资源配置，需要通过法律、独立的规制机构、产业政策等对市场主体行为、市场结构等进行规制。因此在日本广播电视行业发展的过程中，政府会通过一系列法律体系建设和政府机构改革对广播电视行业进行规制。

在法律方面，日本主要依靠"电波三法"，即《广播电视法》（日文称《放送法》）、《电波法》（日文称《電波法》）和《电波监理委员会设置法》对日本广播电视行业进行规制（村上聖一，2015）。其中，为确保节目内容的合理性和正当性，《广播电视法》对日本广播电视行业提出了明确的要求。例如，该法制定了电视行业的节目规则，其内容主要包括：①节目内容不能有害社会治安和良好的社会风气；②要宣扬政治体制的公平民主；③报道不能歪曲事实，能够呈现对待同一问题的不同想法。同时，为了保护广播电视的多元化、多样性和地域性，《广播电视法》对节目放送的地区，以及每个地区商业广播电视台的数量作了明确规定，并且要求每个地区的商业广播电视台必须要得到 NHK 颁发的执照或营业许可，同时还制定了大众传媒的集中排除原则（曾我部真裕，2011）和外资规制原则（清水直树，2007）。其中，大众传媒的集中排除原则主要是为了防止少数电视行业从业者形成垄断，破坏信息的多元化而制定的一系列规定，内容主要包括：①广播电视从业者不能所有或者支配两个以上电视台；②不能同时经营或支配广播、电视、新闻三种行业；③电视台的主要出资者和工作人员应尽可能地是该地区的原住民（曾我部真裕，2011）。此外，根据日本《广播电视法》的规定："不允许民间电视台缔结节目外派合约"，这主要是为了进一步确保地方广播电视台的节目内容不受东京总电视台的支配，保护地方广播电视台的地域紧密性（村上聖一，2015）。

与此同时，随着 2000 年日本"IT 立国"发展战略的确立，日本国内广播电视与通信领域的融合现象日益加深，日本政府也在不断通过行政机构改革，推动广播电视行业制度的完善。日本将原邮政省并入总务省，全权负责包括电信和有线电视在内的整个 ICT 产业的规制，方便对三网融合所涉及的主要产业领域进行统一管理，并在 2001 年，连续出台《利用电信服务进行广播电视服务法》和《通信广播电视融合相关技术开发促进法》。2006 年 1～6 月组织了"通信与广播电视事业改革委员会"，制定了《通信与广电事业改革促进方案》，为信息业、电信业、广播电视业的融合提供基础设施、技术及法律支持。

---

① 日本商业广播电视主要遵从由 JAB 制定的《日本商业广播电视联盟节目基准》。JAB 于 1951 年成立，是以日本商业广播电视播出机构为会员的社团法人组织，主要致力于"处理商业广播电视共通的问题""提高广播电视的伦理水平""达成商业广播的公共性使命"。截至 2008 年 4 月，该联盟已经有 201 个会员单位。

日本的广播媒介从成立之初就是以社团法人的形式出现的，而不是像美国等一些国家是以企业法人的形式面世，因此，从一开始它就具有公共性、公营性和公益性的特点，同时被赋予了传达政治体制的民主和多角度呈现问题的职责。与国内其他的大众传媒相比，日本的电视产业也受到来自政府的更加广泛的规制。但是与此同时，广播电视作为表现活动的一种，也享有宪法规定的表现自由，因此，日本社会正在探索如何通过激发从业者的自律意识，使其自觉遵守电视节目有关法规，实行自我规制，以保护广播电视这一艺术形式的表现自由和通俗娱乐性。

在行业自律方面，主要通过 NHK 和 JAB 各自制定的从业准则，以及二者共同倡导的《广播电视伦理基本纲领》，还有专门的广播电视行业自律机构"广电伦理与节目改良组织"（Broadcasting Ethics & Program Improvement Organization，BPO）进行监督（张洋，2014）。

NHK 于 1959 年分别制定了《国内广播电视节目基准》和《国际广播电视节目基准》。在《国内广播电视节目基准》中规定了 NHK 所有节目应遵守的五大基本原则，以及一般广播电视节目的节目编排基准和对象型节目的具体基准。并在《国际广播电视节目基准》中明确规定：广播节目必须遵循节目协调原则，均衡教育节目、新闻报道、娱乐节目等各种类型节目；广播电视节目行业必须遵循本行业的节目编排基准；必须设置节目审议机关及遵循广播电视订正制度等要求。同时伴随着通信领域与广播电视领域融合趋势的日益加深，为了保证媒体的公信力，NHK 的节目基准不断完善和修改，以适应广播电视行业发展的新环境。JAB 于 1970 年修缮的《日本商业广播电视联盟节目基准》，规定了商业广播电视基准总的方针，同时也是全体商业广播电视机构共同制定的自主规章的基准，并于 1997 年专门针对采访报道制定了《日本商业广播电视联盟报道指南》。同时，NHK 与 JAB 还于 1996 年共同制定了适用于公共和商业广播电视的《广播电视伦理基本纲领》，将公共和商业广播电视台的节目基准加以统一，其成为规范整个广播电视界的精神纲领，在更高的层面上促进了广播电视伦理建设（大森幸男，1981）。

除上述各广播电视机构基于《广播电视法》的自律基准外，日本还有专门的广播电视行业自律机构 BPO。1996 年 12 月，日本邮政省在"多频道时代广播电视与受众恳谈会"的报告书中提议"设置处理受众投诉的第三方机构"（清水直树，2008）。1997 年 5 月，NHK 与 JAB 接受提议，设置"广播电视人权委员会机构"（Broadcast and Human Rights/Other Related Rights Organization，BRO），在此基础上组建了由社会各界在职人士兼职的"广播电视人权委员会"（Broadcast and Human Rights/Other Related Rights Committee，BRC）。随后，为强化职能，BRO 与设有"广播电视青少年委员会"和"广播电视节目委员会"的"广播电视节目提升协议会"于 2003 年 7 月合并，组建成立 BPO。BPO 的经费来源于 NHK、商业广播电视联盟，以及商业广播电视联盟各成员单位。该组织的性质为："鉴于广播电视事业的公共性和社会影响力的重大性，本机构致力于确保言论及表达的自由，拥护受众的基本人权，以第三方的立场迅速、准确地应对有关广播电视的投诉及广播电视伦理上的问题，为提升广播伦理水平做出贡献。"此后，鉴于广播电视界的丑闻相继而出，新闻造假、侵权、低俗内容的存在，严重影响了广播电视的公信力，深感危机的日本广电界决定进一步加强自律功能以杜绝丑闻的出现。于是，NHK 和商业广播电视联盟合议，于 2007 年 5 月在 BPO 中增设了新的委员会——广播电视伦理检证委员会，并解散原来的广播电视节目委员会，以提升广播电视伦理和节目质量，提升各广播电视播出机构的自律意识，保证广播电视节目的健康发展（奥村信幸，2010）。

　　近年来，伴随着广播电视行业从业者的增加及广播电视与通信领域的融合，电视行业的自律制度也在不断地完善，目前的日本广播电视行业主要还是依靠行业自律（高昊，2009）。从第二次世界大战以后，日本从来没有过对电视节目的行政处分，当局实行的也是没有强制力的行政指导。出现这样的情况，与其归因于日本政府对于广播电视行业的规制力度较小，不如归因于日本广播电视行业自律制度的强大（王润珏，2011）。

资料来源：

高昊. 2009. 日本广播电视行业自律机制概览. 视听界，（6）：81-84

王润珏. 2011. 日本的三网融合之路及其对中国的启示. 新闻界，（6）：89-92

张洋. 2014. 日本广播电视行业自律组织研究——以 BPO 广电伦理检查委员会为例. 环球新视野，（9）：79-80

奥村信幸. 2010. BPO（放送倫理・番組向上機構）の機能と社会的意義-放送倫理検証委員会の取り組みを中心に. 立命館産業社会論集，45（4）：1-29

村上聖一. 2015. 戦後日本における放送規制の展開：規制手法の変容と放送メディアへの影響. NHK 放送文化研究所年報，59：49-127

大森幸男. 1981. 放送行政と行政指導（問われる行政指導）. ジュリスト，（741）：64-68

清水直樹. 2007. 放送番組の規制の在り方. 調査と情報，（597）：1-11

清水直樹. 2008. 情報通信法構想と放送規制をめぐる論議. レファレンス，（11）：3-15

曽我部真裕. 2011. マスメディア集中排除原則の議論のあり方. 法律時報，83（2）：2

附录6　韩国电视产业的规制及机构演变①

　　韩国的电视业是"广播"业的一部分［为了叙述的方便，本附录有时会将"广播"强调为"广播（电视）"］。近几十年来，随着技术的发展和产业的融合，广播和通信之间的界限逐渐消失。但韩国政府发现，一些产业融合领域，如广播通信领域，出现了"多头管制""职责不明"等问题，新业务往往不能按时上市，政策不确定性突出，缺乏与广播和通信融合时代相适应的国家竞争力。为了新时期广播与通信产业的均衡、融合和可持续发展，有必要制定宏观、均衡的政策方案，以有效扶持相关行业的发展，故将广播（电视）委员会和情报通信部的职能融为一体，建立"融合机构"。

　　具体做法是，根据《韩国广播通信委员会的建立和运作法》，于2008年2月29日设立了韩国广播通信委员会（Korea Communications Commission, KCC），统一负责广播和通信的监管、用户的保护及确保广播独立性等事项。旨在通过积极应对融合现象来建立新的广电体系，保障广播电视放送的自由、公平性和公益性，促进广电和通信的平衡发展，增强国际竞争力②。

　　KCC从地位上看是直属于中央政府的行政机关，从职务的角度来看是个独立机关，它从2008年2月底建立以后，就是监管广播、通信的最高行政机构。KCC的主要任务是制定针对地面电视频道（terrestrial，只要有接收信号的装置，谁都可以观看电波放送的节目）的节目放送、综合频道运营商和新闻报道频道运营商的规制政策；调查和制止广播通信经营者的不规范行为；制定和实施关于广播通信使用者的政策；制定和实施个人信息保护政策；防止非法及有害信息的传达和流通；制定和实施有关评估广告放送和广播节目的编成的政策；制定和实施媒体多样化政策。

　　韩国存在着多种与广播（电视）业相关的委员会。法定机构中有负责广电公司播放业务许可总体政策的委员会，以及根据《广播法》设立的委员会（以解决特定领域的事物或问题）。还有一些临时委员会，如广播和通信委员会，以及一些政府部门，它们的运作是为了就特定的广播（电视）问题、广播（电视）政策或广播的内容进行研究并提供建议。目前，代表性的法律机构包括KCC和韩国广播通信审议委员会（Korea Communications Standards Commission, KOCSC）。根据《广播法》设立的、先后存在的其他委员会还包括前咨询委员会（现在已经

---

　　① 本附录由朴含洋、杨晓蕾编写。

　　② 韩国广播通信委员会官网（방송통신위원회），https://kcc.go.kr/user.do，2020年4月14日。

不存在了）、观众委员会、区域广播发展研究委员会、多样性委员会和争议解决委员会等；另外一些针对特定问题或政策需求而成立的委员会还包括公共广播（电视）发展研究委员会和监管改革委员会、先进广播（电视）政策咨询委员会、广播（电视）改革委员会和区域广播（电视）研究委员会等；与特定媒体有关的委员会则包括卫星广播（电视）发展研究委员会、无线电广播（电视）发展研究委员会和数字广播（电视）推广委员会等（한진만，2015）。

　　KCC 与 KOCSC 的区别主要在于组织的性质。KCC 是管理广播和电信环境并制定相关政策的中央管理机构。相反，KOCSC 是为了确保审议的公正性，检查广播节目和互联网内容的民间组织。KCC 和 KOCSC 都具有广播公司的外部监管机构的共同点，但是它们处理的任务并不相同。针对广播公司的规制主要有三种：所有权规制、进入规制和内容规制。KCC 负责所有权规制和进入规制，还负责一部分内容规制（如组织配额系统等）。KOCSC 则负责内容监管期间的各个程序的审议[①]。

　　附图 3-3 描述了韩国现行电视产业主要关系者之间的制衡体系（impinging system），显示了在建立广播和电信监管系统的过程中主要利益相关者之间的关

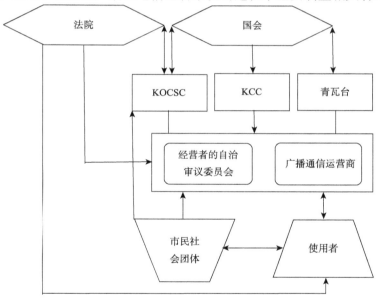

附图 3-3　韩国电视产业主要关系者之间的制衡体系
此图摘自현대원和김기윤（2010）

---

① 广播通信委员会改组（방송위원회　재편성），https://kin.naver.com/qna/detail.nhn?d1id=1&dirId=109&docId=338492552&qb=67Cp7Iah6rec7KCc6riw6rWs&_enc=utf8&section=kin&rank=2&search_sort=0&spq=0，2020 年 4 月 14 日。

系。影响广播通信规制机构组成的关键参与者可以大致分为法律体系、行政部门、运营商和用户。议会和法院是法律体系中的主要参与者；行政部门包括青瓦台、KCC 和现行的 KOCSC；在经营者领域，主要包括广播通信运营商和内容提供商；在用户领域，主要包括使用者和市民社会团体。

该图显示，作为主要利益相关者的 KCC 和 KOCSC 通过与青瓦台建立紧密的关系，来影响广播通信运营商和他们的自治委员会。另外，与国会的关系影响着 KCC 和 KOCSC 的立法权。随着管制广播通信空间的立法行为不断进行，它们在确定审议的水平和范围方面具有绝对的影响力。但是，就法院而言，法院处理的是通信领域的名誉诽谤、表达自由权的侵犯等民事或刑事案件，它与政治权是保持距离的，它在这个关系图中是相对独立的。同时，受到立法机构和政府行政机构严重影响的广播通信运营商和自治审议委员会也受到使用者和市民社会团体的影响。各种民间组织不断参与制衡，以抵制广播通信行业的过度监管或电信行业的色情制品泛滥。

韩国自 20 世纪 80 年代以来多次对广播电视规制体系进行了调整。其主要变化如下。

1987 年制定的《广播法》赋予广播委员会关于规定法律事项的审议决定权和审议议决权（需要经过开会讨论后才能做出正式决定，有时还需要投票表决），确立了广播委员会的议决机关地位。同时赋予广播委员会规则制定权和修改命令权，并认定广播委员会的性质为具有统合准立法权和准司法权的独立规制委员会。此外，还将负责节目审议业务的广播（电视）审议委员会统合进广播委员会的辅助机关，因此广播委员会除了拥有审议电影的事前审议权以外，原来韩国广告公社的广告审议权也变成了广播委员会的管辖范围（윤동관，2005）。

1989 年 5 月文化与公共事务部为了改造广播委员会的需要，曾专门成立了"广播制度研究委员会"。该委员会由学界专家组成，负责预测国际广播（电视）环境的变化，并制定更长远、更全面的国家广播（电视）政策。同年 12 月 30 日，《政府组织法》将文化和公共事务部分开，广播（电视）工作属于公共事务部（윤동관，2005）。

1990 年修订《广播法》后，当年 12 月公共事务部允许民营广电（如泰英株式会社控股的广电公司）进入市场，于是变成了"公共·民营混合广播"体系，1991 年制定《综合有线广播法》，设立综合有线广播委员会，该委员会专门负责审议关于有线电视的内容，实现了审议体制（与经营体制）的分离。

公共事务部于 1998 年 2 月 28 日被撤销，广播（电视）的相关业务以"广播行政"的名义被移交给文化观光部。做出这一调整的背景是，公共事务部先前作为广播（电视）主管机构的时期也正是广播（电视）行业动态发展的时期，而外界则时常批判该机构的规定和时代的变化趋势相抵触。为了反映针对公共事务

部工作的不同观点和意见，1998 年 2 月有关方面对《政府组织法》进行了修编，计划建立新的"广播管理共识系统"。在新的共识系统建立之前，广播电视的监管权继续暂时由文化观光部代行（신혜원，2018）。

根据 2000 年新《广播法》成立的新的"广播委员会"是基于 1998 年《政府组织法》中计划建立的共识制广播监管机构。广播委员会虽然是一个基于共识的独立机构，但它是变革的中心，通过独立实施广播（电视）政策和法规打破了政府机构的传统（신혜원，2018）。

2007 年 7 月，广播通信统合促进委员会为了应对广播和通信的融合，正式着手进行 KCC 的设立。2007 年 10 月，经过 40 多次的讨论，广播通信统合促进委员会通过了《广播通信机构改组方案》，并正式向政府提案。2007 年末，该委员会提供了 KCC 的设立方案（차성민，2008）。

2008 年 2 月 29 日，广播委员会与信息和通信部合并，将广播政策和法规移交给了广播通信委员会（신혜원，2018）。

2013 年 3 月 22 日朴槿惠政府重组后，韩国国会再次修订了《政府组织法》，将广播和电信内容促进政策，广播媒体、广播政策，以及监管职责移交给了前未来创造科学部，形成了独任制部门和共识机构之间的协调体系（신혜원，2018）。

随着 2017 年 5 月文在寅政府的成立，未来创造科学部变更为科学技术信息通信部。虽然更改了名称，其所管事务和先前几乎没有区别，新规定只在科技政策的保护下建立了副部长级的科技创新总部。

资料来源：

한진만. 2015. 한국의 방송위원회. 서울：커뮤니케이션 북스

현대원，김기윤. 2010. 방송통신융합시대의내용규제체계진화방향성연구. Telecommunications Review，20（2）：277-292

윤동관. 2005. 우리나라 방송규제체계 개선방안에 관한연구-방송위원회를 중심으로. 서경대학교 학사학위논문

신혜원. 2018. 방송·통신융합에 따른 방송규제에 관한 연구-유료방송규제쟁점을 중심으로.성균관대학교 박사학위논문

차성민. 2008. 방송총신 규제기구 개편과 법제 개선 방향. 한국비교정부학보，12（2）：355-376

附录 7　南非电视产业的规制及机构演变①

　　南非包括广播（电视）在内的"泛通信"产业的规制大体经历了由"逐步建立邮政、电信和广播（电视）的分散规制"，到"一个部门统一监管"的过程。2000 年以来，南非独立传播局（Independent Communication Authority of South Africa，ICASA）是南非通信、广播（电视）和邮政部门的官方监察机构。它负责制定面向这些部门的法规，向电信和广播（电视）服务提供商颁发许可证，监管许可证持有者对法律法规的遵守状况，计划和管理无线电频谱，以及保护消费者免受不正当的商业行为和劣质服务的侵害。它还接受公众对电信、广播（电视）和邮政服务授权持有人提供的服务质量的投诉。ICASA 管理层通常由 8 名成员和主席组成，其任命根据 2000 年第 13 号《南非独立传播监管法》（Independent Communications Authority of South Africa Act，No. 13 of 2000）（及随后 2002 年第 64 号《广播修正案》和 2014 年第 2 号《南非独立传播修正案》）的规定执行②。

　　南非政府的基本政策之一是保障公众服务和普遍服务的访问和获取，也就是所有人有条件以可承受的价格获得基本的广播电视和通信服务。ICASA 作为监察者，对于实现这一目标至关重要。ICASA 会在授权运营商许可时提出要求，促使运营商在服务水平不足的地区推出服务，并确保授权持有人向公众服务提供资金，从而促进实现普遍服务和访问。ICASA 充当了电信、广播电视和邮政行业的监管者。电信服务和产品的提供者有义务就消费者对有关服务质量和设备故障的投诉给予公正的听诉和解决方案。

　　南非的第一次广播和电视放送分别于 1923 年和 1976 年进行。首部《广播法》于 1936 年公布。那时，南非广播公司（South African Broadcasting Corporation，SABC）成立的目的仅是为了提供广播服务。1976 年，南非政府对《广播法》进行了修订，将电视包括在该法规内。这些广播电视服务（如 Bop 广播、Bop 电视、首都广播和 702 广播）从班图斯坦向南非其他特定地区进行播送③。

　　南非的电信行业由准国家的半官方机构"南非邮电署"（South Africa Post Tracking，SAPT）运营和监管。历史上 SAPT 曾担任监管者和运营者的双重角色，根据 1958 年的《南非共和国法规》（Statues of the Republic of South Africa），它不仅监管着电话、邮政和电信服务，并且还经营着以内部交叉补贴为特征的运营

---

　　① 本附录由 Derrick Anquanah Cudjoe、杨晓蕾负责编写。

　　② Independent Communications Authority of South Africa，https://www.icasa.org.za/，2020 年 4 月 14 日。

　　③ South African Telecommunications：History and Prospects，https://mybroadband.co.za/forum/threads/south-african-telecommunications-history- and-prospects.603320/，2020 年 4 月 14 日

系统。在 20 世纪 80 年代后期，电信市场逐渐开放，包括私用自动分支交换机（private automatic branch exchange，PABX）和增值网络服务（value added network service，VANS）等在内的邮电业务逐渐市场化。

20 世纪 90 年代以后，南非电视和电信行业通过政策、法律和监管机构的变革，共同促进了网络融合的发展。

1990 年，Viljoen 任务组被委任调研广播电视的未来发展。同时，SABC 启动了内部重组流程。1991 年在荷兰举行的 Jabulani 电波自由会议协助了 SABC 的重组。同年，南非成立了准国营企业南非电信有限公司（Telkom SA Limited）作为服务提供商，与充当行业监管机构的 SAPT 相分离。

1992 年初，民主南非大会（Convention for a Democratic South Africa，CODESA）开始对该国未来民主政治体制的建设，包括《临时宪法》与《地方政府过渡法案》的起草，以及《独立广播电视授权法》的建立进行协商。除其他事项外，《独立广播电视授权法》旨在提供商业和社区广播电视公司的授权许可，以及 SABC 从州广播电视到公共广播电视公司的转变。与此同时，电信改革的有关谈判却并不顺利，种族隔离政府在 1993 年继续许可两家移动通信运营商［Vodacom 和 MTN（Mobile Telephone Network）］的经营活动。

在 1994 年取消种族隔离的第一次全民选举之后，包括政府、企业、劳工、用户团体和公民组织的全国电信论坛（National Telecommunications Forum，NTF）被确立为主要利益相关者，对《电信行业白皮书和绿皮书》进行了辩论。随后，电信改革进程以 1996 年《电信法案》的颁布达到了高潮。该法案的主要内容是建立了独立的监管机构：南非电信监管局（South Africa Telecommunications Regulatory Authority，SATRA），以规范电信行业。南非电信有限公司还被授予独家经营权，可以提供为期五年的基本电信服务，并且如果达到其推出目标，则可以选择再延长一年的独家经营权[①]。

1998 年，《邮政服务法》（The Postal Services Act）颁布，该法案具体规定了邮政服务行业的监管部门及其任务。

为了促进广播电视、广播电视信号分配和电信行业的融合，并为这些行业的融合提供法律框架，2000 年 7 月，成立了由 SATRA 和独立广播电视管理局（Independent Broadcasting Authority，IBA）合并而成的 ICASA。ICASA 是根据 2000 年 ICASA 法案建立的，旨在规范南非的通信、广播电视和邮政部门。2005 年的《电子通信法》将有关监管机构的任务定义为授权和监管电子通信和广播电视服务[②]。

---

① Broadcasting in South Africa：Regulation of Broadcasting in SA Since 1994，https://www.nab.org.za/content/page/broadcast-industry，2020 年 4 月 14 日。

② Independent Communications Authority of South Africa，https://en.wikipedia.org/wiki/Independent_

2001 年，随着 2001 年《电信修正案》的通过，南非政府对电信行业进行了第二次重新监管。该法案对已有系统进行了一些全面的更改，例如，对第二网络运营商（Second Network Operator，SNO）规定的修改截止到 2002 年 5 月 7 日。2001 年 8 月，通信部长发布了政策指示（该指示已于 2002 年 4 月进行了修订），明确规定了与 Neotel（SNO）授权许可相关的程序。2001 年 6 月 22 日，ICASA 将运营商许可颁发给第三家移动电话运营商 Cell C。2002 年 8 月 19 日，ICASA 根据《电信法》第 37 条向 Vodacom 和 MTN 颁发了新的国家移动蜂窝电话服务（mobile cllular telephone service，MCTS）运营许可。

2002 年，南非政府通过了两项新的与电信有关的立法，分别是《电子通信和交易法》（Electronic Communications and Transactions Act，ECT）和《通信拦截条例和通信信息条例法》（Communications Interception Regulations and Communications Information Regulations Act，CIR）。

2005 年，电子通信修正案（Electronic Communications Amendment，ECA）通过，并于 2006 年 7 月 19 日生效。

2014 年，时任总统的雅各布·祖玛（Jacob Zuma）宣布，将原先的传播部（Department of Communications，DoC）拆分为传播部（仍为 DoC）和电信及邮政服务部（Department of Telecommunications and Postal Services，DTPS）两个独立的实体，分别负责制定政府政策及法规。这两个新部门均对 ICASA 起到监督作用[①]。

资料来源：

DOC，DTPS to merge after 2019 general election，https://www.telegeography.com/products/commsupdate/articles/2018/11/26/doc-dtps-to-merge-after-2019-general-election/，2020 年 4 月 14 日

Department of Communication，https://mybroadband.co.za/forum/threads/south-african-telecommunications-history-and-prospects.603320/，2020 年 4 月 14 日

Independent Communications Authority of South Africa，https://en.wikipedia.org/wiki/Independent_Communications_Authority_of_South_Africa，2020 年 4 月 14 日

Tomaselli R E，Tomaselli K G，Muller J. 1989.Broadcasting in South Africa：Studies on the South African Media. London：James Currey

---

Communications_Authority_of_South_Africa，2020 年 4 月 14 日。

① DOC，DTPS to merge after 2019 general election，https://www.telegeography.com/products/commsupdate/articles/2018/11/26/doc- dtps-to-merge-after-2019-general-election/，2020 年 4 月 14 日。

后　记

　　走上"电信竞争-电视竞争"的学术研究之路虽属偶然，但确是我几乎半生的"东南岁月"。

　　2000 年秋天，受中国人民大学梁晶教授所托，我开始从事"产业经济学译丛"的翻译工作。由于 2001 年 5 月的开篇之作《电信竞争（中文版）》的社会反响不错，我们团队走上了这条"不归路"。

　　随着科技的进步与创新，电信业已日渐不再仅仅只有"网络"，而是逐渐将"传输"和"内容"服务相结合。随着电信运营商的 IPTV、互联网运营商的 OTT TV 等进入传统的电视市场，电视竞争问题日渐凸显。今天，随着抖音等的上线并且流行，自媒体时代已悄然来临，大 V 和网红动辄有几十万、上百万粉丝，远超当年所定义的"广播"程度。

　　我们团队于 2008 年 1 月承接了江苏广电网络有限公司的《江苏省有线电视数字化工程规划研究》项目，该项目引发了我们对三网融合时代的电视竞争问题的兴趣。我们先后与江苏和南京有线（电视）网络公司等进行产学研合作，甚至受托起草过一个《"中国有线网络公司"组建策划书》。2010 年初，国务院常务会议作出了加快三网融合的决定，我们开始在前续研究的基础上写作《三网融合时代的电视竞争与规制》一书。不过，虽然三网融合的进程未及预期，但电视竞争的变化却令人眼花缭乱，几乎每年暑假定稿时都恨不得从头开始。2016 年暑假，当我在伍斯特理工学院访学期间改完第 6 稿后，仍感力不从心、无法收工。就在我们准备放弃之时，2017 年 9 月，科学出版社的魏如萍女士鼓励、建议和帮助我们申请了国家科学技术学术著作出版基金，然后又用了 3 年左右的时间，此书成为目前的模样。

　　本书的定稿是许多人共同努力、帮助和呵护的结果，这一点仅从书中标注的众多人名中可见一斑。浙江财经大学首任校长、中国政府管制研究院创始院长王俊豪先生还欣然作序。其实，还有不少没有被标注的"无名英雄"，在此，我们一并表示深深的谢意，以及因考虑不周而表示深深的歉意！

　　我们 20 多年"电信竞争-电视竞争"的研究工作得到国家自然科学基金委员

会等单位和部门的持续支持，如 2005~2007 年的 70473013 号项目（"中国网络型公用事业分拆式重组中的网络渗透与融合问题研究"），2009~2012 年的 70833002 号重点项目（"中国政府部门的结构与运作研究"，主持人：清华大学公共管理学院王有强）的第 4 专题（"政府部门流程再造的影响因素识别"），2011~2014 年的 71103079 号项目（"平台质量竞争及平台升级的理论与实证研究"），2012~2015 年的 71173036 号项目（"三网融合与有线电视业的发展与规制：以数字化内容为媒介的分析"）等，在此亦表示诚挚的感谢！

2001 年夏天，在中国人民大学为纪念《电信竞争（中文版）》出版而举办的第四届中国经济学前沿论坛的间隙，我曾当面向原英文版作者拉丰先生表达"预祝他早日斩获诺贝尔经济学奖"的愿望。先生淡淡一笑，谦虚地说："那要看我能否活到那个时候。"当时只当是戏言，哪知先生却于 2004 年 5 月 1 日，57 岁时驾鹤西去（而我虽患与先生类似的疾病却侥幸痊愈）。19 年来，耳边时时回响先生当年的教导："研究经济学虽很枯燥，但它有利于人类的福祉和社会的进步，你们年轻人一定要耐得住寂寞。"

今日，世界面临百年未遇之变局，我也已不再年轻。谨以此书表达对拉丰先生的悼念，对许许多多前辈、朋友、同事和科学出版社编辑的感谢，以及对努力于传承东南大学"止于至善"传统的同学们的祝福。

胡汉辉

2020 年 10 月 6 日

于东南大学四牌楼校区五四楼